同济人文社科丛书(第五辑)

国家社科基金《行业协会信用能力的法律制度研究》阶段性成果

同济大学中央高校基本科研业务费资助项目

《中国产业联盟建设研究:“一带一路”视角》阶段性成果

上海市知识产权发展研究中心

《国内外行业协会运用知识产权的比较研究》阶段性成果

行业协会信用能力制度案例研究:知识产权的视角

朱国华　等著

同济大学出版社
TONGJI UNIVERSITY PRESS

内容提要

行业协会的信用能力是行业协会发展的根基所在，是其发挥社会“第三域”角色的实力基础，行业协会信用能力，更是深度关注行业协会的战略能力，在组织支持能力、知识服务能力、价值引领能力和自律拓展能力之高端运用。本书从美国知识产权联盟、动漫协会制度、商标协会制度、专利协会制度、律师协会制度以及国际贸易中商会协会制度展开案例研究，进行了初步的论证。本书适合有关法律、经济管理、公共管理和企业管理人员，广大大中专教师学生和广大关心商会协会和社会信用体系建设的人士阅读。

图书在版编目(CIP)数据

行业协会信用能力制度案例研究：知识产权的视角/朱国华等著. --上海：同济大学出版社，2017.7
(同济人文社科丛书/江波主编. 第5辑)
ISBN 978-7-5608-5730-5

Ⅰ.①行…　Ⅱ.①朱…　Ⅲ.①行业协会—信用制度—研究　Ⅳ.①F203

中国版本图书馆CIP数据核字(2014)第312297号

行业协会信用能力制度案例研究：知识产权的视角
朱国华　等著
责任编辑　徐国强　　**责任校对**　徐春莲　　**封面设计**　张　微

出版发行　同济大学出版社　www.tongjipress.com.cn
(地址：上海市四平路1239号　邮编：200092　电话：021－65985622)
经　　销　全国各地新华书店
印　　刷　常熟市大宏印刷有限公司
开　　本　850mm×1168mm　1/32
印　　张　10.75
字　　数　289000
版　　次　2017年7月第1版　　2017年7月第1次印刷
书　　号　ISBN 978-7-5608-5730-5

定　　价　43.00元

献给仙逝二十年的父亲朱佑生老师

前言

十二年前作者提出信用能力和行业协会信用能力的命题，那时响应者寥寥无几。关于信用能力，我们可以关注党的十八届三中全会报告中关于治理体系现代化和治理能力现代化的命题。这印证了信用能力思想的深远的前沿价值。关于行业协会信用能力方面，那时我们提出行业协会信用是社会诚信体系的重要支柱和关键环节。2014 年 11 月，国家民政部、中央编办、发展改革委、工业和信息化部、商务部、人民银行、工商总局、全国工商联等总共八个部门联合发布《关于推进行业协会商会诚信自律建设工作的意见》，国家终于认识到行业协会信用（诚信）对于社会信用体系建设的巨大价值。政府通过政策文件对行业协会信用研究初步肯定，理论反映、解释并初步引领现实。通过案例研究，证明信用能力制度对中国未来的改革开放、对中国未来的全球发展，意义何其大也。

行业协会的信用能力是行业协会发展的根基所在，更是其发挥社会“第三域”角色的实力基础。行业协会信用能力是一种达成各利益相关者系统、整体、持续、平衡信任的能力，或者说通过自身努力最终赢得社会信赖的能力。行业协会的信用能力构建有其鲜明的个性。内外平衡协调的行业协会信用能力及制度建构正反映了我国转型社会走向国家治理现代化和国家治理能力现代化建设的关键。行业协会信用能力是区别于政府、社会个体（企业、个人）的、综合运用行业协会的组织功能、资源基础，并由此赢得社会信赖，并能以此降低社会交易成本的一种系统的、持续的、自组织的综合能力。其基本内涵包括人力、财力、物力、信息、组织、机制等。行业协会信用能力制度以及社会组织信用能力制度建设将决定中国国家与社会转型的成败。

本书的主要创新点表现在：从行业协会信用（知识产权）能力、制度、绩效运用等方面进行案例实证研究。行业协会信用能力，是深度关注行业协会的战略能力，在组织支持能力、知识服务能力、价值引领能力和自律拓展能力之高端运用。

1. 美国国际知识产权联盟案例研究重在研究国际知识产权联盟在作

为行业协会在美国知识产权体制中的能力、制度、机制和影响。美国国际知识产权联盟对中美知识产权双边政策影响至为深远。美国国际知识产权联盟的经验，适合于中国知识产权行业协会的推动创造、规范运用、集体管理和多元保护的制度与规则。

2. 专利协会制度案例研究重在研究专利协会的组成、制度的内容、运行方式、绩效问题研究。研究专利协会制度案例研究的背景、理论意义、实践意义、研究框架、文献综述，基本概念、特征、作用、内部治理制度和外部治理制度，并从完善内部治理制度和从外部完善反垄断法信用能力制度建构提出了若干建设性的建议。

3. 商标协会制度案例研究重在研究商标协会信用能力制度的核心部分，研究商标协会的自治权，并以此为中心展开案例研究。研究背景、理论意义、实践意义、文献综述、协会自治权概念、内涵、特征、商标协会的商标协会的概念、生成模式、职能、自治权、存在问题出发，分析、探讨商标协会涉及的若干法律问题，从政府、协会自身、企业层面提出了制度上的可行性的建议。

4. 动漫协会制度案例研究重在研究动漫行业发展的背景、关键问题和集体管理制度的建议，论述了动漫行业协会的法律环境、内部治理、发展前景。动漫行业协会应将解决行业所存在的动漫人物形象侵权问题为契机，构建动漫人物形象集体管理制度（著作权行业协会管理制度）。

5. 律师协会社会责任案例研究重在研究上海律师协会对社会责任原则的运用。研究社会责任、协会的社会责任、律师协会社会责任的特殊性，律师协会担当社会责任的必要性、内容、历史和成就。总结近三十年上海律师协会承担社会责任的成果，相应的完善对策。

6. 上海温州行业协会信用制度发展调研及比较分析重在第一次对行业协会信用的进行系统的研究。本专题通过对温州和上海的行业协会信用制度的调研分析，对行业协会信用制度建设展开了研究。我国当前行业协会信用制度建设存在的不足，现有的相关制度安排需要改进，实施机制需要优化相应的、比较优势需要培育，其在社会信用建设中的积极作用需要充分发挥，矫正政府和个体信用建设中的“失灵”，是社会信用体系建设的重大课题。对行业协会信用能力制度进行公私法融合基础上做系统的研究并提出系统的政策建议。

7. 贸易救济领域协会涉外信用能力案例研究重在研究我国行业协会在国际贸易领域贸易救济工作中发挥信用能力的情形。其作为国际经济法主体在国际贸易、国际投资和国际金融领域、以及国际争端解决中具有重要的信用贡献。本书特别关注行业协会信用能力制度行业协会(商会),事前、事中、事后救济中的行业协会制度等若干方面。创造性地研究了贸易救济领域中,我国行业协会对外信用能力实践的情况,尤其是建议增强我国行业协会在国际市场的集体行动能力。

关于行业协会信用能力制度的案例研究还是初步的,但是为未来的研究展示了美丽的前景,还需要更加深入、系统、细致的工作,这也是行业协会信用能力制度研究的发展方向。

目　录

绪论

1. 问题的提出

行业协会信用能力的法律制度研究课题的提出，开始于2002年8月。中秋时节我们应温州市市长钱兴中的邀请，前往温州萧江进行“信用温州”的课题调研。我们调查了萧江镇的政府信用、企业信用、行业协会信用、社会信用等方方面面的情况，在那里我们发现了由最朴素的农民出身的企业家们所组成的行业协会在信用方面所发挥的独特作用。萧江行业协会给我们最深刻的启示就是中国大地上最广泛、最直观的现象却为我们的学术界熟视无睹。这种状况引起笔者的震惊。之后为了完善调研还去了好几次，继续做资料搜集工作。

在调研中笔者发现，为什么朴素的农民企业家运用行业协会能做成那么多事情？协会要帮助解决中国现实经济社会问题需要具备什么样能力，具备什么样的能力的协会能够较好地帮助解决中国现实的经济社会问题？协会要具备这样的能力，需要什么样的条件，这些能力如何构成？这些能力需要什么样的法律制度来引领、促进、保障和规范？国内其他地区的状况是什么样？国际上行业协会的状况是什么样？国内外行业协会的有关法律制度的状况是什么样？这些问题，真正让我们开始感到“纠结”。

回到学校，回到书斋，仔细研究文献，才发现学术界行业协会的研究非常之少，对于行业协会与信用关系，信用能力与行业协会关系几乎是空白。对信用问题的研究多局限于个人信用、企业信用、银行信用、商业信用、民间信用、政府信用等方面，缺乏对行业协会信用的研究，缺乏对行业协会在信用建设上的极端重要性的认识。而国际上市场经济发展的几百年经验表明，以行业协会为代表的非政府组织不仅在国内而且在国际上都发挥着越来越重要的作用。我们做行业协会信用能力的研究主要是基于发展市场经济之需求，考虑中国履行入世承诺之要求，还考虑到政府职能转换与延伸之前提。本书顺应了当代中国经济在世界的崛起对人文社会科学以及行业协会研究所提出的增进世界的中国话语权之研究要求。笔者深感这种基于理论研究基础之上进行实证研究责任的重大，深感这种实证研究意义之深远。

行业协会是社会治理结构自发演进的结果。国际经验表明，行业协会信用在自发演进中不断积累、形成的比较优势使其成为社会诚信体系的重要支柱，并进一步演变成为成熟市场经济中极其重要的组成部分。在我国社会主义市场经济建设过程中，信用问题一直是困扰和谐社会建设和社会管理创新的重大理论和实践问题。针对我国当前行业协会信用建设存在的不足，改进现有的相关制度安排，优化相应的实施机制，综合培育其比较优势，系统弥补其比较劣势，充分发挥行业协会在社会信用体系建设中的积极作用，矫正政府和个体信用建设中的"失灵"，无疑是进一步推进社会主义市场经济建设，建设与政府和企业合作共治的行业协会商会制度，推动国家社会转型、调结构、转方式和惠民生的重大课题。

作为国家社会科学基金课题研究的必然延伸，行业协会信用制度案例研究是问题的必然组成部分。

2. 研究的意义

本书认为行业协会信用能力制度案例研究的课题具有重大的理论意义。

本课题组认为，行业协会信用所具有的比较优势及其溢出效应使行业协会信用构成了社会诚信体系的重要支柱（朱国华、朱国泓，2003）。对行业协会信用能力的相关法律制度进行系统、深入的研究，无疑是强化行业协会信用的关键。目前，就我国行业协会相关法律制度的现状、问题、原因及对策进行实证调查，并进行深入的国际比较，进而为提升行业协会的信用能力进行制度设计，将理论构建与制度设计有机地结合起来，从而为优化行业协会信用能力的法律制度供给提供更为直接、科学和完整的法理依据。从理论创新来讲，行业协会信用能力案例制度研究具有重要原创价值；本课题从社会法、法经济学研究视角以及强调法学与经济学、社会学、管理学的多学科交叉研究具有创新性，理论建构与行业协会内外部制度设计相结合，课题的理论研究具有的针对性和实效性，这种理论研究还强调实证研究与规范研究，比较研究与国情研究相结合，其理论创新不言而喻。

本书认为行业协会信用能力制度案例实证研究具有重要的现实意义。

本书研究成果将有助于突破并弥补我国当前社会诚信体系建设中的主要不足：①社会诚信体系建设在行业协会这一环节上的忽视；②法律制度对行业协会信用能力制度的忽视；③立法过程对行业协会信用制度需求及其重点的忽视；④在WTO机制下，政府对行业协会信用能力制度建设的忽视等。这将为立法部门在行业协会信用立法方面抓住重点、快速反应、形塑机制，强化行业协会信用，推进全社会诚信体系建设提供重要参照。本书研究成果对长期以来议而不立，立而无果的行业协会商会法的出台有重要参考价值。研究成果对我国行业协会内外部治理结构的完善、行业协会信用制度体系的建设以及我国行业信用体系以及社会信用体系的形成、建设与优化具有直接参考价值和推广价值。

随着课题的深入进展，经济社会状况的变化本身比学术更能说明行业协会信用能力的法律制度研究的重大价值。行业协会对中小企业的发展，对产业和经济结构的转型、升级，对和谐社会建设中的社会管理创新以及对城乡二元结构、食品安全、知识产权等等公共经济问题，对中国经济在世界的崛起等方方面面所具有的重大而深远的价值逐渐被社会所体认、所领悟并不断地掏出让人深感沉重的成本。课题的理论意义与现实意义又扎实地体现出来。

作为国家社会科学基金课题研究的必然延伸，行业协会信用制度案例研究是该理论研究和实证的必然组成部分，具有重要的理论意义和实践价值。重大理论的研究只有转换成重大、典型、关键的案例研究，才能转换成行业协会参与社会共治的勃勃生机。

3. 文献综述

1）国外文献

通过查阅文献得知，国外学者对于行业协会的法学研究文献偏少，主要集中在竞争法领域。美国司法部反托拉斯司助理检察长顾问

WILLARD K. TOM在哥伦比亚特区贸易协会和反托拉斯法委员会成立31周年“行业协会与反垄断”研讨会上发表的演说上指出，行业协会的发展最起码可以促进公平的竞争，因为行业协会起到了一个信息收集的作用，它比较中立，会将这些信息提供给一些较弱的会员乃至政府，并为改善政府社会服务职能和提高其决策水平。但是行业协会可能会从事超出其合法职能的行为，甚至可能操纵价格、反竞争，这就是对反托拉斯法的挑战。我们鼓励行业协会有利于竞争的行为，并且这种竞争行为不能超出必要限度。❶

在公平交易法下对行业协会的注释中，也是主要围绕行业协会限制竞争进行论证的。其中，该注释指出了在特定市场限制企业的进入和退出、对商品或服务的种类和分类施加限制、限制扩大产品的种类和服务的范围、限制为生产、配送提供服务等四种行为是行业协会限制竞争的行为。如果行业协会的行为可能违反公平交易法，却符合商业组织法和工业组织法，那将不会被认定为违反公平竞争法。❷

美国电子交易协会网站在《反垄断与行业协会》一文中指出，在美国行业协会是置于强大的美国各州法律与反托拉斯法的监管之下的，联邦政府不但可以制裁行业协会之中的某一个成员，也可以惩罚协会本身。从实用的角度来看，行业协会应侧重于五个反垄断的主要领域，它们是：操纵价格，划分客户，会员，标准化和认证及行业自律。行业协会还起到信息收集的作用，且收集到这些信息是不能出售给第三方的；且行业协会会员会议不应讨论一些敏感话题，如当前或未来价格、现金折扣、控制销售、分配市场，等等。❸

加拿大竞争局竞争犯罪司高级副司长John Pecman在2008年加拿大财产险业保险论坛上的发言中指出，在通常情况下，行业协会为会员与广

---

❶ Willard k. Tom: Before the Trade Association and Antitrust Law Committee of the Bar Association of the District of Columbia 31st Annual Symposium on Associations and Antitrust, February 22, 1995.

❷ Prescribed by the 89th Commissioners' Meeting of June 16, 1993, Amended by the 397th Commissioners' Meeting of June 16, 1999, Circulated by the Letter (88) Kung Fa Tzu No. 01873 of July 8, 1999.

❸ http://www.electran.org/content/view/82/108.

大消费者做了很多有益的事，而且通常他们的活动不会引起法律问题。行业协会已被描述为包含个人和公司的共同商业利益组合，在行业协会的主持下，携手合作，采取联合行动，以达到进一步的商业或专业目标。这些活动包括维持协会会员的行业发展情况，制定产品和服务标准，提高产品质量和安全，并改善行业的法律工作。有时会员会要求分享信息，这对于较小的竞争以更具竞争力。然而，由于行业协会的性质是汇集的竞争对手，有时会出现竞争法方面的问题。为此，有几个关键的竞争法规定，该协会及其成员应该知道。比如：阴谋、价格维持、限制性贸易惯例、虚假或误导性陈述以及欺诈性营销行为。❶

美国1890年谢尔曼反托拉斯法通过，美国司法部赢得了第一桩诉讼案件（1897年 United States v. Trans-Missouri Freight Assn 案件）。在该案件中，公诉机关的诉讼请求除了要求确认火车运营公司固定价格协议违法，还要求解散因固定价格目的设立的环密苏里运输协会。从这一案件到以后若干反托拉斯案件表明，行业协会有独立的主体资格，其行为违法不仅面临反托拉斯法的罚款、刑事处罚等约束，还又可能被强制解散。这样的涉及行业协会的案件很多。美国学者 Hoy 和 Kelly 在1934年的研究成果，美国涉及共谋的62个反托拉斯案件中，涉及行业协会的案件就有18件。有关研究还显示，随着共谋人数增加，行业协会介入的机会更多，比例更高。当共谋的人数超过一定量（如25人）时，协会介入的比例会达到100％。Posner 教授1970年的研究表明，在1890—1969年美国法院水平协议的989件案件中，有431件是行业协会发起，是所有案件总数的40％。

通过搜索国外文献，国外行业协会信用能力的制度案例研究非常稀少，几无文献可寻。从宽泛的意义上理解，国外行业协会法学研究尤其是对反垄断和反不正当竞争法的行业协会地位和作用的研究也算是对行业协会信用能力的制度案例研究。美国的典型案例更是从负面的行业协会信用能力的制度案例研究。

---

❶ Competition Law and Trade Associations 2008 Property & Casualty Industry Insurance Forum Northwind Professional Institute Langdon Hall, Cambridge, Ontario May 23, 2008.

2）国内法学界的研究

纵观国内外法学界对商会研究，主要是集中在如下几个问题之上：商会的法律地位如何判定、商会的自治权研究、商会与政府关系的探究、内部治理结构以及商会法立法的相关问题研究。

（1）协会、商会的法律地位

单纯就商会而言，国外法律对于商会性质的界定就有公法型、私法型和中间型三种情况，行业协会（含商会）总体上也表现为这三种情况：

公法型

以法、德、意大利等国为代表。其中，德国商会属于公法意义上的自治法人。所谓公法意义指在组织上商会应属于间接的国家行政机构，与国家的行政机构和公法法人构成了公共行政组织的一个共同行政整体。而自治性则是指商会的人事和财产具有独立性。而法国商会是按地区成立的半官方性质的公立公益组织。意大利、荷兰商会有关法律也有类似规定。

私法型

以英国、丹麦、比利时等国为代表。其特点是具有较强的独立性的私法人，是入会自由、活动自主、经费自理的民间法人社团组织。

中间型

以日本、韩国为代表。其特点是商会是一个经过特别认可的法人。如商会法明确规定 ，商会是一个非营利性的中间法人组织，任何其他组织都不得使用与其性质不符的商会名称。韩国对商会名称及法人性质的规定与日本基本相同。在设立方面采用的是区域设立和任意设立相结合，遵行独立自主和不得从事营利为目的的事业等原则。

国外法条对于商会法律地位有明确的界定：法国商会法规定法国商会是公立公益组织（第 1 条），其地区工商会为公立公益机构，具有法人资格（第 18 条）。德国工商会法规定工商会是公法团体（第 11 条）。日本商工会议所法规定商工会议所或日本商工会议所或日本商工会议所为法人（第 2 条）。韩国商工会议所法从日本例规定商工会议所和大韩商工会议所为法人（第 2 条）。俄罗斯联邦工商会法规定工商会系俄罗斯企业及企业有联合的非商业性民间团体，工商会为法人(第1条)。

纵观国内法学界对于行业协会的研究，从学科领域上来看主要是集中在经济法和社会法等多个学科；而从行业组织本身来看，法学界主要将其目光集中在对行业协会内部法律机制的构造和完善、外部对其垄断行为的规制、行业协会之于政府的关系与行业协会之间的关系上。

(2) 反垄断法领域研究

法学界对于规制行业协会垄断行为的分歧存在于国家及相关立法对于行业协会垄断行为进行规制的“度”究竟如何掌握。是适度从严规制，还是适当放宽，抑或是采取居中的态度。其限制竞争的责任如何规定呢?

叶明(2008)通过用定性和定量两种方法对行业协会与垄断的关系进行考辨，得出结论:行业协会的垄断一方面具有防止过度竞争、减少资源浪费、提高行业整体竞争力等合理性；另一方面也具有侵害自由竞争机制、损害经济民主、降低经济效率、危害社会公共利益、损害消费者利益等危害性。笔者认为应采取较为适中的方式，不能把所有行业协会限制竞争行为都纳入反垄断法进行规制，也不能将反垄断法规制的所有行业协会限制竞争行为一概认定为违法。但笔者认为反垄断法需要对农业行业协会，以及中小企业组成的行业协会应适用例外。❶

张江莉(2008)对在政府指导下行业协会所进行的限制竞争行为的合法性进行了质疑，认为政府此种行为缺乏法理依据，更是对公平竞争的一种损害。对比欧美，协会本身虽然是独立的、不从事交易的团体，但在欧美会员透过协会进行的限制竞争的决议将会被认定为于联合行为的合意，即“卡特尔”，对行业协会的反垄断规制在各国普遍通过“禁止卡特尔”而进行。所以笔者认为我国反垄断法对于行业协会限制竞争的行为规定的过于笼统，不便于对行业协会的垄断行为进行规制，趋向于对于行业协会限制竞争之行为进行较为严格的控制，减少限制竞争行为产生。❷

侯学梅(2008)认为，行业协会以充分维护本行业的共同利益为目的，具有天然的反竞争倾向。而且行业协会在弥补市场失灵与政府失败的缺

❶ 叶明:《行业协会限制竞争行为的反垄断法规制》，西南政法大学博士论文，2008年。

❷ 张江莉:《我国转型时期行业协会的反垄断法规制》，《法商研究》，2008年第5期。

陷,维护正当竞争方面又具有不可替代的价值。虽然行业协会具有盲目性,但是对行业协会反垄断行为的规制,必须在反垄断法上明确行业协会的自治权的范围,而且需有一个可操作的标准,否则极易导致对行业协会自治权的过度管制。目前我国行业协会发展还处于起步阶段,过度管制显然不利于我国行业协会发挥其连接政府与企业桥梁纽带之作用。❶

鲁篱(2008)总结美国和日本的相关经验,笔者认为行业协会集体抵制行为对社会经济具有正反两方面的效应,通过反垄断法对行业协会的集体抵制行为进行有效规制,应当体现以下基本思路:首先,行业协会的集体抵制行为应当有商业性的集体抵制和非商业性的集体抵制之分。非商业性集体抵制的施行并非是基于商业或者是经济利益的考虑,而是为了实现一定的社会性或者政治性的目的,所以并不属于反垄断法所调整的范围。其次,行业协会对其成员企业的集体抵制应当适用合理原则。再次,行业协会对非成员企业的横向集体抵制应当适用本身违法原则。最后,行业协会对非成员企业的纵向集体抵制应当适用合理原则。❷

鲁篱(2009)构建了行业协会限制竞争责任体系的基本框架:根据责任制度的一般理论 ,行业协会限制竞争的责任体系主要包括行政责任、民事责任和刑事责任,同时基于行业协会集体组织的特质,其成员企业有可能因为其限制竞争行为承担来自协会的自律责任。由此构成了行业协会限制竞争行为的四大责任体系。❸

陈承堂(2008)认为,中介组织以委托合同、居间合同和行纪合同为主要法律依据;而行业协会则是以行业规章为准绳开展活动的,所以行业协会不是中介组织,而是非营利性的中间社会组织。因而行业协会完全可以成为《反垄断法》上的"经营者",进而可以成为《反垄断法》的规制对象。❹

(3) 政府与行业协会关系之研究

现行的法规对行业协会与政府、与会员、与其他行业协会的关系没有

---

❶ 侯学梅:《反垄断法视野中的行业协会》,《北方论丛》,2008 年第 4 期。

❷ 鲁篱:《论我国行业协会集体抵制行为的反垄断法规制》,《天府新论》,2008 年第 3 期。

❸ 鲁篱:《行业协会限制竞争行为的责任制度研究》,《中国法学》,2009 年第 2 期。

❹ 陈承堂:《行业协会的垄断问题研究》,《行政法学研究》,2008 年第 1 期。

清晰界定，对行业协会组织系统、职能定位、运作模式和管理体制等方面的规定也基本空白。这就成为法学各家争鸣的集中点。

魏永艳(2009)行业协会与政府的相互关系问题首先就是政府与行业协会的定位。政府与行业协会合理分工的总体性原则是：涉及宏观决策和规划等方面的事务由政府来行使，而中观和微观、执行与技术性的事务则由行业协会来承担，行业协会可以参与政府有关行业管理宏观决策和规划方面的事务。❶

鲁篙(2006)认为，行业协会经济自治与国家经济干预是互动的 ，行业协会经济自治在克服国家经济干预弊端的同时，又需要得到国家经济干预的指导，保障、协调与纠偏。因此，从这个意义上讲，国家经济干预在克服市场失灵方面是主导性和基础性的，而行业协会经济自治是必要和不可或缺的补充和构成 ，正因为这样，在经济法主体的理论框架和体系下国家经济干预与行业协会经济自治是可以共处的，谁在干预的主体应当包括国家和行业协会。而在经济法主体体系中导入行业协会，其意义和价值在于对于经济法而言，当市场失灵发生时，我们就不再也不应该立即求助于政府干预，而应首先考虑的是行业协会自治，只有当市场和行业协会都无法解决时，我们这才应当进行国家干预，由此，经济法的思路便从过去的"市场失灵—国家干预的两步走模式演变成为市场失灵—行业自治—国家干预"的三部曲，毫无疑问，这对于我国当前经济法是一种具有重要价值的思路和视角。❷

黎军(2006)认为，行业自治与政府监督是一对矛盾范畴，要处理好二者之间的对立关系，保持良性平衡关系，就必须建立行业协会与政府间的互动机制，即国家与行业协会之间不仅仅是监督与被监督的关系，而是彼此依存，相互支撑的关系。政府应对行业协会的培育，而行业协会对政府活动也应积极参与。❸

章竟(2009)指出，我国对社会团体设立采用"许可主义"，赋予民政部

---

❶ 魏永艳：《治理理念对调整行业协会与政府关系的指导意义》，《内蒙古民族大学学报》，2008 年第 3 期 。

❷ 鲁篙：《论行业协会自治与国家干预的互动》，《西南民族大学学报》，2006 年第 9 期。

❸ 黎军：《行业自治及其限制：行业协会研究论纲》，《深圳大学学报》，2006 年第 2 期。

门对行业协会是否最终设立拥有审批权，且民政部门审批却不管理，行业协会的设立、终止和解散。其结果是：一方面，由政府行业管理部门转制而来的行业协会更容易获得业务主管单位的批准文件和审批通过，而这种行业协会容易变成"小政府"或附庸；另一方面也有可能造成政府部门不履行职责，使得由下而上民间自发形成的行业协会难以获得"业务主管单位的批准文件"而难以成立，或者成立了却没有合法的"身份"。而且"一行业一协会"的规定，限制了民间行业协会的发展，不利于行业协会之间有序竞争行为的进行。综上所述，笔者认为应逐步取消双重管理体制，取消"一业一会"规定，改许可制主义为准则主义，明确行业协会管理主体，才能保证行业协会健康发展。❶

纪中华(2005)从关系性质看，地方政府与商会等非营利组织合作，但地方政府处于主导或支配地位，商会表现出"官民二重性"。地方政府的主导地位，不仅表现为对商会的依法管理，不仅表现为主管官员对法规的随心所欲的解释，也不仅表现为根据自己的需要对社团进行随时随地的清理整顿，还表现为对立法权的垄断。从关系的互动看，地方政府与商会在功能上互补。经济体制改革打破了原有的计划经济模式，产生了众多利益主体和多元化需求，政府出现了所谓的失灵，商会就在这一方面弥补了政府的不足。❷

金晓晨(2003)认为，商会政府虽然相互独立，相互制约，但两者又相互联系，相互促进。当它们共同对社会经济进行管理时，相互之间是一种配合协作关系，政府应支持商会的工作，商会也可接受政府的授权或委托对政府的管理起着辅助作用。另一方面，它们之间又是一种监督制衡关系，商会应接受政府的管理，不得违背政府依法定职权和法定程序的管理，商会作为会员利益的代表可对政府进行监督。且商会应该更多获取政府的授权，并参与相关政府决策。❸

黄兆玉(2008)认为，商会与政府应该是一种互动关系，民间商会本质

---

❶ 章竟：《新中国成立60年来我国行业协会制度发展的回顾与展望》，《经济研究参考》，2009年第63期。

❷ 纪中华：《转型时期我国地方政府与商会的关系》，苏州大学硕士论文，2005年。

❸ 金晓晨：《商会与行业协会法律制度研究》，气象出版社，2003年。

上是一个俱乐部组织，是以追求组织利益为目标的，并具有排他性利益特征。就地方政府而言，地区利益的存在是其行为的最基本动机，这种因地区而生的利益，诱发了地方政府所从事的一切活动，也包括了地方政府与民间商会间的互动，因而地方政府往往可以当作地区公共利益的代表。在地方政府与民间商会形成的权力关系之间，利益是它们相互作用的原动力，利益可以成为分析两者之间互动的基本出发点。❶

(4) 行业协会内部法律机制的构造的研究

由于在立法方面，目前尚无国家层面的行业协会专门立法，对于行业协会的内部治理结构，主要是在各省、市的地方立法中作了规定，而这些地方立法存在很多不完善的地方，所以大多数学者认为通过行业协会内部法律制度构建来完善自身发展非常必要。

目前无论是理论界或是实务界均有人提出：地方立法具有临时性和尝试性，本着“宜粗不宜细”的原则，对行业协会的内部组织结构只作原则性的规定即可，此方面的问题可留待国家层面的立法解决。但是笔者认为这也是导致目前绝大多数行业协会地方立法对内部治理结构规定不完善、不详尽的重要原因之一。

大多数学者认为行业协会内部制度构建的主要问题有：政会不分现象严重、组织结构不完善、会员代表、理事、监事的产生方式不规范。

王书娟(2008)认为，民间性是行业协会的根本属性，从适应市场经济发展及发挥行业协会自身作用的角度，国家无论是从立法层面还是从行政管理层面对行业协会都不应干预过度。因此，行业协会内部治理结构中的诸多事项，应当本着尊重会员意思自治的原则，由协会通过章程自行约定。在以立法形式对行业协会的内部治理结构予以规范的同时，有必要辅之以必要的行政指导，引导行业协会走上有序发展的道路。❷

毛俊华(2007)认为，国家立法和政策规定是行业协会法制建设的外部内容，而行业协会的章程规定以及章程规定下的自律和监督机制是行

❶ 黄兆玉：《异地温州经济社团组织与地方政府互动关系的研究》，复旦大学硕士论文，2008年。

❷ 王书娟：《论我国行业协会内部治理结构的完善》，《福建政法干部管理学院学报》，2008年第2期。

业协会法制建设的内部含义。[1]

许昀(2009)认为，行业协会作为一种现代法人组织，其行动符合科尔曼所说的法人行动的特征。会员通过民主选举将一部分权利转让给行业协会，行业协会的宗旨是维护和增进全体会员的共同利益。作为法人行动系统的行业协会内部权利转移有两个过程：一是众多会员把自己的权利转交给作为其代理人的行业协会，二是行业协会把集中起来的权利授予各个作为最终代理人的管理者和工作人员。第二个过程又是通过多次委托实现代理的。这其中包括行业协会的会员大会(或者会员代表大会)将权利委托给作为其执行机构的理事会，理事会将权利委托给理事长、副理事长、秘书长等职位，由占据这些职位的管理者和工作人员最终代理行业协会会员的权利。法人行动者是一种无形实体，其行动意志需要通过其代理人的行动得以实现，为此必须把使用法人资源的处置权置于代理人手中，集中的资源是法人行动者拥有权力与效率的基础。在行业协会法人行动者内部，法人资源(包括财产、人力资源、社会资源)的处置权转移到行业协会的各个管理职位中去，并最终由占据这些管理职位的管理者和工作人员掌握。

而改善行业协会的法人治理，需要建立有利于克服这一困境的制度安排，如：行业协会的独立性应当在法律和实践中得到保障；行业协会的法人治理结构应当有利于其决策权、执行权、监督权的相互分离和相互制衡；建立合理的报酬机制和尽可能增加行业协会的透明度。[2]

廉高坡(2005)借鉴公司法人治理和非营利组织治理的相关理论与实践，认为行业为协会治理的关键同样是在行业协会建立和形成一套类似于公司法人治理的法人治理结构和治理机制。

其中最为关键和核心的内容是协会成员如何对协会工作人员特别是对秘书长的激励和监督。与公司法人治理结构相类似，行业协会也应该通过建立一套较为健全完善的内部法人治理结构，而实现和提高其治理

---

[1] 毛俊华：《行业协会法制建设和内部治理结构》，《上海市经济管理干部学院学报》，2007 年第 3 期。

[2] 许昀：http://www.chinaassn.com/html/200985/200985163025828.html.

绩效。行业协会内部法人治理结构理论主要包括以下几个要点：会员大会、理事会、协会监事会与协会秘书长。

行业协会会员大会的功能与作用都可借鉴公司治理中的股东大会。理事会是行业协会会员大会的常设机构和执行机构，它在行业协会治理中的功能相当于公司法人治理中理事会由理事构成。监事会是行业协会监督检查行业协会的财产及理事会秘书长业务执行状况的常设机构。监事会是一个监督机关，对理事会执行行业协会的业务活动实行监督并对行业协会财务进行审核。协会秘书长是在理事会和理事长领导下负责主持行业协会日常行政性事务的协会专职高层管理人员。❶

(5) 行业协会、商会的法律地位研究

在国内法学界，关于商会的法律地位，有“行政主体说”、“民事主体说”、“经济法主体说”和“商事主体说”。

行政主体说

该说从公共行政的角度出发，认为“随着公共管理的社会化，国家逐步还权于社会，社会行政的范围随之扩大”。于是各种社会中介组织行使着类似政府机构的职权，而将商会等社会团体界定为社会行政主体。

黄红华(2005)对商会进行深入研究，认为必须在反思已有定义的基础上对商会的性质进行重新界定。这一界定是从商会的职能分析入手的。从商会与企业之间的关系来看，商会是生产同类产品的企业克服负的外部性、获取正的外部性的一种俱乐部式的制度安排；从商会与政府的关系来看，商会主要是基于信息不对称基础上的委托代理机制。如果一个商会组织的职能倾向于前者，它更多是一个民间商会；如果倾向于后者，则更接近官方协会，两者可以相互转化。❷

民事主体说

该说从民法上的人格理论和法人理论出发，认为随着社会不断发展，古罗马法中的人格学说不仅适用于自然人，而且适用于生活中产生的各式各样的团体，包括宗教团体、慈善机构、俱乐部、商业实体和行业协会、

---

❶ 廉高坡：《浅议行业协会法人治理结构的建立与完善》，载《生产力研究》，2005年第8期。

❷ 黄红华：《商会的性质》，载《中共浙江省委党校学报》，2005第5期。

商会等都具有团体人格。他们可以是社团法人或非法人团体，与自然人、法人、国家一样成为民事主体。

李文(2010)认为，商会是一个以商自然人和商业组织为其会员，以维护会员利益和促进工商业繁荣为宗旨的法人，其外延应包括同业商会（行业协会)，它具有非营利性、自治性、经济性，根据不同标准可以进行不同的类型划分。从法人制度理论分析，商会完全符合法人的特征，即它以会员交纳的会费作为自己的财产，在开展业务中独立地承担民事责任，是典型的社团法人，属于民事主体范畴。❶

经济法主体说

该说从经济法的本质、功能与调整手段出发，认为商会与经济法本质属性有着极大的一致性和重合性，作为经济法的主体，它是实践经济法理念的最好代表。杨紫煊(2006)、鲁篱(2003)认为，行业协会、商会属于行业性中介组织，在经济运行中充当政府与市场普通主体之间的中间主体，从而成为经济法主体，但是这并不排斥其在一定场合、以一定的身份参与其他法律关系，成为其他法律主体。❷

商事主体说

该说认为行业协会等商事主体按照参与商事交易活动、商事自律活动、商事监管活动的性质不同 ，一般可分为商人、商会和商事主管机关三大类型。范锐敏(2002)认为，我国商会是社会团体法人 ，是独立的商主体，既不是企业法人，亦不是机关法人，也不是事业法人。商会是完全由商人在协商一致的前提下，自主决议成立的，是会员制社会组织；维持商会存在与活动的经费是由商会成员自筹解决，这与依靠国家财政经费的机关法人和事业单位法人相区别，商会不直接隶属于国家机关，这也与机关法人和事业单位法人相区别，且商会不以营利为目的，不从事营利性活动，以此与企业法人相区别。根据社会团体概念的内涵与外延及商会的性质与特点，在法律上应将商会归类于社会团体法人。❸

---

❶ 李文：《商会的法律界定》，载《经济与法》，2010 年第一期下。

❷ 杨紫煊：《经济法》，北京大学出版社，2006 年版。

❸ 范锐敏、刘凯：《论我国商会的法律地位》，载《社会科学》，2002 年第四期。

陈学娇(2007)从商会的活动来看,认为商会具备商主体的基本属性——经济性,它是经营主体自身需求的产物,以生产、供应、销售同类产品或提供同类劳务或服务的工商企业为主体组成,实现团体的经济利益,是商事主体。但商会不同于一般的商法人、商合伙和商个人,商会还具备区别于"商人"的公益性,作为重要的市场治理机制独立存在,实行自愿入会制度,因此,应该属于与商人并列的"异态商主体"。[1]

(6) 行业协会、商会的自治权研究

关于行业协会、商会自治权研究主要集中在自治权到底是公权还是私权,自治权的内容是什么,以及它的效力如何。

魏静(2006)认为,商会自治权无法用传统的公权或私权来予以定性,实际上,商会自治权是公权和私权的混合体,是市场经济发展过程中一种全新的权力安排,是由国家、社会和个人三元结构决定的,与公权、私权并列的一种新型权力。同时,商会应享有规章制度权、监督管理权、惩罚权和争议解决权。要使商会获得相当的自治空间,使其功能优势得到充分的发挥,必须在商会自治规章与制定法之间建立良性的互动关系。即商会自治规章的效力并不取决于是否与制定法一致。换言之,违反制定法强制性规定的自治规章并不当然无效,制定法的强制性规定并不是判断自治规章效力的标准,二者之间不存在僵化固定的结构或位阶。在判断自治规章的效力时,应当破除制定法中心主义,在一定范围承认自治规章的应然位阶。[2]

冯果(2008)认为,商会自治权是一种通过契约安排的,经过成员同意的权威,具有内部强制力和权威,具有权力的属性,这种权力通过商会内部的自治规范予以确立并获得保障,与强制力奠基于国家机器暴力基础上的国家权力不同,它属于社会权力的一种典型形式。商会自治权就其内涵来看,应包括:规章制定权、管理权、奖罚权以及争端解决权等。[3]

---

[1] 陈学娇:《我国商会的法律地位初探》,2007 年商法年会论文集。

[2] 魏静:《商会自治权初探》,载《贵州社会科学》,2006 年第 9 期。

[3] 冯果:《商会法律制度的灵魂》,载《国家检察官学院学报》,2008 年第 6 期。

(7) 行业协会、商会立法

法学界对于我国商会立法应选择何种模式产生了较为激烈的讨论。

金晓晨(2003)认为，商会立法应包括：商会的设立条件、入会原则、会员的权利与义务、参考日本做法设立特定会员(有利于发挥大中型企业的骨干龙头作用)、明确商会的职能、商会的内部组成、商会的资金来源与财务管理、商会的监督管理以及相关责任。商会法也应该与其他法律体例一致，分为总则、分则与负责。[1]

汪沂(2006)认为，我国处在社会主义初级阶段，市场经济还不够完善、经济体制转型国家所独有的特点，以及处于相对弱势的商会，其发展还需手中握有丰富经济行政资源强势的政府，在不违反市场运作规则的前提下给予必要的扶持与帮助。这些都决定了我国商会制度不可能如英美国家那样，使商会完全独立于政府之外，强调其成为完全自由竞争的纯民间组织；而在我国原体制下的许多商会由于带有明显的计划经济色彩被称为“二政府”。如果简单地模仿法德型商会的做法，赋予其公法法人的地位和较多的行政权力，很容易加重其“二政府”的弊端 ，不利于改革和社会发展。商会不是政府及职能部门的所属机构，但却有义务和责任接受政府的咨询，为政府有关部门的决策提供各项服务，并承担或协助办理政府有关部门委托的与其职能相关的事项。同时优化商会体系，用法律确定商会的民间性，允许其自由设立，会员自愿加入或退出商会，将有助于商会之间的自由竞争，提高服务质量。[2]

周林彬(2007)认为，商会是商人(企业)为降低市场活动中各种交易成本而建立的自治组织，其经济本质是一种“关系型契约”。中国商会立法应该从义务本位向权利本位转型，确立复合型的商会设立模式和一元化的商会外部管理机制；中国商会立法应该为商会自治规范和内部惩罚机制的建立提供有效依据，并充分关注商会职能履行程序和内部成员权利救济问题。总之，中国商会立法应该围绕商会自治的主题，彻底改革计划经济体制遗留下来的“身份性立法”模式而转向“契约性立法”模式，即

---

[1] 金晓晨：《商会与行业协会法律制度研究》，气象出版社，2003 年版。

[2] 汪沂：《我国商会立法模式之选择》，载《湖北广播电视大学学报》，2006 年第 5 期。

废除现存商会的各种差别待遇，以“平等契约观”为指导来构建商会法律制度。[1]

何敬芳(2009)认为，通过对商会性质和职能的分析，认为要为商会立法的基本定位提供一种新视角，其一，商会实行自律管理，由传统的行政管理职能向服务职能转变，就要在立法精神上真正促成商会的民间化，坚持市场化方向，从具体权利上保障商会自治的实现。其二，立法应该为商会履行机制的完善提供配套法律依据。通过健全体制机制和完善政策，创造良好的发展环境，优化结构和布局，提高商会素质，增强协调、指导、咨询、服务能力。其三，实行政会分开，妥善解决商会与政府的关系。商会要严格依照法律法规和章程独立自主地开展活动，要从职能、机构、工作人员、财务等方面与政府及其部门彻底分开，对行业协会受政府委托开展业务活动或提供的服务，政府应支付相应的费用。

至于立法模式，根据市场经济的发展现状，商会作为代表工商业者利益的社会团体，民间自治性应是其基本属性，但这并不否定政府部门的适度指导。一方面商会要帮助政府联系工商企业，对政府有关部门提出政策建议，另一方面商会要代表会员企业并为之提供服务，制定自律机制，在职能和组织机构上强调自主性。政府对商会应重在引导而非强制，对商会的发展提供政策支持，同时，优化商会体系，用法律确定商会的民间性，促进商会之间的自由竞争，提高服务质量。[2]

鲁篱(2003)认为，从行业协会在市场经济和市民社会中的独立地位和功能角度，论述了行业协会自治尤其是经济自治的必要性，并对行业协会自治的宪法基础进行了论述和阐释，比较了各国行业协会上的异同，着重对行业协会自治权的具体内容，如行业协会的规章制定权、非法律惩罚权、争端解决权、监管权、起诉权等多项经济自治权进行了深入的阐释，又剖析和解释了行业协会经济自治的实现条件以及我国行业协会经济自治的现状，最后，从反垄断法的视角论述了行业协会自治的限度。[3]

---

[1] 周林彬:《中国商会立法当议:从契约的视角》，载《南开大学学报》，2007年第2期。

[2] 何敬芳:《中国商会之立法初探》，载《消费导刊》，2009年第8期。

[3] 鲁篱:《行业协会经济自治权研究》，法律出版社，2003年版。

黎军(2002)认为，作为中介组织最重要的构成的行业协会越来越受到人们的关注和重视，它不仅是市民社会的基础性力量，更是对国家失效的有效替代，为了提升和完善我国行业协会理论研究的水平。还从行政法的视角对行业协会的诸多问题进行了研究，而主要关注的问题则是与行政的总体公益相关的各项内容。着重探讨和分析了行业组织在行政法律关系中的地位和作用。通过对行业组织分别对政府及社会成员之间形成的各种行政法律关系及它们在不同关系中的权利义务进行具体分析探讨，从而明确行业组织在政府与公民之间所起的中介作用——既代表或协助政府实现对社会的管理以维持公共秩序，又作为社会成员的利益代表对政府形成一定的监督制约力量。❶

肖海军(2010)认为，以商会的权力源为切入点，在国家控制、社会自治和营业自由的三维视角下，作者运用其权利(力)结构学说，全面考察了商会的组织属性、法律定位、制度功能和治理机制。本着"制度缘由—制度功能—制度定位—现状分析—改革路径—立法对策"这一基本思路和分析框架，其研究包括商会制度的源流与演变，商会制度产生的缘由，商会的法律地位与制度功能，商会的设立与组织范式，商会的权利结构与权力形态，商会的治理与运行，商会监督制度的构建，商会与政府、企业关系的法律定位，我国商会制度改革的路径选择，商会立法的模式、体例与内容等。❷

张经(2010)接受委托组织了行业协会商会立法课题组。2010年形成的《行业协会商会立法课题研究报告》显得凝练而厚重。该报告总共包括七个子报告。包括：行业协会定义、职能与基本法律属性研究；行业协会管理体制、机制研究；行业协会商会法人治理结构及资产管理研究；行业协会与政府关系问题研究；行业协会税收制度、薪酬制度及外国来华商会地位研究；行业协会立法相关法律文献综述；行业协会商会基本情况调查等。❸

---

❶ 黎军：《行业组织的行政法问题研究》，北京大学出版社，2002年版。

❷ 肖海军：商会法律制度研究，中国人民大学出版社，2010年版。

❸ 行业协会商会立法研究课题组：《行业协会商会立法课题研究报告》，2010年12月。

陈晓军(2007)认为,互益性法人的产生具有自发性、民间性和自律性的特点,其设立和运行均体现出自治的私法原则,因而互益性的法人在本质上应当属于私法人。这一结论并不因某一些互益性法人被授权行使行政性权力或比较多的提供了公共产品与服务而改变。互益性法人属于私法上的主体的本质特征,并不能就认为与互益性法人相关的所有问题都是私法问题。恰恰相反,互益性法人的会员制结构和一部分互益性法人(如商会、行业协会)在整个社会体系中所扮演的角色,决定了它经常性的被授权行使一些行政性的权力,如对会员的资格认定、纪律处分、处罚等,这些行政性的权力有的是由法律直接进行了规定,有的则是通过行政机关委托的方式。当互益性法人因法律或行政机关的授权行使某一行政性的权力时,就要受到公法规范的调整。❶

浦文昌等(2010)认为,由于我国商会、行业组织发展的生态结构紊乱须通过商会立法加以改变。从我国实际出发,对现有商会、行业协会的组织结构重组,建成由横向综合性商会和纵向行业组织相结合、纵横交错、合理分工的商会行业协会网络。要注重推动综合性商会网络组织的建设和改革,使之成为代表和维护业界利益的自治自律性组织,承接相关社会公共职能,助推政府促进工商经济发展、建设和谐社会工作。目前我国商会建设、商会立法严重落后于经济体制改革的总体状况,要借助国家立法,依法对商会、协会资源进行重组,建立以地方综合性商会及其同业组织为横向基础,建立全国性行业协会为纵向网络的,纵横交错、分工明确、功能互补、结构合理的,符合市场经济体制要求和世界各国商会发展趋势的商会体系。报告比较分析商会和专业性的行业协会组织的共性与差别。系统比较了国际上英美模式、大陆模式和混合模式三种不同的商会行业协会法律基础结构及其立法经验,认为只有采用大陆模式和混合模式商会体制的国家才制定商会法(公法或特别法),由于商会属于公法人或特别认可法人,一般均通过法律授权获得市场经济条件下某些政府公共职能,致力于工商经济发展,政府有稳定的资金支持,同时也应多方面监管,但这并不影响商会的自治地位;而行业协会在世界各国均依民法设

---

❶ 陈晓军:《互益性法人制度研究》,法律出版社,2007 年版。

立，属于私法人，政府一般不授予任何政府公共职能，迄今为止还没有发现哪个国家单独、统一为行业协会立法的先例。

商会立法的基本目的不仅是为了规范各级各类商会和行业组织，更为重要的是，要通过立法确定我国商会的法律制度模式，重组我国现有商会、行业协会的组织网络结构，完善社会主义市场经济体制，使我国的商会制度与国际接轨，使商会在促进国内工商经济繁荣、培育中小企业成长和帮助企业参与全球竞争中发挥重要作用。

浦文昌等力主为商会单行立法并提出了两个不同的商会法框架性建议草案。对于商会法的立法路径，在上位法缺位或不完善的情况下，应抓紧起草单行法。在立法的指导思想上，要遵循商会行业协会发展的普遍规律，要体现改革精神，采取事前规制，以新体制、新观念，引导、促进和保障商会的建立和有序发展。❶

金晓晨(2002)认为，现行商会、协会缺少相应的法律、法规，无法应对现实中商会协会遇到的不明确的问题。如、性质、职能、权利、义务等，要解决这些问题，就要将商会、协会尽快纳入法制的轨道。整个社会对中观层面的商会、协会的制度总体是忽视的，鉴于中国特色市场经济的实践，有必要借鉴法、德的商会协会法制经验，同时吸收英美的某些成功做法，"半官半民，以民为主"。还分析中国商会、协会的问题及原因，对中外商会协会制度进行了比较，提出了中国的商会协会立法建议。在商会协会组织机构建设上，政府应对理事会成员保留一定比例的提名权，经过会员大会通过；发挥商会、协会的参政职能，发挥其保护国内市场的职能。❷

(8) 行业协会治理结构

吴敬琏(2006)认为，因为商会没有上级机关，用"主管"定位商会与政府的关系不恰当，最好应该用"监管"这个词来定位政府与商会之间的关系，监管就是看商会有没有违规，这似乎应该是法院来管理，但是由于法律跟不上，所以就要通过行政监督。对于行政监管，由谁监管，应该一行一行来梳理，哪些应该由司法部门来兼管，哪些由行政机构来监管，都要

---

❶ 浦文昌等：《中国商会法立法研究及中外资料汇编》，中央编译出版社，2010 年版。

❷ 金晓晨：《商会与行业协会法律制度研究》，中国工商业出版社，2002 年版。

一个一个去讨论。

商会既然是一个由许多企业和许多个人共同组织起来的法人团体组织，要健康运行，就一定要把治理问题解决好。商会有会员大会、理事会和执行机构。一个好的治理就是要把三者之间的关系处理好，做到三者之间各有其权力又互相制衡，这样就可以防止出现一些如商会被少数人把持等弊端。要把理事会和执行层分开，使商会的执行人员像公司里的职业经理人一样。而且，会长也必须有任期限制。因为理事会中的会长们自己都是企业家，如果让他们来做执行的话，一是精力不够，他有自己的企业经营业务，另外也存在利益冲突问题。❶

周桐宇(2008)认为，民间商会作为一种现代组织，同样存在由所有者(全体会员)和管理层之间的信息不对称和目标不一致所引发的委托代理问题，因此，完善内部治理是提高中国民间商会运行效率的关键。相关模型分析表明，完善民间商会内部激励约束机制的核心在于引导和约束管理层的私利动机，使其将更多的精力分配到为全体或大多数会员利益工作上来。除此之外，完善民间商会内部治理更根本的保障还在于提高民间商会的整体运营质量，使得包括管理层在内的各类商会会员都能够通过商会组织的正常运营获得必要的回报。对于那些对商会事务有较多资源投入的大企业和担任商会管理者的企业家，除了赋予他们对商会事务的控制权以外，还要保证他们即使将主要精力投入到公益性工作上也会获得较高的收益，这才是保证中国民间商会治理健康发展的要义。❷

郁建兴、宋晓清(2009)认为，商会应按照互益性非营利组织的方式使用自身经费，包括会费、企业捐赠和项目资金，在其中，会员企业通过会员大会选举产生理事会，并将资金的控制权委托给理事会，同时保留所有权。会员基于所有权中的剩余控制权，具有对理事会的监督权，可以委托监事会代为行使；会员基于所有权中的剩余索取权成为这笔资金的受益人，有权享有商会提供的各种服务。同时，商会按照“公益产权”方式使用来自政府的经费。在其中，政府将资金的控制权委托给商会，并将所有权

❶ 吴敬琏：《商会的定位及其自身治理》，载《中国改革》，2006年第十期。

❷ 周桐宇：《民间商会内部治理的委托代理分析》，载《华东师范大学学报》，2008年第3版。

中的剩余索取权移交给社会公众或者特定的某类群体,只保留部分的剩余控制权,有权对商会进行监督,主要包括财务审计和行政监管。由于政府的资金来自于纳税人,所以社会公众也有对获得政府资助的商会的监督权。社会公众或不特定的某类群体有权享有商会提供的公共产品或服务。❶

(9) 行业协会信用能力制度建构

朱国华,朱国泓(2003)认为,行业协会是社会治理结构自发演进的结果。行业协会信用在自发演进中不断积累、形成的比较优势使其成为社会诚信体系的重要支柱,并进一步演变成为成熟市场经济中极其重要的组成部分。针对我国当前行业协会信用建设存在的不足,改造现有的相关制度安排,优化相应的实施机制,综合培育其比较优势,系统弥补其比较劣势,充分发挥行业协会在社会信用建设中的积极作用,无疑是进一步推进社会主义市场经济建设的重大课题。❷

赵文启(2004)通过分析我国行业协会信用建设的主要问题,就如何开展行业信用建设给出了若干建议。比如,完善自律维权功能,建立行业信用体系;引导企业健全内部信用管理制度,通过各种方式促进企业内部加强信用管理,减少因授信不当导致的企业信用风险和损失;鼓励和支持在重要行业内部建立共享的信用信息平台,在行业内部开展联合征信活动;倡导社会信用观念,引导企业加强社会信用体系建设;加强硬件建设,高标准开展行业信用建设工作。通过建立健全行业统计指标体系、行业经营者管理评价体系和信用管理奖惩制度来加强协会自身建设、巩固协会地位、维护协会权威。❸

胡能(2005)分析了当今行业信用状况,指出由于信用缺失已经给我国的国民经济、市场秩序和广大消费者带来了严重损害。作为政府的助手,行业协会在建立行业信用体系中起着非常重要的作用。行业协会信

---

❶ 郁建新:《商会治理的结构分析框架及其在我国的应用》,载《中国行政管理》,2009 年第五期。

❷ 朱国华,朱国泓,《行业协会信用:社会诚信体系的重要支柱》,载《文汇报》,2003 年 11 月 4 日第 11 版;《行业协会信用:社会信用建设的突破口》,载《社会科学报》,2003 年 10 月第 4 版。

❸ 赵文启:《行业协会信用若干建设问题研究》,载《创新思维》,2004 年第 4 期。

用具有比较优势,在会员的特定行为危害到整个行业的信用和利益时,该行为立即被确定为失信行为,行业协会将根据章程等对其进行惩罚,这是一般措施无法比拟的;行业协会信用的比较优势具有溢出效应,是守信得利、失信受罚的最佳执行者。❶

张平(2006)从行业协会自身的信用自律机制出发,分析了中国行业协会自身信用机制失灵的具体表现,如民间中介性失灵、非营利性失灵、公益性失灵、作为社会组织有名无实等,究其原因,行业协会既要克服旧体制、旧观念的巨大惯性,又要适应现代市场经济规律和国际一体化的要求,"失灵"问题不可避免。若要真正治理这个问题需要"四管齐下"。建设公共服务型政府,克服"政府失灵";培育真正市场主体,克服"市场失灵";建立社会信用联动机制,克服"社会失灵";行业协会增强自身能力,克服"自身失灵"。其中行业协会自身素质和能力是立身之本。民主立会、企业家办会、文化强会都是可以采取的措施。❷

陈蕾、姚丹(2007)主要是从制度经济学的角度分析了行业协会对企业信用建设的作用。虽然著名的经济学家科斯只是用交易成本理论对企业的性质做出了解释,但行业组织作为一种比企业还要古老的经济组织,交易成本的理论同样适用。行业协会与一般意义上的非营利性组织或者慈善组织的根本差别在于其是交易主体为了减少交易成本而达成的一种契约安排。其本质仍然是一种经济组织,能够有效地降低交易成本是行业协会得以生存和发展的根本原因。行业协会在企业信用建设中具有很大的优势,如促使企业外部效应内部化,降低企业交易费用;降低征信机构的交易成本;降低管理成本等;降低政府机会成本等。在实际中,行业协会作为政府与企业的纽带和桥梁,对于提升企业信用也有着重要的作用。❸

(10) 法学研究展望

可查阅的资料显示,国外特别是欧美对于行业协会的研究兴起于 20

❶ 胡能:《行业协会与行业信用建设问题研究》,载《河南社会科学》,2005 年 8 月增刊。

❷ 张平:《中国行业协会信用自律机制失灵问题及其治理》,载《生产力研究》,2006 年第 8 期。

❸ 陈蕾、姚丹:《从制度经济学的角度分析行业协会对企业信用建设的作用》,载《金融经济》,2008 年第 12 期。

世纪 50 年代，其主要研究就是从反垄断法和反不正当竞争法角度针对行业协会对于竞争的限制行为。而国内对于行业协会的法学研究可以说还处在起步阶段，专门的法学文献还不够丰富，主要文章都集中在三个方面，即：行业协会内部治理、外部与政府的关系和对其垄断行为的规制。从目前的研究趋势来看，在可预见的时间内，这三个方面仍然是重点，而且对于行业协会之间竞争关系的研究，以及行业协会在 WTO 框架内所产生贸易争端时所应发挥的作用也是未来可研究的领域之一。

国内法学界对商会和行业协会的研究从法律主体形式和自治组织视角进行研究、考察和分析。有一些框架，如市民社会理论、社会法理论、第三部门理论、社会权力理论等不同的角度对诸如行业协会、商会进行较为系统的考察和研究，其研究成果对行业协会商会立法和制度变革有参考价值。不同学科对行业协会、商会的组织功能与制度功能已经有相当深入的研究并形成较为成熟的理论。法学的社会权利与权力、国家干预与市民社会的自治理论等，郭道晖(2001)[1]《权力的多元化与社会化》，《法学研究》2001 年第 1 期；鲁篱(2003)、肖海军(2010)等。

国内行业协会法学研究出现了几部力作，主要包括鲁篱的《行业协会经济自治权研究》、金晓晨的《商会行业协会法律制度研究》、陈晓军的《互益型法人制度研究》、肖海军的《商会法律制度研究》、黎军的《行业组织的行政法问题研究》、浦文昌的《中国商会法立法研究及中外资料汇编》。这些专著的一个共同特点是基于自治权上的规范研究、演绎研究、文献研究、国别研究、历史研究。它们的各自特色在于：黎军更多是公法研究，陈晓军则是民法法人制度研究，鲁篱提倡公法、私法兼容，肖海军依循国家控制、社会自治和营业自由的三维视角开展了相应的商法研究，浦文昌提出商会法单行立法，郭道晖则提出社会权利与权力、国家干预与市民社会的自治的理论观点。这些研究的不足在于，缺少实证调查、归纳综合和案例探讨；其研究理路大多是从西方到中国，从法理演绎到社会现实，给人的感觉是缺乏现实感，跟现实问题缺乏针对性的问题衔接。另外，不曾尝试运用其他学科的先进理论，以实现各学科的相衔接。行业协会法学研

[1] 郭道晖：《权力的多元化与社会化》，载《法学研究》，2001 年第 1 期。

究与其他学科的不衔接，与现实生活的不衔接，在一定程度上反映了国内法学界在行业协会研究的踯躅不前。其结果是，法学研究呈现出一定的“孤岛”现象。从理论与实践结合的情况来看，国内行业协会信用制度案例研究更多是在纸面上，没有深入波澜壮阔的改革实践，没有深入千变万化的行业协会信用能力的制度构建及其案例实证研究，偶尔有零星的案例研究，多是政治学者、公共管理学者、社会学者乃至历史学者进行的学科的研究，而非以当代社会转型、国家治理体系和国家治理能力现代化角度的社会共治宏大叙事展开。行业协会信用能力的制度案例研究一再展现其小中见大，柔弱胜刚强的系统优化和自组织、循环优化的系统善治之功能。没有艰苦的案例实证研究，行业协会制度研究永远是镜花水月，是永远无法揭示行业协会在“政府—协会—企业”的社会共治中可能发挥的精妙世无双的境界的。

在其他相关著作中业已证明，行业协会的信用能力是行业协会发展的根基所在，更是其发挥社会“第三域”角色的物质基础。行业协会信用能力是一种达成各利益相关者系统、整体、持续、平衡信任的能力，或者说通过自身努力最终赢得社会信赖的能力。行业协会的信用能力构建有其鲜明的个性。内外平衡协调的行业协会信用能力及制度建构正反映了我国转型社会走向国家治理现代化和国家治理能力现代化建设的关键。行业协会信用能力是区别于政府、个会个体（企业、个人）的、综合运用行业协会的组织功能、资源基础，并由此赢得社会信赖，并能以此降低社会交易成本的一种系统的、持续的、自组织的综合能力。其基本内涵包括人力、财力、物力、信息、组织、机制等。行业协会信用能力制度以及社会组织信用能力制度建设将决定中国国家与社会转型的成败。

（11）主要创新点

“行业协会信用能力制度案例研究”主要创新点就是从行业协会信用（知识产权）能力、制度、绩效运用等方面进行案例实证研究。行业协会信用能力，是深度关注行业协会的战略能力在组织支持能力、知识服务能力、价值引领能力和自律拓展能力之高端运用。

① “美国国际知识产权联盟案例研究”研究国际知识产权联盟在作为行业协会在美国知识产权体制中的能力、制度、机制和影响。美国国际知

识产权联盟对中美知识产权双边政策影响至为深远。美国国际知识产权联盟的经验,适合于中国知识产权行业协会的推动创造、规范运用、集体管理和多元保护的制度与规则。

②“专利协会制度案例研究”研究专利协会的组成、制度的内容、运行方式、绩效问题。研究专利协会制度案例的背景、理论意义、实践意义、研究框架、文献综述,基本概念、特征、作用、内部治理制度和外部治理制度,并从完善内部治理制度和从外部完善反垄断法信用能力制度建构提出了若干建设性的建议。

③“商标协会制度案例研究”研究了商标协会信用能力制度的核心部分,研究商标协会的自治权,并以此为中心展开案例研究。研究背景、理论意义、实践意义、文献综述、协会自治权概念、内涵、特征、商标协会的概念、生成模式、职能,从存在问题出发,分析、探讨商标协会涉及的若干法律问题,从政府、协会自身、企业层面提出了制度上的可行性的建议。

④“动漫协会制度案例研究”研究了动漫行业发展的背景、关键问题和集体管理制度的建议,论述了动漫行业协会的法律环境、内部治理、发展前景。动漫行业协会应将解决行业所存在的动漫人物形象侵权为契机,构建动漫人物形象集体管理制度(著作权行业协会管理制度)。

⑤“律师协会社会责任案例研究”研究了上海律师协会对社会责任原则的运用。研究律师、协会的社会责任、律师协会社会责任的特殊性,律师协会担当社会责任的必要性、内容、历史和成就。总结近三十年上海律师协会承担社会责任的成果,相应的完善对策,一篇案例研究的破题之作希望引起理论界、学术界和实务界的重视。

⑥“上海温州行业协会信用制度发展调研及比较分析”通过对温州和上海的行业协会信用制度的调研分析,对行业协会信用制度建设展开了研究。我国当前行业协会信用制度建设存在的不足,现有的相关制度安排需要改进,实施机制需要优化,相应的、比较优势需要培育,其在社会信用建设中的积极作用需要充分发挥,矫正政府和个体信用建设中的“失灵”,是社会信用体系建设的重大课题。在行业协会信用能力制度进行公私法融合基础上,对协会信用制度做了系统的研究并提出系统的政策建议。

⑦“贸易救济领域协会涉外信用能力案例研究”研究了我国行业协会在国际贸易领域贸易救济工作中发挥信用能力的情形。其作为国际经济法主体在国际贸易、国际投资和国际金融领域以及国际争端解决中信用贡献,文章特别关注行业协会信用能力制度行业协会(商会),事前、事中、事后救济中的行业协会制度等若干方面。创造性的研究了在贸易救济领域,我国行业协会对外信用能力实践的情况。特别建议增强我国行业协会在国际市场的集体行动能力。

(12) 篇章结构

除了绪论外共有7章。

第一章美国国际知识产权联盟案例研究,重点研究国际知识产权联盟在作为行业协会在美国知识产权体制中的能力、制度、机制和影响。概述了美国国际知识产权联盟的基本组成,论述了美国国际知识产权联盟影响对华知识产权政策的动因,第三节“特别301条款”框架下的国际知识产权联盟与对华经贸政策的制定的影响。美国国际知识产权联盟对中美知识产权双边政策影响至为深远。美国国际知识产权联盟的经验值得总结,值得为我们国内的知识产权行业协会借鉴其经验,总结其做法,制定适合于中国知识产权行业协会的推动创造、规范运用、集体管理和多元保护的制度与规则。

第二章专利协会制度案例研究,重点研究专利协会的组成、制度的内容、运行方式、绩效问题研究。文章论述了专利协会制度案例研究的背景、理论意义、实践意义、研究框架、文献综述,基本概念、特征、作用、内部治理制度和外部治理制度,并从完善内部治理制度和从外部完善反垄断法等制度提出了若干建设性的建议。

第一节为引言。主要是介绍我国行业协会发展的背景及其研究意义,并简要介绍研究方法和技术路线,对国内外就行业协会的相关研究做了一个梳理。

第二节分析专利类行业协会的基本特征,介绍专利类行业协会的基本功能,其主要功能包括:自律功能、统筹功能、服务功能与受托参与诉讼功能。其中,特别对中华全国专利代理人协会、中国专利保护协会以及美日专利类行业协会的情况进行了分析。

第三节以专利类行业协会的内部治理问题为突破口,阐述了专利类行业协会的治理类型和法律意义,重点分析了行业协会实现内部治理的基本路径。

第四节以专利类行业协会限制竞争行为的二重性为起点,对专利类行业协会限制竞争行为的违法性进行了认定,从而得出限制竞争行为承担的原则。

第五节结合当前行业协会法即将出台的大背景,为我国行业协会立法提出一些可行性的建议。

第六节认为行业协会特别是专利类行业协会应在我国经济建设中发挥更大的作用。

第三章商标协会制度案例研究,重点探讨商标协会制度的核心部分,研究商标协会的自治权,并以此为中心展开案例研究。文章论述了研究的背景、理论意义、实践意义、文献综述、协会自治权概念、内涵、特征、商标协会的概念、生成模式、职能、从存在问题出发,分析、探讨商标协会涉及的若干法律问题,采用文献研究、比较研究、多学科研究等方法,通过笔者的初步探讨,能为商标协会的法律实践发展提供一点借鉴以期望在商标法的未来修改为商标协会争得一席之地做微薄的贡献。

本章共分为五个部分,第一节引言中首先指明了本章选题背景、研究目的、意义、方法以及国内外现在对行业协会的研究现状和成果,同时指出了本章的创新点;第二节是理论概述部分,首先对本章中所需要用到的概念的内涵与外延加以界定,并系统分析了商标协会的特征;其次对照西方国家行业协会的运行模式,探析了我国商标协会的运行模式;最后分析了商标协会在商标强国战略中的功能;第三节在阐述基本理论之后,重点对商标协会的自治权进行了研究;第四节分析了我国商标协会在运行中存在的问题以及隐藏在问题背后的深层原因;第五节针对商标协会目前存在的问题,从政府、协会自身、企业层面提出了制度上的可行性的建议。

第四章动漫协会制度案例研究,重点研究了动漫行业发展的背景、面对的三个关键问题和发展动漫产业引入集体管理制度的建议。本章首先论述了动漫行业协会的法律环境、内部治理、发展前景三个问题进行研究。在法律环境方面,论述产业政策对严格的法律环境产生的影响。在内部治理方面，论述了动漫行业协会应寻求合法性理论支撑构建内部治理制度。在发展前景方面，动漫行业协会应将解决行业所存在的动漫人物形象侵权为契机，构建动漫人物形象集体管理制度（著作权行业协会管理制度）。

第五章律师协会社会责任案例研究，重点研究上海律师协会对社会责任原则的运用。本章通过论述社会责任、协会的社会责任、律师协会社会责任的特殊性，分析律师协会担当社会责任的必要性，律师协会社会责任的内容，历史的追索了上海律师协会履行社会责任的历史和成就，展示律师协会为社会服务的多方面成果。总结性地回顾了近三十年上海律师协会承担社会责任的成果，从立法、规范和操作中发现存在的不足并针对这些不足提出相应的完善对策，一篇案例研究的破题之作希望引起理论界、学术界和实务界的重视。

第六章上海温州行业协会信用制度发展调研及比较分析，通过对温州和上海的行业协会信用制度的调研分析，就行业协会信用制度建设形成了一个大致的轮廓。针对我国当前行业协会信用制度建设存在的不足，改进现有的相关制度安排，优化相应的实施机制，综合培育其比较优势，充分发挥行业协会在社会信用建设中的积极作用，矫正政府和个体信用建设中的"失灵"，无疑是进一步推进社会主义市场经济建设的重大课题。行业协会法律制度生成于公法与私法之间，它无疑是当今时代应当予以充分关注的因素。行业协会规则应当在公私法融合基础上做系统的研究。文章从研究的缘起、两地信用制度现状、信用制度成因分析、信用制度问题归纳分析、信用制度建设做出了政策建议。

第七章贸易救济领域协会涉外信用能力案例研究，重点研究我国行业协会在国际贸易领域贸易救济工作中发挥信用能力的情形。文章论述其作为国际经济法主体在国际贸易、国际投资和国际金融领域，以及国际争端解决中信用贡献。文章特别以 2005 年贸易救济的情况为例子进行分析，特别关注这中间的行业协会制度；有关货物进出口贸易竞争政策下的行业协会（商会），事前、事中、事后救济中的行业协会制度等若干方面。研究了贸易救济领域我国行业协会对外能力实践的情况。对此，提出了相应的对策性建议，增强我国行业协会在国际市场信用维护的集体行动能力。

第一章
美国国际知识产权联盟案例研究

案例分析:美国国际知识产权联盟与美国“特别301条款”的制定

在美国的政治体制中,利益集团占据着重要角色。利益集团既是美国多元参政的民主制衡机制中的重要角色,也是美国政府制定国内外政策时不容忽视的重要国内因素之一。施瓦茨曼特(Schwarzmantel)提出:“因为在多元主义作为其起点的一个具有不同利益的现代社会中,人民的权利是通过团体行为,通过政党和压力团体或利益团体的工作实现的。在发达社会中,由于多元利益的存在,社会处于分裂状态,这些团体则分别代表着不同的利益……现代社会的利益多元化是一种必然现象,是社会生活中的一种积极因素。”[1]利益集团之中为数最多的便是代表众多经济利益的组织。[2] 随着知识产权问题在两国经贸关系中占据越来越重要的地位,美国知识产权政策的制定不断地受到利益集团的深刻影响。影响美国知识产权政策制定的利益集团主要可以分为四类:一是知识产权联盟,以国际知识产权联盟、国际反假冒联盟为代表;二是商会和劳工组织,以美国商会为代表;三是行业协会,以美国商业软件联盟、计算机软件及服务协会、医药制造商等行业协会为代表;四是与知识产权有关的律师协会,以美国律师协会知识产权部为代表。[3] 国际知识产权联盟(International Intellectual Property Alliance ,缩写为IIPA)即是美国众多知识产权利益集团中占据重要地位的一个。

---

[1] Schwarzmantel, The State in Contemporary Society, Hemel Hempstead: Harvester Wheatsheaf, 1994, P. 48-50.

[2] [美]詹姆斯. M. 伯恩斯等著,谭君久等译:《美国式民主》,北京:中国社会科学出版社,1993年,第250页。

[3] 刘恩东:《利益集团与美国知识产权政策》,载《国际资料信息》,2007年第9期,第1页。

第一节　美国国际知识产权联盟

IIPA是美国版权业的一个非常活跃的民间产业协会的联合体，成立于1984年，经常就全球及各国版权问题向政府发表意见。其宗旨是通过双边的和多边的努力，消除盗版和其他贸易障碍，为美国的版权产业打开国外市场，❶并促进版权的国际性保护。联盟由7个协会组成，每一个协会代表了版权产业中的某一个部类。他们一起代表了美国1900多家生产和销售享有版权作品的企业，其下属的协会及成员公司声名显赫：商业软件联盟(BSA)成员包括微软、ADOBE等全球知名软件公司；美国电影协会(MPAA)主要代表包括华纳兄弟、索尼、20世纪福克斯、迪士尼、派拉蒙、米高梅等在内的好莱坞几大著名电影公司；娱乐软件协会(ESA)则包括了著名的游戏软件商任天堂(Nintendo)和电子艺术公司(Electronic Arts Inc.)。其中，美国电影协会的经济和文化影响力更为突出，美国政府对其游说要求常常积极回应，有官员还曾表示他们在海外代表好莱坞及其他娱乐业和知识产权业的工作是符合国家利益的。此外，IIPA属下的另外4个协会：美国录音工业协会、美国出版商协会、独立电影电视联盟和全国音乐出版商协会也分别代表着美国版权业的一个重要部门。作为1900多家企业和七个产业协会的代言人，IIPA汇集各种信息，协调各种观点和要求，向政府各部门和国会提出版权产业的要求，并最大限度地影响美国在知识产权方面的政策。❷ 另外，类似于IIPA的大商业集团与美国贸易代表处、商务部、财政部、国务院及司法部等部门有着密切的合作关系，这种关系被一些美国学者称为“共生关系”。这意味着很多时候IIPA甚至都不需要游说，因为它已经处在行政部门的决策过程中了。在

❶ 美国国际知识产权联盟的7个协会是：美国出版商协会(Association of American Publishers, AAP)，商用软件联盟(Business Software Alliance, BSA)，娱乐软件协会(Entertainment Software Association, ESA)，独立电影电视联盟(Independent Film & Television Alliance, IFTA)，美国电影协会(Motion Picture Association of America, MPAA)，全国音乐出版商协会(National Music Publishers' Association, NMPA)，美国录音产业协会(Recording Industry Association of America, RIAA)。

❷ 李明德：《“特别301条款”与中美知识产权争端》，社会科学出版社2000年版，第30页。

公司和企业的影响下，美国政府内许多经济职能部门都在某种程度上为大公司和企业服务。美国商务部国际司、财政部国际司为那些在国外进行投资的美国企业和公司利益服务。

随着中美两国知识产权问题的不断上升，以及中国经济逐步发展导致的两国经贸摩擦的加剧，美国对华经贸政策特别是对华知识产权政策不断地进行调整，而这调整背后却存在着众多利益集团的影响因素。在中美知识产权争端中，IIPA 作为美国最重要的知识产权利益集团之一，从 20 世纪 90 年代中期以来就一直是力压我国、保护美国在华知识产权的首要利益集团，对美国的对华知识产权政策的制定和实施起着至关重要的影响作用。

第二节　国际知识产权联盟影响美国对华经贸政策制定的动因分析

随着科技的发展，知识产权逐渐被各国重视，美国认为保护知识产权，是保护美国企业竞争力的重要手段。所以无论是在立法还是具体的对外贸易中，美国都在不断地加强对知识产权的保护。伴随着中美两国贸易的增加，IIPA 及其成员不断地增加了在中国的投资。为了使产权专利成为其保持技术创新的长远优势、维持市场垄断地位，中美知识产权问题不断地成为 IIPA 关注的焦点。IIPA 影响美国对华经贸政策制定的动因主要有以下两个原因。

首先，巨大的经济利益和实现利润最大化是知识产权利益集团积极介入并影响美国政府对华知识产权政策制定的基本动因。知识产权产业在美国经济中具有相当的重要性。知识产权产业是美国经济的主导支柱产业，是美国经济发展的“秘诀”和原动力之一，美国经济对知识产权产业有很大的依赖性。美国电影协会主席杰克·瓦伦蒂说：“知识产权是美国最优价值的出口物，也是全世界最需要的美国产品。”[1]因此，2006 年的美

[1] New Economic Study Shows U. S. Copyright Industries Pass ＄278 Billion Mark and Account For Over 3.5 Million U. S. Jobs, Press release. http//:www. iipa. com , May 7, 1998.

国总统经济报告称，知识财产占美国企业全部价值的三分之一以上，知识产业占美国出口总额的一半以上，经济增长的 40%，就业人数达 1 800 万人。❶ 由斯特伍·斯威克经济学家为 IIPA 准备的《美国经济中的版权产业—2006 年报告》也再一次证实，在对经济实际增长和整个国民经济增长的贡献方面，版权产业都超过了美国其他经济行业。知识产权产业在美国 GDP 中所占的比例一直稳步增加，对美国的就业率、对外贸易以及美国整体经济的增长都有重要贡献。IIPA 于 2007 年上半年发布的数据表示：在整个 GDP 中，核心版权产业占 8 190 亿美元（相当于美国 2005 年 GDP 的 6.5%，而 1990 年只有 1737 亿美元）；知识产权产业占据 538 万个工作岗位（占美国总就业的 4%，1990 年时仅占 3.3%），而且该行业的平均工资水平比美国国家平均工资水平高 40‰；在对外贸易方面，2006 年知识产权产业对国家外贸的贡献则超过 1 108 亿美元（1990 年只有 223 亿美元），比美国任何其他主要产业都多；对整体经济的增长贡献而言，2006 年比 2005 年几乎多了 13%。总而言之，在现今以至未来，美国没有任何产业部门的重要性能与版权业相媲美。❷ 所有这些数据表明，版权产业是美国国民经济的重要命脉，而近年特别是中国加入 WTO 之后，美国版权产业在中国投资的不断增加，IIPA 作为美国最大的版权业方面的利益集团，为了保护其成员公司自身利益以及国家利益实现的最大化，必定对美国的对华经贸政策、特别是知识产权政策施加其影响。

其次，打击中国涉嫌侵权盗版等“不法行为”，维护自身合法权益，保持核心竞争力，是 IIPA 影响美国知识产权政策的又一重要原因。近年美国企业对华投资增加，对假冒和盗版行为越来越关注，不断推动美国政府促进中国对知识产权的保护。美国认为，中美之间的巨额贸易逆差，很大程度上归因于中国的“盗窃”行为。美国已经“失去耐心”，再也不能“坐视不管”了。IIPA 每年都会对其贸易国由于知识产权保护不力而造成的利

---

❶ 何兴强：《美国知识产权政策制定中的利益集团因素》，载《中国社会科学院院报》，2006 年第 10 期。

❷ Eric. H. Smith , International Piracy, “The Challenges of Protecting Intellectual Property in the 21st Century”, October18, 2007 (Material of IIPA before the Subcommittee on Courts, the Internet, and Intellectual Property United States House of Representatives).

益损失进行评估。IIPA认为,中国是国际上盗版行为最为严重的国家之一,“是保护知识产权过程中应移走的冰山……继续阻碍了我们国家在全球市场上利益的获取”。[1] 在2005年12月IIPA提供的听证会材料中对中国的总结是:“有一些小的进步,但是无论在国内还是出口方面,中国的盗版水平都没有降低。”两年后IIPA的材料中总结是:“盗版行为继续存在,没有改变。”IIPA认为,中国在大多数版权相关产品中,盗版占80%~90%。另外,美国认为由于中国政府对美国公司在其市场准入方面的限制,美国在音乐、音像制品、娱乐软件等产业遭到了很大的损失。估计2006年美国在中国版权产业中由于盗版行为造成的损失超过24亿美元。而2007年中国盗版给美国带来将近30亿美元的损失,这还不包括电影工业,因为他们没有能够提供去年的数据。IIPA主席埃克·史密斯说:“中国的主要问题是,中国政府没有对商业盗版行为采取刑事执法,使得美国各个工业受到影响。如果中国现有的行政体制可以发挥有效作用的话,可能会减轻美国图书行业的损失,可是针对其他行业中的盗版行为,中国政府必须采取刑事执法……不幸的是,中国的行政体制存在严重缺陷,中国侵犯知识产权的行为对美国的书籍、音响和影像工业带来重大损失。”IIPA认为,仅仅使盗版者缴纳很少的罚金是起不到很大作用的。特别是由于到2007年底中国的网络人口已达到2亿1千万,网络和手机侵权行为已经成为很严重的问题。中国政府并没有尽全力抵制这些快速发展的侵权行为。[2] IIPA认为,要维护美国的利益,加强知识产权的国际保护,中国是必须重点关注的国家之一。虽然在一些方面中国取得了很大进步,但是无论在国内贸易还是出口方面,盗版程度并没有得到很大的减弱,这极大地影响了美国的国家利益。

---

[1] Eric. H. Smith , International Piracy,“The Challenges of Protecting Intellectual Property in the 21st Century”, (Material of IIPA before the Subcommittee on Courts, the Internet, and Intellectual Property United States House of Representatives). http:// www. iipa. com,October 18, 2007.

[2] The Copyright Industries in the International Intellectual Property Alliance (IIPA) Submit to USTR their 2008 Report on Piracy in 51 Countries/ Territories. WashingtonD. C. http:// www. iipa. com, February 11, 2008.

第三节　“特别301条款”框架下的国际知识产权联盟与美国对华经贸政策

1.“特别301条款”概况

美国国会于1988年通过了《综合贸易竞争法》(*Omnibus Trade and Competitiveness Act*),制定了旨在保护美国知识产权的“特别301条款”。❶ “特别301条款”的核心内容是确定在知识产权保护及其市场准入方面有问题的国家,以及采取有效的贸易制裁措施,以改变有关国家在知识产权保护及其市场准入方面的状况。

“特别301条款”具体由“贸易政策工作委员会”❷(Trade Policy Staff Committee)负责。该委员会是部门间协调机构由美国贸易代表办公室牵头,从私营部门、美国大使馆、贸易伙伴、国会等来源获得信息。“特别301条款”程序的实施开始于每年的《国家贸易评估报告》。❸ 在每年的3月31日或该日之前,美国贸易代表应向总统、参议院财经委员会和众议院有关委员会提交《国家贸易评估报告》。其内容包括每一外国的重点贸易障碍,有关障碍对美国商业的影响,以及美国在消除有关障碍方面所采取的措施等。❹ 根据“特别301条款”规定,每年在《国家贸易评估报告》提交的30天之内,美国贸易代表办公室必须确定在知识产权保护和知识产权市场准入方面有问题的国家。所以“特别301条款”的年度审查报告一般都在4月30日左右提出,具体包括前一年在促进知识产权保护及其市场准

---

❶ “特别301条款”在美国贸易法中的具体标题是“对否定足够而有效地保护知识产权和否定知识产权市场准入之国家的确定”。

❷ 该委员会组成单位19个,包括贸易代表办公室、经济顾问委员会、环境质量委员会、农业部、商务部、国防部、能源部、内务部、卫生和福利、司法部、劳工部、国务院、交通部、财政部、环保局、国际开发署、国家经济委员会、国家安全委员会、管理与预算办公室。此外,国际贸易委员会为无表决权成员。

❸ 全称为《关于外国贸易障碍的国家贸易评估报告》(*National Trade Estimate on Foreign Trade Barriers*)。

❹ 自1995年以来的所有《国家贸易评估报告》可见于:http://www.ustr.gov/reports/nte.

入方面的回顾,当年度"特别301"名单的确定等。审查报告后还附有一个"事实说明",具体说明所作决定的法律依据,以及"重点外国"、"重点观察名单"、"观察名单"中的各个国家在知识产权保护及其市场准入方面所存在的问题。贸易代表在确定了"重点外国"后,必须在30天内就该国的有关法律、政策和做法发起调查。按照有关程序,贸易代表办公室在发起调查的同时,应当征求公众意见,并要求与有关的外国进行磋商。而且在发起调查时,要在《联邦公报》(*Federal Register*)上公布,并向公众征求意见。根据美国贸易法第304条的规定,涉及"特别301条款"的绝大多数调查案件,都应在调查发起后的六个月内作出是否制裁的决定。由特殊情况可延迟,但也不能超过三个月。而且要在《联邦公报》上予以公布。在有关的程序中,一旦发起调查,即要求与外国磋商,其目的是通过协商和谈判达成解决问题的协议。而协议一旦达成,美国贸易代表都要宣布终止调查,依据贸易法第306条款监督有关外国实施协议。根据"306条款"的规定,对于不履行者可以发起新的调查,直至采取新一轮的制裁措施,也可以不经发起新的调查而立即采取行动。

2. 国际知识产权联盟与"特别301条款"

在美国贸易代表办公室每年提出的《国际贸易评估报告》中,都要充分考虑相关利益集团的意见和看法。[1] 在"特别301条款"的每一个程序中,都可以见到利益集团的影响和作用。IIPA一直积极监督各国知识产权状况,提交大量详细的资料。在美国《1988年综合竞争法》和"特别301条款"出台以前,IIPA就一直积极参与了制定"特别301条款"的游说。"特别301条款"制定后,在"特别301条款"实施的每一个环节上,IIPA都要做出反应或提出建议。IIPA密切关注"特别301条款"的建议书,列出建议性的"重点外国"、"重点观察名单"和"观察名单",并做出具体的说明。可见,IIPA对美国"特别301条款"的实施起着重要的制约和影响作用。

---

[1] 李明德著:《"特别301条款"与中美知识产权争端》,社会科学文献出版社,2000年版,第163页。

在与华知识产权问题上，"特别 301 条款"出台以前，虽然中美两国尚未在政府层次上发生过有关知识产权保护的争端，但是 IIPA 等利益集团提出中国不保护知识产权或对知识产权保护不充分的论调。然而，自《1988 年综合贸易竞争法》创设"特别 301 条款"以来，中美两国就开始了漫长而激烈的有关知识产权保护和知识产权市场准入的争端。[1] IIPA 总裁 Eric H. Smith 说："每年的特别 301 进程都已经成为一种重要工具以让我们的贸易伙伴，重视提高知识产权保护水平，加强反对盗版问题的力度。这不仅对于美国经济还是这些国家的经济都是很重要的。"[2]特别 301 条款"已成为美国就中国知识产权问题向中国施压的关键工具。

3. 美国国际知识产权联盟与美国贸易代表办公室

美国贸易代表办公室（Office of the United States Trade Representative，缩写为 USTR）隶属美国总统办公室，其中美国贸易代表为首长，享有特命全权大使的头衔，由总统参议院批准任命。美国贸易代表办公室是政府的内阁成员，是美国白宫总统办公室的一部分，所以充当总统的贸易问题顾问、谈判代表和发言人。[3]《1962 年扩大贸易法》为特别贸易代表办公室规定了两项职责：其一，在经过授权的谈判中担任"美国首席代表"；其二，担任总统管辖下的所有"跨部门贸易组织"的主席，负责协调所有涉及贸易政策部门的声音。也就是说，特别贸易代表办公室既是美国对外贸易谈判的首席代理人，也是处理与贸易问题相关的国内事务"总经理"。[4] 由于自《1979 年贸易协定法》制定后，所有的"301 条款"调查案都是由美国贸易代表受理和发起的。[5] 就如美国学者罗伯特·普特南所说："许多国际谈判政治都被认为是一种双层博弈。在国内层面，国内的集团通过对政府施压以采取对他们有用的政策来实现他们的利

---

[1] 李明德著：《"特别 301 条款"与中美知识产权争端》，社会科学文献出版社，2000 年，第 175 页。

[2] The Copyright Industries in the International Intellectual Property Alliance (IIPA) Submit to USTR their 2008 Report on Piracy in 51 Countries/ Territories. WashingtonD. C. http://www.iipa.com, February 11, 2008.

[3] 孙哲、李巍："美国贸易代表办公室与美国国际贸易政策"，载《美国研究》，2007 年第 1 期。

[4] [美]约翰.奥德尔著，孙英春译：《世界经济谈判》，世界知识出版社，2003 年版，第 202 页。

[5] 李明德著：《"特别 301 条款"与中美知识产权争端》，社会科学文献出版社，2000 年版，第 9 页。

益，同时政治家们也通过与这些集团之间构建联盟以寻求自己的政治权力；在国际层面，国家政府尽自己最大的能力在力减外交发展的负面结果的同时满足国内压力集团的需求。只要他们的国家是独立自主的，这两个博弈者都不能被中央政策制定者所忽视。任何领导人若在国内谈判桌上使他的国内人民不满意的话都很有可能被驱逐下台。然而聪明的领导人会在他们之间进行调和，使他们实现原来无法达到的目标。”[1]作为“特别301条款”的主要官方执行机构，USTR在其对外政策的制定过程中必须考虑到国内各种因素的影响。而国际知识产权联盟报告的专业性使其成为贸易代表办公室了解海外知识产权立法、执行情况，以及美国贸易代表办公室官方“特别301报告”制定的重要基础。所以，IIPA在“特别301条款”框架下影响美国对华知识产权政策主要是通过USTR来表达的。具体有两大关键措施：一为提供大量详细的书面材料；二为参加USTR每年召开的听证会，向各方表达其意见和建议。

其一，IIPA给USTR提供大量相关调查研究材料，并提出相应的意见与建议。

IIPA不断提出一些有关美国版权产业的研究报告，以及美国版权产业由于国外的盗版而遭受损失的数据，以影响USTR的“年度特别301报告”以及对外政策的制定。如1997—2002年，USTR每年根据IIPA的建议报告，在其特别301报告中一直将中国置于“306条款监察国家”。IIPA每年发布的材料主要有《“年度特别301”报告》和《美国经济中的版权产业》。

(1)《“年度特别301”报告》(*Annual Special* 301 *Review*)

IIPA通过与USTR及美国商务部等部门的紧密合作，推动着美国对华知识产权政策的制订和出台。在它每年向USTR提交的世界各国知识产权执行情况的特别301报告的中国部分，对中国在上一年度知识产权立法和执行方面的情况进行评估，向USTR提出建议，以确定根据“特别301条款”中将中国列入什么样的观察级别，应该采取什么行动。据上述，

---

[1] Robert D. Putnam, Diplomacy and Domestic Politics: The Logic of Two-Level Games. International Organization, Vol. 42, No. 3 (Summer, 1988), p. 436.

USTR 每年提交"特别 301 报告"之前都必须在《联邦公报》发布通知，就"特别 301"调查征求公众意见，而 IIPA 都会提交大量资料，并提出很多建议。我们可以具体从 IIPA 于 2006 年、2007 年、2008 年连续三年向 USTR 提交的"特别 301"报告进行分析。

首先，IIPA 每年向 USTR 提交的关于中国的报告中都有近几年中由于中国的版权保护不利对美国造成的损失。表 1.1 即是 2005、2006、2007、2008 年 IIPA 所提交的关于由于中国盗版行为而导致的美国贸易损失的具体评估数据。

表 1.1 PEOPLE'S REPUBLIC OF CHINA

Estimated Trade Losses Due to Copyright Piracy❶

(in millions of U.S. dollars)

and Levels of Piracy: 2001-2005

INDUSTRY	2004		2005		2006		2007	
	loss	loss	level	level	loss	level	loss	level
Motion Pictures	280.0	244.0	93%	95%	NA	NA	NA	NA
Records&Music	202.9	204.0	85%	85%	206.0	85%	451.2	90%
Business Software	1488.0	1276.1	88%	90%	2172.0	82%	2472.0	80%
Entertainment Software	510.0	589.9	92%	90%	NA	NA	NA	95%
Books	50.0	52.0	NA	NA	52.0	NA	52.0	NA
TOTALS	2530.9		2366.0		243.0		2975.2	

表格来源：根据 IIPA：2004、2005、2006、2007 SPECIAL 301 REPORT：PEOPLE'S REPUBLIC OF CHINA (PRC)制作(http://www.IIPA.com)

USTR 所有这些数据都是聘请著名经济学家，在做了大量调查的基础之上所得出的，是 USTR 每年"特别 301 报告"的重要参考资料之一。

其次，IIPA 每年的《年度"特别 301 报告"》还向 USTR 详细阐述各国

❶ 本表格是作者根据 IIPA：2004、2005、2006、2007 SPECIAL 301 REPORT：PEOPLE'S REPUBLIC OF CHINA (PRC)综合制作而成。

在版权保护方面的具体情况并提出对各国应采取的具体措施和建议，当然对中国也不例外。早在2002年，国际知识产权联盟在向美国贸易代表办公室提交的“特别301条款”建议报告中，就首次提出了中国知识产权执法措施不符合《与贸易有关的知识产权协议》第41条、第50条和第61条，认为中国的主要依靠版权局等部门采取行政执法措施，不足以威慑进一步的盗版，而刑事处罚的“门槛”过高，很少被援用，使得刑事救济形同虚设，实际上使得降低盗版率根本不可能。❶ 2004年，IIPA进一步提出要求中国修改《刑法》以及最高法院司法解释的建议，以符合《与贸易有关的知识产权协议》第61条规定。2005年初，国际知识产权联盟建议将中国升格到“重点监察名单”，并第一次提出美国政府应立即与中国进行磋商，即起诉中国的知识产权问题。同时它还提出，USTR在当年对中国的知识产权状况“非常规”评估结束后，应当考虑采取进一步行动，包括请求设立世贸组织争端解决专家组进行审理。❷ 2006年2月13日，IIPA向USTR提交的《“年度特别301”报告》该报告称因为印刷成本较低所以盗版印刷在中国非常严重。不仅建议将中国保留在“重点观察国家”(Priority Watch List)名单上。还称将继续寻求在WTO起诉中国，因为中国没有像2004年JCCT会上所承诺的那样，大幅度降低盗版率。盗版率多年来都是90%。2007年，IIPA在向USTR递交的年度报告中，要求继续把中国列在“特别301条款”黑名单上，IIPA点名中国打击盗版软件、音乐和电影成绩最差。IIPA认为，中国大陆仍是取缔盗版最不力的国家，估计大陆盗版猖獗造成的损失，2007年高达29.8亿美元，不但遥遥领先俄国的14.3亿美元，也比2006年的24.7亿美元跃增逾2 0%。这项建议对美国政府每年4月底全球贸易作法公平性排名的决定产生重大影响。IIPA于2008年2月11日向美国贸易代表Susan Schwab提交的关于世界盗版问题和市场准入问题的年度“特别301”报告中，再次提出中国的许多行为在许多方面未见很大效果，而且侵权率保持在一个很高的水平，建

❶ International Intellectual Property Alliance: 2002 Special 301 Report, p. 38, 50. www.iipa.com, February 15, 2002.

❷ 何兴强:《中国加入世贸组织以来的中美知识产权争端》，载《美国研究》，2008年第2期，第57页。

议中国仍列入重点观察国名单之中。

再次，从2006年开始，USTR每年的301报告中都会加上一个关于中国省级知识产权保护情况的附件。而IIPA也开始对中国的省级知识产权保护情况进行调查分析，向USTR提交相关材料。❶ 2006年4月28日，USTR发表的"特别301报告"提出美国将在来年发布一个关于中国省级知识产权保护和政策执行的调查报告。IIPA马上于两个月之后提交了"关于中国特别省份知识产权保护情况"的调查材料。该材料中提出四个重点关注省份：广东、北京、浙江、福建。还提出10个要注意的省市：上海、湖北、陕西、四川、辽宁、湖南、山东、重庆、江苏、河北。而在2007年USTR的"特别301报告"中"关于中国特别省份评述"附件中所提到的省份基本上和IIPA所提相符。可见，IIPA所上交的调查材料对USTR最终的文件发布和政策制定具有重要的影响作用。

另外，IIPA属下成员也会不断地提出一些报告数据，如商用软件联盟近年来委托美国国际数据公司(International Data Corporation, IDC)对全球软件盗版情况作出年度报告(Piracy Study)，公布主要国家和地区的盗版率和销售损失。这些报告和数据经常为美国贸易代表、其他政府官员和美国国会议员所引用，成为他们制订政策、发布报告和进行谈判的依据。

(2)《美国经济中的版权产业》

为了引起美国政策制订机构对版权产业的足够重视，从1990年起，IIPA每年聘请著名经济学家撰写并公布一份《美国经济中的版权产业》报告，介绍版权产业在GDP中的比例，提供就业的数量，以及出口数额等情况，宣传版权产业在美国经济中的重要性。

以《2004年美国经济中的版权产业》为例。❷ 该报告称版权产业的增加值继续在美国经济中占据重要的地位。在GDP中的比例上，2002年核心版权产业的增值达到6266亿美元，约占美国GDP的6%，美国全部版权产业约占到美国GDP的12%，为12500亿美元；在提供就业数量方面，

---

❶ 该材料可见于美国知识产权专栏网站：http://www.ipr.gov.cn.

❷ 2004美国国际知识产权联盟报告——《美国经济中的版权业》http://www.ipr.gov.cn/cn, February 13, 2004.

美国全部版权产业的就业规模直逼美国保健与社会救助业（从业人数1530万人）、制造业（美国21个制造产业的就业人数为1450万人）。2002年核心版权产业就业人数有548万人，占美国就业总人数的4.02%。同年，全部版权产业雇用了1147万人，占美国就业总人数的8.41%。核心版权产业延续着比整个美国经济更快的增长势头，其就业人数的年增长率为1.33%，超过整个美国经济(1.05%)27%。如果不考虑2002年这个对整个美国经济来说糟糕的一年，1997年至2001年，美国核心版权产业年就业增长率为3.19%，是同期整个经济年就业增长率(1.39%)的两倍强。在对外贸易方面，该报告提出，在2002年，核心版权产业中四个部分的海外销售和出口达到了892.6亿美元。甚至在盗版和糟糕的经济状况下，估计2002年的全部海外销售收入仍在增长，比2001年高了1.1%。

增值、就业水平和海外销售三方面持续性的积极趋势，巩固了版权产业作为引领美国经济增长的关键产业的地位。这也促使美国政界更加重视版权行业在美国经济中的作用。从而在这些利益集团的引导和促使之下，不断地制定出有利于这些利益集团的对外政策。

其二，参加USTR举行的听证会，向公众宣传其意见与建议。

在美国，所有政治利益集团组织，首要关注的是社会中存在的公共舆论。集团领导者，不管他们如何疏忽，也不能无视针对自己组织立场和目标的广泛社会态度。然而，几乎无一例外的是，一个利益集团正式组织的首要目标是从事其宣传计划，旨在影响关于新集团的利益与要求的舆论。所以，USTR在每年的"特别301条款"出台之前，不仅要社会各层群众提交书面材料，而且还召开听证会，让国内各相关集团与产业当众发表意见与看法。而IIPA每年都参加该听证会，而且发表大量意见与建议。

在2007年10月18日美国众议院司法委员会所举行的听证会上，IIPA主席Eric H. Smith就中国的盗版情况和市场准入方面的情况进行了详细地分析。[1] 在提到盗版打击不利的国家中，IIPA主席首先提到的

[1] Written Statement of Eric H. Smith International Intellectual Property Alliance (IIPA) before the Subcommittee on Courts, the Internet, and Intellectual Property United States House of Representatives on "International Piracy: The Challenges of Protecting Intellectual Property in the 21st Century". http://www.ipr.gov.cn, October 18, 2007

即是中国。认为中国之所以打击盗版不力关键在于一个不完善的执行体系。他在肯定中国在近些年所取得的部分进步的基础上，提出中国无论是在国内市场还是出口贸易方面并没有取得根本进步。认为在大部分版权相关产品，盗版率仍然高达 80%～90%。他还特别提到中国的百度网站的侵权行为，认为百度上的可下载歌曲 50%为侵权下载。

我国加入 WTO 之后，IIPA 对华关注重点转向与 WTO 协议有关的情况。2002 年至 2004 年，美国国会中的“经济与安全评估委员会”、“国会-行政部门委员会”等对中国遵守 WTO 情况进行了多次听证，IIPA 频繁出现于这些听证会上，对中国“入世”两年来在 WTO 框架下对知识产权的保护情况开始流露出更多的不满。美国表示，将通过 WTO《与贸易有关的知识产权协议》以及 2004 年中美商贸联委会(JCCT)的相关内容要求中国履行保护知识产权的承诺，同时保持中国“306 条款监察国家”的地位。2007 年 4 月 9 日，美国贸易代表苏珊・施瓦布宣布将中国知识产权问题、出版物市场准入问题诉诸世界贸易组织争端解决机制。这表明，美国对我国知识产权保护施压的力度由此增加，中美知识产权争端在多年之后再次激烈起来。

此外，国际知识产权利益集团还经常在国会委员会作证，提供信息并教育议员，促使国会为知识产权保护提供更多的法律支持。❶“在涉及国际知识产权保护、世贸组织或者是知识产权海外保护的执行情况等有关的美国贸易法修改方面，国际知识产权联盟对国会的工作是最有效的。”❷IIPA 作为一个民间的利益集团，对美国对华知识产权政策产生了重要的影响作用。这是美国民主制度的一个必然结果。虽然中美知识产权问题不会像 20 世纪 90 年代初的最惠国待遇问题那样高度政治化(同人权问题挂钩)。❸ 但是，中国还是应该谨慎处理中美之间的经贸摩擦问题。

---

❶ 何兴强：《中国加入世贸组织以来的中美知识产权争端》，载《美国研究》，2008 年第 2 期，第 56 页。

❷ Robert G Sutter, U. S. Policy Toward China: An Introduction to the Role of Interest Groups, Lanham Rowman. & Littlefield Publishers, Inc, 1998, p. 61.

❸ 王缉思：“浅论中美关系的大环境和发展趋势”，载《美国研究》，2006 年第 1 期，第 43 页。

第四节　本章小结

在美国的政治体制中，利益集团占据着重要角色。利益集团既是美国多元参政的民主制衡机制中的重要角色，也是美国政府制订国内外政策时不容忽视的重要国内因素之一。知识产权类行业协会如美国国际知识产权联盟就是非常有代表性的例子。美国知识产权联盟在影响美国国内外知识产权法律和政策的制订方面发挥着极其重要的作用。在中美知识产权双边和多边谈判的过程中，作用十分独特。其下管辖的多个协会，也都是相关领域的政策制定的主要利益集团。美国国际知识产权联盟的经验值得总结，值得为我们国内的知识产权行业协会借鉴其经验，总结其做法，制定适合于中国知识产权行业协会的推动创造、规范运用、集体管理和多元保护的制度与规则。

第二章
专利协会制度案例研究

第一节　引言

1. 研究的背景和意义

行业协会作为一个古老的组织，历史悠久，在中国发展已经有几千年的历史。它是早期的商人、手工业者为了互相帮助、维护同行业利益而建立的同业性组织。[1] 伴随着我国改革开放进程，市场经济的快速发展使得各个行业的不断壮大，导致了利益分配的多元化，从而产生了诸如企业间恶性竞争，低价倾销等严重影响我国社会主义市场经济事件。而行业协会作为各企业之间的纽带，信息交流的重要渠道，以及沟通政府与企业桥梁的作用日益显现，其重要性也逐渐为中央政府和地方政府所肯定。

在中央政府层面，2007 年 5 月，国务院便出台了《国务院办公厅关于加快推进行业协会、商会改革和发展的若干意见》，其中指出：要坚持培育发展和管理监督并重，完善培育扶持和依法管理社会组织的政策，发挥各类社会组织提供服务、反映诉求、规范行为的作用，为经济社会发展服务。为加快推进行业协会的改革和发展，更好地适应新形势的需要，应充分发挥桥梁和纽带作用。各级人民政府及其部门要进一步转变职能，把适宜于行业协会行使的职能委托或转移给行业协会。行业协会担负着实施行业自律的重要职责，要围绕规范市场秩序，健全各项自律性管理制度，制订并组织实施行业职业道德准则，大力推动行业诚信建设，建立完善行业自律性管理约束机制，规范会员行为，协调会员关系，维护公平竞争的市场环境。要切实履行好服务企业的宗旨，行业协会代表本行业企业的利

---

[1] 金晓晨：《商会与行业协会法律制度研究》，气象出版社，2003 年版。

益，必须切实为企业服务。[1]

在地方政府层面，广东、上海、浙江走在了全国前列，广东省在国务院出台意见之后，便出台了《广东省人民政府办公厅转发国务院办公厅关于加快推进行业协会商会改革和发展若干意见的通知》，通知指出：加快推进行业协会、商会改革和发展，是全面落实科学发展观、完善社会主义市场经济体制的客观要求，对推动行业协会、商会全面实现民间化、市场化，更好地发挥行业协会、商会在构建和谐广东、推动我省经济社会又好又快发展中的积极作用，具有十分重要的意义。各地要把加快推进行业协会、商会改革和发展纳入政府工作的重要议事日程，按照国办发〔2007〕36号文要求，将行业协会、商会的培育发展列入当地经济社会发展规划，并制订具体实施办法；要建立政府相关部门与行业协会、商会沟通协调机制，研究建立对行业协会、商会的监督指导、委托授权等相关制度。[2] 而上海市则配套出台了《关于本市进一步支持行业协会商会加快改革和发展实施意见》，意见指出：充分认识行业协会的地位与重要作用。行业协会是由同业企业及其他经济组织等自愿组成，向会员单位提供服务及自律管理的社会团体，是市场经济体系的重要组成部分，也是实现整个经济社会有序管理的重要组织形式。行业协会在提高市场配置效率、协调行业利益关系、维护市场公平竞争、加强行业诚信自律、促进社会和谐等方面，发挥着重要作用。各有关部门要按照完善社会主义市场经济体制的总体要求和市场化方向，推进行业协会的改革发展，及时解决行业协会发展中遇到的困难和问题，提出支持行业协会发展的具体对策。[3]

无论是从中央政府统领全国行业协会发展的局面，还是地方政府结合地方自身特点配套出台的相关政策文件，无疑都向我们发出了两个积极的信号，其中一个是：行业协会的地位和作用得到了包括中央政府在内的各级政府的肯定，行业协会不仅是市场经济体系的重要组成部分，对推动经济社会又好又快发展具有的积极作用，更是全面落实科学发展观、完

[1] 《国务院办公厅关于加快推进行业协会、商会改革和发展的若干意见》，国办发〔2007〕36号。

[2] 《广东省人民政府办公厅转发国务院办公厅关于加快推进行业协会商会改革和发展若干意见的通知》，粤府办〔2007〕66号。

[3] 《关于本市进一步支持行业协会商会加快改革和发展实施意见》，2009年8月。

善社会主义市场经济体制的客观要求。另一个是：各级人民政府及其部门将会进一步转变职能，把适宜于行业协会行使的职能委托或转移给行业协会。行业协会发挥的作用也将更大。

正是在这样的大背景下，行业协会得到了前所未有的发展。行业协会作为一种社会组织形式，在联系政府与社会、政府与企业的过程中，在优化资源配置、规范企业行为、平衡社会主体利益冲突、维护法人、公民合法权益等方面正发挥着日益重要的作用。但由于部分行业协会的行为规范问题，其内部制度不太明确，管理不太严格，对其的制约机制不太健全，在实践中难免出现这样那样的问题，从而引起了社会的广泛关注，也成为学界关注的热点之一。因此，在加快培育和发展社会中介组织的同时，加强对行业协会的研究，规范行业协会的行为就显得非常有必要了。

虽然，行业协会得到多年的发展，并受到国家各级政府主管部门的重视，但是，除了十多年前由全国人大颁布的《社团管理条例》以及目前少数地方出台的行政法规外，对于行业协会还缺乏一部操作性强并由全国人大制定的可在全国范围内实施的法律文件。由于立法的缺失，导致对规范行业协会行为以及对其自治管理，自我发展的支持缺乏法理依据，这就不仅阻碍了行业协会进一步成长，也阻碍了政府通过法律对行业协会监督管理的实现，更是阻碍了社会主义市场经济的发展。同时，目前的法治环境还有所欠缺，可能会在一定程度上减弱已有的政策条文的效力。可见，目前我国关于行业协会的法律现状无论在立法层次、制度设计、还是性质确定与政府机构的关系等各方面都存在欠缺，远远不能满足我国行业协会发展的现实法律需求。

而在经济竞争全球一体化的今天，经济竞争的焦点已集中在对信息资源和知识产权的争夺与控制上，拥有专利的质量和数量已经成为企业实力的重要标志。因此为发挥专利制度和专利信息在企业经济发展中的作用，行业协会作为介于政府和企事业之间的非政府组织，对于努力发挥桥梁作用，帮助企事业单位及个体专利权人强化对专利的创造、保护、管理及利用，推动我国专利事业的蓬勃发展有着极其重要的作用。

而专利类行业协会（下文简称为专利协会）在我国是发展的较快的、较具代表性的行业协会之一。因而对这一对象进行研究具有典型意义，可以“窥一斑而见全豹”反映出我国社会行业协会的基本概貌。截至 2008 年底，经民政部门登记的全国各工业部门所主管的一级全国性社团组织有 2 家专利协会，分别是中华全国专利代理人协会和中国专利保护协会，在地方层面，深圳、佛山等全国多个地市均有设有地方专利行业协会。

虽然，行业协会的发展极其迅速，但是对于行业协会的研究却过于宏观，微观研究不足，能够具体对某一个行业协会的实证研究就更是少之又少，目前国内对于某一具体行业协会研究的高质量文章凤毛麟角，仅有山东农业大学毕业的博士论文《中国饲料行业协会组织制度研究》等有限的几篇。因此，在科学技术是第一生产力的当代，在全球重视专利研发与保护的今天，对于我国专利协会的实证和理论研究就显得较为前沿和很有必要了。

2. 研究方法和技术路线

系统论方法。将专利行业协会法律规制作为一个有机的整体，一是分析该系统的内部治理结构，二是分析外部对其限制竞争行为的规制，研究专利协会在内部和外部因素的双重机制作用下的发展。

实证分析方法。主要开展对两个方面的调研：一是对专利协会限制竞争进行法律规制的实践经验；二是专利协会进行内部管理的措施和经验。

比较研究的方法。对西方发达国家行业协会发展情况进行比较研究，寻找出对我国有益的经验或者教训，并进行理论联系实际的研究。

通过对我国专利协会的外部规制与内部治理的研究，得出我国行业协会目前发展所面临的相似或者共性问题，并提出相应的立法建议，寻找解决问题的方法，使我国行业协会在社会主义市场经济的大框架下平稳健康发展。

3. 文献综述

国内外对于专利协会的专门研究还处于萌芽状态，国内外学者目前都是将研究的目光集中于整个行业协会的共性研究，个性研究少之又少，这也凸显出我国目前在专利协会研究的薄弱之处，这也是本书希望能够有所突破的地方。

(1) 国外对于行业协会的研究现状和发展动态

在行业协会限制竞争行为的问题上，詹姆斯·布坎南认为：俱乐部提供的是一种介于纯私人产品和纯公共产品之间的产品或服务，它具有较强的排他性，俱乐部仅仅由其全体成员共同消费。该理论认为行业协会是一种俱乐部性质的制度安排，其所体现的俱乐部性质表现为它所提供的产品即对协会会员所提供的各类服务具有明显的排他性，只有协会的会员才能够获得，排除非会员消费。[1] 行业协会会利用自己的俱乐部优势从事市场分割等限制竞争行为。所以在俱乐部理论体系下体现的行业协会的排他性，潜伏着引发价格联盟和其他限制竞争行为的巨大隐患。

而美国学者费尔曼则认为：当多数会员的利益与少数会员的利益甚至全体会员的共同利益相冲突时，多数会员完全可以通过多数决策机制将自己的意志上升为行业协会的意志，进而控制行业协会从事有害于少数甚至行业协会本身的利益行为，形成"多数会员的暴政"，而这种多数会员实施的暴政的主要方式就是限制竞争。[2]

在行业协会内部治理问题上的研究，国外对行业协会自治（Self-regulation）进行理论界定较为稀少，新版的《布莱克法律大辞典》（第十七版，1999）未有关于其上位概念（Self-regulation）的词条在 autonomy 的解释中也仅指"自我管理"（Self-governing）的权利或自治政府。[3] Ulrike Sehaede 在 *Cooperativeeupitallsml*《合作资本主义》一书中给出了一个行业协会自治的意义，他认为：（行业协会自治）是指这样一种过程，由一个行业许多领导性企业所构成的行业协会，制定（设计）该行业规则并且通过自我设计的惩罚规则来强制实施这些规则。[4] 美国学者 Dennis R. Young 在其编著的《非营利组织的治理、领导与管理：来自研究与实践的新探索》导论中就指出："治理已经成为非营利组织能否有效运行的首要问题"，并认为"非营利组织治

---

[1] James Mcgill Buchanan, An Economic Theory of Clubs, The London School of Economics and Political Science, 1965, pp. 14.

[2] Fellman, What Services Must a Trade Association Render to Non-Member, Antitrust Bulletin167(1973), pp. 169.

[3] Black Law Dictionary(seventhedition)1999 , pp. 30.

[4] 鲁篱：《行业协会经济自治权研究》，法律出版社，2003 年版。

理是非营利组织用以设定长期方向并维持组织整合的机制”。

(2) 国内研究现状和发展动态

在行业协会限制竞争行为的问题上，国内学者普遍将行业协会的限制竞争行为与反垄断法研究结合起来。王祥军认为：行业协会的存在有其合理性，它并不必然与限制竞争联系在一起，反垄断法重视对行业协会的规范并不代表行业协会对竞争只有限制作用而没有促进作用。实际上，行业协会特有的沟通、协调、服务和监督职能可以更好地引导市场主体竞争行为，在很多情形下还可以引导协会从事维护竞争的行为，其中最集中的体现就是行业协会制定的内部竞争规则。❶

叶明认为，由于行业协会限制竞争行为与行业协会的自治活动联系紧密，且具有合法来源——行业自治权，因此，行业协会限制竞争行为往往具有一定的合理性。但是，该行为也可能扰乱市场竞争，侵害市场主体的公平竞争权，故反垄断法有规制该行为的必要。❷ 张志勋认为，行业协会的自身特点决定了其对市场竞争存在消极影响，即由于行业协会的行为天然地接近于联合行为，其也就必然内在的隐含着不正当竞争、垄断的风险。尽管行业协会存在一定程度上有利于市场公共利益，但行业协会毕竟代表特定行业成员企业的利益，当行业利益与社会公共利益发生冲突时，行业协会往往成为行业利益的代言人或维护者。所以，行业协会在维护竞争的同时，必然会出现一些可能限制竞争的行为。❸

鲁篱认为，我国《反垄断法》第 46 条对行业协会限制竞争行为的责任规定十分粗疏，重构责任体系实属必要。我国行业协会限制竞争行为的责任制度不应仅仅限于行政责任，而且还应当包括民事责任、刑事责任和自律责任。此外，责任追究应当根据行业协会、成员企业以及理事会在组织和实施限制竞争行为中所扮演的角色而应有所区别对待，同时执法机关有权根据行业协会及其成员企业配合检查的态度和情形而宽严相济。❹

---

❶ 王祥军：《行业协会的限制竞争行为及法律规制》，载《科技与法律》，2008 年第 2 期。

❷ 叶明：《行业协会限制竞争行为的反垄断规制》，法律出版社，2010 年版。

❸ 张志勋：《论行业协会联合限制竞争行为的法律规制》，载《企业经济》，2008 年第 11 期。

❹ 鲁篱：《行业协会限制竞争行为的责任制度研究》，载《中国法学》，2009 年第 2 期。

张江莉对在政府指导下行业协会所进行的限制竞争行为的合法性进行了质疑，认为政府此种行为缺乏法理依据，更是对公平竞争的一种损害。对比欧美，协会本身虽然是独立的、不从事交易的团体，但在欧美会员透过协会进行的限制竞争的决议将会被认定为于联合行为的合意，即“卡特尔”，对行业协会的反垄断规制在各国普遍通过“禁止卡特尔”而进行。所以笔者认为我国反垄断法对于行业协会限制竞争的行为规定的过于笼统，不便于对行业协会的垄断行为进行规制，趋向于对于行业协会限制竞争之行为进行较为严格的控制，减少限制竞争行为产生。❶ 侯学梅认为，行业协会以充分维护本行业的共同利益为目的，具有天然的反竞争倾向。而且行业协会在弥补市场失灵与政府失败的缺陷，维护正当竞争方面又具有不可替代的价值。虽然行业协会具有盲目性，但是对行业协会反垄断行为的规制，必须在反垄断法上明确行业协会的自治权的范围，而且需有一个可操作的标准，否则极易导致对行业协会自治权的过度管制。目前我国行业协会发展还处于起步阶段，过度管制显然不利于我国行业协会发挥其连接政府与企业桥梁纽带之作用。❷

在行业协会内部治理问题上的研究上，鲁篱充分肯定行业协会自治，认为行业协会自治是社会进化的必然产物，是社会实现低成本运转的保障，且有利于提供满足特殊市场需求的产品。他论证了行业协会在宪法上的合法性、在行政法律法规上的合法性以及在国际公约上的合法性。他认为我国应从行业协会的内部机制，协会形象以及与国家的关系三个方面作为行业协会自治实现的条件。

王书娟认为，民间性是行业协会的根本属性，从适应市场经济发展及发挥行业协会自身作用的角度，国家无论是从立法层面还是从行政管理层面对行业协会都不应干预过度。因此，行业协会内部治理结构中的诸多事项，应当本着尊重会员意思自治的原则，由协会通过章程自行约定。在以立法形式对行业协会的内部治理结构予以规范的同时，有必要辅之

❶ 张江莉：《我国转型时期行业协会的反垄断法规制》，载《法商研究》，2008 年第 5 期。

❷ 侯学梅：《反垄断法视野中的行业协会》，载《北方论丛》，2008 年第 4 期。

以必要的行政指导,引导行业协会走上有序发展的道路。❶

毛俊华认为,国家立法和政策规定是行业协会法制建设的外部内容,而行业协会的章程规定以及章程规定下的自律和监督机制是行业协会法制建设的内部涵义。❷

许昀认为,行业协会作为一种现代法人组织,其行动符合科尔曼所说的法人行动的特征。会员通过民主选举将一部分权利转让给行业协会,行业协会的宗旨是维护和增进全体会员的共同利益。作为法人行动系统的行业协会内部权利转移有两个过程:一是众多会员把自己的权利转交给作为其代理人的行业协会,二是行业协会把集中起来的权利授予各个作为最终代理人的管理者和工作人员。第二个过程又是通过多次委托实现代理的。这其中包括行业协会的会员大会(或者会员代表大会)将权利委托给作为其执行机构的理事会,理事会将权利委托给理事长、副理事长、秘书长等职位,由占据这些职位的管理者和工作人员最终代理行业协会会员的权利。法人行动者是一种无形实体,其行动意志需要通过其代理人的行动得以实现,为此必须把使用法人资源的处置权置于代理人手中,集中的资源是法人行动者拥有权力与效率的基础。在行业协会法人行动者内部,法人资源(包括财产、人力资源、社会资源)的处置权转移到行业协会的各个管理职位中去,并最终由占据这些管理职位的管理者和工作人员掌握。

改善行业协会的法人治理,需要建立有利于克服这一困境的制度安排,如:行业协会的独立性应当在法律和实践中得到保障;行业协会的法人治理结构应当有利于其决策权、执行权、监督权的相互分离和相互制衡;建立合理的报酬机制和尽可能增加行业协会的透明度。❸

廉高坡借鉴公司法人治理和非营利组织治理的相关理论与实践,认为行业为协会治理的关键同样是在行业协会建立和形成一套类似于公司法人治理的法人治理结构和治理机制。其中最为关键和核心的内容是协

---

❶ 王书娟:《论我国行业协会内部治理结构的完善》,载《福建政法管理干部学院学报》,2008 年第 2 期。

❷ 毛俊华:《行业协会法制建设和内部治理结构》,载《上海市经济管理干部学院学报》,2007 年第 3 期。

❸ 许昀 http://www.chinaassn.com/html/200985/200985163025828.html

会成员如何对协会工作人员特别是对秘书长的激励和监督。为此，与公司法人治理结构相类似行业协会也应该通过建立一套较为健全完善的内部法人治理结构，而实现和提高其治理绩效。行业协会内部法人治理结构理论主要包括以下几个要点：会员大会、理事会、协会监事会与协会秘书长。行业协会会员大会的功能与作用都可借鉴公司治理中的股东大会。理事会是行业协会会员大会的常设机构和执行机构，它在行业协会治理中的功能相当于公司法人治理中理事会由理事构成。监事会是行业协会监督检查行业协会的财产及理事会秘书长业务执行状况的常设机构。监事会是一个监督机关，对理事会执行行业协会的业务活动实行监督并对行业协会财务进行审核。协会秘书长是在理事会和理事长领导下负责主持行业协会日常行政性事务的协会专职高层管理人员。[1]

4. 案例研究的创新点

目前国内外学界，不论是法学界还是管理学界，无论是对行业协会的限制竞争行为的研究，还是对行业协会内部治理的研究都是较为宏观的整体研究，缺少一定的个案研究，特别是结合我国目前高速发展知识产权行业。而对专利协会的研究可以说是基本还未展开。本章将以专利协会这一研究的薄弱环节为重要突破口，并将专利联盟这一新兴组织纳入行业协会的研究范畴内，针对专利协会从法律规制的角度做一些特征性研究，以小见大，争取为我国目前艰难进行的行业协会、商会的立法工作提出若干可行性建议。

第二节 专利协会概论

1. 行业协会的一般定义

1997 年，国家经贸委出台的《选择若干城市进行行业协会试点的方案》中指出，行业协会是社会中介组织和自律性行业管理组织，是联系政

---

[1] 廉高坡：《浅议行业协会法人治理结构的建立与完善》，载《生产力研究》，2005 年第 8 期。

府和企业的桥梁、纽带，在行业内发挥服务、自律、协调、监督的作用。《上海市行业协会暂行办法》将行业协会定义为同业经济组织以及相关单位自愿组成的非营利的以经济类为主的社团法人。《深圳经济特区行业协会条例》则将行业协会定义为依法由本市同行业的经济组织和个体工商户自愿组成的非营利的自律性的具有产业性质的经济类社团法人。

虽然我国法规文件对行业协会的定义有所涉及，但是各个国家对行业协会的称谓不一样，各国学界对行业协会的定义也是各有不同，

行业协会在不同的国家有着不同的称谓。美国称之为"行业协会"或"职业协会"，德国称之为"企业协会"，日本称之为"事业者团体"或者"商工会议所"，而我国则主要称之为"行业协会"。

日本学界认为：行业协会是事业者以增进共同利益为主要目的而组成的事业者的结合或联合体❶。美国在《经济学百科全书》将行业协会定位于一些为了达到共同目标而自愿组织起来的同行或商人团体，而会员则是同行业内的竞争者。而美国学者 Bradley 认为，行业协会是由参加相同或者类似经济活动的公司所构成的旨在解决其共同或普遍性问题的组织，或者说行业协会是由单一行业竞争者所构成的非营利组织，其目的在于促进该行业中产品销售和在雇佣方面提供多边性援助服务。❷

国内对行业协会的定义更是百家争鸣。余晖认为，行业协会是具有统一、相似或者近似市场地位的特殊部门的经济行为人组织起来的，界定和促进本部门共同利益的集体性组织。行业协会是一种管制方式，借助于它，同行企业相互联合，并将权力授予一个中心组织，以增进共同利益，管制企业行为，并使产业内会员之间的关系有序化。❸ 张理泉认为，行业协会是以同行业企业为主体，在自愿基础上为增进共同利益而组织起来的社会经济团体。❹ 陈宪和徐中振认为，行业协会是现代市场经济国家中维护同业利益，促进同业发展，避免同业内部无序竞争，进行行业的自我

---

❶ 贾西津：《转型时期的行业协会---角色、功能与管理体制》，经济科学出版社，2003 年版，第 3 页。

❷ Joseph F. Bradley . The Role of Trade Association and Professional Business Society in America, the Pennsylvania State University Press, 1965, pp. 4。

❸ 余晖：《行业协会及其在中国的发展：理论与案例》，经济管理出版社，2002 年版，第 8 页。

❹ 张理泉：《工业行业管理》，中国人民大学出版社，1991 年版，第 17 页。

协调、自我约束、自我管理等一系列活动的社会中介性组织和自律性行业管理组织。❶

不论国内外学界对行业协会从何种角度看，也不论各家的侧重点如何，他们在定义行业协会基本上都是主要强调三个方面：即行业协会的会员是谁，是否必须是从事本行业的企业或是个人；行业协会的性质，行业协会是否必须是法人；行业协会的目的是什么，是非营利组织还是维护公共利益的组织，是否仅仅为本行业服务。

本书认为，行业协会应是由从事同一行业或具有相同利益的企业或个人组成的，因为根据行业本身特征，行业协会所提供的服务只能从事与本行业相同、相似或者类似行业的企业或个人，也只有从事与本行业相同、相似行业的企业或个人才具有该行业的相关知识和技能，才能更好地参与到行业协会的工作中来，比如专利代理人协会开展培训活动，没有相关行业经历的企业和个人参加，这便没有什么意义，且浪费宝贵的培训资源，增加了专利代理人行业协会的运作成本。而且行业协会的发展是建立在共同利益基础之上的，不同的行业领域具有不同的利益需求，作为行业协会本身也不可能满足这些非本行业企业或者个人的需求。行业协会性质到底如何，根据我国现行立法，行业协会的成立必须经过民政部门批准，且需要到工商管理部门注册登记，但是现实情况是很多未经注册登记的行业协会大量存在，基于此种情况，将所有行业协会都定义为法人实为不妥，把行业协会统一划分到社团组织概念之下似乎更加合适。

综上所述，本书把行业协会定义为：行业协会是市场经济发展的必然产物，是市场经济主体为了表达自身的愿望与要求，维护本行业共同经济利益而组成的非营利性经济类社团组织，它具有协调同行业主体之间利益、提高市场配置效率、维护市场有效秩序、制定本行业标准和规范，并进行自我约束的功能，是沟通政府与企业的桥梁，是市场经济体系的一个重要组成部分。其内涵就是同行业企业组成的具有自律性、非政府性的社团组织。

---

❶ 陈宪、徐中振：《体制转型和行业协会：上海培育和发展行业协会研究报告》，上海大学出版社，1999 年版，第 1 页。

2. 公私交融社会组织是行业协会基本内涵

公主体与私主体的划分是大陆法系国家的对组织性质的一种重要分类方式。公主体以维护公共利益为目的，并以满足大众需要和改善公共福利为目标的团体或者组织，政府就是我们最常见的公主体。私主体是以个体利益最大化为追求目标，并以保护个别或者部分成员的财产利益或其他利益为目的的团体或者组织，而私人所有制的公司企业就是我们最常见的私主体。英美法系国家因为奉行自由市场经济的理念，政府对行业协会的发展干涉极少，所以其行业协会具有很强的独立性，是一种典型的具有私法性质的民间性组织。而法国和德国这样的大陆法系国家，行业协会往往承担了政府所委托或者授权的部分职能，并得到政府的财政支持，所以法德的行业协会一般都具有较强的社会服务功能。法德的行业协会同时具有公主体公共服务的特征和私主体维护某一行业利益的特征，所以它具有明显的公私兼容性质。

对于行业协会的法律性质，国内部分学者认为从行业协会的设立、职能和组织形式等方面考察，很多行业协会都是由于政府机构改革之后剥离出的具有一定行政管理职能的组织，显然具有“二政府”的性质，这种为了社会公共利益而存在的组织，显然应该化入公主体的范围内。对此，本书并不赞成这一观点，因为公主体的最显著特征就是其公益性和非营利性。黑格尔在其《法哲学原理》中指出：“同业公会的普遍目的是完全具体的，其所具有的范围不超过产业和它独特的业务和利益所含有的目的。”❶行业协会毫无疑问是以追求某一行业的总体利益为目标的，并非真正意义上的公益性。虽然在实践中，不少行业协会具有较强的行政依赖性，但其行政依赖性只是目前我国行政管理体制不顺畅、制度建设不到位导致的表象，并不能作为证明其作为公主体的充分证据。

从行业协会功能层面来讲，行业协会运营的目的毫无疑问首先是维护本行业的利益，表达本行业企业或者个人诉求，并确定本行业的产品、服务的标准和行为规范，而从企业角度来看，行业协会是一个维护最广大

---

❶ 黑格尔：《法哲学原理》. 范扬、张企泰译，商务印书馆，1956年版，第248页。

会员利益的组织，是一个公主体，但是从政府和全社会的角度来看，行业协会就是维护某一个行业或者领域的私主体。

从行业协会的立法层面来讲，我国现有的行业协会既有通过会员表决而产生内部章程所取得的功能，也有通过国家法律法规设定或授权而取得的功能，可见我国行业协会一方面行使法律所赋予的部分公共权力，具有大陆法系国家行业协会的公法特点；另一方面又代表会员反映私人利益，具有英美私法行业协会的性质。

因此，我国的行业协会应当具备公法人和私法人的性质，是公法人和私法人的结合体，所以本书认为，将行业协会定义为一个公私交融的具有公主体性质的私主体更为科学。

3. 专利类行业协会的发展与特征

经济全球化导致企业之间竞争日趋白热化。在知识经济条件下，知识产权在全球企业竞争中扮演着重要角色，已经成为企业赢得国际市场的有力武器。产品的前景、企业的价值与竞争力从某种程度上说直接取决于企业所掌握的知识产权与管理知识产权的水平。

利用知识产权跑马圈地，占据市场、获得超额利润，已成为大量拥有知识产权强势企业排挤其他竞争对手的不二法宝。而目前我国很多企业对知识产权战略的认识严重不足，对科技研发投入有限，使得中国产品几乎成了国际上“低端产品”和“山寨产品”代名词，中国企业仅仅依靠廉价劳动力的优势赚取极少的“辛苦费”，成了全世界“廉价工厂”。不仅如此，一些具有自主知识产权的企业在进入欧美市场时，又频频遭遇知识产权壁垒，无法进入关键市场，除非付出高额的“进场费”。在经济全球化的今天，企业之间甚至国家之间的竞争就是知识产权的竞争。中国企业要摆脱如今这种尴尬地位，唯一的办法就是，创造并拥有更多的知识产权，管理好已有的知识产权，最终形成合力，充分利用知识产权“团队作战”的优势参与到全球竞争当中，通过何种媒介将不同企业知识产权整合成一种“合力”。本书认为，知识产权行业协会，特别是专利协会无疑将会在整合企业的知识产权力量与培养提高企业知识产权管理水平上扮演关键作用。

(1) 中华全国专利代理人协会的发展

目前，在中央层面，我国全国性的专利类协会主要是中华全国专利代理人协会与中国专利保护协会。

中华全国专利代理人协会是由中华人民共和国的专利代理人组成的自律的、全国性的行业性非营利社会组织。协会宗旨是：团结和教育会员遵守宪法、法律、法规和国家政策，遵守社会道德风尚；忠实于专利代理事业，恪守专利代理人职业道德和执业纪律；协调行业内、外部关系，维护会员的合法权益，提高会员的执业素质；加强行业自律，制止不正当竞争，促进专利代理事业的健康发展；开展国际的交流和合作。其职责包括：保障专利代理行业的正常秩序，维护专利代理人的合法权益；加强并完善行业管理和自律，制定专利代理人执业规范和道德标准，并监督实施；总结交流全国专利代理业务工作经验，拓宽专利代理人的业务范围；组织开展专利代理的执业培训，学术交流和研究活动；组织收集和研究知识产权法规和专利代理制度建设的意见，并向国家知识产权局和有关部门提出建议，协调行业内、外部关系；协助国家知识产权局专利代理人资格考试工作，发放专利代理人资格证书；审核发放专利代理人执业证书，办理专利代理人执业证书的变更；参与国家知识产权局领导的惩戒委员会工作，认真执行专利代理惩戒规则；宣传专利代理工作，出版全国性会刊，开展与本行业相关的咨询服务；执行行业管理的各种职责。[1]

(2) 中国专利保护协会的发展

中国专利保护协会是在国家知识产权局和民政部主管下的民间团体，由企事业单位和专利工作者自愿组成，以企事业法人会员为主的非营利性、全国性社会团体，是企事业单位自己的组织。中国专利保护协会的成立是政府管理企业专利工作的机制转变，保护协会将站在企业的立场上，从企业利益出发为企业谋利益。中国专利保护协会直接面向企事业单位服务，其组织原则是在自愿的基础上吸纳具有法人资格的企事业单位为会员。各地方以自愿的原则建立相应的组织机构，并可以团体会员

---

[1] http://www.acpaa.cn/xhjs.asp

的形式加入全国协会。中国专利保护协会遵循宪法及知识产权的法律，向会员提供有关专利保护方面的特色服务，维护会员的合法权益。具体职责：宣传、贯彻我国专利法律、法规和有关政策，受有关政府部门和会员委托，在境内外举办各种与专利有关的活动，为会员提供专利信息、咨询和法律等方面的服务；组织会员交流依法管理、保护、运用专利的经验，提高会员专利管理工作的能力和水平，拓展其工作范围与内容，强化会员自我保护、自我约束和自我发展的机制；维护会员的合法权益，接受会员的申诉和委托，向政府有关部门反映会员的意见和要求，并提供相关服务；协助政府专利执法部门及司法部门处理涉及会员的专利纠纷，并根据政府主管部门的授权和委托，组织协调会员参加有关专利的国际诉讼，对会员遭遇的专利纠纷进行调解；适应会员需要举办专利培训班、研讨会和组织境外考察活动等，提高会员专利管理人员的素质和业务水平；组织各种形式的联谊活动，增强会员与政府有关部门的联系和沟通，增进会员之间的了解与合作；开展与境外相关机构、团体的友好往来，促进国际交流与合作；开展调查研究，就专利保护所需的公共环境相关政策、法规和做法向政府有关部门提出意见和建议；以及依照有关规定，编辑出版会刊，介绍企事业单位专利保护工作开展动态和国内外有关专利管理与保护信息。❶

(3) 我国地方性专利类行业协会发展

在全国各地，特别是在沿海地区和经济发达地区，专利行业协会的成立犹如雨后春笋。其中，作为身处改革开放前沿的深圳专利行业协会成立较早，在知识产权领域卓有建树具有代表性的专利行业协会。深圳专利协会是由深圳市各专利代理机构、拥有专利的企业、拥有专利的个人以及从事专利管理、专利代理和专利评估工作的单位和个人自愿组成的非营利性社会组织。协会宗旨：以“三个代表”重要思想为指导，推进本市专利工作健康发展；努力维护会员的合法权益，加强会员间的交流工作，密切联系企业，代理机构与政府之间的关系，为企业和社会提供良好的专利服务，为建设“和谐深圳、效益深圳”做出贡献。日常工作丰富：每一年都

❶ http://www.ppac.org.cn/about/about.asp? id=105

要举行一次企业与政府相关部门的座谈会,举办 PCT 申请培训班,评审知识产权职称,开展优秀专利管理企业评选工作,组织企业参与国际专利博览会等等。

(4) 国外专利类行业协会的发展

作为日本专利代理人的专业组织,日本专利代理人协会(Japan Patent Attorney Association,简称 JPAA)成立于 1915 年。协会自诞生之日起,其在发展日本工业知识产权体系过程中起到了重要的作用。另外,JPAA 在更好地了解各种与知识产权相关的问题上,也起到了领导者的作用,例如:JPAA 组织了许多集中在知识产权问题的讲座和座谈会,主要是关于国际条约、国内外法律和最新的高科技方面。凡是通过日本专利考试或取得别国专利代理资格的专利代理人必须在 JPAA 进行注册才能从事专利代理业务,并且 JPAA 具有监督专利代理人行为的权利。JPAA 还负责专利代理人的培训,拥有自己的培训中心,培训中心为新老协会成员提供一系列的训练、继续教育课程和项目。为新成员的培训分为两部分,春秋各一次,每一次都覆盖国内、国际专利申请的各种主题。而对于有经验的专利代理人的培训,主要集中在专利商标法,以及 PCT,EPC 和美国等其他国家的专利事务手续上,另外也包括诉讼、版权、不正当竞争法和专利代理人有可能涉及的领域,最近,JPAA 引进了一种在线学习系统,为专利代理人提供远程教育。另外,JPAA 下设有各种委员会,如专利委员会,商标委员会、计算机软件委员会等,这些委员会新的发现或科研成果都已经发表在 JPAA 主办的《专利》上,《专利》每个月发表一期,向公众提供关于知识产权方面的各种信息和成果。

在美国没有专门的专利类协会,而是由美国律师协会知识产权分会行使相关职能。美国律师协会知识产权分会成立于 1894 年,为美国建立和完善知识产权体系做出了重要贡献。它是世界上规模最大的知识产权团体,目前拥有会员 20 485 名,其中律师会员 16 672 名、合伙人会员 896 名、法律学生会员 2 917 名。美国律师协会知识产权分会主要作用为:①宣传推行本国的知识产权制度,促进对知识产权的保护,为本国经济建设服务;②对国际、国内知识产权问题进行调查研究,及时向国内、外有关方面提出建议;③加强与国际知识产权法律界的合作,增进与有关组织、各国知识产权律师和其他有关人士的广泛接触和业务联系，促进国际知识产权保护制度的发展；④举办或协办各类知识产权讲座和培训，促进会员对国际、国内知识产权动向的了解和交流；⑤编辑发行有关知识产权的杂志、资料。

(5) 中外专利类行业协会发展状况之比较

改革开放30年来中国经济得到了飞速发展，我国专利协会也取得了长足的进步，但与国外专利类协会相比，在专利保护、人员培训等方面存在不足，具体有以下几点：

首先，专利类协会的产生土壤不同。国外企业对于专利技术的重视的传统由来已久，每一个企业都将自己专利技术的研发与保护放在企业经营的重中之重。像飞利浦、松下、LG等先进制造企业每年因专利授权所取得的利润已经超过实物产品的销售利润。有如此强大的专利技术企业作为支撑，有数量如此之多专利技术作为土壤，发达国家的专利类协会的发展无疑是站在了巨人的肩膀之上，用一句简单的话说就是，想不发展都难。而在国内，能称得上是专利巨舰的企业，也就是华为、中兴、奇瑞等为数不多的企业，虽然国家已经出台了国家中长期知识产权战略纲要，将知识产权提升到了国家战略的地位，但是从企业层面来看，我国企业与发达国家企业在专利质量、数量以及保护程度上都存在不少差距，试问在一块专利贫瘠的土地上如何能产生高水平的专利协会呢？

其次，专利技术人才存在较大差距。在发达国家，不少企业都有专门技术人才的单独培训项目，培养一线基层研究员工的技术能力，再与专利协会的专利管理人才培训相结合，双管齐下，使得协会对人才的培养工作很好地融入企业的经营活动，此举不仅大大节约了行业协会与企业运营的成本，而且丰富了人才培训的层次，从一线技术人员到专利管理人才都得到培训。而在国内专利类行业的人才培训仅仅限于一些专利知识的普及，远未达到在人才的培养上与企业分工明确的地步。

再次，资金来源不同。国外专利类协会运营资金主要来源于：会员会费、税收减免、培训费。而国内专利协会除了中国专利保护协会与中华专利代理人协会有一定的政府资金支持，其他中小协会仅仅靠会员会费勉强维持。国内税法对行业协会进行免税的条文短期内还很难出台，再加上企业也很少愿意通过专利协会这一途径培养自己的专利人才，缺少培训这一块的收入，国内专利协会开源节流的任务还很重。

(6) 专利类行业协会特征

纵观国内专利协会，无论是从国家层面的协会发展来看还是从地方协会发展情况来看，具有如下类似特征：

① 专利协会主要是体制内外结合型的行业协会

所谓体制内就是指由于政府机构改革和转变职能的需要，政府的直接倡导和大力培育而产生的，体制外则是指协会是由会员为了维护自身利益以及市场公平竞争、在自愿的基础上结合产生的。由于具备了行政合法性，这类协会组织在建立公平竞争环境、维护企业利益和促进本行业发展中发挥了极大的作用。比如中国专利保护协会就是国家知识产权局和民政部主管下的民间团体，其成立就是政府管理企业专利工作的机制转变，站在企业的立场上保护企业合法专利利益，促进企业知识产权管理工作提升，维护专利领域有序竞争的环境。而中华专利代理人协会则具有包括行政审批权在内的一定的行政权力，即协助国家知识产权局专利代理人资格考试工作，发放专利代理人资格证书；审核发放专利代理人执业证书，办理专利代理人执业证书的变更；并参与国家知识产权局领导的惩戒委员会工作，认真执行专利代理惩戒规则。体制内外结合型的行业协会具备最完美的合法性结构，它既取得了行政部门的支持，又存在合法性支持。因此专利协会在实际运作过程中，与政府和企业会员之间的产生摩擦矛盾的概率较小，结构的稳定有利其发挥沟通政府于企业的桥梁作用，减少政企双方误判，最大程度地维护行业内竞争秩序，从而保护企业的专利利益。

② 专利协会会员具有鲜明的知识产权专业背景

专利协会，无论是专利保护协会，还是专利代理人协会，抑或是专利行业协会，他们的工作始终是围绕专利的申请代理、专利的保护等与专利相关的主题展开的，专利事务是法律性和专业性都极强的工作，需要既熟悉专利申请或者保护等各种手续，又经过专门培训的人员从事，才能有力地保护企业的专利利益，所以协会会员必须具有熟悉专利相关知识的企业或者个人。以中华专利代理人协会举例，因为专利代理是目前整个专利工作体系中的重要环节，所以其会员必须是经过法定程序批准设立并经过国务院专利行政部门登记公告的机构，企业任何机构和个人都无权接受专利代理，进行专利代理工作，可见专利协会对会员资质和专业的要求是很高的。

③ 专利协会会员主体来源更加广泛，利益更加多元

上文所述，行业协会具有高度的行业性和专业性，其会员主体也主要来自与本行业相关的法人、个人或者社会团体。例如：中国钢铁协会，其会员可以是钢铁生产国有大中型企业，也可以是生铁加工的小个体工商业者，但绝对不会是一个生产芯片的厂家或者是一个生产生物药品的企业。但是专利协会则与之大大不同了，只要企业或个人拥有专利，有专利管理的需要，有申请专利的要求，乃至自己的专利受到他人的不法侵害，那么就可以申请加入专利类协会，因此，专利类协会的成员来源更加广泛，代表的会员利益更加多元，既可以是钢铁企业，也可以是芯片厂家。

④ 专利协会同样具有经济性、非营利性的特点

专利行业类协会是为了实现特定的经济目的而成立的，即为促进各行业专利技术发展，或为提高各行业的专利管理水平，或为提高专利代理和保护行业的服务水平和服务质量，或为提高各行业商品的产品的技术竞争能力，或为提高各行业从事专利工作人员的素质和职业道德水平等等。专利协会的经济性就体现在其服务的领域和服务的会员都是以经济为本体的。就其服务的领域来看，主要是能够转换产生巨大经济利益的专利技术市场；而就服务对象来看，其服务对象大多数是具有专利技术的企业或者专利代理机构等经营主体。专利协会的经济性特征很好地与从事社会服务或学术探讨活动的其他社会团体法人组织相区别。

专利协会虽然活动于经济领域之中，但其存在不是为了赚取商业利润而成为经营主体，所以其活动并不具有营利性。作为以企业等经营者为服务对象的组织，其是以维护企业利益、提高企业专利工作水平为工作目标的。中国现行的《社会团体登记管理条例》有规定："社会团体不得从事营利性经营活动，商会和行业协会不能以自己的名义进行商事活动，通过营业获取经利益并将其在成员之间进行分配。"但是，不能将为维系协

会运转而收取的会员会费，以及为弥补培训成本而收取费用视为营利性活动。

4. 专利类行业协会的基本功能

(1) 自律功能

行业协会在某些场合被称为“私益政府”，因为包括专利协会在内的协会商会都具有自律功能，它是由法律规范形态向法律秩序形态转化的过程中，商会、行业协会起着一种独特的作用，即通过实施自律规则、自律干预形成自律秩序，促进法律秩序的实现。[1] 行业协会首先是使协会内部规章条文与法律法规相协调、相统一，再运用协会内部机制规范其成员的行为，专利协会也不例外。自律功能反映了特定行业以及某一个具体经济领域的特点，因而这种自律的针对性较强，一旦制订出自律规则并形成良好的自律环境，便毫无疑问会提高会员的经营效率和竞争效果；目前我国关于行业协会的立法还处在孕育阶段，整个行业协会立法体系的建立尚需时日，此时自律功能可以弥补法律在空间上短板和时间上的滞后。自律功能的发挥是被限定在某一个具体行业或经济领域范围内，因而行业协会自律具有明确的针对性，而且自律成本较低，但效果明显；自律功能的发挥具有直接有效且不可替代的效用。专利协会之所以拥有自律功能，除了政府以及法律的授权外，还享有一定的自治权。应当说，行业协会能否较好的行使这些权利，对于行业协会自律功能的实现非常关键。缺少了这些权利，行业协会的作用也就只能局限于服务性功能，不可能有更大的制度价值。[2]

(2) 统筹协调功能

专利协会的统筹协调功能体现在两个方面，一是协调专利主管部门与会员企业之间的关系。在社会主义市场经济高度发展的今天，社会结构因利益主体的多元化而产生分层，政府于企业的价值取向不同，必然出

---

[1] 金晓晨：《商会与行业协会法律制度研究》，气象出版社，2003 年版，第 86 页。

[2] 江平、陈晓军：《我国商会法的基本原则及其立法模式选择》，《洪范评论》，中国政法大学出版社 2006 版，第 6 页。

现利益反复博弈的过程，而这个过程就体现在利益双方在制定和实践各自政策时所爆发出的冲突。但是，企业作为市场主体，被管理的一方，其政策的制定与实施必然会受制于政府部门的限制，如何让专利主管行政部门在制定政策时体现企业诉求，又如何让企业能够积极配合行专利主管政部门工作，这个沟通桥梁的角色只能由专利协会来扮演，政府与企业都需要专利协会这个中介进行沟通协调，而专利协会是双方矛盾良好化解的缓冲机制。单个企业仅能够代表自己利益直接与专利主管部门进行对话，由于行政资源有限，专利主管部门给予单个企业话语权的可能性基本没有。而专利协会作为企业专利利益的代言人，具有更好的代表性，更加有可能建立起政企对话的机制，双方对话的成本得到降低。

二是统筹协调各个会员之间的关系。专利协会内部具有争端解决机制，这种解决方式不仅节约了争端解决成本，还可以协调成员彼此之间的利益，并维护整个协会的利益。此外，通过行业协会的规章制度和处罚程序，能够对那些“搭便车”的会员实施处罚，从而避免那些只顾及短期利益的机会主义行为造成行业整体利益的损失。[1]

(3) 服务功能

服务功能是指利用专利类行业协会在机构、人员和设施等资源较为集中的优势，为其会员提供与专利申请代理、保护、管理等与专利有关的服务，提高其成员从事专利工作的能力，从而提升企业知识产权竞争力。正常情况下，会员加入专利协会的目的一方面在于获得行业归属感，另一个更重要的方面就是希望通过加入行业协会后得到良好的服务。作为国家知识产权局与企业之间的中间环节，专利协会不仅需要承担从行政部门分离出来的部分公共事务，还需要承担由会员企业分离出来的部分企业事务。在现代化技术竞争日益激烈的今天，为了争取产品技术的进步以及巩固并扩大产品市场，企业的知识产权管理特别是专利管理越来越复杂，单个企业能力和能力有限而难以满足上述要求。有些专利管理、保护或者培训等职能如果由单个企业自行承担和行使，不仅会限制企业的

---

[1] 孙丽军：《行业协会的制度逻辑——一个理论框架及其对中国转轨经济的应用研究》，复旦大学2004博士学位论文，第68页。

活力,阻碍企业技术进步,而且会加重企业的负担。因而现代企业专利管理、保护工作越来越需要专门的组织来承担一些服务职能,以减轻企业负担,同时克服单个企业力量薄弱的缺点,提高企业专利工作效率。

(4) 受托参与诉讼功能

鉴定人,是指受公安司法机关或个人的指派或者聘请,运用自己的专门知识或技能,对案件中的专门性问题进行分析判断并提出科学意见的人。鉴定人必须是具有解决案件中某些专门性问题的知识和技能的。而专利协会,特别是中华专利代理人协会基本是受到法院或者原、被告当事人的委托,以鉴定人的身份出现在专利纠纷民事或行政诉讼中。据可以收集的资料和案例来看,中华全国专利代理人协会参与诉讼的案件已经有十几起,其中包括南海市务庄华日节能电器厂(以下简称华日电器厂)与佛山电器照明股份有限公司专利侵权纠纷案,原告孙崇森与被告沈阳市于洪区殡仪馆专利侵权纠纷一案,日本曹达株式会社诉中华人民共和国国家知识产权局专利复审委员会、江苏省农药协会专利无效行政纠纷上诉案以及广州市四建工程机械厂诉广东省专利管理局专利行政纠纷案,等等。中华全国专利代理人协会在案件中主要受托对被告产品的专利是否落入原告专利保护范围进行技术鉴定。

通过中华全国专利代理人协会越来越多地出现在诉讼案件之中这一现象来看,专利协会的服务不仅仅只对会员,更可以扩展到社会的各个层面,包括服务于司法诉讼。中华全国专利代理人协会出具的鉴定结论已经作为判决依据之一,可见协会的权威性正在不断逐步树立,在可预见的未来,专利协会将会在我国司法诉讼环节有更大的作为。

第三节　专利类行业协会内部治理

1. 专利类行业协会开展内部治理的必要性

内部治理是包括专利协会在内的协会最本质特征和最基础的结构性条件。近年来,专利协会已经越来越成为推动我国专利水平发展的重要力量,但作为非营利组织,专利协会同样面临着发展的问题,必须逐步完善内部治理规范,进行自我约束、自我管理,从而提升专利协会的地位和作用,承接政府转移的职能。

(1) 社会主义和谐社会的建设要求行业协会的内部治理必须得到改善。作为社会主义和谐社会建设的"积极因素",专利协会作为企业专利利益的代表,必须反映不同企业的利益诉求。如果协会内部治理欠规范,企业表达诉求的渠道就会因此而堵塞,信息的不对称将会导致行政主管部门不能及时了解各个企业情况,使得政策的制定成了"闭门造车",制定出的政策也成了"无源之水",缺乏操作性与可行性。因此,专利协会在建设自身内部治理基础上,可以构建市场经济体制下行政部门与企业平等对话机制,搭建一个充分交流、传递诉求的平台,进而建立一个协调各方利益的有效机制。专利主管部门机构——国家知识产权局行政体制改革的不断深入进行,迫使专利协会的不得不加强内部治理。

(2) 企业维护自身利益的需要,要求专利协会必须加强内部治理。企业让渡出一部分权力给行业协会,目的不仅仅是要获得一种行业的归属感,因为专业工作要求极高的专业素质,因此它们还要获取相关的培训服务和技术保障。这就要求专利类行业协会必须构建出较为完善的内部治理结构,以保证企业合理要求得到满足,行业的合法权利得到及时维护。专利行业类协会作为整合各企业专利与反映拥有专利企业利益的平台,其自身规范的治理结构是基层民主权益得到维护的基础,而合理的组织构架、民主的议事规则和选举决策程序是实现这一目标的必要手段。

(3) 政府机构改革直接将原本属于政府机构的一部分行政权力让渡出来,而行业协会正是代替专利主管部门行使一定行政权力的最佳选择。只有自身内部治理的优化,专利协会才能顺利承担起部分让渡出来的公共管理,为政府机构改革,特别是国家知识产权局部门改革提供路径选择。

2. 专利类行业协会内部治理的法律性质

在社会经济关系中,第三部门作为经济法的必然主体之一,扮演着独立于国家、经营者和消费者的不可或缺的独立角色,作为经济法主体,第三部门的权力源于对私权的吸纳和公权的让渡,形成新的经济法权利——社会自治权。

(1) 专利类行业协会自治权的私法性质

不少研究我国古代商会行会制度的专家倾向于认为行业协会内部治理规则属于习惯法。因为在由日常生活中的习俗、惯行、常规逐渐向明白制定的规则过渡的连续体中，它们都更多地偏向习惯一端。那些经由制定程序而产生的规则，大都是对已有惯行的认可。[1] 行业协会自治规则是在协会成员协商一致的基础上创制的，其内容总结了大量市场活动中被普遍遵守的一些行业习惯，它由行业协会成员一致通过，被行业成员接受，对他们具有普遍的约束力。因此，行业自治规范属于习惯法的范畴。[2] 也有学者根据现代的法律多元理论把行业协会自治规则作为民间法的一个部分来进行研究。法律多元这一概念始于人类学的研究，后经由法人类学和法社会学，将其广泛运用和进一步发展；法律多元是指单一政治共同体中有不同的法律体系和文化。[3] 多元表现为多种形式，它可能是水平的，也可能是垂直的。多元也可能是文化的，政治的和社会经济的。简单而言，法律多元是两种或更多种的法律制度在同一社会中共存的一种状况。即在一个社会内部，存在国家法与非国家法并存的局面。他们认为，国家法和民间法是一对对立统一的概念，二者既有互相融通的一面，也有矛盾冲突的一面。

我们不妨利用卢梭的社会契约论分析和解释行业协会自治权的权源和性质，以及行业协会与会员之间关系。在自由竞争的市场经济体制中，不同主题之间的利益关系的日益复杂化，矛盾日趋激化，而在政府常出现对市场的调节失灵，而且不能及时提供社会公共服务。市场中理性的个人便希望通过新的社会契约来维护社会秩序的平稳，在这种新的契约基础上所产生的共同体，就是包括行业协会在内各种社团组织。行业协会成员之间为了有效抵制来自外部特别是国家权力的过分干预，以及防止

---

[1] 梁治平：《中国法律史上的民间法——兼论中国古代法律的多元格局》，载《中国文化》，2007 年第 1 期，第 35 页。

[2] 屠世超：《行业自治规范的法律效力及其效力审查机制》，载《政治与法律》，2009 年 3 月，第 66 页。

[3] 千叶正士：《法律多元》，中国政法大学出版 1997 年版，第 11 页。

无序竞争、限制竞争等相互损害的行为，会员就必须主动联合起来，以行业整体的力量对抗内外部的不利因素，谋得行业和个体的长远健康发展。而这种联合就是通过其所有成员的一致契约达成的。

从某种程度上说，专利协会的内部治理的机制是一种行业内部自治制度，其内部自治之权力就是来自于内部成员的理性契约，所以它是基于社会合法性而存在。行业协会在制订自治规则的过程中，是在进行自主立法，这一权利落实在行业协会规则制订之中，所表现出的具体的权利义务与经济法的法律精神和价值追求是一致的。

(2) 专利类行业协会自治权的公法性质

在国际条约方面，许多国际法律文件都规定了结社自由权，如《世界人权宣言》第16条《公民权利和政治权利国际公约》第22条，《欧洲人权公约》第11条等等。《结社自由及保护组织权公约》第2条以及《组织权及集体谈判权公约》第2条的规定明确指出："凡工人及雇主，不须经过事先批准手续，均有权建立他们自己愿意建立的组织和在仅仅遵守有关组织的规章的情况下加入他们自己愿意加入的组织。"在这些条文里，都在一定程度上规定了每一个公民都享有结社自由的权利，对结社这一概念的合理的解释其应当包括建立和加入行业协会的自由。上述两公约均明确授予了行业协会在国际条约上的合法性。

在国内法律法规方面，其公法性质体现在三个不同的法律效力层面上：即宪法、行政法规和地方法规条例。在宪法层面，《中华人民共和国宪法》第三十五条规定，中华人民共和国公民有言论、出版、集会、结社、游行、示威的自由。在行政法规层面，主要有1998年新颁行的《社会团体登记管理条例》以及1989《外国商会管理暂行规定》，还有一些部门规章也在实际地规范着行业协会的合法性，在地方法规层面，如《深圳经济特区行业协会条例》，《温州市行业协会管理办法》，等等。

从我国宪法条文在表达自由、集会自由以及结社自由的规定，构成了专利协会合法性的宪政基础，特别是允许自由结社，成为专利协会合法性的最重要的法理依据，同时也是专利协会合法运作架构的主要指南，因而，从这个意义上讲，法律法规对行业协会合法性的体认只能是对结社自由权具体的细化，而不是对结社自由权利的限制。

正如国家这一政治体谋求的是全体人民的利益一样,行业协会谋求的是全体行业协会会员的共同利益,而不是行业协会自身的私益,更不是单个会员利益的简单相加。所以另一个层面来看,行业协会之于协会中的单个成员,行业协会的内部管理就是一种公权力的实现形式。

(3) 自治权应定位于公私法融合的私法性质

在法学研究中,对法律现象进行分析,通常有两种分析视角。一种是法律形式论,不考虑法律的实质目的,而只是忠诚地遵循法律形式上的标准,建立一个理想的法律模型;当以法律形式论的视角来考察行业协会自治权时,我们看到其独立的法人地位,看到其自治属性在功能发挥中的决定性作用,看到其设立与运行处处透出独立于政府之外的私法之光。

另一是法律实质论,侧重从法律所保护的实质的利益即法律的目的之角度对法律现象进行分析和划分,它是在单纯的形式判断无法对日益变化的社会实际做出充分回应时的一种更深层次的视角,它的意义在于看到现象背后的实质,依照法的价值作出判断。行业协会所享有的自治权力是在法律一直是被强制性规定的光环所笼罩,它实际上成为国家权力的一种表现形式,源于国家权力结构中的宪法性授权。当然行业协会的这两种性质并非相互冲突,物性质本身就存在着形式和实质的两个方面,实质属性作为事物矛盾中起决定作用的主要方面并不能排除次要方面的存在;行业协会这种具有国家权力属性的自治权显然是在尊重行业协会私法属性的基础上,在其组织范围之内运行,从而实现其公法属性与私法属性的融合。

3. 专利类行业协会内部治理缺陷

(1) 专利行业协会行政化色彩浓厚

我们以中国专利保护协会为代表,协会理事机构中,名誉院长有全国人大常委会副委员长路甬祥、中国工程院院长徐匡迪,会长王景川则在2001年1月至2005年6月任国家知识产权局局长、党组书记。现任第十届全国政协委员。很显然,专利协会中一部分领导仍采用行政任命方式,一般人选是由退居二线的领导。在我国行业协会中,特别是那些因为政府机构改革中分离行业协会,其权力却主要源于政府,其权威也主要是依靠政府遗留下的垄断地位而取得，而非来自成员企业的选举和主动认同。很多是从政府分离出来的行业协会，有形无形地按一些政府过去做事的方法，采取政府的管理手段，行政化倾向还是相当重。

（2）专利类行业协会目的追求未能积极体现成员利益

专利协会作为民间性社团，在目的上应体现其民间性；而作为一个集体性组织，那么其目的也应该体现其集体性，即应以成员之利益为协会首要目的。换言之，行业协会必须向社会公众昭示其民间性，向成员企业展示其集体性。如：中华全国专利代理人协会的宗旨是团结和教育会员遵守宪法、法律、法规和国家政策，遵守社会道德风尚；忠实于专利代理事业，恪守专利代理人职业道德和执业纪律；协调行业内、外部关系，维护会员的合法权益，提高会员的执业素质；加强行业自律，制止不正当竞争，促进专利代理事业的健康发展；开展国际交流和合作。从上述引文中，不难看出，中华全国专利代理人协会将成员利益之维护放于倒数第二位，这样一种文字表达和语句排序对于协会成员而言，往往会让他们产生某种误解，即其他们所企盼集体性功能并没有得到最有力的宣示，而在社会公众面前，其也将因导致其章程未能体现追求积极和体现成员利益，而导致其民间性形象的失落。

（3）专利类行业协会自治权有所欠缺

专利协会自治功能有所欠缺。专利协会的自治权内涵不足，不论是中华全国专利代理人协会还是中国专利保护协会，其自治权仅限于规章制定权与奖励权。监管权、惩罚权和争端解决权在专利协会中要么是缺位的，要么受到政府和司法部门的严重制约，在专利类协会的章程中根本没有任何体现。虽然有些理由具有相当合理性，如我国当前司法资源的数量和质量还远远不能满足社会对实质正义追求的回应等等。但是，由于行业协会自治权权能的缺位，专利协会必然无法形成一个功能健全的自治系统，进而无法达到完全的自治目标，无法真正维护好成员企业的利益。

（4）专利类行业协会功能较单一

专利协会功能过于单一化。专利协会同其他行业协会一样本应具有多元的功能，因而能够满足不同企业的差别性利益需求，因而可以有效整合行业内大多数成员企业。从中国专利保护协会章程和工作记录来看，协会功能单一的问题体现出来。首先，协会主要就是开展学术研究会、企业间技术交流论坛以及进行一定的专业技能培训，以至于让人产生一些概念上的误区，即协会就是大家协商开会吃饭的最好平台之一，协会的管理功能并未得到充分发挥。再次，在我国，专利协会和其他很多行业协会一样，习惯性地接受政府管理，听从政府指挥，积极寻求与政府的主动性合作，而不是试图去为实现其维护行业会员利益与政府进行政策上的博弈，表达自己独立的诉求，改变政府政策，去人大立法游说，以有利于本行业协会利益的最大化。

(5) 专利类行业协会管理体制弊端

从目前我国现状来看，"大政府、小社会"的整体状况并未有实质性改变，计划经济时代管理模式的惯性仍然存在，由于行政部门在人事任免、行政资源等方面对于行业协会的绝对性权威，虽然行业协会与政府在人员、财务、办事机构、办公场地等方面分开，不再是政府的附庸，但依然很大程度上受到主管部门的影响。一个外在的强有力的政府力量的存在，直接影响到专利协会内部治理结构的实施，导致其内部管理也较为混乱，工作效率较低，不能够很好地服务于企业，起到沟通政府企业之间的桥梁作用。

4. 专利类行业协会内部治理实现的基本路径

专利协会自治权的完善在我国不可能一蹴而就，而是要稳扎稳打，一步一个脚印。所以我们当下仍可从多方面入手，以达到专利协会自治的地位和品格。

(1) 充分自治权的享有

自治权的充分享有是激发每一个会员积极性的重要推手，并可以充分调动每一个会员的参与热情。专利协会的自治权，包括规章制订权、非法律惩罚权、监管权和争端解决权等等。其权力的充分享有必须依靠国家的制度安排，同时国家还应当强化对行业协会自治的政策引导。国家原则上应当尊重专利协会在行使上述自治权力，当专利协会在行使自治权过程中产生了与国家法律、制度以及政策的冲突时，应当由法院裁决。专利协会的规章制订权在自身发展的过程中具有重要功能，在制定法没有规定或者制定法规定模糊的情形下，规章可以替代制定法在协会内部发生作用。行业协会规章很容易发生与制订法强制性规定相冲突的情形，在这时候，法官不应当以行业协会规章与国家制定法是否存在形式上的一致性来判断行业协会规章的效力，而是应当尽量融入行业协会的语境中，本着追求实质理性的态度来具体评断行业协会规章的效力。❶ 而对于行业协会的非法律惩罚，法官应当支持，不能因为行业协会已经进行了处罚而减少制定法层面惩罚的种类和数量；对于行业协会在内部争端解决机制运作中所达成的仲裁裁决和调解协议，法官原则上应当支持，赋予其强制执行的效力，除非仲裁裁决和调解协议违反宪法秩序和严重侵犯社会公共利益。❷ 所以实现自治权充分享有是专利协会实现其功能不可或缺的途径。

（2）实现和保障内部结构建设

传统的理论认为，只要部分个人认识到合作的潜在利益，那么分散的个体一经组织便可形成有效的集体行动，但奥尔森的研究表明，在现实世界中人们之间尽管存在明显的或潜在的对大家都有益处的共同利益，但是由于种种阻碍合作因素的存在从而无法实现，这在公共选择理论中被称为奥尔森的集体行动难题。❸ 所以要想实现行业协会的内部结构建设顺利，必须从以下几个因素去考量。

从决策机构考量，专利协会是一个在较小范围内的地方性协会，会员相互之间的联系较为紧密，那么以会员大会作为决策机构为宜；而国家级别的，如中华专利代理人协会行业协会是一个全国性的行业协会，那么其决策机构则应是理事会或董事会。专利协会所属行业的飞速发展，瞬息万变，应当建立高效组织机制则是功能实现必需的结构性要件，所以应以

---

❶ http://www.npopss-cn.gov.cn/chgxj/fx/fxw1.htm 国家社科基金项目《行业协会经济自治与经济管制研究》

❷ http://www.npopss-cn.gov.cn/chgxj/fx/fxw1.htm 国家社科基金项目《行业协会经济自治与经济管制研究》

❸ 张宇燕：《利益集团与制度节中性》，载《中国经济学》，上海人民出版社，1995 年版，第 19 页。

理事会或董事会作为主要的决策机构较为合适。

从专利协会的领导者考量，作为专利协会的领导人，其必须具备足够的专业的知识，有足够的执行力和对外交往能力以及在争议事项处理中的果断，行业协会领导人应从协会内部或成员企业中选举或推举产生，而不应由行政部门过多干预甚至直接指派。

确定协会发展目标，即如何实现本行业协会利益的最大化，如何吸引更多有利于协会、有利于会员发展的资源，发展目标是建构的行业协会团结的核心，避免单个成员可能产生对协会的离心力。一方面，在一个国家主要控制资源的场合，专利协会吸引资源的工作重心主要在于如何从国家手中获取资源，另一方面，专利协会必须充分调动和利用其内部的资源，实现最优化配置。

第四节　专利类行业协会限制竞争行为的法律规制

行业协会因其具有克服政府失灵和市场失灵的双重功效而日益受到人们的青睐。然而，专利协会同其他行业协会一样，本身也会失灵；这其中，尤其以“限制竞争”倾向最为明显。针对此种倾向，市场经济发达的国家和地区在行业协会的经济法规制上做了不懈的探索，并取得了令世人瞩目的理论和立法成果。近年来，我国专利协会出现了一些限制竞争行为，严重损害了我国专利行业的正常秩序。然而，面对此种现实，法学界尚未引起足够的重视，相关理论研究尚需深入。在立法上，《反垄断法》虽在三个条文中涉及行业协会限制竞争的问题，但仅靠几项粗陋的规定，不足以有效规制包括专利协会在内的行业协会限制竞争的行为。因此，探寻专利协会限制竞争行为的法律规制，对完善我国对整个行业协会限制竞争行为的规制无疑具有重大的理论探索意义和初步实践价值。

1. 专利类行业协会限制竞争行为的含义及其特征

(1) 专利类行业协会限制竞争行为的含义

专利协会的限制竞争行为的定义，应从两方面考量，一方面是某个行为是否属于行业协会的集体意志行为，另一方面是这个行为是否限制了行业内的自由竞争。对于某个行为是否属于协会集体意志的行为，认为该行为必须是通过协会内部表决或者其他某种议事程序从而才能上升为整个协会的整体意志，这个议事程序可以使会员大会、监事会议或者理事联席会议，当然在这种情况下，理事会或者监事会通过某项决议从而使该项决议上升为协会整体意志的过程必须得到会员大会或者是章程的明确授权。在我国，专利协会以及其他协会都存在几家企业独大，并形成某种“默契”从而操纵协会成为限制其他企业竞争行为，并为个别企业利益的代言人；此种情况下，这些由个别大企业通过“潜规则”所形成的所谓体现“全体会员诉求”的决议显然不能视为行业协会的集体行为，行业协会充其量只是被利用的客体。那怎样的行为会被定义为限制行业自由竞争的行为呢？我国反垄断法第三条规定，垄断行为包括：经营者达成垄断协议，经营者滥用市场支配地位，具有或者可能具有排除、限制竞争效果的经营者集中。具体包括：固定或者变更商品价格，限制商品生产数量或者销售数量，分割市场或者原料市场，限制购买新技术、新设备或者限制开发新技术、新产品等等。而从专利协会的特点来看，协会不仅是拥有专利企业的联合，更是专利技术的集合，所以个别拥有大量专利的强势企业为了维护自己在某个领域的专利优势便可能通过行业协会及其章程这一特殊载体限制其他企业购买新技术或者新技术的开发，给中小企业的专利研发带上一个“紧箍咒”，强行收取中小企业专利使用费，此外强势企业对那些拥有先进专利并可能威胁自身垄断地位的企业入会实行某种歧视待遇，甚至对其入会不予支持，并且在其入会后不给予他们同等的信息渠道，以排挤、围堵等方式将可能的竞争对手清扫出会，以强化其垄断地位。

因此，专利协会限制竞争行为，是指以行业协会为载体，依照章程规定或者法定议事程序，为谋求垄断地位，以专利技术、会员资格认证、信息交换为主要限制竞争手段，限制其他企业新技术的购买与研发，阻碍科学技术以及经济发展的行为。

(2) 专利类行业协会限制竞争的特征

① 主体多元。专利类协会限制竞争的主体与经营者有很大不同，行业协会限制竞争的主体包括作出决议和实施决议的两个主体，理论上作

出限制竞争决议的是行业协会，但是在不同的行业协会，由于章程不同，不仅会员大会可以作出决议，理事会、监视会也可能作出决议。而实施主体既可能是行业协会的全体会员，也可能只是部分会员参与了限制竞争的行为。目前理论界对限制竞争的主体存在三种不同看法：只以行业协会本身为主体，只以会员为主体，同时以行业协会和会员为主体。所以，应该以具体案件为本，综合考虑各方面因素才能确定责任主体。

② 行为隐蔽。行业协会限制竞争的特色在于其系以决议之方式进行，然后透过决议所具有的法律效力，而拘束所有制会员。[1] 专利协会以决议方式作出的限制竞争的行为，既非有明确拘束意思的契约，也非单纯达到共同了解的协定，其意思表示根本不是彼此互相为之，而是向主持会议为之。更重要的是，甚至不以全体同意为必要，只要达到普通多数即可通过而产生一般的拘束力。[2] 由此我们可以看出，实际上，很多限制竞争行为的决议都是由几个强势企业主导通过的，行业协会限制竞争行为隐藏在合法的表决过程之下，其违法行为的动机披着合法外衣难以被发现，此种“灰色行为”即使在欧美国家也很难得到很好的规制。

③ 危害巨大。因为专利协会是由不同会员所共同构建的一个组织关系实体，它本身是一个资源共享的平台，拥有较高的运行效率和较低的运行成本，较完整的组织议事程序便于迅速形成限制竞争的协议。而且行业协会本身就是一个高度集中的市场，对相关市场拥有更高的垄断程度，集中度越高，垄断程度越高，决议被执行的范围就越大，影响的范围也越大，危害性也就越大。

2. 专利类行业协会限制竞争的双重性特征

专利类行业协会限制竞争的行为在本质上是一种自治行为。权力运用的效应是双重的，它既会对社会带来利益，也可能对社会造成危害；它既可能维护和保障人民的权利和自由，也可能侵犯人民的权利和自由以

[1] 吴秀明：《竞争法制之发轫与展开》，元照出版社，2004 版，第 27 页。

[2] 苏永钦：《经济法的挑战》，清华大学出版社，2005 年版，第 151 页。

至于制造奴役和恐怖。[1] 正因为限制竞争是其自由行使自治权的活动，所以其限制竞争行为具有明显的两重性特点，即正当性与不当性。

(1) 限制竞争行为的正当性

限制竞争最大的正当性就体现在可以节约资源，有效防止过度竞争。所谓过度竞争，是指由于产业中的企业数目过多、产业过度供给和过剩生产能力现象严重，产业内的企业为维持生存，不得不竭尽一切竞争手段将产品价格降低到接近或低于平均成本的水平，使整个产业中的企业和劳动力等潜在可流动资源陷于只能获得远低于社会平均回报和工资水平的窘境而又不能顺利从该产业退出的非均衡状况。[2] 适当的限制竞争行为可以节约企业、特别是中小企业的竞争成本，避免整个行业停留在低水平的价格竞争上，提高整个行业的盈利水平，合理引导中小企业错位发展，提高行业生产效率。比如：20 世纪 80 年代，美国的多个医疗器械生产商在日本市场转让自己的生产技术，竞相压低专利转让价格，恶意的低价直接导致美国医疗器械生产商的巨额经济损失。针对此种情况，美国医疗器械生产者协会紧急制定了行业价格协调机制，及时召开会议明确专利技术转让按照不同治疗技术分类规定的最低转让价格，即使该技术在日本竞标成功，但如果该竞标成功价格低于协会所定价格，该企业便会受到制裁。美国医疗器械生产者协会的统一最低价格行为就是一种行业协会限制竞争的行为，该行为不仅制止了行业内部的过度竞争，维护了行业内的竞争秩序，而且保护了医疗器械生产行业的利益，避免了恶意低价所导致的拥有专利技术的美国企业损失。

(2) 限制竞争行为的不当性

斯蒂格利茨说：竞争是任何经济成功的核心。限制竞争行为既是对市场经济自由竞争体制的冲击，也是对消费者利益的侵犯。市场竞争体制最大的作用就是准确反映市场供求关系的变化，引导企业对消费者需求做出及时回应，及时调整企业生产计划，优化资源配置，提高生产效率，降低生产成本。而行业协会则可能通过大会决议甚至章程限制产品的价

---

[1] 张文显：《法哲学范畴研究》(修订版)，中国政法大学出版社，2001 年版，第 396 页。

[2] 叶明：《行业协会限制竞争行为的反垄断规制》，法律出版社，2010 年版，第 68 页。

格与销量，切断市场经济的信息传导机制。企业由于价格产量受到限制，无法对市场发生的变化做出迅速的行动，市场无法及时得到有效调控，市场的滞后性特征这就可能导致一些产品供不应求，价格虚高，消费者利益受损；而另一些产品虚假过剩，价格贬值，企业利益受损。而且专利协会内某些强势会员为维持其长期在业内的垄断地位，可能通过抬高会员门槛，人为阻碍非会员企业进入某个具体行业，并压制参与自由竞争对手的新技术研发，操纵市场。大企业对市场的垄断和操纵，最终受害的只能是消费者，消费者只能接受被操纵的价格，而毫无还手之力。

专利协会的限制竞争行为的双重性，使得对其规制只能是适度规制，而这正是经济法适度干预理念在反垄断法中的体现。

3. 专利类行业协会限制竞争行为违法性认定

对行业协会，包括对专利协会限制竞争行为的违法性认定无疑是反垄断法规制限制竞争行为难度最大的一个环节。由于限制竞争行为的双重性，这种规制只能是“适度干预”，既不能对行业协会所有限制竞争行为一棍子打死，全部认定为非法行为；也不能因为行业协会限制竞争行为时一定自治权的使用便“投鼠忌器”，对其违法行为不闻不问。笔者认为还是应该具体问题具体分析，下文将对三种较难认定的限制竞争行为进行违法性认定。

（1）会员资格认证行为的违法性认定

毫无疑问，为了维护行业协会内部的管理秩序与会员利益，为会员资格认定制定一个标准是非常有必要的，而这个标准即应该包括入会资格与免除资格两方面的内容。会员资格认证是行业协会行使自治权的一种表现形式，也是行业协会通过表面合法途径限制同业经营者进入该行业领域或者排挤同业竞争者的一种方式。所以如何界定会员资格管理行为的性质，从而对限制竞争行为进行规制就显得非常重要了。

而在卡森案中，美国阿肯色州发明协会（AIA）制定了协会只允许会员及经过其认定的会员才可以参加由 AIA 主办的发明评奖活动。卡森原是该协会会员，但因为最近未通过 AIA 的资格认定而不被允许参见 AIA 的评奖活动，所以他认为 AIA 的章程违反了谢尔曼法。最终法院认为，会员资格认定行为是需要的，只有水平较高的会员才可能通过协会会员认定，因为如此，AIA 的评奖活动才能始终保持较高水平，获奖的发明才可能保持较高的技术性，所以此种会员资格认证为了维护发明的水平而非限制竞争。[1]

通过上述美国案例，我们可以看出美国法院主要是通过合法性原则来判定行业协会会员的资格认定行为是否限制自由竞争。只要协会对会员资格的限定具有合理性目的而非排除竞争，并符合协会章程和程序，便不触犯谢尔曼法，法院对于此种行为不予干预。而对于协会取消会员资格，美国法院则认为为了保护协会章程的权威性，会员如果违反协会章程，协会便有权利取消会员资格。但是该行为不能具有限制竞争的意图，且必须符合协会章程，严格按照程序进行。

行业协会作为享有自治权的组织，有权利让会员入会，也有取消某个会员的资格。但是如果协会滥用自治权，而我们又不对此种行为是否违法进行必要的认定，此种行为就有可能限制竞争，侵害部分企业利益，危害社会公平竞争的环境。

综上所述，对于行业协会限制会员资格行为或是取消会员资格行为的违法性认定应从如下几个方面考量：首先，如果该认定行为目的本身就是为了排挤同业竞争者，让同业竞争者无法享有协会内部的某些对于该企业发展所必需的便利，那这种行为就违反了反垄断法。如果认定标准仅仅是为了维护某个行业的较高经营水平并不具有排除竞争，排除了部分资质不够且没有竞争力的小企业的参与，那么这种行为法院就不应干预。其次，章程必须明确会员资格标准，且会员认定或取消的过程必须经过合法程序，且会员应有申诉权，协会对于会员申诉可以展开听证会，并进行充分论证，最后进行会员表决。如果没有经过相应程序，便可能触犯了反垄断法。再次，应从协会因该行为所获得利益大小进行考量。如果协会因为限制某个会员入会或取消某个会员资格的行为而获得了超额利益，那么此种行为就应该被视为违反了反垄断法。

---

[1] Carlson. v. Professional Arkansas' Association of Innovation, 385U. S. 846(1966).

(2) 信息交换行为的违法性认定

行业协会最重要的服务功能便是提供信息咨询、发布统计资料，由于行业协会在经济信息和统计资料的获取和传播中的作用极为突出，因而被称为“总体经济形势气象台”。❶ 信息交换行为可以传播会员信息，提高会员收集资源效率，会员之间可以相互增进了解，及时调整生产战略；但此种行为亦可能导致价格联盟的出现，产生限制竞争的效果。经营者在一般情况下是不会公开诸如：成本、商品设计、产量等商业信息的，但是行业协会却因为是经营者的资源集中，对于经营者信息的收集有天然的优势，然后再将相关信息反馈给各会员，大大节约了每个会员整合信息资源的效率。但是，会员企业对价格、商品设计以及产量具有天生敏感，各会员企业只需了解到其他企业的价格、产量等相关信息便可以估测到同种商品其他企业的报价，于是各个企业并不需要坐在同一张桌子上达成实质的固定价格协议，便可以达到实际的“价格联盟”作用。

在欧盟，《欧共体条约》第 81 条规定：下列事项因与共同市场不相容而被禁止：企业之间的一切协议、企业团体所做的决定和协同一致的经营行为，可能影响会员国之间贸易并且具有阻止、限制或者扭曲共同市场内的竞争的目的或效果的，特别禁止下列事项：直接或者间接固定购买或者销售价格或者其他任何交易条件。因为行业协会信息交换行为可能形成“价格联盟”的效果，所以应该受到规制。欧共体在 1968 年就企业间的合作发布了一个通告：企业原则上可以通过相互交换信息行为在更加透明化的市场上得到好处，但是该行为不得对当事人的行为有任何限制，且不得以任何方式劝告当事人采取一致行动。但是在集中度较高的市场内，具有垄断地位的会员具有控制市场的倾向，因此即使合法的信息交换行为在市场集中度较高的情况下也可能违法。1953 年“EDA”案中，10 个从事外观设计的公司参加了欧洲外观设计师协会（EDA）所建立的信息交换平台，交换单项设计价格等方面的信息。欧共体认为，如果上述行为是发生在集中度较高的市场，那么就可能被认定为非法。EDA 的会员在欧共

---

❶ [德]罗尔夫．斯特博：《德国经济行政法》，苏颖霞、陈少康译，中国政法大学出版社，1999 年版，第 211 页。

体的份额只有10%左右，显然该市场集中度较低，所以此种信息交换行为就被认为合法。

从欧盟相关法律与判例可以得出以下几条对我国有益的一些启示。一方面，对于信息交换行为的违法性认定应从信息本身进行考量，包括信息本身内容，向何方提供等等因素。显然，价格信息是会员之间最为频繁交换的信息。但是，我们不能绝对判断只要是价格信息的交换就是违法，就会导致固定价格。如果价格信息的交换，不必然导致人为定价，出现集体涨价或降价的情况，这便很可能不触犯反垄断法。在美国，只要被告证明价格信息交换并非是出于固定价格的目的，法院便不会加以干涉。而信息本身越详尽，且越具有明显的针对性与诱导性，就越可能涉嫌限制竞争；而如果信息本身只是某种宣传性概括性的内容，行为本身就很难被认定为限制竞争。其次，还应从市场状况进行考量。信息交换行为产生何种影响，影响多大必然取决于市场状况，所以，市场集中度是判断信息交换行为是否合法的关键因素之一。如果在一个集中度较高的市场内，企业数量较少，相互之间依存度较高，如果在企业数量极其有限的市场内，进行价格等信息的交换，毫无疑问企业之间非常容易形成联合定价。但在一个市场集中度较低环境中，企业多且分散，即使行业协会以及部分企业之间有价格信息交换，但由于市场过于分散，各企业很难判断整个市场的价格趋势，所以行业协会通过信息交换行为固定价格，限制竞争的可能性便不大。

(3) 标准化行为的违法性行为的认定

在高新技术行业里，控制了一个技术标准往往就是控制了整个行业。[1] 在经济全球化的今天，经济的竞争已经由资本竞争发展为专利技术，特别是技术标准的竞争。技术竞争则集中表现为技术标准的竞争：专利法本身具备法定垄断权，而标准化则意味着大企业可以控制住其他企业进入市场之路。由于专利协会可以比政府更了解市场与企业，因此由专利协会制定技术标准更具专业性，可以提高产品质量，避免政府标准的脱离实际，缺乏针对性与操作性。但是，专利协会是行业利益的代表者，

---

[1] 张平，马骁：《标准化与知识产权战略》(第一版)，知识产权出版社，2002年版，第14页。

而非公共利益的代言人，其非常有可能利用专利标准制定这一手段限制竞争。专利标准的制定过程实质上就是各企业之间的利益博弈过程，会员之间为了达成统一技术工艺标准而协同行动，就已经有卡特尔的嫌疑。而且专利协会可以以协会内部形成的专利标准，限制那些专利无法达标企业的入会资格。专利协会可能制订出完全无必要的“高技术专利标准”，提高竞争者的技术成本，从而变相增加了会员企业的竞争力，排挤了竞争对手，最终限制了市场的自由竞争。另一方面，专利协会还可能利用标准认证实施集体抵制行为，排挤竞争对手。

专利协会通过标准化行为利用不正当的集体抵制行为限制竞争的案例在美国也早有先例。1941 年，被告美国时尚原创者协会（FOGA）是由服装设计商、纺织品制造商组成的，为了制止自己的外观设计专利被盗版者抄袭，FOGA 通过一个决议，要求各会员企业不能将拥有“外观设计”专利的产品卖给同样也从盗版者那里购买产品的零售商。为此，该协会还设计了一系列标准来实施限制行为。为此联邦贸易委员会（FTC）提起反垄断诉讼，认为 FOGA 标准制定行为限制了自由竞争，最后法院也支持了 FTC 的请求。[1]

随着我国与国际的接轨，专利协会也将会越来越多承担专利标准化工作。基于我国国情考虑，对专利协会标准化行为是否违法的认定应从如下几个方面考量。首先，需从合理性预测出发来界定标准化行为是否限制竞争，如果标准化行为确实出于维护产品质量，保护消费者利益的善良目的，那么这种标准化行为就合法；其次，必须考虑每一个专利协会的规模，如果一个会员很少的专利协会制定标准，由于其对市场影响力相当有限，其制定标准的行为很难被认定为违法。再次，应该注意到标准的产生是否通过了合法的程序。因为标准的制定是各会员协商，最后统一得出的结论。一个标准的制定如果没有经过投票等相关程序，而是由少数几个强势会员暗箱操作的结果，那么这种制定标准的方式显然违法。

综上所述，对于专利协会行为是否限制竞争这一问题应从多方面进行考量，具体案例具体分析，谨慎判定行为是否违法。对于负功能大于正

---

[1] Fashion Originators' Guild of America Inc, v. FTC，312U. S.，457(1941)。

功能的行业协会限制竞争行为，应该认定为违法行为，并且追究法律责任；反之，则对该行为予以豁免，不追究法律责任。[1]

4. 专利类行业协会限制竞争的特殊案例——专利联盟

(1) 专利联盟是专利行业协会的特殊形式

专利联盟是多个专利拥有者为了能够彼此之间分享专利技术的社会中间层组织，而行业协会正是以企业为主体，在自愿的基础上为增进共同利益而组织起来的社会中介组织，这与行业协会的本质属性有着天然的契合。首先，不论是专利联盟还是专利行业协会，其成立的意识根源都是不同主体自发自愿行为，并非通过行政强制力而产生；其次，他们产生的共同动机都是为了增进本行业或者本专业的共同利益，在专利联盟中，成员愿意通过专利的交叉许可，从而达到彼此降低生产成本的目的，而在行业协会中，成员同样是为了维护和实现行业利益的最大化而走到了一起；最后，从他们的组织形式来看，专利联盟是一种没有股权参与或者无资产性投资的战略联盟。[2] 所以，专利联盟是一个动态的开放体系，它是一种较为松散的企业间合作组织形式，公司之间是以契约为基础的横向平等的关系，联盟与公司也并非是控制和支配的纵向关系。从这个角度来说，专利联盟与行业协会的组织结构颇为相似。

但是，专利联盟较专利行业协会，更容易进行知识学习和资源积累，企业之间通过专利技术的输出换取对于另一企业的专利技术，从而产生技术交流与学习。另一方面，随着专利关系的越来越紧密，许多企业也将专利联盟作为推动技术实施的合法媒介，而专利协会显然不具有这方面的特质。因此，专利联盟可以说是行业协会的一种特殊形式。

(2) 专利联盟的垄断行为

专利联盟内的专利权人相互使用各自所拥有的专利，促进了专利在联盟内部的传播和扩散。但是，专利联盟的专利交叉许可、固定价格、划分市场的行为便会损害实际或者潜在的竞争者公平竞争权。专利联盟限

---

[1] 叶明：《行业协会限制竞争行为的反垄断规制》，法律出版社，2010 年版，第 131 页。

[2] 李玉剑《专利联盟：战略联盟研究的新领域》，复旦大学出版社，2006 版，第 9 页。

制竞争行为具体可分为如下几种:

限制联盟外企业公平竞争。专利联盟分为“开放式”与“封闭式”,而封闭式专利联盟只将专利技术供联盟内成员使用,而不将联盟内专利转让于联盟外第三方。因此,被专利联盟排除在外的企业,失去其在采用被许可技术的产品市场上进行有效竞争的能力;专利联盟在相关市场内具有垄断地位。❶

阻碍联盟内成员的技术创新。专利联盟可能会要求成员彼此许诺较低专利使用费供他方使用,这毫无疑问将使得成员企业在专利研发上变得更加“懒惰”,也在客观上滋生了成员企业“搭顺风车”的思想,从而影响了联盟内技术创新。

推行联合垄断行为的工具。专利联盟会员之间的协议可能不仅仅局限于专利交叉许可这一范围内,还可能涉及固定定价、限制产量、分配市场等明显超过知识产权范围的限制竞争条款,这显然就是共谋垄断,严重妨碍相关市场内的自由竞争。

(3) 专利联盟垄断行为的认定

垄断行为的认定主要有两大原则:合法原则与合理原则。各种类型的卡特尔协议、固定价格行为、限制产量行为、瓜分市场行为等等本身就是违法行为,就无须再通过其他途径去考量其行为是否为垄断行为,这就是合法原则。而对某些难以判断是否属于垄断的行为则必须考量企业意图、行为方式和造成后果等多方面因素。只有企业确有谋求垄断的意图,并通过不属于非科技发展的正常途径实现目的,限制了竞争对手公平竞争行为,此时,该行为才应该被认定为不法行为,否则便是合法行为。

5. 行业协会限制竞争行为的法律责任

通过专利协会限制竞争行为的分析,我们以小见大,在认定其他行业协会限制竞争行为时,只要其行为违反了反垄断法,都应该追究行业协会的法律责任,但其应承担的法律责任应与其限制竞争行为的危害性相适应。那么由谁来承担责任,承担怎样的责任呢?我们将在下文进行详细

❶ 李玉剑《专利联盟:战略联盟研究的新领域》,复旦大学出版社,2006 版,第 156 页。

分析。

(1) 行业协会限制竞争行为责任主体之辨析

关于限制竞争行为的责任主体,学界主要有三种看法。第一种观点认为应以行业协会本身为责任主体,因为行业协会限制竞争行为的原动力就是来自行业协会本身,限制竞争行为是由会员通过决议上升为协会意志所作出的,因此对行业协会进行处罚有理有据,而且直接对行业协会进行执法更加便利高效。第二种观点认为应以会员为责任主体,因为虽然限制竞争行为来自于行业协会意志,但是协会意志直接源于各个会员,行业协会不应成为每一个参与限制竞争行为会员的替罪羊。如果仅仅处罚行业协会,而不处罚会员,无疑是变相鼓励会员利用行业协会这个保护伞大力推行限制竞争行为。第三种观点认为应以行业协会与个别会员为共同责任主体。

本书认为第三种观点比较全面。第一种观点认为仅仅以行业协会本身为责任主体,较易导致行业协会成为会员参与限制竞争行为的替罪羊,而真正实施限制竞争行为的会员却逃脱了法律的制裁。行业协会作为社会团体,对其制裁主要是通过经济方式,但目前很多行业协会没有自己的资产,执行难度可想而知。第二种观点认为应以会员为责任主体。行业协会作出竞争行为的决议一般是通过会员投票而产生的,而决议一般只要半数会员同意即可生效,而且该决议一旦生效,不仅对投赞成票的会员有约束力,而且对投反对票的会员亦有约束力。因此以所有会员为责任主体,不免有"滥杀无辜"的嫌疑。第三种观点以行业协会与个别会员为责任主体较为公允,因为限制竞争行为是会员行为与协会行为的结合。具体来说,在决议阶段,决议是由全体会员通过表决通过的,这应该视为协会的集体行为。而在实行阶段,限制竞争行为是由每一个会员具体参与实施的,所以这应该视为会员个体行为。基于上述认识,如果限制竞争行为还处在表决阶段,那么行业协会以及投赞成票的会员就应该被视为责任主体;如果决议进入了实施阶段,那么除了上述主体之外还应包括具体实施限制竞争行为的每一个会员。

(2) 行业协会限制竞争行为的责任承担

行业协会限制竞争行为的具体责任形式包括:民事责任、行政责任和刑事责任。

① 民事责任。行业协会所承担的民事责任应是根据行业协会作出限制竞争行为之后对同业竞争者造成的利益损害所应承担的侵权责任。行业协会承担相应民事责任,受害者因此得到相应的经济补偿,侵害者因此付出了相应的经济代价,受到了法律的制裁。我国《民法通则》第134条规定,民事责任的承担方式主要有:停止侵害、排除妨碍、消除危险、返还财产、恢复原状、赔偿损失、支付违约金、消除影响、恢复名誉、赔礼道歉及修理、重做、更换等。除了违约金适用于违约责任,其他承担方式理论上都可以适用于行业协会限制竞争行为。

② 行政责任。行业协会限制竞争行为对市场经济秩序具有较大的破坏力,民事责任已不能有效制裁,但根据我国刑法罪刑法定原则,对限制竞争行为也不能轻易适用刑法处罚。行政责任追究一般可以不经过漫长烦琐的民事或者刑事的诉讼过程,而行政诉讼也较为高效简便,执法机关可以主动依职权对限制竞争行为进行制裁。具体行政责任承担的方式包括:①罚款。《反垄断法》第46条第3款规定,对于行业协会违反反垄断法规定,组织本行业的经营者达成垄断协议的,反垄断执法机构可以处50万元以下的罚款。②责令改正与行政处分。《反垄断法》第51条规定,行政机关和法律、法规授权的具有管理公共事务职能的组织滥用行政权力,实施排除、限制竞争行为的,由上级机关责令改正;对直接负责的主管人员和其他直接责任人员依法给予处分。③撤销登记。第46条第3款规定,行业协会违反反垄断法规定,组织本行业的经营者达成垄断协议的,情节严重的,社会团体登记管理机关可以依法撤销登记。④会员告发制度。《反垄断法》第46条第2款规定,经营者主动向反垄断执法机构报告达成垄断协议的有关情况并提供重要证据的,反垄断执法机构可以酌情减轻或者免除对该经营者的处罚。

③ 刑事责任。行业协会限制竞争行为不仅是限制了公平竞争,侵害了消费者利益,更是会阻碍科技进步,影响到市场经济的健康发展,其危害性不言而喻。但是对于某些受害人难以确定的限制竞争行为,根据民法不诉不理的原则,通过民事诉讼方式很难对其进行制裁。而行政制裁虽然简便高效,但因为很多行业协会都是从行政机关分离而产生的,其与

行政机关有着千丝万缕的联系，因此，此种广义范围内的“自裁”行为效果如何，是值得考量的。因此通过刑事制裁作为制裁手段的补充，对于行业协会限制竞争行为的发生无疑有着较好的预防和监督作用。世界上很多国家都在反垄断法中对限制竞争行为明确了刑事责任。美国《谢尔曼法》第1条规定：任何契约，以托拉斯形式或者其他形式的联合、共谋，用来限制洲际间或与外国之间的贸易或商业是非法的。任何人签订上述契约或从事上述联合或共谋，是严重犯罪。如果参与人是公司，将处以不超过100万美元的罚款，如果参与人是个人，将处以10万美元以下罚款，或三年以下监禁，或由法院酌情并用两种处罚。而我国《刑法》第31条规定，单位犯罪的，对单位判处罚金，并对其直接负责的主管人员和其他直接责任人员判处刑罚。虽然行业协会限制竞争行为危害性巨大，但是在我国反垄断法以及刑法中却没有相应的规定。根据美国谢尔曼法的立法经验与我国刑法单位犯罪的基本立法精神，对行业协会限制竞争行为也可以实行双罚制，这既处罚行业协会本身，又可以对那些投赞成票者以及积极实施者给予制裁。因此借鉴发达国家立法经验，将行业协会限制竞争行为纳入刑法条文，认定为犯罪很有必要。

第五节　对行业协会法律构建的若干建议与思考

1. 对行业协会内部治理在立法上的思考

从上文对专利协会的个案分析，我们可以看出行业协会作为市场经济的重要主体，而自治权作为行业协会内部治理的法理依据以及行业协会赖以生存基础，却在我国当前法律法规中没有得到明确的体现。由于当前法律法规缺乏对行业协会自治权的规定，行业协会的自治权的行使就会遇到这样或者那样的问题。因此制定出一部统一的行业协会法，并对现行法律法规进行树立补充，从而对有效引导、监督行业协会自治权的行使就显得异常必要了。《行业协会法》的出台，不仅有效地提高立法效力，使得行业协会自治权的行使有法可依，更是为行业协会自治权的发挥奠定了法理基础、提供了制度保障和创造了监督机制。

(1) 我国当前在行业协会内部治理上立法所存在的问题

我国现行立法主要存在以下两个方面的不足：一方面，行业协会相关立法层次较低。行业协会的相关立法，在国家层面没有一部独立的行业协会商会法，目前国家层面的法规也只有以国务院行政法规的形式制定了一个社会团体条例，其他法律规范如：部门规章、地方性法规、地方政府规章等所处的位阶较低，其规制的范围较窄、执行效率较低。而且我国目前行业协会商会的单行法还处在论证阶段，尚未出台，地方规范性法律文件的制定没有明确的上位法，各地方性法规出现了相互矛盾的条文，制约了行业协会自治权的充分发挥。

另一方面，行业协会立法内容欠缺。在现行的法律性文件中，关于行业协会自治权的相关条文寥寥无几，导致行业协会自治权发挥没有充分的法理依据。行业协会自治规则的相关条文宣示性较强，缺乏操作性。如《国务院办公厅关于加快推进行业协会商会改革和发展的若干意见》中规定："实行行业自治是行业协会的基本职责，行业协会要以规范市场秩序为目标，制定并组织实施行业职业道德准则，有力促进行业诚信建设，建立健全行业自律机制，以规范会员行为，维护公平竞争、平等有序的市场环境。"显然该条文属于宣示性条文，过于笼统。具体怎样建立健全行业自律机制、怎样制订并组织实施行业职业道德准则，怎样有力促进诚信建设，怎样健全自律机制，在若干意见中都没有给予明确的答复。总体上来说，我国在行业协会自治权的立法上层级较低，内容宽泛、可操作性不强。

(2) 对于行业协会内部治理在立法上的建议

《行业协会法》的作用是对行业协会自治权的地位在国家法律层面给予认定，并为自治权的行使提供法理依据也是通过立法来界定行业自治的私权利与国家治理公权力的界限，为协会自治提供空间，并给予自治权的滥用给予必要的限制。因此，在行业协会法上应该从以下几个方面对自治权进行规制：

首先，通过立法给予行业协会自治权肯定。行业协会自治权是行业协会进行正常业务活动，开展协会内部治理，维护会员利益、制裁会员违规行为的法理依据而制订的市场自治性规范。在国家立法层面给予行业协会自治权的认定，无疑是国家对行业协会发挥自治权的充分肯定与支持，是行业协会自治权充分发挥的不竭法律动力。

其次，行业协会章程的制订原则。行业协会章程的制定是行业协会行使自治权的重要手段之一，因此在行业协会立法上应对如何制定行业协会章程有明确的条文进行规范。因此，在立法上应该明确如下几个问题：①行业协会法应为协会章程的制订设定底线，章程的条文不得违反宪法和法律的基本原则；②行业协会法应给与协会章程制定足够的自治空间，公权力不应过度干涉章程制定过程以及章程应有事项，但在立法上也应该明确章程必须将争端解决规范与惩罚规范等自治权监督机制纳入条文；③行业协会章程应体现会员的共同利益，所以，行业协会法必须规定章程的制定必须经过一定的法定程序，即行业协会先起草章程草稿，再向会员征求修订意见，最后由行业协会权力机构讨论通过并颁布实行。

再次，建立行业协会自治规则与法律的衔接机制。为了防止行业协会滥用自治权，行业协会法必须为行业协会自治权设置必要的界限。自治权的行使必须在法律框架下进行，违反法律规定、损害公共利益的自治规则，法院有权认定其无效并予以撤销。

2. 对行业协会限制竞争行为的在立法若干建议

我国对行业协会的限制竞争行为的规制在现行相关立法中，虽然有一些条文可以被援引的，并非绝对的无法可依；但是，现有的为数不多法律条文对于规制行业协会限制竞争行为这一复杂的大问题显然是杯水车薪，再加上我国执法机关能力不足且资源有限，立法上的缺失和执法上的软弱导致我国规制行业协会限制竞争行为任重道远。

(1) 我国针对行业协会限制竞争行为的立法与执法现状

第一，行业协会主体地位不明确。《反垄断法》与《反不正当竞争法》是直接规制行业协会限制竞争行为的两部法律。而《价格法》与《招投标法》则有零星的关于规制不正当竞争行为的规定。《反不正当竞争法》第 2 条第 3 款和《反垄断法》第 12 条第 1 款都规定：本法所称的经营者，是指从事商品经营或者盈利性服务的法人、其他经济组织和个人。《反不正当竞争法》第 3 条规定:各级人民政府应当采取措施,制止不正当行为,为公平竞争创造良好的环境和条件。《反垄断法》第 8 条规定:行政机关和法律、法规授权的具有管理公共事务职能的组织不得滥用行政权力,排除、限制竞争。从上述规定来看,不论是反垄断法还是反不正当竞争法其规范的主体,一是从事商品经营或者营利性服务的法人、其他组织和个人;二是政府主管部门及法律法规授权的具有广告管理职能的组织。虽然行业协会的会员是以盈利为目的的企业,但显然行业协会并不属于从事商品经营或者盈利性服务的其他组织这一范畴,部分行业协会虽然是从行政机关机构改革中分离出来的,但显然像这样的带有行政色彩的行业协会不属于行政机关及其授权组织。因此,行业协会的主体地位并未在现行法律法规中明确找到,其直接导致的后果就是法律法规对行业协会限制竞争行为的监管缺失,这也是行业协会发展多年的尴尬之一。

第二,立法层级较低,可操作性较差。一方面,我国没有独立的《行业协会法》,以行政法规、部门规章、地方性法规为主,立法位阶都比较低,不同地区、不同部门之间的法律性文件往往出现互相矛盾的状况。另一方面,按照《反不正当竞争法》的条文,我们很难推出反不正当竞争法的规制的客体对象包括行业协会。虽然《反垄断法》第 46 条就行业协会相关行为进行了规定:“行业协会违反本法规定,组织本行业的经营者达成垄断协议的,反垄断执法机构可以处五十万元以下的罚款;情节严重的,社会团体登记管理机关可以依法撤销登记。”但其对参加行业协会限制竞争行为的会员是否给予处罚并未明确;而且参与行业协会限制竞争行为的会员主观心态不同,有积极跟进的,也有被迫参加的,如何区分,处罚轻重如何把握都是值得细化的问题。

第三,执法能力不足。这主要体现在如下两个方面:执法机构能力不足的一方面原因是多头管理,我国很多行业协会都有各自的业务主管机关,反垄断执法机构对行业协会的限制竞争行为同样有权管辖。另一方面原因是我国的不少行业协会来源于行政机关的体制改革,其与原行政机关往往有着这样或那样的联系。行业协会的非独立性直接影响到执法机构的非独立性。

(2) 健全法律责任相关规定

从我国目前的法律条文来看，行业协会限制竞争行为违法成本显然过低，无法保持对限制竞争行为的有力震慑，从某种程度上说实际上就是对违法行为的一种放纵。如何有效地对行业协会的限制竞争行为进行规范，其中重要一条就是必须建立配套的法律责任体系，明确法律责任，使执法机关有法可依。首先，在健全民事责任的规定上，我们不得不承认由于反垄断执法机构资源有限，面对众多的限制竞争案件，很难及时高效的进行处理。因此，我们可以鼓励被害人及限制竞争行为的受害者主动提起民事诉讼，受害者不仅可以得到被告赔偿，更可以直接通过诉讼对行为人惩罚，提高不法行为人的违法成本，从而保证了反垄断的执法的效率，有效地保护了市场自由竞争的秩序。其次，在细化行政责任上，反垄断法对于限制竞争行为仅仅规定责令停止违法行为，没收违法所得。但显然这样的规定过于笼统，缺乏较强的可操作性，违法所得的定义是什么，包含哪些内容，如何理清行业协会以及会员收入中违法所得与合法所得的界限，是税前所得还是税后所得，等等。显然在行政处罚问题上，我们需要制定一部实施细则，否则执法部门操作起来的困难相当大。最后，在补充刑事责任上，我们应该审慎地追究一些严重的行业协会限制竞争行为的刑事责任。其主要构成要件应为：应以限制竞争的行业协会本身以及投赞成票积极参与到该行为中的会员为主体，以有希望或放任限制竞争行为的故意为主观方面；以公平竞争的关系为客体；以严重影响市场竞争秩序的后果为客观方面。

(3) 明确对限制竞争行为的认定

在行业协会法的立法过程中，我们必须理清行业协会限制竞争行为的种类，这既是法律对违法行为的明确认定，给予违法者以威慑，更是可以避免由于法律规定的模糊而导致的打击面过大，不利于企业与行业协会的发展。综合国内各家之言，行业协会限制竞争行为的种类主要是以下若干种：标准和认定行为，会员资质认定行为、信息收集与交流行为、集体抵制行为与干预价格行为。但是以上总结肯定很难全面概括行业协会限制竞争行为的种类，所以在我国行业协会法中应采取概括禁止为主，例外许可为主的立法模式。

(4)强化执法力度

对限制竞争行为的规制,主要是通过私人诉讼、法院审判以及行政执法。我们虽然鼓励私人诉讼,但毫无疑问私人诉讼的诉讼成本过高,程序也较繁琐;且当前我国司法能力不强,法院的审判也具有一定的滞后性,不利于矛盾的迅速解决和对违法行为的及时惩治。而反垄断执法机构不仅可以依职权主动对限制竞争行为进行审查,还拥有检查、扣押等权利。因此,我们加强行政执法能力,与私人诉讼、法院审判相结合三管齐下对限制竞争行为进行规制非常有必要。

第六节　本章小结

专利类行业协会是由专利保护协会、专利代理人协会等同行业的经营者所组成的非营利性组织,专利类行业协会在内部自治管理,以及维护行业秩序等方面发挥着重要的作用。在专利类行业协会发挥积极建设性作用的同时,其消极方面亦不能忽视。专利类行业协会内部治理,由于具有一定的随意性和排他性,其可能会通过制定有利于其行业协会内部成员的规则排挤行业协会外的竞争对手,制约了市场的开放和经济的发展。而专利类协会作为一个行业集体组织,也会出现失灵,出现妨碍自由竞争的情况,所以对专利类行业协会从内部外部两个机制进行法律规制,双管齐下,引导专利类行业协会走上正确的发展道路,非常有必要。

通过对我国专利协会的内部治理规律和对其限制竞争行为规制的研究,我们可以看出随着我国行业协会迅速发展,其内外出现的诸多问题,例如:部分协会行政色彩浓厚缺乏独立性、部分行业协会利用自身地位限制竞争,等等,仅通过我国目前社团管理条例、反不正当竞争法等有限的几部法律法规要想对上述问题进行彻底解决,显然不够现实,只有通过行政、民事、刑事三管其下的方式,才能在政策法律上为行业协会的发展保驾护航。

鉴于笔者研究水平与手头资料的限制,本章在专利协会具体案例的搜集上不是很全面,这可能导致文章在具体问题的分析上基础不够,使得研究较为宏观。在解决行业协会限制竞争行为的某些具体措施问题上,笔者是从学理角度出发，一些方法短期很难得到运用。

改革开放以来，伴随着社会主义市场经济体制的逐步确立和行政管理体制改革的深化，我国行业协会长足发展，已经成为社会主义现代化建设的重要力量。[1] 我国行业协会改革发展站在新的历史起点，经济社会发展为包括专利协会在内的所有行业协会发展提出了新的机遇和挑战。但是由于我国目前行业协会法还没有成行，这已经成为我国行业协会发展的主要障碍之一，所以加快行业协会法的制定无疑对加快行业协会发展，拓展行业协会功能有着至关重要的作用。因此，我们需要按照完善社会主义市场经济体制的总体要求，深化体制机制改革，完善政策措施，推进行业协会改革发展，促进行业协会在国民经济中发挥更大作用。

附录 A 中华全国专利代理人协会章程

第一章　总　则

第一条　本会的名称为中华全国专利代理人协会，英文译名 ALL-CHINA PATENT AGENTS ASSOCIATION，英文缩写 ACPAA。

第二条　本会是由中华人民共和国的专利代理人组成的自律的全国性的行业性非营利社会组织。

第三条　本会的宗旨是团结和教育会员遵守宪法、法律、法规和国家政策，遵守社会道德风尚；忠实于专利代理事业，恪守专利代理人职业道德和执业纪律；协调行业内、外部关系，维护会员的合法权益，提高会员的执业素质；加强行业自律，制止不正当竞争，促进专利代理事业的健康发展；开展国际间的交流和合作。

第四条　本会接受中华人民共和国国家知识产权局和民政部的业务指导和监督管理。

第五条　本会会址设在北京。

[1] http://www.hefei.gov.cn/n1105/n32915/n234812/n237239/17719800.html

第二章　业务范围

第六条　本会的业务范围:

(一)保障专利代理行业的正常秩序,维护专利代理人的合法权益;

(二)加强并完善行业管理和自律,制定专利代理人执业规范和道德标准,并监督实施;

(三)总结交流全国专利代理业务工作经验,拓宽专利代理人的业务范围;

(四)组织开展专利代理的执业培训,学术交流和研究活动;

(五)组织收集和研究知识产权法规和专利代理制度建设的意见,并向国家知识产权局和有关部门提出建议,协调行业内、外部关系;

(六)协助国家知识产权局专利代理人资格考试工作,发放专利代理人资格证书;

(七)审核发放专利代理人执业证书,办理专利代理人执业证书的变更;

(八)参与国家知识产权局领导的惩戒委员会工作,认真执行专利代理惩戒规则;

(九)开展与外国专利代理组织的交流和合作,参与国际会议和国际活动;

(十)宣传专利代理工作,出版全国性会刊,开展与本行业相关的咨询服务;

(十一)执行行业管理职责。

第三章　会　员

第七条　本会会员分为团体会员、个人会员。

本会团体会员为依法批准设立的专利代理机构。

本会个人会员,为依照《专利代理条例》规定,获得《专利代理人资格证书》,并持有《专利代理人执业证》的专利代理人。

第八条　会员享有下列权利:

(一)本会的选举权、被选举权和表决权;

（二）参加本会举办的学习、培训、研究和经验交流活动；

（三）获得本会服务的优先权；

（四）通过本会向有关部门提出立法和执法的意见和建议；

（五）对本会工作的批评建议权和监督权；

（六）监督本会的会费收支。

第九条　会员应履行下列义务：

（一）遵守本会章程，执行本会决议；

（二）接受本会的指导、监督、管理和培训，完成本会委托的工作；

（三）遵守专利代理人职业道德和执业纪律，遵守专利代理人行业规范和准则；

（四）按规定交纳会费。

第十条　会员如果1年不交会费或不参加本会活动的，视为自动退会。

第十一条　会员有下列情形之一的，由本会分别给予通报表扬、授予荣誉称号或其它方式的奖励：

（一）在专利代理业务方面成绩显著的；

（二）积极开拓专利代理业务新领域，成绩显著的；

（三）其他应予奖励的情形。

第十二条　会员如有严重违反本章程的行为，经理事会或常务理事会表决通过，予以处分或除名

附录B
中国专利保护协会章程

第一章　总则

第一条　本团体的名称是：中国专利保护协会，英文名称：Patent Protection Association of China，缩写：PPAC。

第二条　本团体是由与专利保护相关的中华人民共和国境内企事业单位和专利工作者自愿结成的专业性、全国性的非营利性社会组织。

第三条　本团体的宗旨:遵守中华人民共和国宪法,贯彻执行国家有关专利法律、法规和政策;努力为会员服务,维护会员的合法权益;加强行业自律,引导企事业法人会员依法管理、保护、运用专利,提高会员开展专利工作的水平,促进企事业专利工作的健康发展,带动创新,提高综合竞争力;向政府有关部门反映会员的意见和要求,促进国内专利保护环境的不断改善;增强会员与政府机构以及会员之间的联系、了解与合作,协调各方之间的关系;沟通信息、交流经验,积极开展国际间的企事业专利保护、管理的交流与合作;维护本行业领域职业道德风尚;促进会员在我国专利事业发展中发挥积极作用。

第四条　本团体接受登记管理机关中华人民共和国民政部和业务主管单位国家知识产权局的业务指导和监督管理。

第五条　本团体的住所:北京市海淀区蓟门桥西土城路6号。

第二章　业务范围

第六条　本团体的业务范围:

(一)宣传、贯彻我国专利法律、法规和有关政策,受有关政府部门和会员委托,在境内外举办各种与专利有关的活动,为会员提供专利信息、咨询和法律等方面的服务;

(二)组织会员交流依法管理、保护、运用专利的经验,提高会员专利管理工作的能力和水平,拓展其工作范围与内容,强化会员自我保护、自我约束和自我发展的机制;

(三)维护会员的合法权益,接受会员的申诉和委托,向政府有关部门反映会员的意见和要求,并提供相关服务;

(四)协助政府专利执法部门及司法部门处理涉及会员的专利纠纷,并根据政府主管部门的授权和委托,组织协调会员参加有关专利的国际诉讼,对会员遭遇的专利纠纷进行调解;

(五)适应会员需要举办专利培训班、研讨会和组织境外考察活动等,提高会员专利管理人员的素质和业务水平;

(六)组织各种形式的联谊活动,增强会员与政府有关部门的联系和沟通,增进会员之间的了解与合作;

（七）开展与境外相关机构、团体的友好往来，促进国际交流与合作；

（八）开展调查研究，就专利保护所需的公共环境相关政策、法规和做法向政府有关部门提出意见和建议；

（九）依照有关规定，编辑出版会刊，介绍企事业单位专利保护工作开展动态和国内外有关专利管理与保护信息；

（十）举办本会的年会及其他相关业务会议；

（十一）履行国家法律、行政法规规定和国家知识产权局授权行使的职责，办理政府有关部门和会员委托的其他事项。

第三章　会　员

第七条　本团体的会员种类分为单位会员和个人会员。

单位会员是指具有法人资格，提出入会申请并获批准的企事业单位及地方相关专利保护社会团体和少数中介机构。中介机构限于以赞助会员身份加入协会，没有选举权、被选举权和表决权，只参加协会业务活动。

个人会员是指从事专利工作的人员以及知识产权界专家学者。

第八条　申请加入本团体的会员必须具备下列条件：

（一）拥护本团体的章程；

（二）有加入本团体的意愿；

（三）在本团体的业务（行业、学科）领域内具有一定的影响；

（四）遵守中华人民共和国宪法和国家的法律、法规、政策，并具有良好信誉。

第九条　会员入会的程序是：

（一）提交入会申请书；

（二）经理事会讨论通过；

（三）由本会常设办事机构根据理事会授权，依照本会章程对入会申请进行审查；

（四）由理事会或理事会授权的机构发给会员证。

第十条　会员享有下列权利：

（一）本团体的选举权、被选举权和表决权；

（二）参加本团体的活动；

(三)获得本团体服务的优先权;

(四)对本团体工作的批评建议权和监督权;

(五)入会自愿、退会自由;

(六)要求本会为维护会员的合法权益给予帮助,包括通过本会向有关部门提出立法及执法的意见和政策建议。

第十一条　会员履行下列义务:

(一)执行本团体的决议;

(二)维护本团体合法权益;

(三)完成本团体交办的工作;

(四)按规定交纳会费;

(五)向本团体反映情况,提供有关资料。

第十二条　会员退会应书面通知本团体,并交回会员证。会员如果1年不交纳会费或不参加本团体活动的,视为自动退会。

第十三条　会员如有严重违反本章程的行为,经理事会表决通过,予以除名。

第四章　组织机构和负责人产生、罢免

第十四条　本团体的最高权力机构是会员代表大会。会员代表大会的职权是:

(一)制定和修改章程;

(二)选举和罢免理事;

(三)审议理事会的工作报告和财务报告;

(四)制定并修改会费标准;

(五)决定终止事宜;

(六)决定其他重大事宜。

第十五条　会员代表大会须有三分之二以上的会员代表出席方能召开,其决议须经到会会员代表半数以上表决通过方能生效。

第十六条　会员代表大会每届3年。因特殊情况需提前或延期换届的,须由理事会表决通过,报业务主管单位审查并经社团登记管理机关批准同意,但延期换届最长不超过1年。

第十七条　理事会是会员代表大会的执行机构，在闭会期间领导本团体开展日常工作，对会员代表大会负责。

第十八条　理事会的职权是：

（一）执行会员代表大会的决议；

（二）选举和罢免会长、副会长、秘书长；选举和罢免常务理事；

（三）筹备召开会员代表大会；

（四）向会员代表大会报告工作和财务状况；

（五）决定会员的吸收或除名；

（六）决定设立办事机构、分支机构、代表机构和实体机构；

（七）决定副秘书长、各机构主要负责人的聘任；

（八）领导本团体各机构开展工作；

（九）制定内部管理制度；

（十）决定其他重大事项。

第十九条　理事会须有三分之二以上理事出席方能召开，其决议须经到会理事三分之二以上表决通过方能生效。

第二十条　理事会每年至少召开一次会议，情况特殊的，也可采用通讯形式召开。

第二十一条　本团体不设立常务理事会。

第二十二条　本团体的会长、副会长、秘书长必须具备下列条件：

（一）坚持党的路线方针政策、政治素质好；

（二）在本团体业务领域内有较大影响；

（三）会长、副会长最高任职年龄不超过 70 周岁；

（四）秘书长最高任职年龄不超过 70 周岁，秘书长为专职；

（五）身体健康，能坚持正常工作；

（六）未受过剥夺政治权利的刑事处罚；

（七）具有完全民事行为能力。

第二十三条　本团体会长、副会长、秘书长如超过最高任职年龄的，须经理事会表决通过，报业务主管单位审查并经社团登记管理机关批准后，方可任职。

第二十四条　本团体会长、副会长、秘书长任期 3 年，最长不得超过两届。因特殊情况需延长任期的，须经会员代表大会三分之二以上会员代表表决通过，报业务主管单位审查并经社团登记管理机关批准后方可任职。

第二十五条　本团体秘书长为本团体法定代表人，法定代表人代表本团体签署有关重要文件。

本团体法定代表人不兼任其他团体的法定代表人。

第二十六条　本团体会长行使下列职权：

（一）召集和主持理事会；

（二）检查会员代表大会、理事会决议的落实情况。

第二十七条　本团体秘书长行使下列职权：

（一）主持办事机构开展日常工作，组织实施年度工作计划；

（二）协调各分支机构、代表机构和实体机构开展工作；

（三）提名副秘书长以及各办事机构、分支机构、代表机构和实体机构主要负责人，交理事会决定；

（四）决定办事机构、代表机构、实体机构专职工作人员的聘用；

（五）处理其他日常事务。

第五章　资产管理、使用原则

第二十八条　本团体经费来源：

（一）会费；

（二）捐赠；

（三）政府资助；

（四）在核准的业务范围内开展活动或服务的收入；

（五）利息；

（六）其他合法收入。

第二十九条　本团体按照国家有关规定收取会员会费。

第三十条　本团体经费必须用于本章程规定的业务范围和事业的发展，不得在会员中分配。

第三十一条　本团体建立严格的财务管理制度，保证资产来源合法、真实、准确、完整。

第三十二条　本团体配备具有专业资格的会计人员。会计不得兼任出纳。会计人员必须进行会计核算，实行会计监督。会计人员调动工作或离职时，必须与接管人员办清交接手续。

第三十三条　本团体的资产管理必须执行国家规定的财务管理制度，接受会员代表大会和财政部门的监督。资产来源属于国家拨款或者社会捐赠、资助的，必须接受审计机关的监督，并将有关情况以适当方式向社会公布。

第三十四条　本团体换届或更换法定代表人之前，必须接受社团登记管理机关和业务主管单位组织的财务审计。

第三十五条　本团体的资产，任何单位、个人不得侵占、私分和挪用。

第三十六条　本团体专职工作人员的工资和保险、福利待遇，参照国家对事业单位的有关规定执行。

第六章　章程的修改程序

第三十七条　对本团体章程的修改，须经理事会表决通过后报会员代表大会审议。

第三十八条　本团体修改的章程，须在会员代表大会通过后 15 日内，经业务主管单位审查同意，并报社团登记管理机关核准后生效。

第七章　终止程序及终止后的财产处理

第三十九条　本团体完成宗旨或自行解散或由于分立、合并等原因需要注销的，由理事会提出终止动议。

第四十条　本团体终止动议须经会员代表大会表决通过，并报业务主管单位审查同意。

第四十一条　本团体终止前，须在业务主管单位及有关机关指导下成立清算组织，清理债权债务，处理善后事宜。清算期间，不开展清算以外的活动。

第四十二条　本团体经社团登记管理机关办理注销登记手续后即为终止。

第四十三条　本团体终止后的剩余财产，在业务主管单位和社团登记管理机关的监督下，按照国家有关规定，用于发展与本团体宗旨相关的事业。

第八章　附则

第四十四条　本章程经 2009 年 5 月 25 日第二届会员代表大会表决通过。

第四十五条　本章程的解释权属本团体理事会。

第四十六条　本章程自社团登记管理机关核准之日起生效。

第三章 商标协会制度案例研究

第一节　引言

1. 研究背景和目的

2008年6月5号国务院颁布了国家知识产权战略纲要，提出了完善知识产权制度，营造知识产权良好环境，大幅提升我国知识产权创造、保护和管理能力的总体思想，到2020年把我国建设成为知识产权创造运用、保护和管理水平较高的国家战略目标。为达到这个目标，必须转变经济增长方式，实施商标战略，发展品牌经济。2009年6月国家工商总局制定并发布《关于贯彻落实〈国家知识产权战略纲要〉、大力推进商标战略实施的意见》，之后又发布了《关于商标工作达到国际水平的规划(2008年至2012年)》(以下简称《五年规划》)。大力发展知识产权战略，实施商标战略，从一个商标大国变成一个商标强国，是当前我国重要的历史使命，也是衡量一个国家、地区、企业发展水平和综合国力竞争的一个重要标志。

随着计划经济向社会主义市场经济的过渡，我国政府职能的转变也处于一个转型时期[1]，1993年中共中央十四届三中全会公报所指出："培育和发展市场体系，发展市场中介组织，发挥其服务、沟通、公证、监督作用，发挥行业协会、商会等组织的作用。"为了顺应中央政策，促进社会主义市场经济建设，创立中华民族品牌，中国商标协会(CTA)于1994年9月9日成立，之后各地商标协会也陆续成立，并制定了自己的章程和规范，形成了发挥商标协会作用，促进了商标兴业的战略，商标协会在实际的运作中也发挥了很大

[1] 改革开放以来，我国开始步入全面转型时期。这种转型突出表现在社会主义市场经济体制的建立和政府职能的转型：一方面，经济体制率先改革并不断深化，建立了社会主义市场经济体制；另一方面，政治体制改革不断推进，政府治理模式开始由全能型、管制型政府向有限型、服务型政府转变。

的作用。如苏州阳澄湖大闸蟹屡遭假冒商品困扰，2005年苏州阳澄湖大闸蟹行业协会申请了地理标志（证明商标），使大闸蟹有了护身符，从而使得假冒商品没有了市场。从这些实例可以看出商标协会在当今经济发展中发挥着越来越重要的作用。但是，很多国内企业在"走出去"的过程中陷入法律上的困境：我国商标被海外频频抢注、国内企业招致反倾销案件频频见诸媒体，此外在商标领域也备受贸易保护主义的打压。在全球经济一体化的过程中，中国企业面对激烈的商标国际竞争时以及一些跨国大公司时，无论在资金实力、科研水平、管理能力还是商标保护和诉讼方面，与国外的跨国公司差距悬殊，因此在国际贸易中频频失利。单靠单个企业的力量去实行商标战略已显得势单力薄，而市场和政府在这些方面的双重失灵，客观上要求我们必须依靠社会的中间力量——商标协会来保护我们的产品和品牌。商标协会是具有自治属性的行业协会，作为自治组织，它拥有广泛的自治权，承担着对其行业进行自律管理的职能，并承载着一定的社会功能。但我国缺乏对商标协会的法律制度，且商标协会在我国是双重管理体制，它仅是工商局内部的一个事业单位法人，因此和政府有着千丝万缕的关系，以此导致了商标协会自治理论的缺失。因此，笔者从商标协会的基本理论出发，研究商标协会的概念、生成模式、职能发挥以及自治等问题，从而客观面对商标协会存在的问题以及问题背后的深层原因，并在提出我国商标协会发展的完善路径的同时，分别从协会自身、政府层面、企业层面提出可行性的建议和措施。

2. 国内外研究现状和发展动态

(1) 国外研究现状和发展动态

国外的行业协会发展已经很成熟，从中世纪的行会，到现代社会的行业协会，都对西方国家的社会经济生活产生了重要的影响。基于高度发达的行业协会实践，国外对这一领域的研究已有时日，研究文献也颇为丰厚，既有对欧洲中世纪行会组织的生长衰变，也有对中世纪海外商业扩张作用的阐述。(Grief，1993；Greif，etc.，1994)，还有应用社会学、政治学及经济学理论对现代意义的行业协会的行为及其功能展开分析(Hollingsworth，etc.，1985；Hollingsworth，etc.，1994)。在西方学者有关行业协会的研究中，英国的协会专家斯坦利、海曼最为国人所熟识。他从事各类大型协会高级管理工作20多年，对英国美国的行业协会进行了广泛的研究。在20世纪80年代中期中国刚刚尝试用行业协会这种方式进行行业管理时，他的著作《协会管理》(1985)一书被引进中国。

在《协会管理》一书中，斯坦利·海曼引介了英国有关行业协会的权威性定义：行业协会是有独立的经营单位组成、保护和增进全体成员既定利益的非盈利组织。他认为协会要对政府产生影响。协会的影响取决于他在各级政府中的声望，这种声望来自正确地研究并向政府提出有关的问题。还指出政府对行业协会矛盾的态度，即官方对行业协会不信任，但当它需要企业帮助时，又鼓励其成立。

Ulrike在他的《合作资本主义》(1995)一书中，探讨了行业协会非常发达的日本，探讨了行业协会的自治问题，他认为行业自治分为两类，即行政性自治和保护性自治。前者的目的在于建立行业规则，如设置行业标准，后者的目的在于通过创设交易的保护界域为行业竞争寻求避风港，如设置行业壁垒、价格协议等。

(2) 国内研究现状和发展动态

行业协会理论研究是市民社会理论和国家干预理论延展的结果。当前我国有不同学术领域的学者从不同的角度对行业协会进行了研究。

其一，经济学界从制度和经济组织视角对行业协会所作的研究。部分学者还提出了转轨时期我国行业协会发展的具体途径和思路。代表人物是余晖及其合作者，他们主要从制度经济学的角度对行业协会的作用、体制、问题和改革进行了研究。

其二，社会学和政治学界从社团组织和第三部门角度所作的研究。他们重点关注政府与社会团体的关系，代表作品是徐永光主编的第三部门研究丛书，该丛书以“第三部门研究”为主题对青基会在“希望工程”中的募捐机制、资助方式、激励机制、监督机制、法律环境、文化功能、效益评估、发展模式、发展历史和国际比较等方面进行了全面而有益的探讨。

其三，从公共管理学角度所作研究，主要从非营利组织的视角对行业协会做了大量研究。其中代表性著作是“喜马拉雅学术文库——NGO论丛”。(该丛书主要包括：王名，刘国翰，何建宇合著《中国社团改革》；王名，胡文安合著《民间组织史考》；邓国胜所著《非营利组织评述》、《公益项目评估》；邵金荣《非营利组织与免税》；[美]朱莉·费希尔所著《NGO与第三世界的政治发展》；贾西津，沈恒超，胡文安所著《转型时期的行业协会——角色、功能与管理体制》等。其中最后所列《转型时期的行业协会——角色，功能和管理体制》一书，将行业协会在社会结构中的定位与其功能分析结合起来，认为：行业协会在功能本质上与企业一样，均是减少交易成本的产物；我国目前的行业协会由于产生于不同的国家与社会关系模式中，表现为"自上而下"、"自下而上"和"中间模式"三种形态，相应地体现了减少不同方面交易成本的功能，从而形成行业协会的不同功能定位。行业管理的实现，必须放于国家与社会关系的变迁趋势之中。

其四，法学界对行业协会理论的研究，黎军博士首次从行政法角度较系统的对行业组织诸多问题进行了探究，着重探讨和分析了行业组织在行政法律关系中的地位和作用。通过对行业组织与政府及社会成员之间形成的各种行政法律关系，及它们体现在不同关系中的权利、义务的具体分析探讨，明确了行业组织在政府和公民之间所起的中介作用——既代表或协助政府实现对社会的管理以维持秩序，又作为社会成员的利益代表对政府形成一定的监督制约力量。鲁篱博士认为自治是行业协会最本质特征和最基础的结构性条件，也是在理论上最应当廓清的问题，所以其站在充分肯定和支持行业协会经济自治的立场上，运用多学科的知识，对行业协会经济自治所涉及的诸多关联问题进行探讨，并就我国行业协会自治的现状进行了揭示、解释和前瞻。

近年来，行业协会运用知识产权的论文在万方数据库约有20篇左右。文献主要体现为作用论：论述行业协会对于保护知识产权的作用（朱国华、丁辉、朱丽萍、鲍黎黎、于文萍）、与知识产权战略及其实施结合，或者产业集群谈论作用（董新凯，朱婵敏；郭金喜；张泽吾；陈武），现状（金璐）；问题（丁道勤；金璐）；争端解决方面如应对337调查（牟燕）、应诉基金建立（刘彬）、行业管理（石晶玉）、强化服务职能（石晶玉），和各篇皆有的对策建议。但是专注于商标协会的学术论文很少，只有一些零星的小文章，且大多是会议文章，细化到商标协会自治方面的学术论文，到现在都没有一篇，这种现象与我国现在实施的商标战略是不相符的，与国家知识产权的大战略也是不相符的。但是在其他行业诸如煤炭行业协会、消费者协会、农业行业协会、银行业协会、律师行业协会等领域，有一些硕士论文对其进行了一定的系统研究，分析了诸行业的现状、性质、问题以及解决的路径，还从法律层面对其进行了详细的分析。因此可以看出对商标协会的研究在我国现阶段是一个真空地带，因此笔者以此为论文题目，对商标协会的运行作一个尝试性的研究。

在商标兴国的这样一个大背景下，我们有必要从多学科的角度去研究商标协会的一些法律问题——内涵、特征、功能、作用以及商标协会的自治。本书试图从行业协会的基础理念出发，借鉴煤炭行业、消费者协会、银行业协会的诸多实体案例，结合我国商标协会的现状，分析商标协会面临的问题，研究商标协会的自治理论，期许商标协会能在政府和企业之间起到更好的桥梁作用。

第二节　商标协会的基本理论概述

1. 商标协会的概念界定以及特征

(1) 行业协会的概念及特征

行业协会（Trade Association、Trade Promotion Association、Business Association、Employer Association 等）是市场经济国家普遍存在的旨在促进行业发展规范行业秩序的社会组织形式，在我国行业协会属于社会团体的范畴，是民法通则定义的四大法人之一。不同的国家行业协会有不同的称谓。

美国《经济百科全书》对“行业与职业协会”的定义是：“协会是一些为达到共同目标而自愿组织起来的同业或商人团体。”它们大都随市场的需要而自发产生并进行组织，会员亦为自愿参加，在官方机构注册后展开活动。”❶

---

❶ 崔秀朋：《行业协会组织在产业集群发展中的作用研究》。http://www.chinanpo.gov.cn/web/showBulltetin.do? type=pre&id=24607&dictionid=1835，2010 年 12 月 3 日访问。

英国关于行业协会的权威定义是："由独立的经营单位组成，保护和增进全体成员既定利益的非营利组织。"❶

日本经济界认为："行业协会是指以增进共同利益为主要目的而组成的事业者的联合体。"❷

德国行业协会的定义是："行业协会是企业自由参加的注册团体，代表各个不同的产业的利益。"❸

中国台湾地区非营利性社团依《人民团体法》规定统称为人民团体，又可区分为职业团体、社会团体与政治团体等三种形态。其中"职业团体"即为行业协会，是"以协调同业关系，增进共同利益，促进社会经济建设为目的，由同一行业之单位、团体或同一职业之从业人员组成之团体"。❹

还有的认为：行业协会是由参加相同或类似经济活动的公司所构成的旨在解决其共同的或普遍性问题的组织。❺

我国对行业协会在立法上没有一个准确的界定。1997年国家经贸委印发的关于选择若干城市进行行业协会试点的方案，称行业协会是社会中介组织和自律性行业管理组织，在社会主义市场经济条件下，行业协会应是行业管理的重要方面，是联系政府和企业的桥梁纽带，在行业内发挥服务自律协调监督的作用，同时又是政府的参谋和助手。

《深圳经济特区行业协会条例》将"行业协会"界定为："依法由本市同行业的经济组织和个体工商户自愿组成的非盈利的自律性的具有产业性质的经济类社团法人。"

《温州市行业协会管理办法》❻第三条："本法所称的行业协会是指由同一行业的企业、个体商业者及相关的企事业单位自愿组织的民间性、自

---

❶ 翟鸿祥主编：《行业协会发展理论与实践》，经济科学出版社，2003年版，第3页。

❷ 张理泉：《工业行业管理》. 中国人民大学出版社，1991年第一版，第149页。

❸ 邱靖基：《工业行业协会的性质、任务和地位》，载《中国电力企业管理》，1997年第4期。

❹ 沈丹阳：《关于市场化原则：我国同业商协会改革发展方向的思考》. 中国竞争法网. http://www.competitionlaw.cn，2005年6月21日。

❺ Joseph Bradley. The Rule of Trade Association and Professional Business Society. University Pork Pennsy Bvania 1965. p4.

❻ 温州市人民政府30号令，2002年1月10日颁布，2002年2月1日实施。

律性、非盈利性社会团体法人。”

《上海市行业协会暂行办法》将“行业协会”界定为：“由本市同业经济组织以及相关单位自愿组成的非赢利性的以经济类为主的社团法人。”[1]

我国对于行业协会的权威性定义则是：“行业协会是以有关企业事业单位为主要会员，依照国家有关法律法规自愿组成的自律性、非营利性的经济类社会团体法人；是企业与政府之间的桥梁和纽带，通过协助政府实施行业管理和维护企业合法的权益，推动行业和企业的健康发展。[2]

从国内外关于行业协会的不同的表述和认识中可以得出三点共识：其一，行业协会是非营利的社会中介组织；其二，行业协会的宗旨是维护行业利益；其三，行业协会是协会成员自愿组成的自律性团体。下面笔者将对行业协会的特征进行分析：

非营利性。这是行业协会区别于其它营利组织的重要特征。行业协会成立和运作的目的不在于追求本身利润最大化，其成立和运作的目的在于为其成员提供各种公共性服务 ，不以营利为目的从事经营活动。如日本的《商工会议所法》[3]第 1 条规定，日本的商工会议所设立的目的，是为谋求国民经济的健康发展，并推动国际经济的发展，对商工会议所及日本商工会议所的组织和经营做出规定：第 4 条规定，商工会议所不得以营利为目的。我国《社会团体登记管理条例》[4]第 4 条第 2 款也有相同的规定，即社会团体不得从事营利性经营活动。

中介性。行业协会是政府与行业内经营主体之间联结的桥梁。首先，行业协会协助政府对行业进行管理，政府可以摆脱大量的具体的微观事务，提高管理层次加强宏观调控；其次，由于行业协会具有的沟通功能，通过行业协会加强信息的聚集与反馈，可以健全宏观决策的社会参与机制，提高决策的民主性与科学性；再次，通过行业协会可以更有效地贯彻

[1] 季亚丽：《行业协会自治权的法律定位与制度研究》，载《山西省政法管理干部学院学报》，2005 年第 3 期。

[2] 国家经贸委：《关于加快培育和发展工商领域协会的若干意见》（试行），1999 年 10 月 22 日。

[3] 日本于 1902 年就制定并颁行了《商工会议所法》. 昭和二十八年八月一日法律第一百四十三号公布，昭和五十六年法律第七十五号最后修改

[4] 金晓晨：《商会与行业协会法律制度研究》，北京气象出版，2003 年版，第 85 页。

实施国家的产业政策和维护市场秩序;最后,行业协会作为行业内经营主体的代表,可以向政府反映所代表的利益群体的要求维护其利益。

利益共同性。行业协会的目的是对行业整体利益的保护,政府的目的是促进公共利益,企业的目的在于促进个体利益最大化,行业协会的宗旨主要在于促进本行业的集体性利益或共同性利益。

自愿性。各国的大部分行业协会均采用会员制,即行业成员可以自愿申请入会,同时会员也有退会的权利。

自治性。行业协会自治性可以分别从自主性和自律性两个方面理解。行业协会的自主性是指其根据有关法律、法规,自主地享有应有的权力,实行自我管理,开展各种与宗旨相符的活动,自我承担相应的责任。自主型主要体现在行业协会的地位独立,在组织体系上不隶属于任何行政机关;也不隶属于任何其他的行业协会。[1] 行业协会的自律性是指其通过内部组织机制的运行,规范其成员的行为,实现其团体内的秩序,并使其团体内秩序与法律秩序相协调、相补充。行业协会的自律性主要表现在:一是自我约束,行业协会通过其组织机制,约束其成员的行为,使之符合法律规定和社会其他方面的合理要求;二是自我规范,行业协会通过制定和实施其自律规则,规范其成员的业务活动,提高效率,规范交易秩序;三是自我管理,行业协会对其组织事务和成员间的公共事务进行自我管理,提高管理效果,促进组织及其成员的发展;四是自我控制。[2] 行业协会自律一方面加强了行业协会的独立地位,避免了政府的过多介入,另一方面规范了行业协会内部成员行为,规范了企业行为,节省了成本。

非政府性。这是行业协会区别于政府的首要特性。行业协会维持存在与活动的经费不依靠国家财政拨款,而由行业协会自己解决。其不是政府机构的附属,与政府行政机构无直接隶属关系,是独立的社会团体法人。行业协会的非政府性并不排斥它接受政府委托而承担某些经济社会管理职能。

---

[1] 胡霏云:《我国行业协会法律规制的基本问题研究》,硕士学位论文,华中科技大学出版社,2004年。

[2] 王保树主编:《经济法原理》,社会科学文献出版杜 1999 年版,第 162-163 页。

服务性。行业协会是以会员为主体的社团组织。[1] 会员加入行业协会获得会员身份及会员权利，可以享受行业协会提供的会员服务和给予的会员利益。另外，从企业个体来讲，行业协会也承担了由会员企业分离出来的部分企业事务，包括信息咨询、人员培训、提供商业机会、辅助商务等。从某种意义上说企业对其服务的需要，正是行业协会存在的基础。

(2) 商标协会的内涵以及特征

中华商标协会是由享有盛誉的企业和商标法律专家自愿参加并依法组成的，开展有关商标自我保护、自我完善、自我发展和自律活动的专业性、全国性、非营利性的具有法人资格的社团组织。

上海市商标协会是有关商标工作的企业、事业、行政、司法、理论、教学、有关组织及个人自愿组成并依法成立的社会团体。

北京市商标协会是企业自愿加入并依照社团登记的有关规定，依法组成并具有法人资格的社会团体；是依法开展有关商标的自我保护、自我发展和自律活动的专业民间自律组织。

浙江省商标协会是由有影响力的商标注册人，从事商标管理、商标法律事务的机构和个人，及知识产权界的专家、学者等自愿结成的地方非盈利性的行业组织，具有法人资格的社会团体。

重庆市商标协会(以下简称本会)是由我市的有影响的商标注册人及从事商标印制、商标法律事务、商标中介服务、商标管理、商标理论研究的单位和个人自愿组成的专业、非营利性的社会团体。

自 1994 年中华商标协会成立以来，我国一些省市相继成立了省市的商标协会，在其章程均对商标协会作了定义，从上述几个定义可以看出来他们的共性，都承认商标协会是民间自律组织，具有非盈利性、专业性，具有法人资格的社会团体；但各个省的定义却存在不同的侧重点，如上海、浙江、重庆在定义中将主体作为重点——将主体无限扩大包括企业、个人，只要对商标有研究和兴趣的个人和企业只要自愿均可加入商标协会；而中华商标协会、北京则注重了商标协会的特征，即商标协会是开展商标自我保护、自我

---

[1] 贾西津等：《转型时期的行业协会——角色、功能与管理体制》，社会科学文献出版社，2004 年版，第 11 页。

完善、自我发展和自律活动的社会团体。因此笔者认为：商标协会是由享有盛誉的企业、对商标注册、管理、中介、印制等熟悉的个人和机构依照社团登记的有关规定依法组成，开展有关商标自我保护、自我完善、自我发展和自律活动的专业性、非营利性的具有法人资格的社团组织。

从各地商标协会的定义可以看出商标协会具有以下特征：

非营利性。这是商标协会区别于其他营利组织的重要特征。商标协会成立和运作的目的不在于追求本身利润最大化，其成立和运作的目的在于为其成员提供各种公共性服务。我国《社会团体登记管理条例》第4条第2款也有相同的规定：本条例所称社会团体，是指中国公民自愿组成，为实现会员共同意愿，按照其章程开展活动的非营利性社会组织。《中华商标协会章程》第二条规定：中华商标协会是由享有盛誉的企业和商标法律专家自愿参加并依法组成的，开展有关商标自我保护、自我完善、自我发展和自律活动的专业性、全国性、非营利性的具有法人资格的社团组织。《湖北省商标协会章程》第二条规定：本会是全省注册商标所有人、商标事务代理机构，以及与商标有关的单位和个人自愿组成的全省性、专业性、非营利性社会团体。

中介性。商标协会是政府与企业之间联结的桥梁。首先，商标协会协助政府对企业进行管理，政府可以摆脱大量的具体的微观事务，提高管理层次加强宏观调控；其次，通过商标协会可以更有效地贯彻实施国家的知识产权战略和商标战略；最后商标协会作为商标行业内企业的代表，可以向政府及时反映企业发展中商标领域的问题和困难。

自愿性。商标协会采用会员制，即企业或者个人可以自愿申请入会还可以自愿退会。自愿原则是商标协会作为民事团体的本质特征所在。

专业性。行业成员公共利益的维护，个别成员违规行为的查处，往往需要对应的专业知识和专业能力。某些政府可以做却做不好或做不了的事情，最主要的制约因素之一就是专业能力的缺乏。这点可以从商标协会的定义就可以看出。从上面的定义可以看出，企业要加入商标协会的要求企业对商标有兴趣，立志创立著名商标、驰名商标；个人要加入商标协会的要求要对商标的注册、管理、维护、中介、代理等知晓甚至熟悉，学者专家则要求必须是商标或知识产权方面的行家。这些对主体方面的要求均是因为商标是个专业的领域，商标协会是专业性的社会团体。

自律性。商标协会的自律性是指其通过内部组织机制的运行，规范其成员的行为，实现其团体内的秩序，并使其团体内秩序与法律秩序相协调、相补充。商标协会的自律性主要表现在：一是自我约束，商标协会通过其组织机制，约束其成员的行为，使之符合法律规定和社会其他方面的合理要求；二是自我规范，商标协会通过制定和实施其自律规则，如制定《会员收费的相关规定》，规范其成员的业务活动，规范交易秩序；三是自我管理，商标协会通过章程详细规定协会的任务、组织机构、资产管理、使用原则等，协会通过内部的协议进行良好的自我规制和约束。

服务性。商标协会是以企业为主体的社团组织，其主要职能就是为企业服务，这是商标协会与商标局本质区别。商标局作为全国商标注册和管理的主管机关，承担着国内外商标集中统一注册、商标侵权假冒案件的查处工作。主要承担商标注册与管理等行政职能，负责全国商标注册和管理工作，依法保护商标专用权和查处商标侵权行为，处理商标争议事宜，加强驰名商标的认定和保护工作，负责特殊标志、官方标志的登记、备案和保护，研究分析并依法发布商标注册信息，为政府决策和社会公众提供信息服务，实施商标战略等工作。[1] 而商标协会则是独立的社会民间团体，它成立的宗旨是依法维护会员的商标权益，协助会员创立驰名商标，增强全社会的商标意识。指导和协助会员企业运用商标战略和策略，为会员企业提供法律咨询服务，协调会员间的关系，促进交流与合作；举办学术活动，培训企业商标管理人员。当然，商标协会也为政府服务，向政府有关部门反映情况并提出工作建议；接受政府机关、社会团体委托，从事调查研究。商标协会是既为企业服务又为政府服务，但为企业服务是它的宗旨。

(3) 商标协会与西方的知识产权机构

商标协会自创建以来，受到国际知识产权界的广泛关注，协会十分重

---

[1] 2008 年 7 月 11 日《国务院办公厅关于印发国家工商行政管理总局主要职责内设机构和人员编制规定的通知》(国办发〔2008〕88 号)以及 2008 年 9 月 8 日国家工商行政管理总局《关于印发各司(厅、局、室)主要职责内设机构和人员编制规定的通知》(工商人字〔2008〕195 号)。

视加强与国际知识产权界的交流与合作，以积极的姿态和稳步措施，开展对外交往。

世界知识产权组织（World Intellectual Property Organization，简称WIPO）是一个致力于促进使用和保护人类智力作品的国际组织。1974年12月，该组织成为联合国系统的一个知识产权专门机构。至2004年10月，共有成员国181个。世界知识产权组织的宗旨是：①通过国家之间的合作，必要时通过与其他国际组织的协作，促进全世界对知识产权的保护。②确保各知识产权联盟之间的行政合作。该组织主要职能是负责通过国家间的合作促进对全世界知识产权的保护，管理建立在多边条约基础上的关于专利、商标和版权方面的23个联盟的行政工作，并办理知识产权法律与行政事宜。该组织的很大一部分财力是用于同发展中国家进行开发合作，促进发达国家向发展中国家转让技术，推动发展中国家的发明创造和文艺创作活动，以利于其科技、文化和经济的发展。中国于1980年6月3日加入该组织，成为其第90个成员国。中国1985年加入《保护工作产权的巴黎公约》，1989年加入《商标国际注册的马德里协定》。❶

国际商标协会（INTA）：1878年由十二个商人和制造商创建，旨在保护和促进商标所有人的权利、确保制定切实可行的商标法律、帮助和鼓励人们推进和认识商标权。国际商标协会是一个由商标所有人和专业人士组成的国际性团体，目前有来自全球190多个国家、超过6 500多家成员，是当今世界上最大的商标品牌组织，并已成为联合国组织的非政府观察员。国际商标协会通过以下途径为其所有会员提供服务：倡导——促进适当的法律、法规和条约的制定；交流——与政府、商务、媒体、司法、高等院校的适时、有效交流。教育——制作并出版商标及其相关知识产权领域的著名出版物，开发相关项目。❷

法国制造商联合会（UDF）成立于1872年，是一家全国性机构，专门从事国际知识产权的保护和打击假冒仿冒产品的工作，至今，联合会共吸

---

❶ 新华网，http://news.xinhuanet.com/ziliao/2003-01/10/content_685242.htm。

❷ http://www.hudong.com/wiki/%E5%9B%BD%E9%99%85%E5%95%86%E6%A0%87%E5%8D%8F%E4%BC%9A。

纳 450 名成员，涵盖 50 家行业联盟。联合会工作的目标是促进知识产权的保护，加强职能机构之间的协作，努力用同一声音说话，以期在法国、欧洲和国际范围内更有效地打击假冒仿冒产品，同时提醒大众假货所带来的危害。

日本知识产权协会(JIPA)是一个日本民间的非盈利社会团体。该协会目前约有 790 名由日本主要企业构成的会员。日本知识产权协会的主要任务之一就是增强日本企业界的知识产权意识，定期组织全国性或地区性的会议，交流知识产权管理经验，做好企业界与政府机关在知识产权保护方面的联系桥梁作用，组织企业界的知识产权教育、考察、研究、培训活动，发展与国内外的官方与民间的知识产权机构和组织的交流与合作，并出版“知财管理”等刊物。[1]

除此之外，商标协会还与世界许多国家和地区的民间商标组织建立了广泛的联系，如法国工业产权局和法国原产地名称局、泰国商业部及有关知识产权机构、马来西亚自创品牌协会，以及中国台湾地区的自创品牌协会、台湾智慧产权协进会、台湾商标协会等。

2. 我国商标协会的发展和现状

伴随着计划经济向社会主义市场经济的过渡，我国政府职能的转变成为首要问题。根据 1993 年中共中央十四届三中全会公报所指出：“培育和发展市场体系，发展市场中介组织，发挥其服务、沟通、公证、监督作用，发挥行业协会、商会等组织的作用。”有学者认为，政府职能转变后，一部分权力还给企业，一部分权力交给市场，一部分权力则放给社区组织，一部分监督职能转给社会中介组织。作为社会中介组织的重要组成部分——行业协会，通过协调行业内部、行业之间的社会经济活动，追求整个行业或集团的总体利益。因此，行业协会作为新的历史条件和市场氛围下的新型组织体(对中国而言)，在政府与社会主体、市场主体间搭起一道沟通的桥梁，行业协会充当着组织协调的平等中立者角色。伴随着我

[1] 《中国知识产权研究会代表团赴日本开展民间知识产权交流》，赖洪，《知识产权》，2001 年第 4 期。

国政府职能的转变，为了能更好地推进商标战略的实施，中华商标协会于1994年成立。首批加入协会的会员有179名，157个团体会员都是在全国同行业中经济效益好、商品质量好、商品信誉高的大中型企业，个人会员22人，均为商标界的知名专家。国家工商局行政管理局局长刘敏学任会长，中国粮油食品进出口总公司总经理周臣明、江苏熊猫电子集团公司总裁周祥兴、中国扬子电子集团公司总裁宣中光、三九企业集团公司集团总裁赵新先为副会长。❶

中华商标协会的宗旨很明确，即依法维护会员的商标权益，协助会员创立驰名商标，增强全社会的商标意识，提高商品和服务质量，促进经济发展与繁荣。中华商标协会下设专家委员会、办公室、会员部、法律咨询部、《中华商标》编辑部、中企商标鉴定中心、中企商标发展中心等工作部门。

《中华商标》杂志社经国家工商行政管理总局批准成立，隶属于中华商标协会，具有独立的法人资格。杂志社出版的《中华商标》创刊于1995年，是全国唯一的商标专业性刊物，以"立足商标、面向社会、服务企业"为宗旨，是沟通企业和政府的桥梁，又是商标工作者进行理论探讨的原地，尤其对企业培养商标意识、运用商标策略争创驰名商标具有一定的重要意义。

中企商标发展中心，隶属于中华商标协会，经国家工商行政管理总局批准登记注册，具有独立的法人资格。经营范围包括：商标评估、法律业务咨询、举办国际、国内研讨会、培训班，设计、制作、发布、代理国内外各类广告，举办国内展览会、展销会，商标信息咨询与发布，商标科技开发、商标设计、软件开发等。

中企商标鉴定中心，成立于2003年4月18日，经国家工商行政管理总局批准并注册登记，是最高人民法院和北京市高级人民法院指定的专业从事商标司法鉴定的机构。主要业务有：接受人民法院的委托，就涉及的商标专业性问题进行司法鉴定，提供公正的司法鉴定意见；接受当事人的委托，进行商标法律咨询和知识产权咨询等项服务。服务对象主要是：

---

❶ 吴肇贵：《我国商标事业的里程碑》，载《中外管理》1994年第12期。

各级人民法院、商标行政管理部门、社会各有关单位、国内外企业及个人等。中心还设有专家委员会，主要对人民法院委托的涉及商标及知识产权案件和其他受托的疑难案件进行评议，由中心出具司法鉴定书和法律咨询意见书。[1]

中华商标协会商标代理分会，为加强商标代理行业自律，改变商标代理市场存在的混乱无序状况，国家工商总局决定，2008 年由中华商标协会成立商标代理分会，协助政府部门做好对商标代理组织的行业自律。商标代理分会成立后，将对商标代理行业进行行业内的自律管理，主要解决诚信、信誉的问题。中华商标协会商标代理分会主要职责包括：制定行业发展规划、行业标准；开展商标代理行业宣传、培训、国际交流合作及诚信建设；建立商标代理组织与行政主管部门的沟通渠道；开展商标理论研究和行业调查研究，参与相关法律法规、政策的研究、制定；协调会员之间的关系以及代理行业和企业、相关行业的关系等；加强对商标代理人、商标代理组织的监督指导，积极推动行业自律和行业管理，尽快扭转商标代理市场存在的混乱无序状况。代理分会的相关规则有《中华商标协会商标代理分会章程》、《中华商标协会商标代理分会会员管理办法》和《中华商标协会商标代理分会会费交纳和管理办法》。

自 1994 年中华商标协会成立以来，随着商标事业的发展，全国已有二十余个省、直辖市、自治区成立了商标协会。这些省市商标协会作为中华商标协会的团体会员，在支持配合中华商标协会工作和独立开展活动方面做了大量工作，对促进商标事业的发展起了积极的作用。但地方商标协会是独立的，并不隶属于中华商标协会，他们都是独立的民间社会团体，地方商标协会可以选择加入中华商标协会，也可以选择不加入，这也体现了商标协会的自愿性特征。商标协会的设置在我国找不到法律依据，只有《社会团体登记管理条例》的相关规定，即第十条：成立社会团体的条件之第五款：有合法的资产和经费来源，全国性的社会团体有 10 万元以上的活动资金，地方性的社会团体和跨行政区域的社会团体有 3 万

[1] http://www.cta.org.cn/。

元以上活动资金。[1] 从该条款可以看出地方商标协会资金只要达到3万元就可以申请设立了，而没有规定商标协会可以设置的行政区域，但我国现行的商标协会只设在中央、省级、较大市一级，而在县里还没有设置。中央的即中华商标协会，省一级的比较多，如北京、上海、浙江、福建、江苏、山西、安徽等各省份均有，较大的城市有大同市商标协会、温州市品牌协会、福州市商标协会、宜昌市商标协会、深圳市商标协会等。

3. 我国商标协会的运行模式

(1) 西方国家行业协会运行模式比较

· 英美模式

以美国和英国为代表的英美法系国家，强调行业协会的市场主体地位，运用市场对其进行调节，称之为市场主导型，但各自又有其不同之处.

美国：美国没有调整行业协会的专门法律，相关条款散见于宪法、税法、商法、公司法等部门法之中。1971年，国会通过《宪法》第一条修正案，规定国会不得制定关于下列事项的法律：确立国教或者禁止宗教自由；剥夺言论自由或出版自由；或剥夺人民和平集会和向政府情愿申诉的权利。在这条修正案中对行业协会只有原则性的规定，而在《税法》501条款，有25种社会组织包括公益服务性组织、会员服务性组织享受豁免联邦所得税。[2] 因此可以看出美国主要是通过联邦和州税法来对行业协会实施管理。美国行业协会从性质上来说为非营利性组织，实质上则是企业性质。这就从根本上决定了美国行业协会是按照公司化方式来运作的。从行业协会与政府的关系上来看，没有隶属关系，董事会成员由会员选举，不需向政府备案，行业协会为政府提供服务大都为有偿服务。从行业协会的成立程序来看，是按照《公司法》的有关规定登记注册。一方面，不同行业协会间的工作内容和主要业务可以交叉重复，呈现一种良性竞争的态势：另一方面，美国企业可以自主择优选择加入一个或多个行业协会. 从行业

[1] 《社会团体登记管理条例》第十条。

[2] [美]詹姆斯·M·伯恩斯、杰克.W.佩尔塔森、托马斯·E·克罗宁：《美国式民主》，谭君久等译，中国社会科学出版社，1993年版，第1169页。

协会成立后的运行方式来看,企业入会自愿,退会自由,协会从自身的生存、发展角度考虑,必须为会员单位提供优质高效的服务,展示自身的实力和影响力。❶

英国:英国的行业协会实质上是行业自律组织,它是独立于政府的民间组织,根据法律,制定本行业具体行为规范,自我管理,促进本行业健康发展.对重点行业如金融业,政府通过立法授予行业组织以管理权力,并要求本行业所有企业都成为其会员以强化行业管理的力度,使这些行业组织不仅代表行业利益,也能代表国家利益进行行业管理,其管理是强制性的。1999年10月,英国议会通过法案将金融行业的9个协会划归金融服务管理局(FSA),加强统一集中管理。❷ 对金融业以外的一般行业,由行业自发成立行业组织,进行自律管理。这样,同样性质的行业组织可能有一个以上,企业既可以加入这个行业组织,也可以不加入任何行业组织.无论是重点行业还是一般行业,其行业组织都是依据法律、行业组织章程及制定的行规来对行业企业进行日常理。英国没有统一的行业协会法律,因此行业协会的职能、地位和作用的法律分散于各个法律之中,其中有代表性的法律有:《所得和公司税法》(1970年)、《公平交易法》,(1973年)、《消费者信用法》(1974年)、《商品和服务供应法》(1982年)等。❸

从总体上说,美英两国都没有行业协会的专门立法,强调了市场的作用。但两国对行业协会的态度并不是完全的自由主义,对其调整仍然有法可依,有章可循。两国比较又各具特点,美国行业协会的实质是企业,其运行完全依靠市场,而英国行业协会的实质是行业自律组织,对重点行业如金融业以设立行业组织,强制企业加入、赋予行业组织管理权的方式进行间接管理。

· 德法模式

以德国和法国为代表的大陆法系国家,对行业协会进行统一立法,使行业协会在法律的范围内活动。

---

❶ 国景茂:《美国行业协会的特点和启示》,WWW. InterHoo. Com. 2011年2月5日。

❷ 洪涛等著:《行业协会运作与发展》,中国物资出版社,2005年版,第144页。

❸ 徐家良:《互益性组织:中国行业协会研究》,北京师范大学出版社,2010年版。

德国:从法律上讲,德国的行业协会可以分为公法性质和私法性质两种协会。公法性质的行业协会比较典型的是德国工商会,有专门的《德国工商会法》。该法规定企业主和企业必须依法参加工商会,且工商会的宗旨在于通过建议、报告及评估,向政府部门提供咨询并支持其工作,同时维护诚实商人的规矩和习惯。私法性质的协会是私人经济组织自愿联合形成的,其主要职能是在协会自治的框架内代表其经济利益。德国行业协会不是国家行政机关的延伸,也不是单个企业的喉舌,他们代表的是行业协会中所有企业(会员)的利益。❶

法国:法国早在 1884 年 3 月颁布了首部有关同业公会的法律,即瓦尔代克——卢梭法,为行业协会的成立、宗旨和活动奠定了法律基础。此后,随着经济的发展,行业的界限被打破,为此法国于 1901 年 7 月又颁布了《1901 年法》,为跨行业协会确定了法律框架。1986 年法国制定的《自由竞争条例》放宽了对协会经营的限制,只要经批准的协会章程有明确规定,协会就可以从事某些福利事业和商业活动,但不允许经营不动产。之后,法国又通过了各项法令进一步完善了行业法律体系。经过数百年的演变,法国行业协会已发展成为自主运行、自我约束、自我完善,自我发展的企业管理组织。❷

德法两国都有关于行业协会的成文法,为行业协会的发展提供了法律依据。德国对行业协会进行公私法性质的区分,并在立法上区别对待,对公法性质的行业协会进行专门立法调整,对私法性质的行业协会多采用自治的方式。法国的行业协会立法历史悠久,且对其经营范围进行了明确的规定,已发展成为按照市场规律运作的企业管理组织。

- 日韩模式

日韩模式的自由入会原则同英美模式相似,政府监管则多于美英,商会接近德法模式,政企之间合作也较美英更为密切。它吸收英美模式和

---

❶ 张经:《国外行业商会、协会简介——德国行业协会》,中国社会组织网。http//www.chinanpo.gov.cn,2004 年 3 月 2 日。

❷ 法国行业协会:为企业打工给政府搭桥.中国农业台州网,http//www.Tzag.gov.cn.2010 年 11 月 3 日。

德法模式的优点，形成了自己比较独特的模式。

日本：日本的行业协会可以分为三种类型：任意团体、工业会，特殊法人。[1] 日本商会在发展中，既借鉴了西欧大陆型商会的功能作用，也广泛吸收了英美型商会的特点，形成了日本独特的中间型商会体系，早在 1902 年 7 月日本政府就颁布实施了《商工会议所法》。现行的日本《商工会议所法》是 1953 年 10 月颁布施行的。日本的社团组织特别是经济类组织，在其设立、开展各项活动的过程中，一方面要依据相应的法律、章程及有关规定，另一方面还要接受政府有关部门的引导，以保证这些组织的活动与政府的政策目标相协调。[2]

韩国：韩国的行业协会（规模较小的称为组合，较大的称为会、协会或会议所，以下通称为协会）均为非营利民间社团法人. 根据韩国《民法》（第 32 条）规定，非营利的社团和财团在取得主管部门许可后均可成立法人，部分较重要协会还有单独立法保证。如，大韩商公会议所根据《大韩商工会议所法》成立，农业协同组合（简称农协）根据《农业协同组合法》成立。各出口或进出口组和也有《组合法》支持。[3]

（2）我国商标协会的运行模式探析

从模式上来说，纵观我国现今的行业协会可以分为几种类型，有学者认为以政府是否主动干预为分界线，可以有体制内的行业协会和体制外的行业协会两种。[4] 还有人认为有“二政府”式行业协会、温州模式行业协会、上海三元管理模式的行业协会。[5] 但笔者更赞同余晖先生在广义上的划分。他认为，目前我国的行业协会主要有四种：一是体制外途径生成的行业协会，这些都是行业内企业自发自愿组建并根据《社会团体登记管理条例》取得社团法人资格的民办协会。二是体制内途径生成的行业协会，

---

[1] 徐家良：《互益性组织：中国行业协会研究》，北京师范大学出版社 2010 年版。

[2] 《日本商协会情况》中国社会组织网，http://www.Chinanpo.gov.cn，2005 年 7 月 1 日。

[3] 山东省外经贸厅《韩国行业协会概况》山东国际商务网，http://www.Shandongbusiness.gov.cn，2004 年 1 月 15 日。

[4] 陈宪、徐中振：《体制转型和行业协会：上海培育和发展行业协会研究报告》，上海大学出版社，1999 年版，第 2 页。

[5] 周艳玲：《我国行业协会发展之政策取向》，载《行政论坛》，2005 年第 3 期。

这主要是为了适应计划经济转向市场经济和政府转轨的需要，由一些政府部门转化而来。三是体制内外结合型的行业协会，如为了打击假冒伪劣产品，保持品牌，在浙江省义乌工商管理部门的促成和浙江义乌商人的自愿参与下，组成的保护名牌产品联合会、义乌个体劳动者协会。四是法律授权产生的协会，如会计师协会、律师协会、体育类的协会等。[1] 当然，狭义的行业协会不包括第四种。

自中华商标协会1994年成立以来，地方相继的成立了自己的商标协会。由于经济发展水平及地方政策的差异，省市商标协会的运行模式和体制也有不少差异。目前我国省市商标协会大体存在以下几种模式和体制：

一是与商标行政管理部门合署办公，即一套人马两块牌子。这种模式和体制从行政角度强化了协会工作效率，但易使协会工作依赖于行政部门和行政职能，同时由于“政社”不分，一旦推行“政社分开”，协会工作缺乏基础。

二是事业单位型。协会与商标行政管理部门并列平行，所需人员由事业编制调剂，作为独立直属单位纳入工商系统统一管理。如中华商标协会就属于事业单位型，它是我国工商行政管理局的直属单位，是一个事业单位法人。《中华商标协会章程》第四条：国家工商行政管理局是本社团的业务主管单位，本团体接受国家工商行政管理总局、民政部的业务指导和监督管理。

三是经营服务型，即商标协会与商标代理机构或服务中心一套人马两块牌子，此方式有利于解决协会经费来源和开支，但由于自身经营与他人形成同业竞争，使协会难以处在公正、公平位置，对开展工作造成一定影响。

四是社会民间型，即商标协会独立于工商系统之外，既不是事业单位，又无工商系统在职人员，此类型往往由脱钩所致，目前多处于社会影响力小，经费紧张，工作开展比较困难的境地。[2]

我国的商标协会吸收会员范围也存在一定的体制问题，多数协会主

---

[1] 余晖：《行业协会及其在中国的发展：理论与案例》，经济管理出版社，2002年版，第21-26页。

[2] 许和平：《对地方商标协会工作的几点思考》，载《中华商标》，2009年10月刊。

要以吸纳本地企事业单位和一些专家学者及司法、行政管理干部为会员。有的省市协会，直接将司法单位和工商行政管理部门吸纳为会员，这无疑增强了协会的权威和影响力，但恐与民间性相违背，易使司法和行政部门在处理解决权益纠纷时处于尴尬位置。

综上所述，可以看出我国的商标协会运行模式存在一定的缺陷，大部分协会都是政府在经济转轨的过程中成立的，我国的商标协会是双重登记管理模式，即成立商标协会要经过各地市工商局的同意，还要到民政部门登记，这种模式下成立的协会与西方的行业协会有了本质的区别，从商标协会的成立开始，协会就与政府有千丝万缕的关系，协会严重依赖政府、缺少自治，成了政府机关权力行政权力的延伸，也成了行政机关的蓄水池。

4. 商标协会的功能分析

(1) 发达国家行业协会的功能(表 3.1)

表 3.1 发达国家行业协会功能图❶

协 会 职 能	美国行业协会	日本行业协会	欧洲行业协会
1. 参与指定行业规划及技改前期论证		√	
2. 行业调研和政策立法建议	√	√	√
3. 行业统计	√	√	自发
4. 办刊、咨询	√	√	√
5. 组织展销展览会	√	√	√
6. 参与质量管理监督	√	√	√
7. 帮助企业改善经营成果	√		
8. 受委托科技成果的鉴定和推广	√	√	
9. 国内外经济交流与合作	√	√	√

❶ 《行业协会的功能研究——基于交易成本的分析》.［EB/OL)。http//www.webofcity.com/nei/file/hyxhdgnyj—cbfx.htm。

续表

协　会　职　能	美国行业协会	日本行业协会	欧洲行业协会
10. 制定行规、协调价格	√	√	√
11. 参与制定行业标准及实施和监督	√	√	√
12. 参与行业许可证的方法和资质审查	√	√	
13. 政府委托的工作少数			少数
14. 市场建设(反倾销等)	√	√	√
15. 技术等培训	√	√	√
16. 反映会员要求，协调维权	√	√	√
17. 发展行业和社会公益事业	√	√	√

从表 3.1 可以看出，发达国家行业协会的功能，可分对内和对外两大块。对内，为行业内企业提供服务和对行业内部进行自律。对外，充当行业代表参与各类事务和整合行业内外的大量分散资源，因此行业协会功能分为企业服务、行业自律、行业代表和资源整合四大职能(图 3.1)。美国行业协会履行着三个方面的功能：①行业服务。不论是全国性的行业协会，还是区域性的行业协会，都为会员提供各种服务，包括技术咨询和信息服务，为会员的发展创造良好的外部环境。②行业自律。行业协会通过章程自律、行为自律、人员自律等方式规范会员企业的活动，减少矛盾和冲突。③行业协调。[1] 日本行业协会的功能包括：扶助功能、协助功能、垄断功能。[2] 德国行业协会的功能主要有：指导培训功能、沟通协调功能、信息功能、服务咨询功能。

(2) 我国商标协会的功能

商标协会自成立以来，积极宣传我国的商标法律制度，协助会员企业运用商标战略、协调会员之间的关系、及时举办各种商标培训班，为企业和政府搭建了良好的交流平台。商标协会以服务、代表、自律、协调为宗

---

[1] 徐家良：《互益性组织：中国行业协会研究》，北京师范大学出版社 2010 年版。

[2] 徐家良：《互益性组织：中国行业协会研究》，北京师范大学出版社，2010 年版。

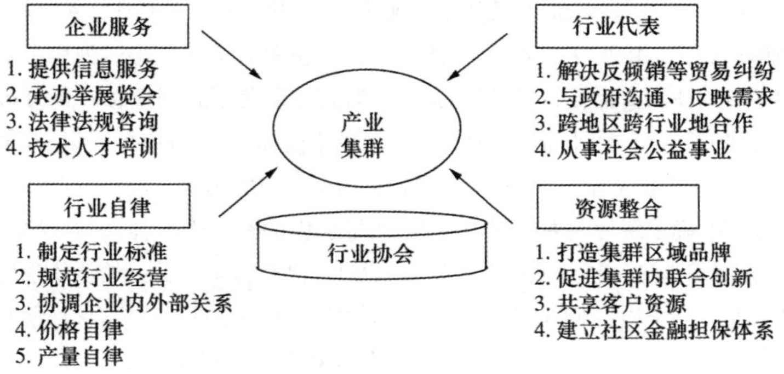

图 2.1　行业协会四大职能

旨，秉承服务至上的理念，解决了多年来政府和商标局解决不了的遗留问题，在我国实施商标战略的进程中发挥了很大的功能。

· 服务功能

为企业服务的功能是商标协会职能的本质体现，是一种最基本的功能。商标协会是企业之家，为会员企业提供各种有效的服务是应有的职责。商标协会可通过提供各种服务，来满足其成员以及整个行业自我发展的利益诉求。一是信息服务。商标协会建立了商标信息库，为协会成员建立一个共享信息的平台，其费用在各个成员之间分摊，由此便可使单个企业以最低的成本获最大的收益，大大降低获取信息的成本。如：中华商标协会协助抚顺石油一厂、长岭集团等企业办理 22 个国家的商标国际注册申请和 15 个国家的注册申请。为了企业能角逐在国际市场，中华商标协会增强了对企业的法律咨询服务工作，专门成立了法律咨询部，聘请熟悉商标法律方面的专家学者，针对商标国内外注册、商标侵权、商标使用与管理、商标评估、企业商标和战略等一系列问题提供免费的咨询和服务。为了加强对注册商标的保护，商标协会开展了商标价值评估工作，按国家规定编制《商标评估报告》，并送达企业，让企业对自己的商标价值有所认识。中华商标协会先后为 40 多家会员企业申请认定驰名商标给与了专门咨询，协助燕京啤酒、灯塔油漆等近 30 家企业会员准备、修改、完善申请认定材料；向国家工商管理局商标局推荐四川长虹等 23 家企业的商标,其中18家企业被认定为驰名商标。[1] 1989年我国加入《商标国际马德里协定》,1994年加入《商标注册马德里协定有关议定书》,为单个企业在国外申请注册商标提供了足够的信息和帮助,避免了我国商标在国外被频频被抢注的问题。另外,商标协会还创办《中华商标》、《上海商标通讯》等多种杂志,丰富了商标的信息服务,扩大了商标协会的影响力。二是培训服务。商标协会能准确了解行业内的知识需求,在培训中的针对性较强。商标协会有计划、有组织地进行行业从业人员培训,通过提高会员企业员工的整体素质来提高企业的竞争力。2003年12月中华商标协会组团赴日参加"商标注册和评审培训班",学习了"日本商标法"、"高知名度和著名商标的保护"、"日本产业财产权法概要"、"企业商标管理","创品牌战略"、"商标信息检索的活用"等课程。2007年到2008中华商标协会派会员(包括法官、企业、学者、官员及精英商标代理人)赴欧洲内部市场协调局进行培训。协会成立之后还多次派员参加INTA年会,学习国际商标协会的经验和先进制度。在国内,商标协会多次为企业举办了商标法、商标政策以及国外商标注册等的专业知识培训,提高了企业的商标意识,增强了企业在国内国际的竞争力。三是市场服务。商标协会组织了多次行业性的集中活动,如博览会、商标商品展示会以及商标的高层论坛等,从而为协会成员提供更多的交易机会,扩大了协会在影响力。商标协会成立后多次举办了商标节,就加强商标专用权保护、实施商标战略促进产业升级与转型、提升商标区域竞争力、农产品商标与地理标志战略等多个热点难点问题展开探讨,共同为"实施商标战略、建设创新型国家"出谋划策。中华商标协会与海峡两岸商务协调会建立了合作关系,2006年在厦门市举办了"首届海峡两岸商标品牌论坛",就"商标保护,品牌的拓展与市场运作"进行了精彩的演讲;2007年商标协会派员参加了在台北举办的"2007年海峡两岸商标论坛",与会代表共同研讨两岸商标工作,就地理标志注册与保护、禁止恶意抢注商标、企业名称和商标权利冲突与保护及反不正当竞争执法与知识产权保护等问题进行了交流;2008年中华商标协会在成都市举办了"2008海峡两岸商标研讨会",双方商标专家学者就非传统性商标审查实务、公司名称与商标冲突的解决办法、两岸商标法修改方向、两岸制止商标恶意注册的机制等专题

[1] 《充分发挥商标作用,改革开放和经济发展服务》,《中华商标》,1997年第6期。

进行了研讨;2009年中华商标协会代表团赴台湾参加了“2009年两岸商标研讨会”,并对台湾商标管理工作进行了考察。

· 代表功能

行业协会具有行业利益代表性,行业协会的对外交流,在于向社会各界反映行业的整体利益诉求,并力争实现行业的整体性利益目标。商标协会作为商标界利益群体的集中代表,可以代表协会成员组织集体行动,借助集体力量来维护、谋取、增进协会成员的整体利益。当行业的整体利益受到外界侵害的时候,行业协会首先代表协会成员与各方进行协调以及进行诉讼,积极维护协会成员的合法权益和行业的整体利益。2005年针对“海信(HiSense)”和“萤火虫 Fire-fly”商标被德国西门子的子公司在欧洲抢注一事,中华商标协会明确表态:“作为中国唯一商标领域的行业协会,我们决不会坐视中国企业合法的商标权益受到损害而不理。中华商标协会已经与有关企业和单位进行联系、研究,并将采取必要措施,帮助中国企业维护其正当权利。[1] 在中国企业面对强大的跨国诉讼时,商标协会也可以代为诉讼,为企业争得应有的权利。汕头市商标协会章程:“维护会员的合法权益,积极向有关部门反映会员商标被侵权、假冒情况,支持并协助会员向工商行政管理部门投诉或向司法机关提出诉讼”。[2] 在修订商标法时,商标协会集思广益,站在企业的立场上,从企业角度出发,力求在商标法的制定中能体现企业的需求。

· 沟通与协调功能

商标协会作为社会中介组织,在政府与企业之间起到一种桥梁和纽带作用。商标协会一方面可让其成员自由表达意愿,及时地把协会成员对政府的要求、愿望、意见和建议集中起来,顺畅地转达给政府,为政府政策的制定和修正提供依据;如:《福州市商标协会章程》第六条第三款规定:“接受福州市工商行政管理局的委托,对创立驰名、著名商标的有关情况进行调查,向认定机关提供参考意见。”另一方面可把政府的政策规定和对相关问题的处理意见及时转达给其成员,以便本行业对政策规定和

---

[1] 庞仙:《中华商标协会对恶意抢注不会坐视不理》,载《中国工商报》,2005年1月6日。

[2] 《汕头市商标协会章程》第六条第五款。

要求做出积极呼应。商标协会要协调协会与政府部门的关系、协调协会与企业会员的关系、协调各协会之间的关系(浙江省商标协会与国际商标协会2006年10月23日签署长效合作机制,国际商标协会将帮助浙江省企业协商解决国际商标纠纷案件。[1]《福州市商标协会章程》第六条规定:推动会员以驰名、著名商标为纽带,加强横向经济联合,提高运用商标策略打造名牌、开拓市场的能力。协调会员间的诚实信用、友好互助关系,调解会员间的商标纠纷。[2] 在利益矛盾和意见分歧面前,商标协会要进行横向自主的沟通、谅解与协调,化解彼此的利益冲突,达到利益的平衡,确保行业的整体利益和行业的长期发展。

· 自律功能

商标协会通过制定章程进行自我约束、自我管理,引导商标行业规范、有序发展。协会自律主要包括以下内容:①制定本行业的规章制度,包括协会章程(《中华商标协会商标代理分会章程》)、行业职业道德规范、惩罚规则、争端解决规则等,以规范行业自我管理行为。②协会成立的商标协会代理分会,对商标代理行业进行行业内的自律管理,主要解决协会诚信、信誉的问题。包括制定行业发展规划、行业标准;开展商标代理行业宣传、培训、国际交流合作及诚信建设;商标协会还制定了相关规则:《商标协会商标代理分会会员管理办法》、《商标协会商标代理分会会费交纳和管理办法》。

第三节　商标协会的自治权研究

1. 行业协会自治的理论概述

(1) 自治的概念

在《布莱克法律词典》(第七版,1999)末有关于自治的词"Self-government"的解释是:指某个人或集体管理其自身事务,并且单独对其行为和命运负责的一种状态。自治的另一层含义是自主,即"autonomy",

---

[1] 嵇哲、沈雁、吕律:《浙江省商标协会与国际商标协会建立合作机制》,浙江日报,2006年10月24日第2版。

[2] 《福州市商标协会章程》第六条。

其字面意思是指“自我统治”。自治又是一个与自决相关的概念，即“self-determination”，《布莱克维尔政治学百科全书》对“self-determination”解释为：一种论证个人或团体的自主和独立的正当合理性的激进学说，这种学说认为，个人或团体具有独特的个性和自由意志。

自治最直接地存在于私法领域，所谓私法自治，就是指“各个主体根据他的意志自主形成法律关系的原则”，[1]所强调的是个体地位的独立和个人意志的自由。正如法国学者狄骥所言：“承认个人在私法领域内，就自己生活之权利义务，能为最合理之‘立法者’，在不违背国家法律规定之条件下，皆得基于其意思，自由创造规范，以规范自己与他人之私法关系。”[2]私法自治在日常行为中的表现更多地体现为契约自由，即平等主体有权“根据自己的自由意思，通过相互平等的协商决定他们之间的权利义务关系。”[3]本章所要讨论的是一个群体内成员就涉及共同利益的事项表达共同的意思或共同行使权力，以确保产生符合自身利益的结果或状态。

（2）行业协会自治

所谓行业自治，就是同一行业内的各从业主体以共同协商所缔结的契约（如《章程》）为基础，由自愿组建的组织（即行业协会）依据契约所规定的框架、原则和程序对内实行自我管理，对外实行协调或抗衡，以便最大限度地维护本行业的共同利益，实现本行业的共同诉求。

有人将行业协会自治完全混同于行业自治，[4]行业协会自治应当指协会自身的内部控制和管理。行业自治是通过行业协会所履行的职能来体现的，行业协会是行业自治的执行主体，行业协会自治是实现行业自治的组织保证和前提要件，同时也是行业自治的组成部分之一。

Ulrike Schaede 在“Cooperative Capitalism”《合作资本主义》一书给出了一个行业协会自治的意义：行业协会自治是由一个行业许多领导性企业所构成的行业协会，制定（设计）该行业规则并通过自我设计的惩罚规

---

[1] ［德］迪特尔·梅迪库斯：《德国民法总论》，邵建东译，法律出版社，2001 年版，第 142-143 页。

[2] 自邱本：《市场法治论》，载中国检察出版社，2002 年版，第 91 页。

[3] 梁彗星：《从近代民法到现代民法》，载《律师世界》，2002 年第 5 期。

[4] 季亚丽：《行业协会自治的法律制度构建》，载《中山大学学报（社会科学版）》，2005 年第 4 期。

则来强制实施这些规则。❶ 基于客观事实，以描述性的手法为行业协会自治作了一个界定。

鲁篱认为 Schaede 的定义并不完美，原因是：第一，“由许多领导性企业所构成”的用语过于限制行业协会成员的包含范围；第二，该定义并未指出行业协会自治权所指的对象；第三，其定义似乎预设了一个行业只有一个行业协会的假设前提。基于以上三点，他认为行业协会自治应当是指行业协会根据协会成员之授权制定规则并将这些规则在其成员授权范围内强制实施的权力。❷

笔者认为，行业协会自治是指行业协会出于维护本行业的共同利益，根据同业经济组织缔结的契约，在法律的框架内对外与政府进行协调与抗衡，对内实现自我管理的过程。

(3) 行业协会自治权的来源

行业协会自治权是公权与私权的混合体。行业协会不是政府部门，而是拥有独立法人地位的社会团体。“一个社团的存在和权力是来自某个公共权威呢，还是来自创建人的意志，抑或是来自它作为一种联合体所固有的性质。”❸这一困扰法学家的难题，至今仍是我们必须认识并解决的问题。一种观点认为，行业协会自治权大致源于以下几方面：❹

一是内部契约形成的权力：企业加入行业协会希望得到组织的集体性帮助和保护，而权利义务的分配需要一种载体来加以表现，这种载体便是契约。成员企业通过契约组建行业协会，并通过契约条款让渡自己的部分权利，而协会通过契约获得成员企业让渡的权利并因之成为自治权的重要内核。“正如自然赋予了每个人以支配自己的各部肢体的绝对权力一样，社会公约也赋予了政治体以支配它的各个成员的绝对权力。”❺同样，行业协会与成员间的契约也赋予其支配它的各个成员的权力。

---

❶ Ulrike Schaede. Coperative. capitalism. Orford. University. press, Pl.

❷ 鲁篱：《行业协会经济自治权研究》，法律出版社，2003 年版，第 106 页。

❸ [美]哈罗德·丁-伯尔曼：《法律与革命——西方法律传统的形成》，贺卫方译，中国大百科全书出版社，1993 年版。

❹ 鲁篱.：《行业协会经济自治权研究》，法律出版社，2003 年版。

❺ [法]卢梭：《社会契约论》，何兆武译，商务印书馆，1982 年版。

契约产生的权力归根结底是通过协会内部的民主机制产生的。行业协会自治的含义是成员企业通过民主程序制定行规行约并共同遵守，即实现了“自愿”与“强制”的统一。通过民主程序制定规则是成员的自愿选择，而共同遵守是自愿选择之后必须执行的强制后果。在协会所涉及的契约文件中，组织章程是自治权产生的最重要契约形式。英国政治学家、社会学家麦基佛认为：“任何一个团体，为了进行正常的活动以达到各自的目的，都要有一定的规章制度，约束其成员，这就是团体的法律。”[1]因此，每一个团体都构成了一个具有自身生存法则的社会组织。行业协会作为社会组织也不例外，其生存的法则就是章程。章程是协会界定和引导内部结构和管理的规则，具体规定了各种不同主体的权利义务。应该说，通过契约而产生的自治权是行业协会最根本和最重要的取得方式，这也是协会民间组织性本质的典型表现。

二是法律法规授权的权力：在一些领域，行业协会的组建和运作并非来自于成员企业的合意，而是直接源于法律的强制性规定。例如《中华人民共和国注册会计师法》则授权省、自治区、直辖市注册会计师协会对参加注册会计师全国统一考试成绩合格，并从事审计业务工作 2 年以上的人员进行注册管理。

三是政府授权或委托的权力：行业协会参与社会治理，有着自己独特的优势。一些协会，由于在所属的行业中其代表的利益处于相当优势甚至垄断地位，再加上行业领域的专业、技术性，其便可能接受国家的委托或授权。

行业协会自治权仅仅来源于行业协会会员与协会达成的契约——协会章程。行业协会通过法律法规的授权以及行政机关的委托所获得的权力只能说是行业协会的权力，而不是行业协会的自治权。

(4) 行业协会自治权的内容[2]

自治权是一个行业协会实现其功能和价值不可缺少的手段。获得了

---

[1] 邹永贤等：《现代西方国家学说》，福建人民出版社，1993 年版。

[2] 本书所提及的自治权力内容是学者鲁篱从经济自治权角度提出来的，引自《行业协会经济自治权研究》，法律出版社，2003 年 7 月版。

自治权，行业协会就可以对损害本行业利益的经济行为采取正当的手段进行干预、在政府失灵和市场失灵的情况下进行资源优化配置、可以更好地满足本行业企业的利益。

首先是行业协会立法自治权："凡有行会的地方，行会又是立法团体。城市或城镇里五花八门的商人和手工业者的行会各自都有自己的法令。"[1]

行业协会立法自治权是指行业协会依据法律规定，拥有通过委员会、代表大会制定和修改行业自治章程及其行规行约的权力。行业协会自治章程和行规行约在内容上应当旨在规范行会行为及行会与组织成员乃至社会成员之间的权利义务关系。其制定和修改要经由少数服从多数的立法式程序。一旦生效后便对行会本身及其相关人员具有普遍的约束力。当然，这些行规行约必须符合国家相关法律的规定，不得与现行法律相抵触。

其次是行业协会财政自治权：行业协会财政自治权是指行业协会依法享有自己独立的经费来源并对其所获取的经费有权自行使用和支配。行业协会自治的经费来源主要是行业协会会员的会费收入及行会本身在自治过程中的赢利，但在某些情况下也可能是财政拨款。因为，行业协会可能受政府的委托承担一些公共管理职能，因此政府需要通过强制性行政权进行财政拨款。

再次是行业协会行政自治权：行业协会行政自治权是指行业协会对于其自治范围内的事物依法有权自行议决并执行，不受国家行政权的指挥与命令。它具体包括日常管理权（经常具体化为处罚权）、本行业发展规划权、争端解决权、其他关涉行会自治事物的权力。但在我国体制转型这一大背景下，行业协会行政自治权与国家行政权两权之间的关系仍然表现为不协调，国家行政权经常代劳协会行政自治权。

最后是行业协会组织自治权：行业协会组织自治权是指行业协会一经成立，在不与国家的相关法律、法规相抵触或相违背的情况下，即享有

---

[1] （美）哈罗德·伯尔曼：《法律与革命——西方法律传统的形成》，贺卫方等译，中国大百科全书出版社，1993年版，第473-474页。

设立机构和选任人员的自主权，政府不得干预。当然，这并不排除国家可通过法律为行业协会的机构设置和人员构成规定一定的原则。例如，国家可为行业协会成员的资格设定一些条件，只要符合该条件，任何同行业的企业都有权成为其成员，而不受国家行政机关意志和喜好的左右。

2. 商标协会的自治权理论

(1) 商标协会基本情况

中华商标协会（图 3.2）隶属国家工商行政管理总局领导，是由享有盛誉的企业、商标代理机构和商标法律专家自愿参加并依法组成，开展商标自我保护、自我完善、自我发展和自律活动的专业性、全国性、非营利性的具有法人资格的社会团体。它由中央人民政府批准、由民政部注册登记、接受国家工商行政管理总局的领导。

中华商标协会成立于 1994 年，到 2007 年协会现有团体会员 328 个，个人会员 47 人。中华商标协会的宗旨：依法维护会员的商标权益，协助会员创立驰名商标，增强全社会的商标意识，提高商品和服务质量，促进经济发展与繁荣。

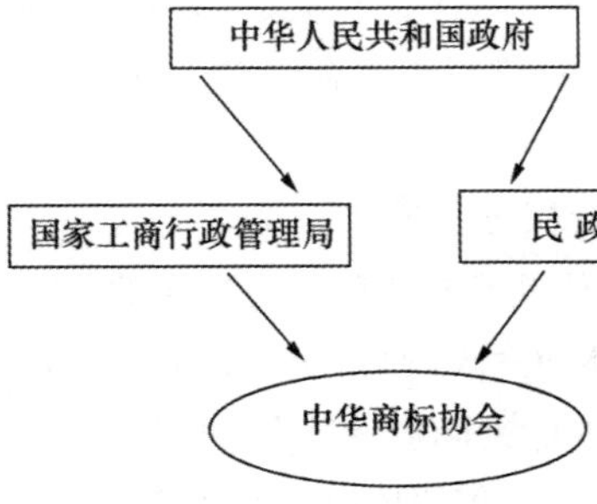

图 3.2　商标协会与职能单位关系图

自 1994 年中华商标协会成立以来，随着商标事业的发展，全国已有二十余个省、市、自治区成立了商标协会。但各地方商标协会是独立的，并不隶属于中华商标协会，它们都是独立的民间社会团体，均以各自的章程规范自己。但有一点是相同的：它们的业务主管机关都是各地的工商局，登记机关都是民政局，都是为了创立民族品牌，实施国家知识产权战略，促进社会主义经济的发展。

（2）商标协会的任务

宣传、贯彻国家有关商标法律、法规和政策；指导和协助会员企业运用商标战略和策略，创立驰名商标；依法维护企业的商标权益，接受委托为会员企业提供法律咨询服务，对工商行政管理机关和司法机关查处商标违法行为进行举证；协调会员间的关系，促进交流与合作，举办学术活动，培训企业商标业务人员，传播国内外商标工作信息，推广先进的理论和成功的经验，提高企业的商标经营管理水平；调查研究国内外商标发展趋势，研究中国的商标发展战略和重大问题，向政府有关部门反映情况并提出工作建议；接受政府机关、社会团体和企业的委托，从事商标调查研究，举办有关社会活动；开展民间的商标国际交流与合作；出版发行商标业务的资料、刊物。

商标协会的主要任务是认真贯彻落实《国家知识产权战略》以及国家工商总局制定并发布《关于贯彻落实〈国家知识产权战略纲要〉、大力推进商标战略实施的意见》的精神，按照协会章程的规定，坚持“双向服务”的方针，协助政府加强行业管理，理顺各方关系，当好政府的参谋和助手；真实反映企业的意愿和要求，维护企业合法权益，在政府、企业与广大业主之间积极发挥桥梁、纽带作用。

（3）商标协会自治权分析[1]

一个真正的自治团体既是自治的也是自主的。“自治意味着不像他治那样，由外人制定团体的章程，而是团体成员按本意制定章程（而且不管它是如何进行的）。”自主意味着，领导人和团体的行政班子依照团体自己的制度任命，而不像不自主的团体由外人任命的那样（不管任命是如何进行的）。”[2]

一是商标协会立法自治权：商标协会的章程由会员代表大会或会员大会负责制定。中华商标协会的章程包括协会总则、业务范围、会员，组

[1] 对协会自治的分析，除非特别声明，均以《中华商标协会章程》为范本。

[2] （德）马克斯·韦伯著：《经济与社会（上）》，林荣远译，商务印书馆，1997年版，第78页。

织机构和负责人的产生、罢免,资产管理、使用原则,章程修改程序以及机构的设置,全文共四十八条。各省市也以中华商标协会的章程为参照,各自制定了自己的协会章程(如上海、重庆、福州、湖北、浙江等),用以规范自己内部的运行机制。这些协会章程在符合国家相关法律的规定下,一旦生效便对协会本身及其相关会员以及社会公众具有普遍的约束力。

二是商标协会组织自治权:

① 机构设置

商标协会的决策机构是会员大会,它也是商标协会的最高权力机构,是商标协会的非常设机关。会员大会须有 2/3 以上的会员出席方能召开,其决议须经到会会员半数以上表决通过方能生效。会员大会每届四年,因特殊情况需提前或延期换届的,须由理事会表决通过,报业务主管单位审查并经社团登记管理机关批准同意。但延期换届最长不超过一年。会员大会的职权如图 3.3 所示。

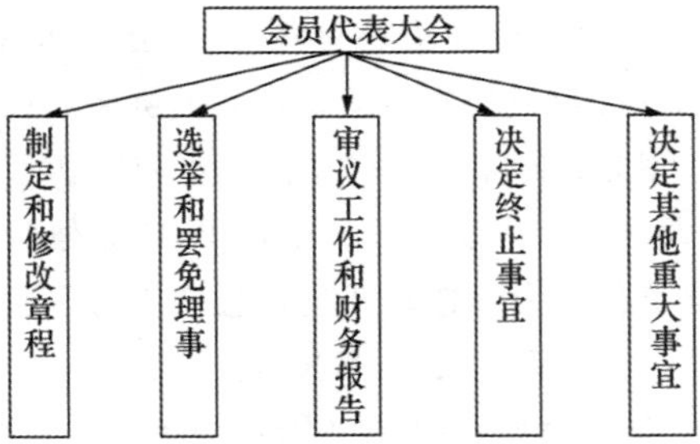

图 3.3　会员大会的职权

理事会是会员大会的执行机构,在闭会期间领导本协会开展日常工作,对会员大会负责。理事会的职权如表 3.2 所示。商标协会设立常务理事会,常务理事会由理事会选举产生,对理事会负责(常务理事人数不超过理事人数的 1/3)。商标协会理事会、常务理事会须有 2/3 以上常务理事出席方能召开,其决议须经到理事会、会常务理事 2/3 以上表决通过方能生效。理事会、常务理事会至少一年召开一次会议,情况特殊的也可采用通讯形式召开。

表 3.2　　理事会的职权

1. 执行会员大会的职权
2. 选举和罢免会长、副会长、秘书长
3. 筹备召开会员大会
4. 向会员大会报告工作和财务状况
5. 决定设立办事机构、分支机构、代表机构和实体机构
6. 决定秘书长、各机构主要负责人的聘任
7. 领导本团体各机构开展工作
8. 制定内部管理制度
9. 其他重大事项

商标协会的机构设置远远不是很完善，由于经费的欠缺，因此大多数的商标协会只有会员大会和理事会的设置，而缺乏监督机制的制约即没有设置监事会。如中华商标协会、上海商标协会、重庆商标协会等，但也有一些省份迈出大胆的步伐，比如湖北省商标协会就设立了监事会。下面对此进行分析：湖北省商标协会的监事会由 3～5 人组成，设主任一人。监事会人员由湖北省工商行政管理局推荐 1 名，其他监事会人选从本会会员中推荐，由会员代表大会选举产生。监事会的任期与理事会任期相同。监事不得兼任会长、副会长、秘书长、理事及常务理事，不得与上述人员有近亲属关系。监事会职权：监督本会的业务活动及财务管理；列席常务理事会会议；向会员代表大会报告工作。

由于经济发展的差异性和商标在各地的不同需求，商标协会的设置也会有些许不同。深圳市商标协会的机构设置是比较完善的，但它的运行也缺少监事会的监督，如图 3.4 所示。

② 行业协会人员及会员的构成：

- 商标协会的领导人员构成

商标协会的章程中规定，商标协会的领导是由业务主管部门（工商管理总局）提名，按照章程规定的程序从协会内部或成员企业中选举或推举产生的。商标协会的会长、副会长、秘书长必须具备的任职条件，如图 3.5 所示。

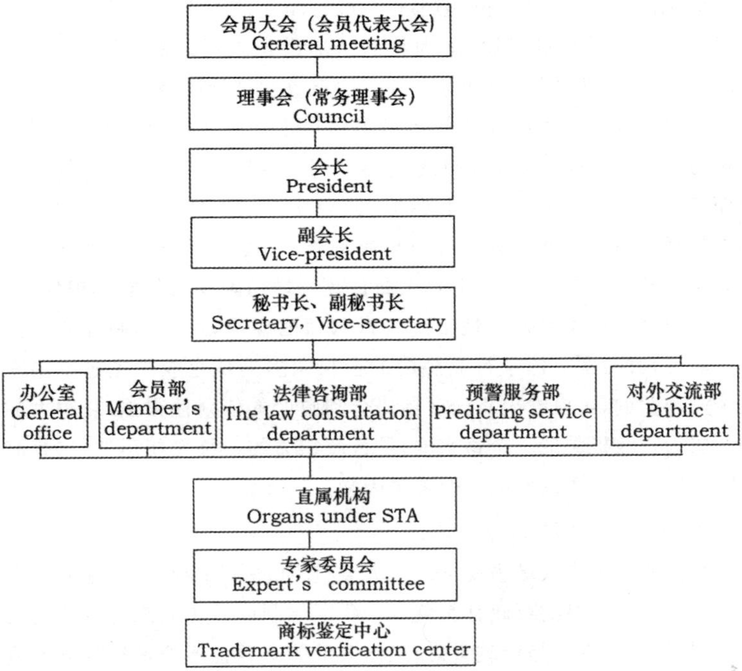

图 3.4　深圳市商标协会的机构设置图

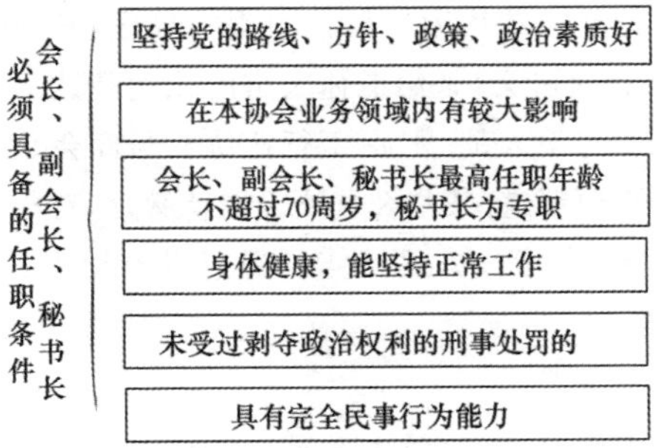

图 3.5　重庆市商标协会领导的任职条件❶

❶ 中华商标协会的对会长、副会长的年龄限制是不超过 65 岁，秘书长最高年龄不超过 60 岁。

商标协会会长、副会长、秘书长一般每届任期四年,(会长、副会长、秘书长任期最长不超过两届)如因特殊情况需延长任期的,须经会员大会2/3以上会员表决通过,报业务主管部门审查并经社团登记管理机关批准同意后方可任职。本团体会长为本团体法定代表人。而在实际工作中,商标协会的领导是从协会的业务指导部门直接指派或在业务指导部门任职而又挂职在其下的,带有很强的行政色彩。如中华商标协会的会长李建中是现任国家工商行政管理总局副局长;上海商标协会的现任名誉会长为副市长周太彤,会长为上海工商行政管理局副局长陈学军担任,各省市商标协会的会长也是各地工商管理部门的领导,这种体制和西方国家有本质区别的,西方国家行业协会的会长大多是从企业民主选举出来代表企业利益的,可以看出我国商标协会和政府的依附性很强,在很大的程度上成为行政机关的一个蓄水池,是行政权力的一种变相延伸,这是制约我国商标协会健康发展的一个关键因素。

- 商标协会的工作人员

商标协会工作人员主要来自 3 个渠道,如图 3.6 所示,商标协会在人员组成上具有浓厚的行政官僚色彩。我国体制内转化而来的行业协会与商会,其人事基本上是行政听命,工作人员的来源也不外是机构分流或行政人员兼任,只有少部分是向社会公开招聘。以上海为例,现有的行业协会几乎很少有能与国际接轨的职业工作者,全市近 60%的行业协会负责人由政府主管部门委任或由上级部门负责人兼任,平均年龄超过 65 岁。据悉,上海 51 家商业协会,聘用退休人员的比例高达 74%,全市还有 20 多个行业协会无一在编人员。[1] 由于行业协会与商会是政府机构改革和分流冗员的一个重要渠道,某些人员缺乏创新激励,对探索和研究行业协会与商会的存在根据、运作方式及指导思想没有动力,限制了其职能的发挥。

- 商标协会会员

在会员入会方面,各国的做法不同。法德公法型商会采取的是强制

---

[1] 余晖等著:《行业协会及其在中国的发展:理论与案例》,经济管理出版社,2002 年 6 月第 1 版,第 55 页。

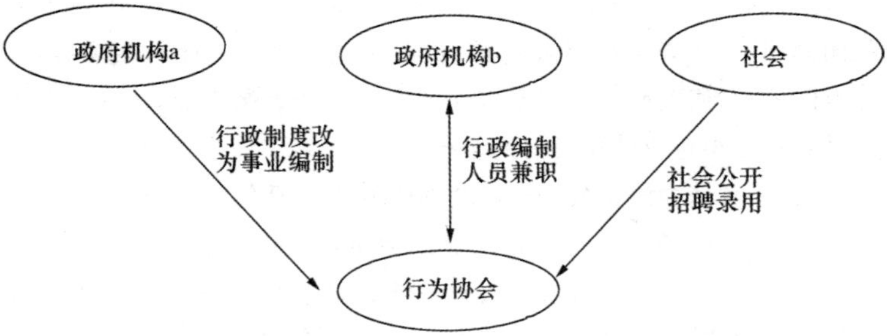

图 3.6　商标协会工作人员来源

入会，所有的工商业及手工业企业，包括附属企业都必须是本地商会会员。强制入会使商会无须费力即可拥有一定数量的会员，它无须惧怕对其决定持不同意见的会员退会，无须担忧其收入来源，商会生存基本得到保障，从而使某些商会可能会缺少为会员服务的总体商业意识。英美私法型的自愿入会制度，使其会员多为来自制造业和商业领域的大中型企业，故有利于行业协会、商会将服务重点放在这些会员的需求上，以确保其提供的服务接近市场的需求，促使其和会员形成良好的关系。但自愿入会还不可避免地带来免费搭车问题，即当商会、行业协会的工作极为出色，为企业创造了良好的外部经营环境时，除会员企业外，其他非会员企业自然也会受益。❶

我国的商标协会采纳自愿入会的原则，会员分为团体会员和个体会员，章程规定只要拥护团体章程、有加入意愿、在本团体的业务领域有一定影响即可申请加入。因此，我国的很多知名企业以及对商标业务有研究的个人都申请加入协会. 中华商标协会团体会员分为三个部分，一是为商标知名度高、经济效益好、有志创立驰名商标的企业；二是由国家核准注册登记的商标代理机构；三是各省、自治区、直辖市的地方商标协会。个人会员为有较高的商标理论水平和具有丰富实践经验的专家，以及从事行政执法和司法的工作者。中华商标协会会员的构成充分体现了高层

❶　金晓晨：《商会与行业协会法律制度研究》，气象出版社，2003 年版。

次、高水准的特点。[1] 知名企业会员有：上海家化联合股份有限公司、恒源祥集团公司、上海老凤祥有限公司、山西杏花村汾酒集团有限责任公司、联想有限公司、西安利君沙有限责任公司等多个著名企业，这些企业的加入不排除一些小企业的免费搭便车行为。

因此，笔者认为法德公法型商会的强制入会是值得借鉴的，因其在商会发展的初期，有必要使商会有足够的会员，足够的利代表性，商会才能稳固发展。足够的会员，可使商会有足够的会费保证，利于解决目前商会普遍存在的经费短缺，商会经商问题。而我国的商标协会现在也存在经费不足，工作难开展的问题，因此也可以采纳法德商会强制入会的规定，而且这种强制入会的规定在我国也是有先例的。如律师行业、银行业、体育业等部门。如《律师法》第四十五条：律师、律师事务所应当加入所在地的地方律师协会。加入地方律师协会的律师、律师事务所，同时是全国律师协会的会员。可见，律师协会采纳的是强制入会的原则。

③ 商标协会的财政自治权

商会、行业协会开展活动，须有相应的活动经费。参照国外商会、行业协会的立法与实践，其经费主要来源于：入会费、常年会费、捐赠、政府资助、企业赞助、有偿服务收入（如咨询、培训等）和其他依法取得的收入（如举办展览会、博览会等）。

英美型：政府基本上不对其财政补贴，对来自会员的捐赠，与其他非盈利机构相比，也是较少的。其经费来源除会费外，主要依赖于收取的服务费，这就促使其专注于会员的需求与市场变化，以便做出快速反应。

法德型：商会实行强制入会制，故会费是商会运转的主要经费来源，原则上只有当它们承担政府委托的任务时，才从政府那里得到资助。对非会员企业（法国以外的其他企业）的服务收费则是商业性的，以盈利为目标。相对而言，法德商会有着较为稳定、安全、可靠的收入来源。

中国特色型：商会、行业协会的经费来源比较单一，全国性商会、行业协会的经费主要源于政府资助及会员费；地方商会、行业协会的经费大多单靠缴收会员费或单靠政府资助则较为贫乏。我国商标协会的会费来源

---

[1] 中国商标网，http://www.cta.org.cn/。

见表3.3。

表3.3　　我国部分商标协会会费来源

中华商标协会	重庆商标协会	湖北商标协会
会费	会费	会费
捐赠	捐赠	捐赠
政府资助	政府拨款、资助	政府资助
开展活动、服务收入	咨询有偿服务	开展服务收入
利息	其他合法收入	利息
其他		湖北省商标事业发展专项资金❶

从上图可以看出，商标协会的经费来源，包括会费、政府资助、企业赞助、有偿服务收入等，湖北省还针对会费困难的实际情况，成立了“湖北省商标事业发展专项资金”。关于会费标准的规定仅在湖北省商标协会章程第十二条有规定：(一)会长单位每年缴纳会费8000元；(二)副会长单位每年缴纳会费5000元；(三)常务理事单位每年缴纳会费3000元；(四)理事单位每年缴纳会费1000元；(五)一般会员单位每年缴纳会费500元；(六)个人会员每年缴纳会费50元。这些会费仅够维持协会日常运转，协会仍然面临资金短缺的局面，协会非常希望能够有法律法规或文件规定：协会可以收取的服务性收费项目，如对政府指派的任务要收取费用，协会为会员提供的服务收取的费用究竟包含何种服务做出明确的界定。笔者认为政府应该在对商标法或行业协会立法的指导意见中启示几个方向或者建立服务收费机制，建立双方合理的议价机制。

④ 商标协会的行政自治权

商标协会行政自治权是指商标协会对于其自治范围内的事物依法有权自行议决并执行，不受国家行政权的指挥与命令。它具体包括日常处罚权、商标业发展规划权、争端解决权，以及其他关涉协会自治事物的权力。如：《湖北省商标协会章程》第十四条：“会员如有违反本章程，违反行

❶ “湖北省商标事业发展专项资金”按省政府要求，省财政拨款、省工商局补助、企业及其他单位、个人捐赠而设立的“湖北省商标事业发展专项资金”

规行为，损害消费者利益和行业形象，采取不正当竞争或因违法经营被吊销营业执照的，经常务理事会决定，视情节轻重予以批评、同业制裁、除名等惩戒措施。造成严重后果的，本会将配合国家有关职能部门予以查处。”中华商标协会章程第十三条：“会员如有严重违反本章程的行为，经理事会或常务理事会表决通过，予以除名。”可以看出该章程赋予了协会一定的处罚权，这些处罚权的行使也是商标协会享有自治权的表现。科尔曼曾经指出：“如果任何行动者不服从规范，必须对其施行惩罚，这样，规范才能行之有效。”[1]这说明，行业协会在制定出各种规章之后，要达到协调会员集体行动的有效目的，就必须建构相应的惩罚机制作为补充。

⑤ 起诉权

行业协会享有在以下三种情况下以自己名义提起诉讼的权利，这三种情况分别是：当行业协会自身的利益受到直接损害时；当行业协会的成员企业利益受损而不便出面诉讼时；当行业协会所代表的行业利益受到侵害时。尤其是协会的成员在遇到跨国公司巨无霸的时候，单个企业无力去应对庞大的跨国诉讼，此时赋予商标协会以起诉的也是必要的。

商标协会并不是一个单纯的民间性组织，并非自下而上自发产生。它具有一定的官民两重性。所谓“官”，就是它在一定程度上承担了政府的一些管理职能，但是它又具有一定的民间性，即还有为会员提供服务、维权等。但在我国体制转型这一大背景下，商标协会行政自治权与国家行政权两权之间的关系仍然表现得很不协调，国家行政权经常会代劳商标协会的行政自治权。

第四节　我国商标协会存在的问题及分析

商标协会是政府与企业之间的桥梁，是中国知识产权界与国际知识产权界的桥梁，商标协会成立后，为我国商标事业的发展做出了一定的贡献，但是由于在制度上、经费上、人员构成上存在着先天的缺陷，因此商标

---

[1] ［美］詹姆斯·S·科尔曼：《社会理论的基础理论》，邓正来译，中国社会科学文献出版社，1999年版，第314页。

协会在运行过程中还存在很多问题，致使商标协会未能充分发挥其职能，未能在全国范围形成一个以企业为主、为企业服务的民间社会团体。

1. 商标协会存在的问题

(1) 双重管理体制制约了商标协会的发展

双重管理是指根据我国《社会团体登记管理条例》，对于社会团体采用登记管理机关和业务主管部门双重负责的管理体制。在注册登记前，社会团体需要取得其业务主管部门的批准；注册登记后，由登记管理机关负责监督、检查、处罚，而业务主管部门负责日常业务的指导。中华商标协会章程第四条规定："国家工商行政管理总局是本社团的业务主管单位，本团体接受国家工商行政管理总局、民政部的业务指导和监督管理。"作为社会团体的一种，按照章程的规定，商标协会要在民政部注册登记，同时也必须经过业务主管部门（工商局）的批准。实践中，双重管理体制导致政府部门对商标协会的过多干预。根据相关法律规定[1]："业务主管部门有权监督、指导社会团体遵守宪法、法律、法规和国家政策，依据其章程开展活动；负责社会团体年度检查的初审；协助登记管理机关和其他部门查处社会团体的违法活动；会同有关机关指导社会团体的清算事宜等。"该规定赋予了业务主管部门几乎无限的权力，业务主管单位在行业协会人事、经费以及日常事务的运行中的介入和干预，让民间组织几乎没有自由生存的空间。商标协会在我国的成立更是一个怪胎，它在形式上是民间团体，但确是工商局的一个内部独立的事业单位，接受工商局的直接领导，因此商标协会的自治与自律受到了很大的限制。

(2) 目的追求上未能充分体现对成员利益的维护

商标协会作为一个民间性社团，原本在目的上应体现其民间性；作为一个集体性组织，在目的上也应昭示其集体性，即应以成员之利益为首要目的，换言之，自治的商标协会必须向社会公众昭示其民间性，向成员企业凸显其集体性，协会必须以企业为主、为企业服务。《日本经营者团体

[1] 《社会团体登记管理条例》第 28 条。

联盟章程》在其章程第二条中对其目的规定仅一条，即本会为进行经营者团体的联络，合作以促进劳资关系的健康发展为主要目的。而围绕着本项目的，该章程第三条对联盟活动的规定也完全是对成员企业利益之维护。[1] 但是，在我国商标协会章程对其目的的昭示中，并未首先凸显其为会员利益谋利之宗旨。以《中华商标协会章程》为例，第三条规定：本团体遵守我国宪法、法律、法规和政策，遵守社会道德风尚，依法维护会员的商标权益，协助会员创立公众熟知商标，增强全社会的商标意识，提高商品和服务质量，促进经济发展与繁荣。章程中规定了协会的宗旨——将为政府服务放在了为会员服务的前面。可以看出我国商标协会偏向于对会员的管理，而不是强调对会员的服务。湖北省、浙江省、重庆市商标协会的章程也存在同样的问题。但是在实践的探索中，一些省市将商标协会成立的宗旨立于服务企业。如汕头市商标协会的章程第三条规定了该会的宗旨是：提高全社会的商标意识，维护会员的商标合法权益；协助会员正确运用商标战略和策略，创立著名商标和驰名商标；团结全体会员，发挥其积极作用，借以提高我市商品和服务的质量，促进社会主义市场经济的发展和繁荣。本会是政府联系企业的桥梁，一切活动将遵守宪法、法律、法规和国家政策，遵守社会道德风尚。可以看出，该会将企业的利益维护置于首位，而将政府利益置于其后，显然这是商标协会发展的一种进步。商标协会的宗旨是要维护成员的利益，为成员服务，因此，商标协会在运作时必须首先代表企业，服务企业，要更多地把自己视为一个服务者而非管理者，应该试图制约政府而非听命于政府，甚至成为政府的附庸。但是我国商标协会的大部分工作人员是来自政府或事业单位离退休的老领导或政府机构改革的分流人员，习惯于依靠政府的行政命令开展工作，现阶段多数商标协会重管理而轻服务，运作方式行政化或准行政化。由于大多数商标协会官办色彩浓厚，其负责人由政府职能部门的官员兼任，为企业服务的意识和职能没有很好地树立和承担起来。所以，目前不少协会开展工作是难以得到企业的主动配合和支持，甚至成为企业的负担，引起企业的反感与抵制，导致工作难以开展，服务效率与效能低下。

---

[1] 国家经贸委产业政策司：《国外行业协会资料选》，中国商业出版社，1998 年版，第 170-174 页。

(3) 无法可依的现象亟待解决

中介组织尽管有了20年的发展，但迄今没有专门法律法规对其性质、地位、作用、机构、职能等进行全面明确的定位，在政策层面上也缺乏有效的指导和支持。全国至今也没有制定“商会与行业协会法”，商标协会作为行业协会的一种，只是在行业协会在我国快速发展的时期，在我国提出知识产权战略，提出商标强国的背景下成立的，它的成立自然也没有法律上的合法依据，因此很难从根本上解决其性质、地位、职能、体制等问题。各地方工商局管理部门从自己工作需要，甚至从自身利益出发创办商标协会。商标协会现在只存在于省级和较大市，在县级没有设立，且各地方商标协会与中华商标协会自成体系，不存在领导和被领导的关系，缺乏全局性，人为地分割了统一的市场，造成了我国的商标协会形不成全国性的、极具影响力的社会团体。但在我国律师法、证券法中规定了律师协会、证券业协会，而在我国的商标法中并没有“商标协会”的任何规定，商标协会法制建设存在很大空白。法律地位的缺失导致商标协会自律性管理职能不能到位，只能依附于政府的行政管辖。

(4) 人事行政化、非专业化、老龄化

目前绝大多数行业协会是体制内生成的，即由政府经济管理部门转制或由其直接组建产生，形成政会不分，会企不分，许多行业协会是政府机构改革、人员分流的产物，自治色彩淡而政府主导性色彩浓。在人员构成上，由业务主管部门组建的协会，领导大都由政府部门推荐或任命，多为行政干部而非企业所有者或经营者。目前行业协会的从业人员普遍存在“三多三少”的现象，即离退休和兼职人员多，专职人员少；政府部门工作人员兼职多，企业人员少；一般事务性人员多，专业人员少。[1] 商标协会也存在相类似的问题，如中华商标协会的会长李建中现为国家工商行政局的党组成员，秘书长刘燕也曾是工商行政管理总局商标局的副局长。原副秘书长杨叶璇15年前是商标局一个处长，后来担任了协会的副秘书长。安徽省商标协会选举安徽省工商行政管理局副局长黄家华当选为会长；河北省商标协会

---

[1] 吴晨曦：《浅析全球化背景下中国行业协会的角色转变》，硕士学位论文，2011年。

聘请河北省副省长付双建和河北省工商行政管理局副局长李继红担任名誉会长。由此可见，商标协会的领导大部分是工商管理局的领导，并不是由企业民主选举出来的企业家作为领导，因此部分商标协会办事机构成为与政府相关机构合署办公的“二政府”，商标协会始终在工商局的领导下展开工作，缺乏一定的自治和自主性，而在发达国家和地区，行业协会的领导由民主选举产生，大多由在行业内有威望的企业主担任，专职工作人员是社会招聘的。协会成员的人员构成制约了商标协会作为一个专业性商标社会团体的职能发挥。我国目前知识产权类行业协会队伍也呈现出年龄结构不合理的特点。从知识产权行业协会的人员组成情况看，由于过去与政府机构之间的密切关系，相当一部分人员来自于国家机构中的即将离退休人员，年龄老化的现象十分严重。年龄在50岁以上的占到百分之六十以上，这意味着他们在中介机构的工作也只能维持5～10年。❶ 协会人员老龄化的现象制约了商标协会的有序发展。

(5) 经费困难制约协会为企业提供优质服务

商标协会是非营利性的社会团体，其经费来源主要有：①会费；②捐赠；③政府资助；④在核准的业务范围内开展活动或服务的收入；⑤利息；⑥其他合法收入。❷ 开展活动或服务的收入包括：咨询服务、出版刊物、编印资料、书刊印发、开展培训、举办展览等收入，以及承办政府和其他单位委托工作取得的收入。其中会费收入是商标协会最主要的收入来源，其数额直接决定商标协会所能提供的服务的数量和质量。我国没有任何对协会成员缴纳费用的规范，加上商标协会服务意识差，职能单一，使得其在企业成员中威望小，代表性差，因此商标协会会费收缴非常困难。我国许多商标协会，都存在着严重的经费问题，有些商标协会甚至只能依赖政府的财政补贴勉强维持，经费的不独立导致了商标协会的自治功能孱弱。

(6) 组织机构不健全，内外监督机制缺失

正当有效的治理有赖于设置健全的组织机构。在现代社会，凡涉及公共利益的组织体，一般都应设置权利互相分立制衡的组织机构体系，以

---

❶ 朱丽萍：《论行业协会与知识产权的保护》，上海大学硕士论文，2007年。

❷ 《中华商标协会章程》第三十条，http://www.cta.org.cn。

控制权利行使者滥用权力损害公共利益，这是现代公共组织治理的合法性基础，也是组织者实施有效治理的前提。在这一点上，国家、公司、法人、社会组织概莫能外。一般而言，公共组织的治理至少应设置三种权力机构——决策机构、执行机构、监督机构，三者缺一不可。[1] 商标协会是独立的社团法人，在内部的机构设置上采纳了法人治理机制，规定了会员大会、理事会以及其职责，但是很多省市的商标协会却没有建立起民主化的运行机制，普遍缺乏一个对协会领导和秘书长、协会业务和财务活动进行制约和监督的常设机构——监事会（监察委员会）。也有一些省市的商标协会设立了监事会，但职责等还不是很完善，如：湖北省商标协会设立了监事会，[2]但是职权还是比较简单的，并没有对协会的财务、业务的监督制度规定，这种规定使得协会的经费运作不透明，也削弱了企业对协会的信任。商标协会监督机制缺失不仅表现为内部机构设置，还表现在外部的监督不到位。外部监督方面，由于商标协会是工商局内部的一个事业单位，工商管理局作为它的业务主管部门，往往对自身管理的社会组织不愿揭短，并且很多情况下，由于协会领导是工商局内部的领导或是政府部门退下来的工作，因此监督就更做不到位。

2. 对我国商标协会现存问题的分析

上述商标协会存在的问题也是我国当前行业协会运作中的共性问题，是行业协会无法实现其应然功能之关键所在，但是为什么我国行业协会呈现当下的运作情境呢？笔者认为，主要有以下几方面的原因：

（1）市民社会氛围弱、“大政府小社会”的观念强、协会定位模糊

当前，中国正处于向社会主义市场经济体制转轨的关键时期，政府职能由“全能型”政府的治理模式向有所为、有所不为的“有限型”、“服务型”政府治理模式转变。各国经验证明，“大政府，小社会”是运作和管理成本很高的模式，而“小政府，大社会”则是比例比较合适的模式。这种模式的

---

[1] 《深圳市行业协会法人治理机制研究报告》，载《中国商会发展报告》，第 187 页。

[2] 湖北省商标协会章程：监事会职权（一）监督本会的业务活动及财务管理；（二）列席常务理事会会议（三）向会员代表大会报告工作。

转型为公民自主与社会自治提供了一定的空间。近年来，我国非营利组织❶如雨后春笋，它们在市场经济中起了积极作用。十一届三中全会以后，我国行业协会得到较大发展，但这种发展不是直线前进，而是波浪起伏的，其个中原因与国家鼓励发展行业协会的动机不确定有关。从十一届三中全会以后的有关资料表明，我国政府对行业协会的发展动机有三种取向：一是将之作为行政机关的蓄水池，这是经济学界提出的，在他们看来，我国社团是政府部门安排冗余工作人员的蓄水池，因而一旦政府实行机构改革，那么社团的规模也会得到相应扩大和发展❷。第二种取向是将行业协会发展为行业管理机关，发挥行业协会的管理功能。政府认为：政府培育、发展和建设自主协调与自律性行业管理组织，是加强和改善行业管理，建立工业行业管理新体制的组织保证。第三种取向是将行业协会发展为自律性组织，而这种自律是管理性自律，而不是服务性。政府希望通过行业协会来建构对其成员企业进行有效约束的组织性体制，借以充分发挥行业协会对成员企业的规制功能。❸ 由此可见，政府对行业协会的定位始终是关注于行业协会对政府有利的诸多功能上，而对行业协会有可能对政府产生离心力的功能（如自治），政府则一直未在有关文件中倡导和明确。在政府眼中，行业协会应始终是政府自己所掌握的组织体，它不应当也不能成为独立于政府的一支经济力量。

我国市民社会的氛围还不是很强，政治社会还占据着主导地位，大政府、小社会的观念还未从根本上改变，因此行业协会没有成长的土壤，政府依旧将行业协会纳入自己的管理范围，行业协会因此也成为“二政府”的角色，呼唤中的“行业协会法”也一直未出台。由于大的行业协会法未出台，因此商标协会的发展就更是缺乏了国家法律上的依据，商标协会作

---

❶ 有些学者称为第三部门，第三部门是与第一部门和第二部门相对应来说的。理论上认为，政府属于第一部门，企业属于第二部门，第三部门的范围则不那么清晰，有学者主张将所有既不属于政府职能部门，也不属于企业的社会组织都归属于第三部门，而不论其特征、属性。（参见：佚名《中国第三部门的界定》，http://www.l203org /printpage asp? ArticleID＝2612）第三部门既能弥补市场失灵，又能弥补政府失灵，还能极大减轻社会管理的成本。所以火力发展第三部门具有重要的现实意义。

❷ 王名等：《中国社团改革》，社会科学文献出版社，2001 年版，第 83-89 页。

❸ 沈岳峰：《行业协会的法律地位探析》，上海大学硕士论文，2004 年。

为工商管理局的一个事业单位，它的自治就在很大程度上打了折扣。

（2）制度缺陷导致商标协会自治权的虚无

我国制度上的一些安排和设计妨碍了行业协会及其成员企业结社自由权的有效运行，而这些规定中的一些实际上也制约了我国行业协会自治权的有效实现。首先，《社会团体登记管理条例》第3条、第6条、第9条都规定，社团必须具备业务主管机关。这项关于社团主管机关的规定使行业协会在成立和运作时必须依赖于业务主管机关，从而在制度上便否认了行业协会的独立性。另外，将行业协会作为行政人员的蓄水池的制度安排在客观上造成行业协会与其成员企业脱节的同时，也使行业协会因之而与政府机关建立了千丝万缕的关系，这种过于紧密的联系使行业协会最终丧失了自我独立的品格，完全成为政府的附庸和传声筒。商标协会在我国现阶段也是双重管理体制，尽管是一个民间社会团体，但是作为附属于工商管理局的一个事业单位，它的独立性、自治性就被扼杀在萌芽状态，从商标协会成立之初，就具有先天制度上的缺陷。

（3）行业协会相关立法零乱、位阶低、不统一

除在《反垄断法》第11条中有相应规定外，在基本法律这一立法位阶中再找不到有关行业协会的立法，现有的相关立法主要是各级行政规章，如《社团登记管理条例》、《民办非企业单位登记管理暂行条例》、《事业单位登记管理暂行条例》、《注册会计师法》和《证券法》等。地方立法更显零乱，而且立法位阶更低，对行业协会的调整效力较弱，不能适应对行业协会进行规范的需要。各省市关于行业协会的行政规章数量庞大，对规范各地行业协会的发展也起了较大作用，但这些规章不具有普适性，除了上海、广东、深圳等少数地区出台了地方性行业协会条例外，其他地方基本上缺失相关法规，其他法律法规对行业协会也基本没作规定，且现有的行政性规定，大部分是行政机关内部的文件、通知，是上级对下级机关的工作指示，其内容、制定和公布程序，以及是否公开、何时公开都带有相当的随意性；有的规范性文件之间相互冲突。行业协会的立法尚且如此粗糙，具体上规范商标协会的法律、法规甚至是政策规定更是寥寥无几的，实践中指引商标协会运行的仅仅就是个商标协会内部的一个章程，且章程规定的也非常粗糙。因此立法无序必然导致法律适用与实践的混乱，这样的立法现状与我国的知识产权战略大纲是脱节的。

第五节　完善商标协会的建设对策建议

商标协会不仅需要政府的政策支持、宽松的法律环境还需要企业的和谐配合,才能成功地开展进行自治活动,实现商标协会的可持续发展,更好地为社会提供公共服务,为构建创新性国家、构建商标强国贡献力量。鉴于此,笔者从政府、协会自身、企业层面提出建议:

1. 政府层面

(1) 转职能、放权力,为商标协会提供良好的发展环境

在我国政府职能转化的改革中,要加快政府管理职能社会化的改革,政府现代化改革应该做到小政府、大社会,政府不能把所有的权力揽在手中,应该把一些权力交给包括行业协会在内的社会团体组织来做,充分发挥他们自身的协调和管理作用。从理论上讲,行业协会与政府对于公共事务管理权限的分配应该是这样:政府作为社会公共利益的代表、市场经济秩序的监控者,涉及宏观决策、规划等方面的事务都应由政府来直接管理;中观和微观、执行性与技术性的事务则应由行业协会直接管理;政府从宏观上规范和监督行业协会的运行,防止行业垄断。政府的职能从“划船”向“掌舵”转变,更多的公共事务管理职能要从政府转移到社会部门。政府与商标协会的关系是指导与被指导的关系,而不是行政隶属关系。政府应充分尊重商标协会的民间性和自律性。如何进行商标管理,政府与商标协会承担着不同的职能。政府方面,政府作为裁判,在征求商标协会的意见的基础上,在宏观上研究、制定和修改政策,拥有最终决策权。而协会方面,商标协会立足于行业、企业利益,在微观上就政策、标准、技术发展、产品销售提出建议。在商标协会尚未发展成熟的状况下,政府还必须创造良好的外部环境,如政府要积极推动国家知识产权战略的实施,创新型的国家建设以及商标强国的战略等。总之,要贯彻服务型政府的建立,从无限政府向有限政府、法治政府、责任政府、服务政府转变,理顺政府、商标协会和企业关系,从原来的倡导者,转变为现在的支持者和服务者。

(2) 取消双重管理体制，积极探索商标协会新的管理模式

对社会团体实行双重管理体制严重制约了行业协会的自治，因此废除双重管理体制已经是行业协会发展的必然趋势，社会上也出现了弱化甚至取消业务主管部门的呼声。笔者认为，对行业协会管理的逐步放开是个渐进的过程，就目前而言，取消业务主管部门似为时过早。另外，有些专家建议对比较贴近市场的行业协会可以尝试设立一个统一的业务主管部门作为过渡性的双重管理体制以减少行业主管部门的干预。[1] 在我国，商标协会是工商局的一个内部机构，工商局是商标协会的业务主管机关，由于很多省市商标协会经费存在困难，协会的运转依靠政府输血，协会自己缺乏造血的功能，如果立马让商标协会脱离各地工商部门的话，协会的生存可能会面临危机，致使它的职能发挥受到很大的限制。对此我们可以借鉴深圳市的"新二元"模式经验。2004 年 6 月深圳市政府对双重管理体制进行了改革，保留登记管理部门的权力范围和职责范围不变，将原来分散于各业务主管部门的权力收回，成立一个统一的业务主管单位——市行业协会服务署作为本地区所有行业协会的统一业务主管单位，把过去分散由 31 个行业协会业务主管部门分别履行的管理职能，集中由一个政府授权的机构履行。[2]（后来深圳市又将协会管理体制改为深圳市市场监督管理局负责指导，登记事务仍然集中在民政局管理）。行业协会在筹备申请、成立登记、变更登记、注销登记、年检时，都由深圳市行业协会服务署出具书面意见，社团登记管理机关将不再征求其他政府部门的意见。因此笔者建议商标协会应该改变现行的双重管理体制，即取消商标协会设立时必须挂靠一个业务主管部门（工商管理部门）、必须由业务主管部门审查批准的规定，改事前审查批准制为事后监督制；弱化业务主管部门对商标协会的行政控制、事务控制权，出台对商标协会帮助扶持的义务性政策规定。

(3) 制定、完善相关法律规定，为商标协会寻找立法依据

① 完善并修改《社会团体登记管理条例》

---

[1] 陈凯祥：《中国 NGO 在成长》，载《华声视点》，2002 年第 3 期。

[2] 杨宇：《我国行业协会与政府的互动关系研究》，安徽大学硕士学位论文，2006 年。

该条例是我国社会团体成立的唯一法律依据，在该法第一条和第六条中规定了我国社会团体的双重管理模式，即社会团体要成立首先要得要业务主管部门的同意，然后去民政部门登记。这种制度已经严重制约了社会团体的发展，因此要及时修改该条例，改变双重管理模式，弱化业务主管机关的权利，赋予社会团体以真正的自治权。笔者建议：改革以前由不同的业务主管部门对不同行业协会进行直接的微观的业务管理的规定，成立一个统一的部门对特定区域内所有的行业协会进行间接的宏观的管理模式作为过渡措施。

② 及时制定“行业协会法”专门法

改革开放以来，我国的行业协会取得了较快的发展，但相关的法律、法规建设却一直滞后，我们应当加快立法步伐，尽快出台一部立法层次较高的、统一完善的“行业协会法”，将行业协会的性质、地位、宗旨、作用，职能、权利义务、内部结构、组织制度、运行模式、经费来源、设立和撤销程序等内容予以明确规定，使行业协会走上法制化、规范化的发展道路。

③ 在商标法的修改中，专列一章规定商标协会

在大力倡导创新型国家的建设，在知识产权大力发展的今天，随着我国企业加入世贸组织，知识产权纠纷不断增多，商标注册、代理、侵权、反倾销、国际贸易壁垒等频频出现，我国企业在与跨国公司出现纠纷时、我国企业面对海外诉讼时，政府已经不能及时地为企业维权，在这种情况下，商标协会在商标领域却可以及时发挥作用。介于商标协会在我国今后知识经济中的重要作用，我们有必要给商标协会在法律上一个合法的身份，因此笔者建议在新商标法中专设一章规定商标协会的法律地位、性质、权利以及相关职能。此外，这种设置也是有理论依据的，综观我国现行立法，已经有专门法律针对行业协会进行了立法。如《律师法》第五章第 43 条到 45 条对律师协会进行了规定：“律师协会是社会团体法人，是律师的自律性组织。”对律师协会的性质做了明确的规定。再如：证券法第九章 174 条到 177 条对证券业的性质、职责、内部机构进行了规定；此外，注册会计师协会、体育协会、银行业协会都有相关的法律规定，这些特殊法的制定为将商标协会纳入商标法中提供了理论和实践的基础。

(4) 协助商标协会解决经费问题

目前我国很多行业协会都面临经费问题，介于我国行业协会生成的特殊性，在行业协会发展的初期，政府应该在财政政策上给予一定的支持，将行业协会“扶上马，走一程”。政府的资助方式可以是直接出资建立行业协会，提供政府财政专项预算与资金；也可以通过政府购买服务，给予咨询费用、研发经费和项目承包贷款等；也可以建立行业协会发展扶助基金；也可以倡导社会捐赠，并且通过税法对行业协会的捐赠收入的税收予以一定程度的减免。[1] 在时机成熟后，政府应该逐步减少对行业协会的扶助政策，激励其靠服务求生存的欲望，引导其经济上自立自足，让其真正摆脱对政府的依赖，独立发挥其功能与作用。商标协会的资金也来源应该多元化，政府、企业和社会都可以成为商标协会的输血者。商标协会的资金来源也应体现出从外部到内部，从依赖到独立的过程。首先，为了加快商标协会发展，政府应该在财政政策上予与一定的支持。其次，商标协会要尽快结束政府的输血，努力完成自我造血的功能，实现商标协会的资金来源全民间化。最后，商标协会应该建立自有的资金体系，如基金会。只有依靠基金会，才能独立的发挥商标行业管理功能。对此，湖北省政府已经将之应运到实践中，设立了由湖北省财政拨款、省工商局补助、企业及其他单位、个人捐赠而设立的“湖北省商标事业发展专项资金”。

(5) 加大政府的监管力度

由于协会不但拥有供需双方的信息，而且还掌握惩罚性的协调能力，一旦行业处于激烈的市场竞争，单边性的或区域垄断性的行业协会就易将天然的协调能力转化为共谋的能力，实施有损于竞争者、客户、消费者以及协会内弱小企业利益的行为. 这些行为在限制竞争方面的表现有统一定价、数量限制、划分市场、共同抵制和拒绝同行非成员进入已有市场的竞争等；在不正当竞争方面的表现有拒绝交易、价格和交易条件歧视等。商标协会也掌握着政府和企业的信息，商标协会在一定程度上也享有一定的自治权，因此很难排除商标协会有时依附于大企业而排挤中小

---

[1] 吴晨曦：《浅析全球化背景下中国行业协会的角色转变》，上海交通大学学位论文，2007 年。

企业，无视中小企业的发展。因此，为了防止商标协会滥用自治权以及狭隘的行业保护，维护会员利益和社会公共利益，即必须由国家对其进行管理与监督。但是国家对商标协会的管理与监督要以不损害商标协会的自主性为前提，将管理与监督的权力限定在一个合理的范围内。

（6）为商标协会参政议政提供制度化的渠道

在国外，很多国家的行业协会都有参政议政的权利，他们代表企业的呼声会反映在立法层面，如德国在有关的法律中对行业协会的地位作了明确规定，如对协会的参政功能，1958 年 8 月颁布的联邦各部议事章程第 23 条规定："政府各部在制定法令时应请有关协会参加，各协会的有关成员可以在联邦一级的部门中以顾问、专业委员会成员或专家身份工作。"❶商标协会要想切实维护协会成员的利益，它也必须积极参与政府的行政管理活动，对政府立法行为施加影响。而在我国，商标协会参政议政的权利却还没有强烈反映。如美国《半导体知识产权保护法》就是由美国半导体行业协会（SLA）起草，由国会讨论通过的，最后上升为 WTO《贸易相关知识产权协议》（TRIPS）的 8 个重要组成部分之一的一个成功典范。❷针对我国商标协会与政府上下交流不畅，政府和协会内部"暗箱操作"的问题，政府必须建立制度化的交流机制，为商标协会参政议政提供平台。如：政府有关工作部门在制定涉及商标行业利益的地方性法规、规章、公共政策、行政措施、技术标准或行业发展规划时，应当举行听证会，听取有关商标协会会员的意见。如现在修订的商标法就要吸收商标协会和著名的大企业来座谈、交流，反映它们在商标实务中遇到的难点、纠纷以及困惑，并将它们的意愿反映到立法中。

2. 协会层面

（1）商标协会要正确定位，增强服务意识

社会心理学家莱昂·费斯延格教授认为："集团成员身份的吸引力并

---

❶ 李振中：《从国外行业组织的法律地位和现状看我国的行业协会》，载《中国建筑金属结构》，2006 年第 4 期。

❷ 鲍黎黎：《论行业协会在知识产权保护中的作用》，上海大学硕士学位论文，2007 年。

不仅仅在于一种归属感，而在于能够通过这一成员身份获得一些什么，”❶商标协会要想得到本行业市场主体的认同，吸引市场主体的关注和加入，就必须对会员企业提供全方位、多形式的服务以满足其多元化的利益需求。商标协会管理职权有一部分源于政府职权的转移和释放，但主要还是源于社会，即会员企业的授权和认同。商标协会通过其工作服务于企业，同时作为商标行业的代表，为所有企业做出规范，这是商标协会的目标与宗旨所在。

目前来看，我国商标协会一直重管理而轻服务，当然这并不意味着管理职能不需要，但决不应局限于此。商标协会服务功能的缺乏主要是因为商标协会没有正确进行自身定位，仍然认为自身是政府的职能部门，加上政府的倾斜性扶持，许多商标协会把协助政府对成员进行管理当成自己的首要任务，忽视了为成员服务的宗旨。不为企业利益服务，不为行业利益服务，是商标协会得不到本行业市场主体认同，行业公信力低的重要原因。“理念和使命是非盈利组织生存和发展的灵魂。没有理念就没有非营利组织。”❷因此我国的商标协会要转变理念，突出服务宗旨、增强服务意识、增加服务种类、拓宽服务渠道、并不断进行服务创新，真正成为企业的代言人和利益代表，从而提高其社会公信力和成员的认同度。笔者认为，行业协会的服务功能主要应包括以下几种：

· 信息咨询

对于所有的市场主体而言，经济信息具有极其重要的地位。在我国企业走出去的过程中，由于信息不对等的因素，我国企业经常在还未被诉。因此商标协会首先要设立专门收集经济信息和统计资料的部门，为企业提供信息交流平台，设立商标数据库，了解国内外商标行业的最新动态，尤其是加入 WTO 后，首先要关注国际反倾销和贸易壁垒方面的信息，其次要对先进企业的商标维护、管理、维权进行系统报道，最后要对政府

---

❶ [美]曼瑟尔·奥尔森著:《集体行动的逻辑》，阵郁等译，上海三联书店、上海人民出版社，1996年版第 6 页。

❷ 王名:《中国非营利组织:定义、发展与政策建议》，转引《中国商会发展报告》，社会科学文献出版社，2011 年版，第 190 页。

有关知识产权尤其是商标领域的方针、政策，以及财政、税收、信贷信息跟踪了解。在高速发展的互联网时代，商标协会可以通过创办商标自己刊物、设立网站等形式向会员提供各种商标前言信息。商标协会要为企业提供培育名牌意识的服务，使创立名牌、发展名牌、保护名牌深入人心。

- 组织活动

为增进外界对商标行业的了解、提高商标行业的知名度和产品品牌的市场竞争力，商标协会应当经常组织会员举办各种商标展销会、展览会、博览会，开展招商和产品推介活动。通过这种活动，可以将国外先进的商标管理知识引进来，也可以将一些国有大企业的商标管理战略分享给中小企业，最终达到商标信息的共享。

- 技术培训

人才是企业生存和发展的关键，增养本行业所需要的专业人才是商标协会的职责，主要做法有三种：①根据商标行业的特点编写或选择适用教材，作为本行业员工的必读课程和考核晋升的依据；②商标注册、管理、维权等技能培训班；③举办各种商标报告会、研讨会，加强成员之间的相互学习和交流。

(2) 完善内部机构设置及运行机制

协会的内部治理结构分为四个层次：第一层次是最高权力机构——会员大会，负责理事会成员的任免、协会章程和有关规章制度的修订等；第二层次是决策机构——理事会，其职责是制定方案、确定目标、决定秘书处工作人员的聘任；第三层次是协会的监督机构——监事会，对行业协会的各项事务进行监督；第四层次是行业协会的执行机构——秘书处，其行政主管为秘书长，秘书长由理事会任免，其工作职责主要是执行理事会所制定的方案、负责秘书处日常工作、协调本协会各分支机构工作、与外界联络。行业协会内部治理结构框架[1](图 3.7)。

在现代社会，凡涉及公共利益的组织体，一般都应设置权利互相分离制衡的组织机构体系，以控制权利行使者滥用权力损害公共利益，因此公

[1] 谢增福：《行业协会功能研究》，中南大学博士学位论文，2008 年。

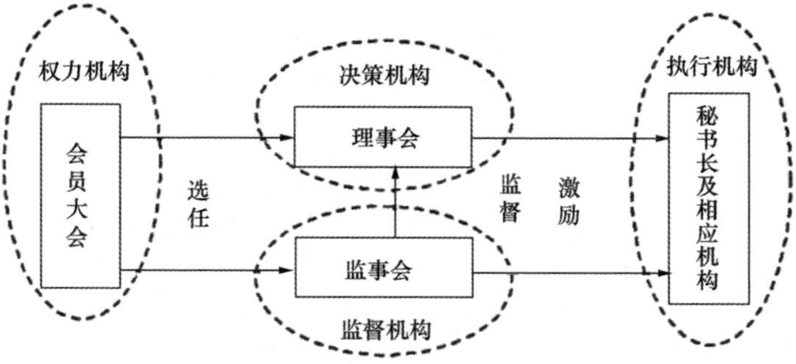

图 3.7　行业协会内部治理结构框架图

共组织治理要设置基本的权力机构、决策机构、执行机构和监督机构。而我国地方省市的商标协会章程对其内部的机构设置并不是很完善，很多协会竟然没有设置监事会，监事会的缺失极有可能导致商标协会权利的滥用，最终使会员企业对协会的社会认同感低下。因此我国的商标协会要完善内部机构的设置、各机构的职责以及相互之间的利益平衡机制。

结合我国商标协会的实际，可从以下几方面逐步建立会员大会、理事会、监事会、秘书长及相应机构的相互制衡机制：由全体会员组成的会员大会是行业协会的最高权力机构，理事会应依法由会员大会选举产生，受会员大会委托具体负责协会的发展战略、重大决策项目、财务预决算等重大事项，选聘和激励约束协会的秘书长；要确保监事会真正到位，监事会由会员大会选举产生，具体成员组成比例由协会章程规定；秘书长受理事会的聘任具体负责行业协会的日常经营管理，对理事会负责，我国商标协会的机构设置如图 3.8 所示：

除了构建合理的、相互制衡的内部机构外，行业协会的民主机制也是直接影响其运行绩效的重要因素。[1] 商标协会运行的民主化是协会法人治理机制成熟的重要标志，民主化可以有效避免协会被少数人控制从而成为少数大企业谋利的工具。商标协会必须采取民主管理的方式，所有

[1] 黎军、李海平、定南等：《深圳市行业协会法人治理机制研究报告》，《中国商会发展报告》，社会科学文献出版社，2008。

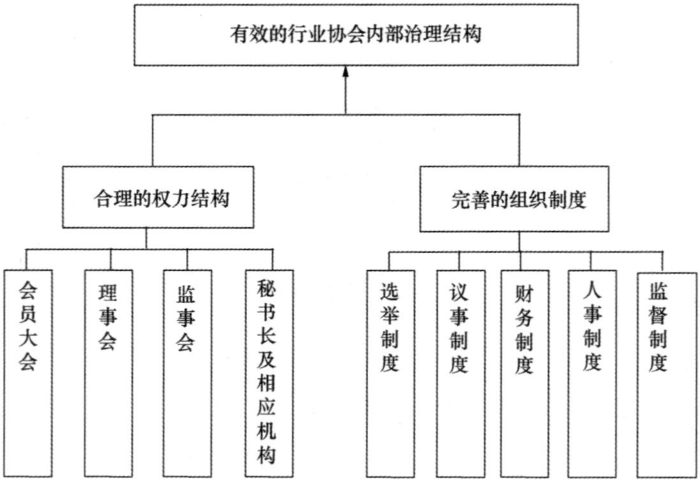

图 3.8　商标协会内部治理结构示意图

会员企业不分所有制特征和经营规模都拥有平等的选举权和被选举权,决策机构经由全体会员大会民主选举产生,并按照民主程序制定决策。商标协会会长必须经会员大会选举产生,排除工商管理部门的领导兼职的现实。未成立商标协会的省市要尽快成立,同时要制定章程,明确规定协会宗旨、业务范围、组织机构、活动规则经费管理和会员的权利义务,并严格按照法律、法规、政策和协会章程的规定开展工作,实行民主、公开、公平办会;已经成立的要对已有的章程进行完善、修稿。另外,商标协会还要制订商标领域的行规行约,建立商标业自律管理机制和准入机制,规范和约束会员企业的行为,使其符合行业发展的要求。同时还要完善劳动人事制度、工作业绩考核和薪酬制度以及财务管理制度等内部管理制度。

(3) 拓宽商标协会的经费来源渠道

我国商标协会的经费来源主要是会员的会费,但由于商标协会服务意识低导致会员入会的积极性不高,因此会费缴纳也不是很积极,因此协会离开资金的保障,运作就会受到很大的障碍。对此,商标协会可以借鉴国外的一些经验，例如对非会员开展有偿服务，例如咨询、信息、职业培训等服务来扩大协会的经济收入，只是这些收入除了用于满足协会自身正常运转外，并不用于投资和营利。商标协会过去为政府免费打工的情况也应该停止，政府也应当为委托协会开展的业务支付相应的费用。商标协会只有拓宽了经济来源渠道，经济收入增加了，才能从经济上自治，才能更好地自治自律。

（4）提高商标协会人员素质，培养专业化的人才队伍

要想让商标协会在以后的商标战略为企业发挥更好的服务职能，这取决于是商标协会工作人员的素质。从前文可知，我国商标协会大多是由各级政府机构分流而来，由退居二线的官员领衔，协会的工作人员也大多是政府职能部门的退休或下岗分流人员，素质不高，专业性不强、老龄化现象严重、缺乏服务意识。因此，提高协会人员素质，培养专业化人才队伍已经是燃眉之急。对此，笔者建议：

首先，协会的领导人应由民主选举产生。要规范、落实民主选举制度，让商标协会真正在人事上和政府脱钩。协会的领导人应该按照协会的章程，进行民主选举，不再由主管部门进行行政任命，也不允许行政主管部门的领导在协会中兼职，要让本行业的优秀企业家加入协会的领导层。

其次，商标协会的一般工作人员应由理事会从本行业专业人士中公开选聘。工作人员不仅要具有服务意识和敬业精神，同时要具有丰富的专业知识和技能。商标协会要引进和培养一批熟悉行业国际市场运行规则、具有较高外语水平、熟悉国际反倾销、精通 WTO 规则、知识产权以及尤其商标领域的复合型专业人才。

（5）健全商标协会社会监督机制

《中华商标协会章程》35 条规定："资产来源属于国家拨款或者社会捐赠、资助的并接受审计机关的监督，并将有关情况以适当方式向社会公布。"这个条款仅仅规定了政府机关对商标协会的监督，但是并没有规定社会公众对协会的监督，因此转型背景下的我国商标协会外部监督还是真空地带。商标协会是公私兼具的民间组织，要达到自治就必然离不开社会大众的监督。对行业协会实行社会监督的理论依据来自对社会组织

"公共责任"的追问。商标协会虽然不是单纯公益组织，但它接受了社会的捐赠公益资产，因而有责任向公众做出交代。社会监督机制的首要原则是信息公开。商标协会不该像企业一样拥有自己的"企业秘密"，它必须向社会公众公开其财务、活动、管理等方面的信息。一个行业协会需要向公众及会员公开三方面的信息：财务信息，即对资金正当使用的情况；过程信息，即正当的作为和工作程序；活动信息，即进行的活动及取得的效果。另外，商标协会还需要有媒体监督以及舆论监督。

3. 企业层面

(1) 构建企业商标战略，积极贯彻国家知识产权战略

知识产权战略包括国家知识产权战略、行业知识产权战略以及企事业单位知识产权战略等层次。其中国家知识产权战略、行业知识产权战略及企事业单位知识产权战略分别是处于宏观、中观和微观层次的知识产权战略。[1] 企业知识产权战略是国家知识产权战略的基础和主要组成部分。随着社会主义市场经济体制的完善，特别是我国加入 WTO 后，国内外两个市场的加速并轨，面对激烈的国际竞争和严峻的知识产权挑战，企业竞争优势不仅体现在资本、管理和人才等方面，更来自于掌握核心技术和拥有自主知识产权。因此，研究企业知识产权具有十分重要的意义。知识产权战略涉及知识产权创造、保护、运用和管理诸多方面。"保护战略是主导，创造战略是目标，利用战略是手段，管理战略是协调。"[2]

- 企业商标注册战略

国家知识产权战略纲要在"战略措施"之一（提升知识产权创造能力）中指出：建立以企业为主体、市场为导向、产学研相结合的自主知识产权创造体系。商标注册战略是企业商标战略的重要组成部分。商标注册是取得商标专用权从而获得商标法律保护的前提，企业对其商标及时注册是十分必要的。我国商标法保护注册商标，虽然未注册的商标也可以使

---

[1] 冯晓青：《国家知识产权战略视野下我国企业知识产权战略实施研究》，载《湖南大学学报》，2010 年第 4 期。

[2] 术文：《知识产权战略的范畴界定与内容构成》，载《中华商标》，2008 年第 1 期。

用，但由于它不能对抗在先权利及注册商标，发生侵权和纠纷法律难以得到有效保护。许多企业重视产值和利润，却忽略商标注册，把精力集中于生产经营活动，待自己已生产经营的商品或服务红火起来后，才发现自己辛苦创下的牌子却已被他人抢先注册。商标的私权属性，决定了商标使用人是否申请商标注册自己决定，但对企业而言，防止商标抢注，最关键的是要不失时机地申请商标注册。注册商标战略主要包括：①先申请后使用的战略；②建立商标注册体系化战略；③商标国际注册战略。

· 企业商标保护战略

知识产权保护是企业维护自身合法权益，打击侵权和不正当竞争的必备手段。因此，企业知识产权保护战略是企业知识产权战略实施的重要内涵。从商标侵权的角度看，由于现代社会商品种类繁多，侵权方式多种多样，假货交易十分隐蔽而技术性鉴别的要求又越来越高，使得现代商标保护越来越需要来自商标权人的主动出击。商标权人应该积极运用法律手段，与行政、行业协会，以及消费者加强合作，减少侵权事件的发生，维护自己的权益。混淆、反向混淆、伪造商标标识、企业名称侵犯商标权、域名侵犯商标权等侵权行为，企业要善于用法律手段应对，即及时行使商标异议权、商标撤销权、商标诉讼权，针对驰名商标要制定特殊的保护机制。

· 企业商标管理战略

国家知识产权战略在“战略措施”之二（鼓励知识产权转化应用）中指出：鼓励和支持市场主体健全技术资料与商业秘密管理制度，建立知识产权价值评估、统计和财务核算制度，制订知识产权信息检索和重大事项预警等制度，完善对外合作知识产权管理制度。从法律的角度出发，商标管理就是企业对于注册及未注册商标的控制、使用、维护的过程。[1] 从商标与企业市场竞争之间的联系出发，企业商标管理是指企业为获取与保持市场竞争优势，在商标所涉及的企业生产经营活动的各个方面对商标进行系统规划、使用、协调、保护的过程。

---

[1] 李雷：《企业内部的商标管理》，载《中华商标》，2004 年第 6 期。

企业商标管理可以从以下几个方面来构建：首先要建立企业商标组织管理体系。它的主要任务是：及时了解法律法规和商标国际国内动态，注意对本商标的市场信息和相关企业的动向，发现侵权行为时积极采取措施，及时向工商等有关部门举报或向法院起诉，在第一时间里，更好地求助于国家法律的力量，保存相关证据、扣押侵权商品，保护自身权益。❶其次要建立企业商标信息管理体系，主要包括商标注册信息、商标使用信息和管理信息。❷ 再次，建立企业商标流程管理体系，具体包括企业商标注册流程、企业商标使用模式选择流程、企业商标转让决策流程、企业商标使用许可决策流程、企业商标保护流程。

· 企业商标应用战略

国家知识产权战略纲要在“战略重点”之二（促进知识产权创造和运用）中指出：要推动企业成为知识产权创造和运用的主体。促进自主创新成果的知识产权化、商品化、产业化，引导企业采取知识产权转让、许可、质押等方式实现知识产权的市场价值。企业商标应用战略表现在：商标出资战略、并购战略、许可使用战略、转让战略。

（2）积极履行会员义务，与商标协会共发展

企业除了从商标协会获得服务、信息以及帮助之外，企业还要积极履行自己的义务，给商标协会工作提供很大的动力，使得企业与商标协会共发展，从而促进我国商标的大发展。

按时缴纳会费。会费是会员资格获取的对价，也是商标协会开展活动必要经费的来源。会员入会自愿但不等于无偿。自愿是以对会费数额的认可与接受为基础。缴纳会费是会员入会的首要义务。另外，会员自由退会时，缴纳的会费原则上不予退还。

会员必须遵守商标协会章程和各项规章制度，执行会员大会、会员代表大会和理事会的决定。一方面，协会章程及规章制度本身反映的是会员的意志，会员遵守自己意志的产物是对理性人行为最合理的预见。另一方面，会员必然受表决决议的约束，这是决议约束其他成员的前提，也

---

❶ 陈婷：《我国企业商标战略研究》，武汉理工大学硕士学位论文，2008年。

❷ 罗军：《商标档案管理》，载《档案管理》，2001年第6期。

是决议内容公正平等的体现。

会员有义务维护协会的利益,保护协会共有财产,爱护协会公共设施。会员作为协会的一分子,从某种意义上说,协会的整体利益融合了所有单个会员的利益。商标协会本身作为一项有效的集体行动,其追求的恰是个体企业的利益需求。因而会员对协会利益、财产、设施的维护实际是对自己的需求负责。没有这一义务的承担,会员的利益诉愿必然伴随协会的衰败而坍塌。

会员应当积极参加协会的活动,支持协会日常办事机构或理事会履行职责,并努力完成协会交办的任务,接受协会技术指导,服从协会的工作安排。如企业要积极参与商标协会主办的商标注册培训、代理培训、驰名商标培训等;积极参加协会主办的各种展览会、博览会以及企业之间的商标交流会;积极协助商标协会办好各类杂志、刊物等。

第六节　本章小结

2008 年国务院颁布了《国家知识产权战略纲要》之后,大力发展知识产权战略,实施商标战略,从一个商标大国变成一个商标强国,成为我国当前重要的历史使命。在商标强国的这样一个大背景下,商标协会的发展也应该提上议事日程。但商标协会在我国是双重管理体制,它仅是工商局内部的一个事业单位法人,和政府有千丝万缕的关系,加之国家对商标协会法律规定的缺失。法律法规的缺失成了我国商标协会飞速发展的瓶颈,从而制约了商标协会的发展。因此,笔者将从商标协会的基本理论为突破口,采用文献研究、比较研究、多学科研究等方法,从商标协会的概念、生成模式、职能、自治权、存在问题出发,分析、探讨商标协会涉及的若干法律问题,期望通过笔者的初步探讨,能为商标协会的实践发展提供一点理论的借鉴,也期望在商标法的修改中为商标协会争得一席之地。

在我国倡导实施知识产权战略,以商标强国的这样一个氛围下,商标协会作为政府与企业之间的桥梁将会发挥越来越大的作用。笔者从这个大背景出发,研究了商标协会这个民间团体的性质、功能、生成模式、自治程度以及生存现状,从而从三方面提出了完善建议——政府层面、协会自身层面以及企业层面。笔者认为商标协会要发挥真正的自治，必须改变现在的双重管理模式，要弱化业务主管机关的干涉，甚至是取消业务主管机关的领导，变成一个真正的由企业在市场经济中自发成立的民间行业组织。此外，笔者提出要在新商标法中为商标协会正身——即要在商标法中专列一章“商标协会”，对它的法律地位、职能，以及任务予以明确规定。最后，笔者还建议各省市商标协会要完善自己的章程制度，对协会内部的机构设置以及运行机制予以完善，明确会员的权利、义务及职责。

第四章
动漫协会制度案例研究

第一节　引言

1. 研究背景

动漫产业[1]作为文化创意产业[2]的一个重要组成部分，在现代知识经济和信息社会中得到了快速发展。其绿色、高产出等产业优势也使其得到各国政府广泛的重视。

日本是世界动漫产业最大的生产国和出口国。其动漫产业运作模式已经完善。以漫画为中心，制作出动画，开发出广泛的衍生品。漫画、动画、游戏等多种形式的产品都具有竞争力。而日本发展动漫产业是从 20

---

[1] 动漫产业，是指以"创意"为核心，以动画，漫画为表现形式，包含动漫图书，报刊、电影、电视，音像制品、舞台剧和基于现代信息传播技术手段的动漫新品种等动漫直接产品的开发、生产、出版、播出、演出和销售，以及与动漫形象有关的服装，玩具，电子游戏等衍生产品的生产和经营的产业。它是一个资本聚集型、空间聚合性、文化创意型、高技术型、高风险型和智力劳动密集型的重要产业。它以动画、漫画、游戏三大产业为主体，具有广泛的影响力和巨大的发展力，并借助众多的衍生产品渗透到各类行业，继而影响人们生活的方方面面。

[2] 英国文化、媒体与体育部 1997 年成立了"创意产业工作组"，1998 年和 2001 年发布了两个《创意产业路径文件》。其将创意产业定义为：那些从个人的创造力、技能和天分获取发展动力的企业，以及那些通过对知识产权的开发可创造潜在财富和就业机会的活动。美国将这部分产业定义为版权产业，日本和韩国定义为内容产业。参见《创意产业视野下的文化创新》，载于《中国文化创新报告·2010》，社会科学文献出版社；英国创意产业的规模占经济的 7.3%，并以每年 5%的速度增长。包括所用与创意有关的工作在内，创意经济提供了 180 万个工作岗位。参见《站在前列：英国创意产业的经济表现》；2002 年，美国版权产业增加值达到 6 262 亿美元，是美国全部经济的 6%。全体版权产业将其比例扩大到全美经济的 12%，GDP 增加值达到 12 540亿美元。核心版权产业就业人数 548 万人，占全国就业人口的 4.02%。全体版权就业人数 1147 万人，占全美就业人口的 8.41%。参见《美国版权产业的经济贡献》，载于《国际文化产业发展报告》第一卷(2007)；"创意产业之父"霍金斯认为：创意产业产品都在知识产权法的保护范围内的经济部门。专业、版权、商标和设计四类都有相对应的产业。这四种产业组成了创造性产业和创造性经济。

世纪 40 年代开始发端。历届政府都将发展文化产业作为一项基本国策。1995 年日本提出了 21 世纪“文化立国”的战略方针,其中就包括发展动漫文化。1996 年,日本将动画产业确定为国家重要产业的第二位。

美国是动漫产业的发源地。迪士尼、皮克斯、梦工厂等公司的作品在全世界都有市场。近年来,面临着日本和韩国的崛起,美国政府也加大了对动漫产业的支持。如在对米老鼠的形象保护上,1998 年《松尼·波诺著作权期限延长法案》在国会通过,使米老鼠形象版权收费 95 年。

韩国作为动漫产业后发国家,存在着后发劣势❶,但韩国现在已经和美、日形成三足鼎立之势。韩国的动漫产业发展得益于网络技术的发展。首先开发出网络游戏,然后推出衍生品、漫画和动画。韩国政府的支持也是关键因素。1999 年成立文化产业振兴院,扶持文化产业。将发展动画产业作为政府施政纲领之一,每年向游戏产业投资。

美、日、韩三国在发展动漫产业的经验来看,独特的产业模式和政府的政策支持是动漫产业发展的条件❷。

我国对动漫产业发展高度重视,2006 年国务院办公厅转发了《财政部等部门关于推动我国动漫产业发展的若干意见》(国办发〔2006〕32 号),成立了由文化部牵头、十部委组成的扶持动漫产业发展部际联席会议,并由中央财政设立了扶持动漫产业发展专项资金。2008 年 8 月 13 日,文化部发布了《文化部关于扶持我国动漫产业发展的若干意见》(文市发〔2008〕33 号,以下简称《意见》),提出文化部关于扶持我国动漫产业发展的指导性意见和具体措施,全面阐述了文化部扶持我国动漫产业发展的政策主张。

我国政府目前已把整个动漫产业视为将来高速成长的产业之一,目标是今后的 5~10 年内,动漫产业可以达到 GDP 的 1%。2009 年 7 月 22

---

❶ 版权产业不像制造业,制造业可以利用发达国家产业转型,利用自身的劳动力优势,取得很好的发展。版权产业是各国的新兴产业,后发展国家将直接和发达的产业竞争。因此差异性的发展策略是版权产业发展的途径,日本和韩国的经验可以得到验证。

❷ 美、日、韩的经验主要参考:罗剑宏、孔金连:《日本、韩国动漫产业发展的比较分析》,《电视研究》,2007 年第 5 期;郑海明:《动漫产业发展的国际比较及启示》,《发展研究》,2007 年第 8 期;陈博:《日本动漫产业的发展历程及其特点》,《日本学论坛》,2008 年第 3 期;寇强、夏光富、魏波:《美日动漫产业链及其盈利模式研究》,《新闻爱好者》,2010 年 8 月。

日，国务院常务会议通过了《文化产业振兴规划》，国家将重点推进的文化产业包括：文化创意、影视制作、出版发行、印刷复制、广告、演艺娱乐、文化会展、数字内容和动漫等。各地的动漫产业园纷纷成立和配套政策也相继出台。

随着技术的发展，动漫产业在蓬勃发展的同时也面临着很多的问题。这其中主要的问题是版权的保护。其中主要是衍生品侵权和网络侵权。动漫产业的产业链中最有价值的是衍生品的开发，而侵权最为严重的也是衍生品的侵权。如著名的动漫人物"喜羊羊"的衍生品近八成是盗版。在互联网和新媒体的快速发展的背景下，版权的存在形式日益增加，但同时侵权方式也日益增多。动漫行业协会也意识到保护版权的问题。如日本动画协会在其协会简介中说道："如今，众所周知的 P2P 这种私自和非法文件传输的知识产权侵权是协会最关注的问题。此外，还有许多其他问题，协会应该解决，诸如生产环境改善，人力资源培育，及海外业务的扩展。协会让每一天的努力，以解决这些困难的问题。"

随着中央和地方政府对动漫产业的重视和动漫企业的产业集聚，大量的动漫行业协会纷纷成立。各地行业协会的章程上明确记载着知识产权的职能，同时在工作中也发挥着知识产权保护和开发的作用。

这些动漫行业协会是全球结社革命[1]和中国社团革命[2]的大背景下生成的，具有和其他社团的共同点，也有中国的自身特色。动漫行业协会的生成、发展是和国际形势、中国国情和产业特征密切相关的。而这种复杂性是研究的前提。

2. 研究现状

我国对行业协会的研究首先发端于对同业公会和商会的研究。其中，华中师范大学的近代史研究所对之有很精深的研究，并产生了相当丰

[1] Lester Salamon , The rise of the nonprofit sector ,Foreign Affair, vol. 74,No. 3,1994。

[2] 王绍光、何建宇：《中国的社团革命：全景描述》，载于《洪范评论》第三卷第一辑，吴敬琏、江平主编，中国政法大学出版社，2006 年版。

硕的研究成果。[1] 同时,对行会的研究也成为时下经济社会史和近现代史重点研究的对象,也产生了一大批相关的著作。这些研究成果和著作极大地充实了行业协会的理论研究,也促进了中国行业协会相关制度的完善。

经济学对行业协会的研究主要在制度经济学。科斯对企业的经典解释被运用到对行业协会的解释上。郑江淮将行业协会在构建良好的市场交易和竞争秩序上的职能界定为合约性实施,起到对其他合约性实施方式的补充和强化作用;他将行业协会在促进良好的行业发展秩序上的职能界定为非合约性实施,起到了单边增进行业整体利益的作用。他认为,政府对行业协会采取了一种行政性管制的体制,结果是行业协会缺乏行业代表性,无法为行业成员提供有效的选择性激励,没有起到促进市场经济体制完善和行业健康发展作用。郑江淮探讨了行业协会弥补市场和政府失灵的功能,将其绩效界定为维护合约秩序和建立良好的行业发展秩序。然后分析了中国经济转型中行业协会生成机制,认为行业协会生成机制存在"行政轨"和"市场轨"并存的格局及出现并轨的趋势。[2] 熊花和马春庆认为,行业协会作为一种节约交易成本而达成的契约组织,是一种有效促进政府信用建设的制度安排,它的产生和制衡使政府具有建立自身信用的动机。[3]

社会学对行业协会有着深入和广泛的研究。迪尔凯姆、马克思和韦伯均对其有过相关的论述。一些学者运用社会资本理论来解释行业协会,如陈建明、邱海雄从社会资本角度分析社团的作用,指出社团的发展

---

[1] 该研究机构对商会和同业公会的研究是在著名史学家章开沅的倡导下进行的。主要研究成果有马敏,朱英著:《传统与近代的双重变奏——晚清苏州商会个案研究》,巴蜀书社,1993 年 7 月;彭南生著:《行会制度的近代命运》,人民出版社,2003 年 3 月;魏文享著:《中间组织——近代工商同业公会(1918—1949)》,华中师范大学出版社,2007 年 12 月;朱英,郑成林主编:《商会与近代中国》,华中师范大学出版社,2005 年版。

[2] 郑江淮:《行业协会职能配置与政策创新》,国家自然科学基金 2003 年度应急项目课题报告,2006,载于中国科技论文在线 http://www.paper.edu.cn/ 200608-134;郑江淮:《行业协会:功能、绩效与转轨》,中国经济体制改革研究会公共政策研究部 www.crcpp.org 2006-8-18。

[3] 熊花、马春庆:《制度经济学的解释:行业协会在政府信用建设中的作用》,《生产力研究》,2006 年第 9 期。

有助于建立人际间的互信和互惠交换(reciprocity)的规范,从而减少在公众事务和市场上的“搭便车”或利益互损行为。同时也指出“就今天中国社团的地位而言,其独立性地位虽然仍不充分,但却由于财政的需要正在逐步走入社会。虽然社团领导对政府的依赖心态仍相当强烈,不过,与此同时,愈来愈多的社团领导也认识到社团自身努力的重要性,并开始以会员及社会为主要负责对象。另一方面,除了社团自身的努力之外,要使社团的社会性进一步发展,社会人士必须慷慨捐献,而政府则应尊重民办社团参与公共事务的权利,社团才能最终发展成“市民社区。”[1]吴军民从社会资本分析行业协会的组织运作,将其分为了四种类型。类型A是一种社会资本丰富与正式企业自主治理因素组合形成的横向科层运作模式,这是行业协会发展的理想型态。类型B是社会资本丰富与非正式企业自主治理因素组合形成的紧密网络运作模式。类型C是社会资本有限、正式企业自主治理因素组合的垂直科层模式。类型D是社会资本匮乏、非正式企业自主治理因素组合形成的稀疏关系模式。通过实证研究发现:“本地社会文化传统与社会资本状况对于行业协会的成长有着至关重要的影响,它不仅影响着行业协会的组织层级设置,而且也限制或推动着协会楔入当地的制度环境并成为制度体系的一部分。”[2]严新明通过帕金森的结构功能学说分析行业协会,认为行业协会具有三大功能:寻求政府支持功能、对行业进行规范和整合的功能和在拓展国际市场的功能。[3]

管理学对行业协会研究主要公共管理和内部管理两个视角的研究。公共管理方面主要侧重于行业协会和政府关系及行业管理和行业协会权力来源。内部管理方面包括财务管理、人力资源管理等组织管理内容。

法学对行业协会的研究主要体现在经济法学,其中比较权威的几部经济法教材均将行业协会作为经济法主体。如李昌麒主编的《经济法》对行业协会的经济干预权进行了分析。[4] 杨紫煊主编《经济法》将行业协会

---

[1] 陈建民、邱海雄:《社团、社会资本与政经发展》,《社会学研究》,1999年第4期。

[2] 吴军民:《行业协会的组织运作:一种社会资本分析视角——以广东南海专业镇行业协会为例》,《管理世界》,2005年第10期。

[3] 严新明:《行业协会的结构功能分析》,《学会》,2006年第2期。

[4] 李昌麒主编:《经济法学》,法律出版社,2007年1月,第151-173页。

归为社会中间层主体中的团体性主体,认为行业协会具有中介性、代表性、自治性和非营利性的特征。❶ 史际春教授主编的《经济法》研究了行业协会为主的社会经济组织在我国的历史发展、职能、弊端。❷ 王保树主编的《经济法原理》对社会经济团体的性质、分类、功能、功能的实现以及在经济法律关系中的地位做了研究。❸

经济法学对行业协会研究也主要体现在行业协会限制竞争和自治权两方面。主要有鲁篱在分析了行业协会的合理性与合法性的基础上,对行业协会的经济自治权的概念、内容、限定进行了详细的论述。

民法学对行业协会的研究有陈晓军认为行业协会是互益性法人。并认为互益性法人为私法人。讨论了协会与会员的关系,协会与反垄断法的关系,协会免税的问题,自身治理和与政府的关系。

行政法学对行业协会也有一定的研究。如黎军将行业协会定位为社会中介组织,对行业组织在行政法关系中的地位和作用,行业组织与政府的关系,行业组织与社会成员间的关系三方面进行了探讨。

在行业协会的知识产权方面的作用的研究有:朱国华教授对行业协会在知识产权对政府的作用和对企业的作用进行了论述。❹ 夏利民研究了行业协会在知识产权领域反垄断中的促进作用。❺ 邓忠华通过将行业协会分为服务类和产业类来研究行业协会在知识产权保护中的作用,并研究了在政府、行业协会、企业的知识产权保护体系中行业协会的战略地位。❻ 赵坤从温州剃须刀行业个案出发研究了行业协会提供知识产权保护的作用。❼ 陈武对行业协会在实施知识产权战略中的作用进行了研究,指出了行业协会的自律和维权对知识产权战略的积极作用。❽ 这方面集中的论述是鲍黎黎的《论行业协会在知识产权保护中的作用》。对行业协

❶ 杨紫煊主编:《经济法(第二版)》,2006 年 1 月,第 117-123 页。

❷ 史际春主编:《经济法》,中国人民大学出版社,2005 年 11 月,第 139-141 页。

❸ 王保树主编:《经济法原理》,社会科学文献出版社,1999 年 7 月,第 149-183 页。

❹ 朱国华:《行业协会在知识产权保护中的作用》,《同济报》,2004 年 12 月 10 日。

❺ 夏利民:《论知识产权领域行业协会的作用》,《电子知识产权》,2006 年第 12 期。

❻ 邓忠华:《行业协会在知识产权保护中的地位》,《中华商标》,2007 年第 4 期。

❼ 赵坤:《行业协会在产业集群知识产权保护中的作用》,《甘肃行政学院学报》,2007 年第 1 期。

❽ 陈武:《行业协会在实施知识产权战略中的作用》,《电子知识产权》,2006 年第 5 期。

会在知识产权保护的过程进行了分析，介绍了的国外经验，提出了一些建议。而具体到动漫行业协会，只是有一些论述动漫产业的文章有所涉及。有学者认为因构建一个政府，行业协会，企业，个人四个层面的知识产权全方位保护体系。❶

综上所述，行业协会是多学科的共同研究对象。同时行业协会在知识产权上的作用越来越多地得到学术界的注意和研究。

第二节 “合法性”理论的启示

1. 动漫行业协会概述

动漫行业协会在我国仍是新鲜产物。这几年，动漫产业较为发达的地区才成立了动漫行业协会。但发展速度十分迅猛。而原先的一些侧重于艺术的动画协会、美术家协会都开始注重动漫产业的发展，也起到了行业协会的作用。总体来说，我国动漫协会有三种类型：类型一，新成立的动漫行业协会，这一类协会是在动漫产业迅速发展中成立起来的。成员中多是新成立的动漫企业。如广州市越秀区动漫画协会、广州动漫协会等。类型二，附属于其他协会。这一类一般是作为相关产业协会下的一个委员会或一个机构，但仍起到协会的作用。如上海市信息服务业行业协会动漫专业委员会。类型三是成立时间较长，在以往是兴趣性、学术性的协会。在动漫产业发展的推动下，开始向产业性的协会发展。如中国动画协会、各地的漫画家协会等。

动漫行业协会的作用，尤其是在版权保护上作用得到认可，在2009年的“动漫版权服务周”上，中国版权保护中心与动漫行业协会合作签约，就版权保护进行合作。其次，在促进产业的发展上也发挥着巨大的作用，行业协会主办的动漫节促进了行业交流。

同时，国际组织和其他国家的动漫行业协会也开始关注中国动漫行业。世界动画协会也在中国设立办事处，和中国动画学会开展了许多合

❶ 王宇红、贺瑶、殷昕：《动漫产业的知识产权保护体系研究》，《科技管理研究》，2008年第9期。

作。亚太动漫协会在当地政府支持下在贵州成立了亚太动漫交流中心，每年都举办亚洲青年动漫大赛。该赛事是亚洲规模最大的动漫赛事。日本动画协会一直都致力于反盗版，对于中国动漫市场的盗版问题，也举办过研讨会。

2. “合法性”理论

(1) 何谓合法性

合法性问题是政治社会学的重要问题，也是政治学的重要问题。合法性的概念有多家言说。德国著名政治社会学家马克斯·韦伯是这一理论的开创者。在韦伯看来，由命令和服从构成的每一个社会活动系统的存在，都取决于它是否有能力建立和培养对其存在意义的普遍信念；所谓合法性，就是促使人们服从某种命令的动机，故任何群体服从统治者命令的可能性主要依据统治系统的合法化程度。

法国政治学者马克·思古德指出：“合法性事实上与治权有关。合法性就是对治权的认可。”[1]阿尔蒙德也认为：“如果某一公民都愿意遵守当权者制定和实施的法规，而且还不仅仅是因为若不遵守就会受到惩处，而是因为他们确信遵守是应该的，那么，这种政治权威就是合法的，正因为当公民和精英人物都相信权威的合法性时要使人们遵守法规就容易得多，所以事实上所有的政府，甚至最野蛮、最专制的政府，都试图让公民相信，他们应当服从政治法规，而且当权者可以合法地运用强制手段来实施这些法规。”[2]

可以看出对合法性的探讨都是在马克斯·韦伯的学说下发展。正如哈贝马斯所说：“在今天，社会科学家对合法化问题的处理，大多进入了马克斯·韦伯的‘影响领域’。一种统治规则的合法性乃是那些隶属于该统治的人对其合法性的相信来衡量的。”[3]也可以看出，合法性概念侧重于政

[1] 让—马克·思古德著，王雪梅译：《什么是政治的合法性？》，《外国法译评》，1997年第2期 。

[2] 阿尔蒙德等著，曹沛霖等译，：《比较政治学：体系、过程和政策》，上海译文出版社，1987年，第35-36页。

[3] 哈贝马斯著，张博树译：《交往与社会进化》，重庆出版社，1989年，第206页。

治上的合法性。而在全球治理兴起的今天，多元治理主体下，单单的政治合法性已经不能解释广泛的结社中治权。

(2) 马克斯·韦伯对合法性的研究

马克斯·韦伯首先的贡献是将“政治的合法性”当做一个核心概念。“西方近代政治哲学史的主流思想就是政治制度的合法性问题。布丹的君主主权说，霍布斯的利维坦，洛克的契约论，孟德斯鸠的论法的精神，菲尔默的君权神授说，卢梭的公意说等等实际上都是对合法性问题的哲学探讨。”[1]而韦伯明确了“合法性”概念。

其次是总结了合法性概念。“韦伯从经验事实的视角出发，认为合法性不过是对既定政治体系的稳定性，亦即人们对享有权威者地位的确认和对其命令的服从。韦伯认为，在现实政治中，任何成功的、稳定的统治，无论其以何种形式出现，都必然是合法的，而‘不合法’的统治本身就没有存在的余地。”[2]

第三是将合法性从来源基础分为三类类型：一是传统型权威。这类权威依靠“悠久规则与权力谱系的神圣性而要求得到正当性和信仰”。[3] 它来自自古就流传下来的神圣传统，人们对此类权威的服从是遵循世代相传的、从祖先那里承继下来的神圣规则。这类权威主要存在于传统社会中，它是社会结构分化程度不高、社会相对封闭、社会联结的纽带主要是血缘、宗法以及个人忠诚的社会中的产物。二是魅力型权威。它是以领袖人物的非凡才能为基础的。某些领袖人物被认为具有超凡魅力，因而被视为“天纵英明”。魅力型领袖及追随者都相信其具有天赋的神圣权力，能同宇宙中最强大最神秘的力量保持联系。由于对此超凡力量和品质的认同，因而形成了对这种权威的自觉服从。这种类型的权威多存在于社会的“失范状态”，在这种“失范状态”下，一方面为某些具有特殊才能的人创造了大显身手的机会，另一方面也为这些人创造了良好的群众基础。[4] 三是法理型权威。这

---

[1] 白钢、林广华：《论政治的合法性原理》，《天津社会科学》，2002(04)。

[2] 白钢、林广华：《论政治的合法性原理》，《天津社会科学》，2002(04)。

[3] 马克斯·韦伯著，闫克文译，《经济与社会(第一卷)》，上海世纪出版集团，2010年，第333页。

[4] 马克斯·韦伯著，闫克文译，《经济与社会(第一卷)》，上海世纪出版集团，2010年，第351-355页。

类权威是“基于对已制定的规则之合法性的信仰，以及对享有权威根据这些规则发号施令之权利（合法权威）的信仰”。[1] 包括：一种受规则约束的持续的公务行为；一个特定的权限范围；官职组织遵循的是等级制原则；调整官职行为的规则可以是技术性规则或规范；行政班子成员应当与生产资料或行政手段的所有权彻底分离；完全不存在在任职者对其职位的占用；以书面形式阐述和记录下来的行政法令、决议和规则。[2]

（3）哈贝马斯对合法性的批评与重建

哈贝马斯指出：“合法性意味着，对于某种要求作为正确的和公正的存在物而被认可的政治秩序来说，存在着一些好的根据。一个合法的秩序应该得到承认。合法性意味着某种政治秩序被认可的价值——这个定义强调了合法性乃是某种可争论的有效性要求，统治秩序的稳定性也依赖于自身（至少）在事实上被承认。”将经验主义的“被认可”和规范主义的“价值”合二为一。“合法性意味着某种政治秩序被认可的价值。”当某种政治秩序在当时的社会规范中存在被认可的价值时，这种政治秩序、政治权力就具有了合法性。

哈贝马斯是把对合法性危机的分析作为合法性理论研究的切入点的。哈贝马斯认为，合法性危机并不是现代社会所特有的，在一切较早的文明，甚至古代社会中，都可以发现合法性冲突本身的存在。由于过去把合法性力量等同于政治统治的力量，统治者本身拥有合法性解释权，国家可以自我宣称拥有合法性并使人民接受。结果，随着国家机器力量的不断强化，它便容易丧失广泛的群众基础，于是起义等暴力活动不断发生，使国家陷入混乱的深渊而无法自拔。在人民反抗国家机器的情形下，那些被统治者宣称为“合法”的事物恰恰是民众认为非法的。民众与种种权威的冲突实际上是合法性冲突。哈贝马斯认为，这种合法性危机的根源直到资本主义社会的诞生才得以改变。由于市民社会是一种独立于国家政治力量的私人自治领域，国家通过允许市民社会充分发展确保了自身的合法性的基础，而且市民社会中公共文化领域的空前发展则自觉地为

---

[1] 马克斯·韦伯著，闫克文译，《经济与社会（第一卷）》，上海世纪出版集团，2010年，第322页。

[2] 马克斯·韦伯著，闫克文译，《经济与社会（第一卷）》，上海世纪出版集团，2010年，第324-326页。

国家提供了有力的合法性论证。[1]

(4) 社会组织合法性研究

合法性理论虽然主要是讨论政治统治的合法性的问题。但对社会组织的合法性问题也有一定的研究。苏力在《规制与发展:第三部门的法律环境》一书的引论中用马克斯·韦伯的合法性基础的三类型学说对青少年基金会进行了分析,认为青基会具有魅力型共同体的特点。康晓光提出,中国的社团必须同时争取两种合法性:官方合法性和社会合法性,得到两方面的承认和信任。高丙中第三部门的合法性分为社会合法性、行政合法性、政治合法性。社会合法性的主要基础是传统规范,符合某种社会正当性而赢得一些民众、一定群体的承认乃至参与。社会合法性是第三部门存在的一个前提。[2] 行政合法性是一种形式合法性,其基础是官僚体制的程序和惯例,其获得形式是多种多样的,大致有机构文书、领导人的同意、机构的符号和仪式等。第三部门的行政合法性在于某一级单位领导以某种方式把自己的行政合法性让渡或传递过来。[3] 政治合法性是一种实质合法性,它涉及的是组织的内在方面,如组织的宗旨、其活动的意图和政治意义。政治合法性的拥有意味着某一组织或这一组织的活动符合某种政治规范。第三部门的组织可能通过宣示自己的宗旨来阐明政治倾向,但更常见的是开展活动的过程中阐发活动的社会政治意义,其目的都是要造成自己政治上正确、政治上可以信任的社会共识。这些表达如果被接受,尤其是被党委系统接受,这些组织就由此获得了政治合法性。[4] 鲁篱从价值的角度探讨合法性,认为:行业协会是市民社会的基础性力量;行业协会可以制约权力和促进民主化;行业协会是市场失灵和政府失灵的第三条路。[5]

---

[1] 参见张康之:《合法性的思维历程:从韦伯到哈贝马斯》,《教学与研究》,2002 年第 3 期。

[2] 苏力、葛云松、张守文、高丙中:《规制与发展:第三部门的法律环境》,浙江人民出版社,1999 年版,319-320 页。

[3] 苏力、葛云松、张守文、高丙中:《规制与发展:第三部门的法律环境》,浙江人民出版社,1999 年版,337 页。

[4] 苏力、葛云松、张守文、高丙中:《规制与发展:第三部门的法律环境》,浙江人民出版社,1999 年版,355 页。

[5] 鲁篱:《行业协会经济自治权研究》,法律出版社,2002 年版,第 3-41 页。

合法性概念在社会组织的运用中的概念发生了变化。如政治合法性在政治社会学中被认为是对政治秩序的认可。而在第三部门的运用被认为是政治统治者对第三部门的认可。同时忽略了社会组织自主能力，社会组织可以通过提升自身的能力来获得合法性。特别是忽略了社会组织良好的内部治理可以增加自身的合法性。

3. “合法性”理论的启示

动漫行业协会的核心是行业自治权。通过行业自治权的行使，建立行业的秩序。而行业自治权作为一种治权，其基础是动漫行业协会的合法性。这种合法性是动漫行业协会能使政府、社会、会员认可其权力和所塑造的行业秩序。具体来讲，就是政府承认其合法存在，给予其法律上的权利；社会能认可其价值；行业会员服从于协会的权威，遵守协会的章程和服从协会的决定。而如何真正实现合法性，不能仅仅是协会自身宣称其权威，而是要具备三个条件。

第一，合法律性。一方面是达到法律上的要求，不违反法律，属程序性。另一方面，要法律达到人民的价值观，属价值性。因此，动漫行业协会的法律环境的改善是合法性的组成部分。

第二，内部治理的合理性。组织的治理只有建立民主制度才能获得坚实的合法性。在行业协会中实行民主制度，是经济民主的体现，也符合大多数会员的要求。

第三，服务成员的使命。协会做出非凡的工作是合法性的重要来源，甚至有时可以取代前两种合法性来源。但任何一个协会都不能保证始终保持做得优秀。因此需要前两种合法性来源共同构成协会的合法性基础。

第三节　动漫行业协会法律环境研究

“合法性”理论要求程序性的合法律性，但也对法律提出了价值性要求，因此动漫行业协会的法律环境研究是动漫行业协会的合法性研究的重要部分。

动漫行业协会在法律上的地位是社会团体法人，是非营利组织。非营利组织包括公益性组织和互益性组织。行业协会是互益性组织。在现行的行政管理体制来看，非营利组织包括社会团体、基金会、民办非企业单位三类。作为社会团体法人，动漫行业协会所具有和其他行业协会相同的法律环境，但在国家的产业政策下，动漫行业协会的法律环境又具备其特殊性。本章首先讨论相同的法律环境，其次讨论产业政策，最后总结出其特殊性。

1. 法律法规中的动漫行业协会

（1）宪法

《宪法》在第35条规定："中华人民共和国公民有言论、出版、集会、结社、游行、示威的自由。"明确了公民的自由结社权利。现代结社权利形成之前，我国已经有了悠久的结社历史❶。直到康有为、梁启超领导的变法时，我国才有了现代意义的结社。

但我国将结社权定为政治权利。现行刑法第54条所规定的剥夺政治权利包括：①选举权和被选举权；②言论、出版、集会、结社、游行、示威自由的权利；③担任国家机关职务的权利；④担任国有公司、企业、事业单位和人民团体领导职务的权利。将结社权限定为政治权利，使其他目的的结社设立发展受限。在法律法规中体现为："现有《社会团体管理登记管理条例》对行业协会与其他社会组织的管理以政治性、行政性因素为主，忽略了行业协会的经济属性及对建立新的市场秩序的独特作用，因此，将条例作为行业协会运行过程中的法律依据有时并不切合实际，过于遵循条例中的条款只能使协会的改革止步不前。"

而且学术上都将结社权作广泛的理解。在托克维尔的著作《论美国

❶ 孟宪实，《敦煌民间结社研究》，1-8页，北京大学出版社，2009年4月。这部著作中对中国的结社传统进行了梳理。作者提出唐朝天宝时期，政府承认了民间结社的合法性。笔者认为中国传统结社和西方结社还是有区别。现行法律中的结社权利主要是基于西方结社传统所构建。对于我国传统的乡村自治下的结社是士绅作为地方精英所主导。而另一方面，士绅本身"学而优则仕"，对于仕途的追求使其将自治控制在小范围内。士绅的中间性是传统结社无法突破的原因。

的民主》中，将结社分为了政治结社和一般结社。认为除了政治结社和实业结社以外的结社对于美国人的必要性，并不亚于政治结社和实业结社，甚或过之。同时认为“在民主国家里，全体公民都是独立的，但又是软弱无力的。他们几乎不能单凭自己的力量去做一番事业，其中的任何人都不能强迫他人来帮助自己。因此，他们如不学会自动地互助，就将全部陷入无能为力的状态。”[1]这揭示了现代社会中社会成员的碎片化，过去的地缘、业缘、血缘都有一定的减弱，而基于共同的志愿而形成的关系加强。这要求对这种关系的组织化予以法律保障。托克维尔认为一般结社同文明的关系十分紧密。“如果他们根本没有在日常生活中养成结社的习惯，则文明本身就要受到威胁”，“要是人类打算文明下去或走向文明，那就要使结社的艺术随着身份平等的扩大而正比地发展和完善”。[2] 於兴中认为，在协商性民主要求公众参与，而公众参与的最佳方式是团体参与。“结社自由首先指人民在组成社团时选择自己的目标，追求共同的理想的自由，即实质上的自由；其次结社自由也指人民在组成社团时所必须采取的结社形式上的自由，包括社团的大小，名称的使用，组织机构的设置等等；再次，结社自由也指人们在选择社团意见表达方式上的自由；最后，当然是最重要的，结社自由指社团运行中的自主决定内部事务的自由。”[3]

在国际公约上，也广泛认可将结社权理解为多种范围的结社。《美洲人权公约》第 16 条第 1 款规定：“为了思想的、宗教的、政治的、经济的、劳动的、社会的、文化的、体育的或者其他目的，人人都有自由结社的权利。”《世界人权宣言》第 20 条规定：人人有权享有和平集会和结社的自由。而 1966 年通过了对《世界人权宣言》内容更为详细的《经济、社会、文化权利国际公约》和《公民及政治权利国际公约》都有对结社自由的规定。前者第 8 条规定：人人有权组织工会和参加他所选择的工会，以促进和保护他的经济和社会利益；这个权利只受有关工会的规章的限制。对这一权利的行使，不得加以除法律所规定及在民主社会中为了国家安全或公共秩

---

[1] 托克维尔著，董果良译：《论美国的民主》，商务印书馆，第 692-697 页。

[2] 托克维尔著，董果良译：《论美国的民主》，商务印书馆，第 692-697 页。

[3] 於兴中：《协商性民主与结社自由》，载于《社会团体的法律问题》，吴玉章主编，社会科学文献出版社，北京，2004 年版。

序的利益或为保护他人的权利和自由所需要的限制以外的任何限制；后者第 22 条规定：人人有自由结社之权利，包括为保障其本身利益而组织及加入工会之权利。《欧洲人权公约》第 11 条第 1 项规定：人人享有和平集会与结社自由的权利，包括为保护自身的利益而组织和参加工会的权利。第 2 项规定：除了法律所规定的限制以及在民主社会中为了国家安全或者公共安全的利益，为了防止混乱或者犯罪，为了保护健康或者道德或者保护他人的权利与自由而必需的限制之外，不得对上述权利的行使施以任何限制。本条并不阻止国家武装部队、警察或者行政当局的成员对上述权利的行使施以合法的限制。

（2）法律

《民法通则》将行业协会归入到社会团体法人。这里的社会团体法人不等于社团法人。法人按成立的基础进行划分，分为社团法人和财团法人，社团法人是以人的集合为基础而成立的法人，是人的集合体，财团法人是以财产的集合为基础而成立的法人，是财产的集合体。《民法通则》以法人所从事的业务活动分为企业法人、机关法人、事业单位法人和社会团体法人。社会团体法人是由若干成员为了共同目的而自愿组成的各种社会组织。其特点是：①从事营利性经济活动和行政管理活动以外的其他社会活动；②依法自愿成立；③拥有独立财产或经费。[1] 行业协会即是社团法人也是社会团体法人。但两者的内涵并不以一样，如基金会是财团法人却是社会团体法人。

1988 年 12 月通过的《标准化法》第 12 条规定：制定标准应当发挥行业协会、科学研究机构和学术团体的作用。这一规定使得行业协会可以分享行业标准制定权。对于行业协会发挥自身的核心功能有很大作用。同时标准的制定是现代竞争中的新高度。我国要在国际经济中争取在标准制定的话语权，发挥行业协会的作用是必不可少的。但这一条在实践中却遭遇了困境，主要体现在政府部门的不放权。

2007 年颁布的《反垄断法》第 46 条第 3 款规定：行业协会违反本法规定，组织本行业的经营者达成垄断协议的，反垄断执法机构可以处五十万

---

[1] 江平主编：《法人制度论》，中国政法大学出版社，1994 年版，第 71 页。

元以下的罚款;情节严重的,社会团体登记管理机关可以依法撤销登记。对于行业协会垄断行为规制的法律还有《价格法》第17条:行业组织应当遵守价格法律、法规,加强价格自律,接受政府价格主管部门的工作指导。对于行业协会的垄断行为的法律规制现在仍是探索期,需要进一步的细化和完善。

在税法方面,我国现在没有专门针对行业协会的法律法规或行政规章。但在《企业所得税法》第26条规定:符合条件的非营利组织的收入可以免税。《企业所得税法实施条例》第84条界定了非营利组织的条件:①依法履行非营利组织登记手续;②从事公益性或非营利性活动;③取得的收入除用于与该组织有关的、合理的支出外,全部用于登记核定或者章程规定的公益性或者非营利性事业;④财产及其孳息不用于分配;⑤按照登记核定或者章程规定,该组织注销后的剩余财产用于公益性或者非营利性目的,或者由登记管理机关转赠给予该组织性质、宗旨相同的组织,并向社会公告;⑥投入人对投入该组织的财产不保留或者享有任何财产权利;⑦工作人员工资福利开支控制在规定的比例内,不变相分配该组织的财产。

国务院财政部、国家税务总局规定免征企业所得税的项目还包括:社会团体取得的各级政府资助;按照省级以上民政、财政部门规定收取的会费;社会各界的捐赠收入。

动漫行业协会显然享有免税的权利,但行业协会作为一个互益性组织,有两种收入来源:内部会员的会费和服务费与外部服务费。对于现在的观念将政府购买服务看作是政府资助而免税,但对于这类服务是否是一种市场可以提供的。税收的前提是市场成员为维持市场秩序而达成的一种契约,如果行业协会过多的参与到市场中,而又享有免税。对其他的市场参与者是不公平的。行业协会也就是搭便车。因此如何将行业协会的市场行为和非市场行为分开是判断是否享有免税的关键。

部分特殊类行业协会在特别法上规定。如《律师法》对律师协会的规定,《证券法》对证券协会的规定等等,这些间接地影响到了动漫行业协会,但不直接规制动漫行业协会,所以本文不进行论述。

对动漫行业协会影响最多的法规是《社会团体管理登记条例》。“条例”一共七章40条。包括：总则、管辖、成立登记、变更登记、注销登记、监督管理、罚则、附则等内容。

1998年颁布的条例中的“双重管理体制”和“一行一地一会”被实务界和理论界广泛批评。1950年的《社会团体登记暂行办法》并没有双重管理体制，在1989年的《社会团体登记管理条例》开始规定社会团体要有两个主管单位，一是业务主管单位，二是登记管理单位。1998年的《社会团体登记管理条例》继续坚持了双重管理体制。对于双重管理体制的目的，吴玉章认为“业务主管部门的批准只有一个条件，但是它又分担了本来专属于民政部门的风险。即使万一民政部门批准错了，某个社团出了问题，业务主管部门会首当其冲地受到批评。而且，由于社团问题高度的政治敏感性，社团的业务主管部门既没有把握也没有愿望管理这些社团，从而使得许多已经成立的社团找不到自己的业务主管部门，因而不能完成合法登记。”❶

对于“一行一地一会”的弊端，学者的批评角度众多。每个行业协会都会有章程来约束会员，同时也会出一些行业规范，行业标准，和一些指令。这本是行业自治的结果。但如果行业规范出现一定的错误，或者被部分会员操控。那么会员权益如何保障？通常会员只能选择退出协会，用脚投票。那么整个过程，该会员的结社权并没有消失，选择另一个协会，或者组建新的协会，都是理性的选择。而这种选择权被行政规范给剥夺了。

（3）政策

政策性的文件在动漫行业协会的法律环境有很重要的地位。从经济法的角度来看，在产业发展中经济政策起到了准法律的作用。“从一定的意义上说，经济法就是经济政策的法律化。我们需要处理好经济政策与经济法的关系。通常，经济政策对经济活动的调节更加直接，更能够解决应急性的问题；凡是经过实践检验，证明是行之有效的重要经济政策，就可以考虑将其法律化，使之成为经济法的重要内容。”❷

---

❶ 吴玉章：《“政府管理社团”模式及其效果》，载于《社会团体的法律问题》，吴玉章主编，社会科学文献出版社，2004年版。

❷ 廖文根，采访张守文：《经济法：为经济发展保驾护航》，《人民日报》，2011年2月9日。

1998 年的《中共中央办公厅、国务院办公厅关于党政机关领导干部不兼任社会团体领导职务的通知》中要求在职县处级以上领导干部不得兼任社会团体领导职务。但因特殊情况需兼任社会团体领导职务的,必须按干部管理权限进行审批,并按照所在社团的章程履行规定程序后,再到相应的社会团体登记管理机关办理有关手续。同时,通知表明可以担任名誉职务、常务理事、理事。当然也可以从事志愿者。这一政策是继 1994 年的《国务院办公厅关于部门领导同志不兼任社会团体领导职务问题的通知》后,又一项实行政社分开的政策。

2007 年出台的《国务院办公厅关于加快推进行业协会商会改革和发展的若干意见》是新时期在行业协会政策上的纲领性文件。“意见”在行业协会改革发展的指导思想和总体要求、积极拓宽行业协会的职能、大力推进行业协会的体制机制改革、加强行业协会的自身建设和规范管理、完善促进行业协会发展的政策措施五个方面提出了十八点建议。对行业协会的改善自身治理和优化外部环境起到很大的作用。

2007 年《关于规范社会团体收费行为有关问题的通知》对社会团体的四个主要收费:社会团体费、行政事业性收费、经营服务性收费和捐赠收入作出了规范。

2007 年《全国性民间组织评估实施办法》提出获得等级的民间组织,可依照有关规定给予奖励;获得 3A 级以上的民间组织,可优先享受政府购买服务等有关政策。这里涉及了政府购买民间组织的服务。现行我国政府采购主要是《政府采购法》和《招投标法》,《政府采购法》最主要的角色是财政部,《招投标法》是发改委,存在一定的矛盾。[1] 众多行业协会对政府采购服务十分期盼,政策的颁布是一种探索。在 2005 年的《政府委托行业协会工作经费管理暂行办法》中,将政府购买行业协会提供的服务经费的看作“资助”,将资助的范围规定为:①对经济社会发展过程中存在的热点及难点问题的研究;②在收集整理行业数据信息基础上,对行业运行情况及存在的问题进行分析,提出政策建议,报送国家发展改革委、国资委、财政部等政府部门。③受政府委托开展的日常工作。但这笔经费

[1] 韩俊魁:《政府购买 NGO 服务是伪命题?》,《公益时报》,2010 年 8 月 10 日。

是中央预算。

2007年的《国务院办公厅关于清理规范各类职业资格相关活动的通知》对行业协会的职业认证业务进行了规范。包括五个方面，第一，清理规范职业资格的设置；第二，清理规范职业资格考试、鉴定；第三，清理规范职业资格证书的印制、发放；第四，清理规范职业资格培训、收费；第五，改革完善职业资格证书制度。行业协会从最初的基尔特开始，基于特许权而获得收入是最主要的收入。这其中职业资格认证是一种古老的变体。最初的行会是在手工业中产生。对于手工业者，最重要的无疑是专业技术。发展到今天，职业认证可以将行业的质量提高到新的水平。[1] 成员也会要求这样的认证。而我国政府部门对协会的职业认证监管仍然严格，表面上是职业资格设置、考试、培训、发证等活动混乱。其根本原因在于行业协会被局限在"一行一会"，缺乏竞争。对于一个营利项目，只有一个协会来开展，其获利是垄断的。而且对于行业协会来讲，甚至是公益组织，其自身都是经济人，趋利的。在日本等国，就没有将行业组织看为非营利组织。因此，对于这种混乱，首先是用市场的手段来解决，行政手段的运用是次优选择。对于现在的非营利组织，市场不再是相对的，而利用市场来实现自身的使命是一种潮流。而政府、市场、社会这一"三元结构"更多是一种学术分析的工具，实践中非营利组织是一种社会创新，本身就是政治国家、市场经济和公民社会共同的产物。

对于这一法律环境，吴玉章将其总结为"政府管理社团"模式，并认为由于"社团发展相当迅猛"，"政府还是一个大政府，还是一个似乎无所不能的政府，而社会还是一个发育不全的、弱小的社会"，"我国关于社团的法律还是法规或条例一级的，与宪法的有关规定相比，距离还比较远，层次还比较低，还缺少一个中间环节"这三个原因，这种模式的法律化遭遇了困境。同时也指出法律在这管理模式中并没有占据主要地位，主要政府依靠政策指导来管理社团。[2]

---

[1] 史密斯和巴克林协会：《非营利管理》，中信出版社，2004年4月第一版，第78页。

[2] 吴玉章：《"政府管理社团"模式及其效果》，载于《社会团体的法律问题》吴玉章主编，社会科学文献出版社，2004年版。

2. 日本行业协会法律环境的经验

(1) 日本行业组织概况

日本行业协会分为综合性行业协会和专业性行业协会。这两类行业协会的开创都与涩泽荣一❶有关。一是综合性行业协会——东京商法会议所，二是专业性行业协会——择善会。

择善会成立于1877年，是日本近代第一个行业协会。近代日本银行业发展迅速，涩泽荣一为银行间的沟通和交流组织成立了择善会，取自《论语》"择其善者而从之"。在成立大会上通过了《择善会章程》。择善会创办了经济杂志《银行集会理财新报》，为银行业学习西方银行业提供了信息和知识。择善会向政府提出了多份报告，促进银行业的现代化。推动银行票据的广泛运用。成立三年后，择善会和另一银行协会"恳亲会"合并，成立了"东京银行集会所"。

东京商法会议所成立于1878年。"涩泽荣一与益田孝、福地源一郎等人又创立了另一个财界团体东京商法会议所。东京商法会议所是一个跨行业的综合性经济团体组织。它的会员主要来自工商业各部门的大企业，具有广泛的社会代表性，而且完全是按照西方国家近代社会经济团体的组织原则和方式来运作的，会长和副会长均由会员选举产生，活动经费主要来自会员上交的会费。东京商法会议所为自己确定的主要任务是：调查工商业发展中存在的问题，为政府提供咨询意见，向政府反映工商业者的希望和要求，调解工商业者之间的纠纷等。"❷用涩泽荣一的话来说，东京商法会议所是名副其实的近代社会经济团体组织，它的创立是日本

---

❶ 涩泽荣一(1840-1931)是明治初期的一名政商。被称为"近代日本资本主义之父"、"日本实业之父"、"日本产业经济界的最高指导者"。年轻时，参与倒幕攘夷运动。后机缘巧合任德川幕府家臣，在陪同德川昭武考察欧洲后，认识到学习西方的重要性。在访欧结束后，受大隈重信的邀请，当上新政府的大藏官僚。后与大久保利通发生冲突，弃官从商。首先创立了第一国立银行。最后成为日本产业的超级创建者。涩泽曾经协助创建了几百个株式会社，并且在经济、社会和文化等各领域中建设了众多组织。同时他也是一位儒商，在所著的《论语与算盘》一书中，将论语和资本主义的功利主义相结合。将"士魂商才"定义为商人的理想人格。

❷ 周见：《"论语加算盘"的大师：涩泽荣一》，http://news.xinhuanet.com/zgjx/2008-04/21/content_8021574_5.htm。

工商业界组织演变的一件大事。涩泽荣一通过格兰特[1]访日的机会，以东京商法会议所的名义欢迎格兰特。在日本社会各界引起重视。同年还成立了大阪商工会议所和神户商工会议所。1892年，成立了日本商业会议所联合会。

现在日本的行业协会以经济团体联合会、同友会、商工会议所为主要综合性社团，各类专业性、综合性并存的格局。同时存在着大量的非正式行业协会。在经济、政治、社会、生态环境等方面发生着巨大的作用。

(2) 日本行业协会法律

日本行业协会的法律地位有法人地位和非法人地位两类。有法人地位的行业协会可以分为一般法人和特殊法人两类。而日本法人制度将法人分为营利法人和公益法人。通常情况下，日本并不把行业协会看作非营利组织。为应对这个问题，日本于2001年专门制定了《中间法人法》，并于2003年实施。但2006年随着《一般社团法人及一般财团法人法》的公布，《中间法人法》废止。日本的行业协会法律制度有三个层次。

第一层次：宪法对结社自由的规定。宪法第二十一条保障集会、结社、言论、出版及他一切表现的自由。

第二层次：日本民法规定了法人的设立，管理和解散。

第三层次：日本《商工会所法》主要借鉴了德国的《工商会法》。为了加强对商业会议所的管理，规范商业会议所的组织和行为，政府于1902年7月颁布实施了《商业会议所法》。1922年6月，日本商业会议所改组为日本商工会议所联合会。为了适应这期间商工会议所的发展，1928年又颁布了新的《商工会议所法》。到了1943年，为了适应日本军国主义发动并推行战争的需要，又施行了《商工经济会法》，该法规定所有的工商业者都必须加入商工会议所，以利于军国政府加强对工商企业及整个经济的控制。二次大战后，1950年5月，政府废除了《商工经济会法》，颁布了《(社团法人)商工会议所法》。现行的日本《商工会所法》是1953年10

---

[1] 尤里西斯·辛普森·格兰特(Ulysses Simpson Grant;1822年4月27日—1885年7月13日)，生于美国俄亥俄州一个小业主的家庭，美国军事家、政治家，美国内战后期联邦军总司令，陆军上将第18任总统、陆军上将。

月颁布施行的。

(3) 小结

首先,应承认非注册行业协会。一个组织的成立的目的很多,有时只是为一个暂时的目的而组成。目的达到组织就解散。而且有时是为解决十分紧要的问题而组织。如果对这类组织要求登记注册,会增加行政成本。同时也使组织成立的意义降低。

其次,对各类的行业协会,应区分其特殊性,在立法层面上应分别对待。增加法律的准确度。我国的行业组织有多种体系,如在工商联体系内的地方商会和行业商会,在贸促会下的国际商会,还有工经联体系,农业协会体系等等。单一的立法想将其统一,只是一种立法完美主义,和现实并不符。让每一体系单独总结经验,单独立法,法律效率也会提高。

3. 动漫产业政策对法律环境的影响

这种政府的主导作用下的法律环境下,动漫产业政策可以使动漫行业协会获得一种"捷径"。用"交易成本"的理论来解释,便是一个行业协会的设立如果在政府指导思想没有积极因素下,交易成本可以说行政过程越长,成本越高。而如果政府对于某类行业协会是积极的态度,且存在一定的激励,那么这类行业协会登记设立的成本会降低。我国动漫产业有以下重要政策:

(1) 基本政策

2006 年 4 月颁布的《国务院办公厅转发财政部等部门关于推动我国动漫产业发展若干意见的通知》是由财政部、教育部、科技部等十部局联合起草。也是动漫产业政策中最重要的政策之一。首先,该意见中明确了动漫产业的定义。"动漫产业是指以创意为核心,以动画、漫画为表现形式,包含动漫图书、报刊、电影、电视、音像制品、舞台剧和基于现代信息传播技术手段的动漫新品种等动漫直接产品的开发、生产、出版、播出、演出和销售,以及与动漫形象有关的服装、玩具、电子游戏等衍生产品的生产和经营的产业。"这一定义采取了广义的动漫产业,将动漫衍生品也包含其中。这一点对于动漫行业协会意味着其吸收会员的范围更加广阔。对于衍生品企业来讲,也可以加入动漫行业协会。以一家玩具企业为例,企业既可以以加入玩具类的行业协会，也可以加入动漫行业协会。

其次，该意见提出："充分发挥动漫企业、科研院所、行业协会、高等教育和职业教育等机构和单位的积极性，开展动漫技术与人才培训。"动漫行业协会开展人才培训的活动是行业协会经营性项目，可以改善我国行业协会普遍经费不足的问题。同时也提升了行业的技术水平。

最后，也是该政策对动漫行业协会最重要的政策："鼓励根据动漫产业发展的集聚程度成立不同层次的动漫行业协会，支持行业协会配合政府部门制定行业标准和动漫分级制度，畅通企业和政府之间的沟通渠道，保障和促进动漫产业健康有序发展。各级行业协会开展活动所需经费由协会成员共同承担，也可经过批准接受一定的社会赞助。"该政策积极方面是明确鼓励发展动漫行业协会，消极方面是将行业协会的地位限制在作为政府的助手。尤其是将行业协会的活动经费进行了限制。对于行业协会最重要的是行业资格认证，这一点政府可以监管，而不是替代。在该意见中，明确提出动漫产业行业标准和动漫企业认定标准由部际联席会议制定。

（2）具体政策

在《文化发展规划纲要》颁布后，文化部成为推动动漫产业发展的主管部门。因此文化部在 2008 年 8 月颁布了《文化部关于扶持我国动漫产业发展的若干意见》。该意见是文化部在动漫产业履行其职责最重要的政策。该意见中对动漫行业协会提出："发挥现有各类动漫类学会和协会的作用，以协商、协作、协调为基础，以企业为主体，兼顾学术性和社会性，调整、充实或改造、新建动漫行业协会，整合行政资源和产业资源，形成合力，发挥行业协会联系政府、服务企业、行业自律的作用。"作为动漫行业协会的行政主管部门，明确提出了发展行业协会，对行业协会寻求业务主管部门有积极的作用。但将行业协会的职能进行限制不利于行业协会的发展。

4. 法律环境的改善

黎军构建了一个完整的行业协会立法体系，包括四个层次：第一层次是结社自由的宪法规定；第二层次是《社团法》；第三层次是有关行业协会的专门法律规范，如《行业协会法》或《商会法》；第四层次是有关特定行业协会的法律规范，如《证券法》中关于证券行业协会的规定。❶ 对于这种立法体系，有一定的缺陷，主要是《行业协会法》或《商会法》可能在各产业都存在千差万别的特点下，只能是一些原则性的规定。而《结社法》可能就有一定的规定。因此笔者认为现有的法律体系最应该是制定颁布《结社法》和《动漫产业促进法》。

（1）制定《结社法》

党的"十三大"后，中央正式将结社立法的建议委托给民政部。民政部成立了"结社法起草小组"，开始调查了解社团的情况，征求有关部门和社团对结社立法的意见和要求，最后起草了《结社法》。后经过专家讨论，在结社立法所涉及的重大问题的认识未能取得一致。鉴于这种情况，民政部部长办公会议作出决定，建议国务院先起草程序性法规，待时机成熟后，再起草实体法。❷ 而现有的程序性法规，显然已经制约了结社活动的发展，尤其是行业协会的双重管理体制。制定《结社法》是急迫的。在2008年的汶川大地震救援中，中国的社会组织发挥了积极的作用。2008年也被称为"公益元年"。社会组织相对于政府所展现的灵活性，和相对于企业展现的公益性，以及志愿精神，使得社会组织成为中国社会主义重要组成部分。

制定《结社法》是实现宪法的结社自由权。同时也是行业协会发展的基石。行业协会这一范畴包含官办行业协会、半官半民行业协会、民办行业协会，这一复杂的状况让学者指出行业协会的自治权是公权和私权的混合体。但到具体的一个行业协会，一部分的行业协会无疑就是法律所直接赋予的自治权，而民间自发成立的行业协会是一个结社权这种私权所衍生的权利。所以具体而言，部分行业协会不能认为是公私融合的产物，而是公私不分的一种现象。结合我国的国体和政体来完善结社权，是发展公民社会的途径。而私权的发展与公民社会的发展是相互促进的。

---

❶ 黎军：《行业协会立法——一个初步研究》，载于《洪范评论》第3卷第1辑，吴敬琏、江平主编，中国政法大学出版社，2006年版。

❷ 黄浩明：《民间组织治理的变革》，载于《中国民间组织30年》，王名主编，社会科学文献出版社，2008年版。

官办行业协会是一种行政权力的扩展，本身是对市场经济的一种调节方式。但我国的发展路径恰恰相反，官办行业协会的出现是市场经济的活跃的产物。行政改革是为了市场经济更好的发展。对于官办行业协会，不是应该否定其存在的必要性，而是要在法律上明确是地位和权利义务。

而半官半民行业协会是双重管理体制的产物，以一个行政机关为业务指导机构，不免要存在官方的指导，而同时行政权所赋予的权威，让这类行业协会直接获得了合法性，但本身也成了"二政府"。在新的立法中，取消双重管理体制后，这类行业协会将会在官办或民办中找到自己的路。

行政权力作为国家权力的一个重要组成部分，是源于公民权利。而结社自由权作为公民权利却需要行政权力来赋予，的确是不符法理。

（2）制定《动漫产业促进法》

产业法是调整国家产业政策制定和实施过程中发生的经济关系的法律规范的总称。[1] 产业法是经济法的重要组成部分。我国现有《农业法》、《证券法》等都是重要的产业法。产业法结合产业特征，鼓励、协调产业发展，同时监管产业。产业法中的重要部分是关于行业协会的规定，行业协会在产业法中规定也更为具体。学者认为"有关行业协会及其行为规则一般不单独制定法律，而是将其规定在有关的法律之中，如证券协会规定在《证券法》中"[2]。产业法不是所有产业都需要。产业法是促进产业结构优化，保障经济安全的产业政策法律化。

动漫产业是新兴产业，也是国际软实力竞争中的重要组成部分。中央和地方政府也出台了众多的促进动漫产业发展的产业政策。产业政策的法律化也在地方法规中体现，部分省市颁布了文化产业促进条例。因此，政府应制定《动漫产业促进法》，促进动漫产业的发展，规范动漫产业发展的弊端。

《动漫产业促进法》中应当包含对动漫行业协会的规定。动漫行业协会是促进动漫产业发展的重要主体。但一旦对动漫协会不加规范，可能成为行业内不正当竞争的工具。也同时在现有行业协会立法不足的情况

---

[1] 杨紫烜主编：《经济法（第二版）》，北京大学出版社、高等教育出版社，2009 年版，第 459 页。

[2] 杨紫烜主编：《经济法（第二版）》，北京大学出版社、高等教育出版社，2009 年版，469 页。

下，《动漫产业促进法》可以进行制度创新，扩展动漫行业协会的发展的法制空间。

第四节　动漫行业协会内部治理结构研究

会员互益型社团的产生有两方面的原因：一方面，从社会结构的角度看，会员互益型社团有利于促进跨部门、跨地区之间的交流，满足了单位制度松动之后重建社会横向联系的需要。另一个方面，会员互益型社团建立在自愿参与和相互信任基础上，因此社团对会员的协调成本要低于政府使用动员参与或者强制手段的治理成本，同时还能促进成员的社会资本积累。学者马长山认为民间社会组织是社会资本重建的根本所在。并从五个方面进行了分析："第一，民间社会组织能够以利益纽带，来消解社会资本的裙带属性。第二，民间社会组织的理性化，可以消解社会资本的非理性化倾向。第三，民间社会组织可以促进社会资本的自由自主性价值取向和公共精神，第四，民间社会组织能够凭借社会资本，实现自生自发秩序。第五，民间社会组织能够有效促进公民性社会资本的形成，抑制社会资本中的公私不分、义理人情倾向。"❶

行业协会作为会员互益性组织除了上述两个性质，更重要的是行业自治权。这种自治权的合法性除了现有法律所赋予的合法律性外，还需要行业协会能真正代表整个行业的利益。而这种机制的形成的合法性恰恰需要行业协会自身内部治理的民主、透明化、合法律性。

用企业治理理论中的"产权理论"、"利益相关者"理论、"委托—代理"理论来分析行业协会治理问题都有一定的解释力。但行业协会更明显的行政化特征，用公共管理和政治学中的理论来解释或许能有更好的解释。从中发现，行业协会的治理更多是为获得"合法性"，而不仅仅是为了行业的利益或者会员的利益。换句话说，行业协会在治理中体现会员的利益是为了更具"合法性"。

---

❶ 马长山：《社会资本、民间社会组织与法治秩序》，《社会团体的法律问题》，吴玉章主编，社会科学文献出版社，2004年版。

内部治理对于动漫行业协会具有多重意义。如增加会员的认同、获得政府的认可、赢得社会的赞许等等。总的说来，可以增加动漫行业协会的合法性。本章将运用“合法性”理论来分析动漫行业协会的内部治理。对动漫行业协会内部治理存在的问题做出解释，提出解决问题的建议。

1. 动漫协会的内部治理结构

自1989年世界银行在其报告中提出了“治理”，治理开始成为社会科学的一个热点内容。治理理论所倡导多方治理，通过合作共同管理公共事务。行业协会有对行业的公共事务的治理和对内部组织的治理两方面的治理。本文主要论述对组织内部的治理。行业协会的内部治理的研究很有必要。主要原因：第一，行业协会有被大企业所操控的危机；第二，行业协会的官僚化是一种在非营利组织发达国家比较关注的问题；第三，行业协会内部的关系现在仍不明确；第四，对行业协会的立法呼声越来越高，对行业协会内部的法律规制更是必不可少的。

(1) 动漫协会与会员的关系

以现有之研究来看，学者倾向于将协会与会员的关系与公司与股东关系做比较。动漫协会与会员之间的关系究竟为何，用政治学的代议民主来解释更为准确。基于契约来对行业进行治理，各会员需要集体行动。而民主制度是合法性较高的选择。民主制度的高成本使得不能让所有的行业事务都集体表决。因此，成立一个专门的管理机构，即行业协会。

对于会员与行业协会的关系，徐家良认为：“对协会内部企业而言，它们既然参加了协会，就是协会组成部分。”[1]这里的协会内部企业是指会员企业。协会是一个独立法人，会员企业也多为法人。两者是地位平等的主体。两者并不是包含和被包含的关系。而是会员企业通过赋权于行业协会，让协会拥有了一定的行业治理权。这种关系类似于公民权利与行政权的关系。行政权“源于公民权利，是公民权利的一种特殊的转化形式。而行政权一旦形成，便与公民权利结成一种既互相依存，又相互对立的关系”。而会员与协会的关系也类似于行政主体与相对方的关系。“一

[1] 徐家良：《互益性组织：中国行业协会研究》，北京师范大学出版社，2010年6月，第202页。

方权利（权力）的实现，要求另一方履行相应的义务。每一方既是权利主体又是义务主体，双方的权利义务在总体上应是平衡的。”[1]

(2) 内部治理结构

公民社会的兴起对社会政治和经济生活产生了重大的影响，在相当程度上改变了社会的治理状况，有力地促进了社会的善治，尤其是对公民的政治参与、政治公开化、公民自治、政府的廉洁与效率、政府决策的民主化和科学化等具有重要的意义。民间组织中有自主性较大的组织，内部的认同和参与程度高。在内部管理的透明度方面，许多民间组织做得相当好。内部治理中民主程度较高。[2]

在中国的非营利组织中，政府参与治理主导型和分散治理导向型的治理结构相当普遍。政府参与治理民间组织，主要表现在行业协会，“而商会、行业协会就不一样，它有会员大会、理事会和执行机构。一个好的法人治理就是要把三者之间的关系处理好，做到三者之间各有权力又相互制衡”。[3]

- 会员大会

动漫行业协会的最高权力机关为会员大会（福建省动漫游戏行业协会、贵阳市动漫行业协会、天津动漫行业协会）或会员代表大会（济南市动漫游戏行业协会、青岛市动漫创意行业协会）。

虽然最高权力机关不同，但是都有五项核心的权力：制定和修改本会章程；选举和罢免理事；审议常务理事会提出的工作报告和财务报告；决定终止事宜；决定其他重大事宜。而济南动漫游戏行业协会、福建省动漫游戏行业协会最高权力机关都有“确定每个时期的活动方针和工作任务”和“讨论理事会提交的有关问题”两项权力。而青岛市动漫创意行业协会最高权力机关有“确定协会的工作方针和任务”和“制定和修改行规行约”两项权力。在议事规则上，协会章程规定：会员大会（会员代表大会）需有2/3以上的会员（或会员代表）出席方能召开，其决议需经到会会员（或会

[1] 罗豪才、湛中乐：《行政法学（第二版）》，北京大学出版社，2006年1月，第5页。

[2] 俞可平：《增量民主与善治》，社会科学文献出版社，2005年2月第2版，第205-216页。

[3] 吴敬琏：《商会的定位及其自身治理》，《中国改革》，2006年第10期。

员代表)半数以上表决通过方能生效。对于每届大会的时间一般规定为4年,也有规定为3年(福建省动漫游戏行业协会)或5年(济南市动漫游戏行业协会、天津动漫行业协会)。

· 理事会

理事会是整个治理结构中的中枢。目前在世界各国,非营利组织的理事都存在徒有其表的现象,身为董事极少过问法人事务的情况非常普遍。这些摆设性的理事不愿介入法人的事务,很少参加会议,从而也就避免使自己陷入失察的义务。

理事会是会员大会或会员代表大会的执行机构,在闭会期间领导本协会开展日常工作,对会员代表大会负责。各协会的理事会的职权大小不同,其中济南动漫游戏行业协会的理事会的职权是:执行会员代表大会的决议;选举和罢免会长、副会长、秘书长;筹备召开会员代表大会;向会员代表大会报告工作和财务状况;决定会员的吸收或除名;决定设立办事机构、分支机构、代表机构和实体机构;根据秘书长的提名,决定副秘书长、各机构主要负责人的聘任;领导本协会各机构开展工作;制定本协会内部管理制度;制订年度工作计划;审查财务预算、决算;决定对会员的奖励和处分;批准和废除对外签订的合作协议;决定其他重大事项。从中可以看出该理事会职权十分重大。议事规则:理事会需有2/3以上的理事出席方能召开,其决议须经到会理事2/3以上表决通过方能生效。理事会每年至少召开一次会议;情况特殊的,也可采用通讯形式召开。

· 常务理事会

协会可视具体情况设立常务理事会,常务理事会由理事会选举产生,在理事会闭会期间行使执行会员代表大会的决议;筹备召开会员代表大会;决定会员的吸收或除名;决定设立办事机构、分支机构、代表机构和实体机构;根据秘书长的提名,决定副秘书长、各机构主要负责人的聘任;领导本协会各机构开展工作;审查财务预算、决算;决定对会员的奖励和处分;决定其他重大事项。对理事会负责(常务理事人数不超过理事人数的1/3)。若不设常务理事会,其职权由会长、副会长和秘书长组成的领导机构行使。议事规则:常务理事会需有2/3以上的常委理事出席方能召开,其决议须经到会常务理事2/3以上表决通过方能生效。常务理事会至少每半年召开一次会议；情况特殊的也可采用通讯形式召开。

• 会长

会长行使职权：召集和主持理事会或常务理事会；检查会员代表大会、理事会或常务理事会决议的落实；代表本协会或授权本协会副会长、秘书长签署有关重要文件。

• 秘书长

秘书长行使职权：主持秘书处、办事机构开展日常工作，组织起草协会工作规划、工作报告和重要文件；协调各分支机构、代表机构、实体机构开展工作；提名副秘书长以及各办事机构、实体机构主要负责人选，交理事会或常务理事会决定；决定秘书处、各办事机构、分支机构、代表机构、实体机构工作人员的聘用；处理其他日常事务。

(3) 通向善治之路

把握合法性的内核，动漫行业协会以促进合法性来进行治理的改革。动漫行业协会的内部治理的变革要使会员增加对行业协会的认同。对行业协会所制定的行规，惩罚等要服从。而且有不同的意见要在制度内解决。

• 构建协会民主制度

民主是增加合法性的根本途径，主要是一种竞争性的选举制度，增加授权的合法性。会员的同意是合法性的基础。

代议民主是行业成员行业自治的一种较经济的形式。会员代表大会除了确定行业发展的方向，同时要监督理事会和日常办事机关；同时也要激励会长、秘书长等人。

“选举民主和代议制民主属于间接民主，在拓展公民参与的深度和广度方面有着自身的局限性”。[1] 因此要注重协商民主，增加决策合法性。协商民主理论家主张民主的核心应当是偏好的转换，主张公共政策必须经由公共协商的过程，通过自由、平等的公民之间进行的协商或审议，通过讨论、对话和争辩，而后做出理性的判断和决定。[2] 动漫行业协会的决

---

[1] 何增科：《政治合法性与中国地方政府创新》，中国政府创新网，2008 年 09 月。

[2] 何包钢：《协商民主的发展——协商民主理论与中国地方民主国际学术研讨会论文集“主编前言”》（陈剩勇、何包钢主编），中国社会科学出版社 2006 年版，第 3 页。

策过程中要广泛听取会员的意见。尤其是理事会的决议中应将决议内容送达到会员，使会员能提出意见。也要听取政府主管部门、行业专家的意见，使决议得到广泛的认同。

三种民主制度将程序性民主和价值性民主融合。

· 对权力的制约

会员大会或会员代表大会、理事会、秘书长下日常机关三者的权力制约是防止协会走向权力滥用的关键。协会权力一旦滥用，可能使得协会被大企业操控，成为形成垄断的工具。也使得大量的小企业或个人会员退出协会，直接导致协会的合法性基础崩溃。因此明确三者的权力分割，决策层级。尤其是现在大多动漫协会刚刚成立，并没有设立监事会，对于监督义务，理事要主要负责。“理事会的监督职能也就使其成为行业协会内部治理成效的关键因子。理事是理事会的成员，他需要综合具备各方面的素质，以便提高理事会的成效。[1]

· 透明化

透明的协会，可以极大地增加会员对协会的信任。协会是为了服务会员，而协会的官员为私人利益而贪污腐败，协会就失去了存在的价值。贪污腐败直接导致会员丧失对协会的信任。“阳光是最好的杀毒剂”，透明的协会可以杜绝贪污腐败行为。协会会员大会或会员代表大会应制定协会信息公开规定，对协会信息的公开分为社会公开、会员公开、保密三种类型。合理而有效地公开信息，使得会员对协会更加了解和支持。

· 遵守法律和协会章程

“通过非法手段获得权力和以违法方式行使权力很难获得人们的认可和自愿服从，因此政治权力的获得和运用具有法律上和程序上的合法性是公众自觉认同和自愿服从的前提条件。”[2]在法律内活动是协会生存和发展的前提，也是社会对协会的认同的一个基础。在章程内活动不仅是法律所规定，更是协会合法性的前提，协会合法性的重要体现就在会员

[1] 舒杨：《中国行业协会治理中存在的问题及其对策研究》，中南大学硕士学位论文，2009 年，第 19 页。

[2] 何增科：《政治合法性与中国地方政府创新》，中国政府创新网，2008 年 09 月。

遵守协会章程。行业协会从合约角度看,就是一个类法律集合。会员对其的承认构成了直接的合法性和有效性。而法律的直接合法性确实国家的强制力。两者不同,协会更要把协会章程看作生存的生命线。

第五节　动漫行业协会的前景:动漫人物形象集体管理探讨

在政策主导下的法律环境中,社团会主动选择政策倡导的社团形式,以取得合法性资源。但最重要的合法性是动漫行业协会要有价值,即对会员有用性,满足会员的需要。而动漫产业对版权保护的要求却越来越高。尤其是动漫产业产值最大的动漫衍生品开发环节,侵权行为十分严重。这其中主要是针对动漫人物形象的侵权。而 2009 年 10 月 23 日"中国电影版权保护协会"更名为"中国电影著作权协会",由行业维权组织转变为著作权集体管理组织。现在的动漫行业协会是否也可以转变为动漫人物形象的集体管理组织。本章将围绕这一问题进行探究。

1. 动漫人物形象的法律保护

(1) 动漫人物形象概述

动漫人物形象大多属于虚拟人物。动漫人物鲜明的形象,有亲和力和吸引力。因此经营者对动漫人物形象进行商业开发。动漫人物形象权的利用是动漫产业链中的利润最多的一块。动漫衍生品大多是以动漫人物形象为主题,生产玩具、服装、开发游乐园等等。

形象权是否是一个新型权利,这在学术界有两种意见。第一种意见是认为形象权是一种独立的权利,且现有的法律无法提供周全的保护,应该立法对这一权利给予承认和保护。另一种意见认为形象权是一种"虚构权利"。所谓的"商品化权"是"角色促销"。[1] 在 1993 年 11 月世界知识产权组织国际局公布的研究报告中,将角色商品化权描述为:虚拟角色的创作者,或该角色的真实人物,或其他一个或多个经授权的第三方,对于

---

[1] 刘银良:《角色促销:商品化权的另一种诠释》,《法学》2006 年第 8 期。

角色的主要个性特征进行改编或二次利用，通过将该形象与不同的商品或服务相联系，使得预期的消费者因为对该形象的熟悉和认同而购买该商品或服务。[1] 本书不探讨形象权是否是一个独立的权利。现有的法律中也没有承认这一权利。下文讨论在现有法律下如何更有效地保护动漫人物形象。

(2) 动漫人物形象的法律保护

我国没有单独的人物形象权的权利类型。不过形象权与知识产权关联性极大。[2] 但动漫人物形象有《著作权法》、《商标法》、《反不正当竞争》、《专利法》等法律予以保护。

- 著作法

与动漫人物形象关系最为紧密的法律就是《著作权法》。动漫人物形象一般的表达形式是美术作品、视听作品等。一般而言，无论是原创作品还是改编作品，如果能满足版权保护条件，绘画和漫画中的角色可获得独立于作品的版权保护；连环漫画和动画电影中的角色的每一个原创性动作或姿态也能获得版权保护；雕塑和玩偶等三维角色也可获得独立于作品的保护。[3] 美国法律对角色的版权保护的原则是"角色越成熟，特征越明显，就越容易受到保护。"

- 商标法

我国《商标法》第 3 条规定：经商标局核准注册的商标为注册商标，包括商品商标、服务商标和集体商标、证明商标；商标注册人享有商标专有权，受法律保护。动漫人物形象一经注册为商标就被商标法所保护。但商标法保护的并非角色本身，而是角色在与商品共同使用时的化身即商标。[4] 商标法对动漫人物形象的保护有一定的限制。动漫人物形象注册为商标后必须使用，不然超过期限就会被撤销。动漫人物形象被注册为商标后，不能排斥动漫人物形象在商标以外的范围内使用。比如米老鼠

---

[1] 余俊：《论商品化权之权利归属——商品化权与知识产权关系之考量》，《电子知识产权》，2005 年第 9 期。

[2] 吴汉东：《形象的商品化与商品化的形象权》，《法学》，2004 年第 10 期。

[3] 刘银良：《角色促销：商品化权的另一种诠释》，《法学》2006 年第 8 期。

[4] WIPO：Character Merchandising，WO/INF/108，December 1004 ，pp 19-22。

被注册为商标后,米老鼠要拍电影,也不需要商标权利人的许可。

美国迪士尼公司对所创造的动漫人物形象,在许多商品上注册了商标。在著作权保护期满后,可以以商标继续得到法律的保护。我国著作童话作家郑渊洁创作出了皮皮鲁等角色,在改编动画片播放后,郑渊洁成立了郑渊洁少儿用品开发有限公司,将动画角色注册为商标,并推出了相应的产品。[1]

· 专利法

将动漫人物形象用于玩具、食品包装、服装和文具等产品上时,就涉及了外观设计专利权。外观设计专利申请只需满足"新颖性",不经过实质审查就可授权,且有较强的保护力度。但保护范围较窄,基本限于同类商品使用的相同外观设计。仅仅禁止他人在相同或相似商品上使用相同或近似的外观设计。同时保护期较短。外观设计专利保护期为十年。在我国,权利人取得动漫人物形象的外观设计专利的保护,并不排斥著作权的保护。

· 反不正当竞争法

当著作权、专利权和商标权不能完善保护动漫人物形象时,反不正当竞争法可以提供权利人一定的救济。郑成思先生将《著作权法》、《商标法》、《专利法》这三项传统知识产权法律比作浮在海面上的冰山,那么《反不正当竞争法》就是托着冰山的海水。《反不正当竞争法》的主要目的就是保护消费者利益和保护经营者的正当竞争。在《反不正当竞争法》中,对模仿或仿冒的规制是动漫人物形象保护的重要制度。

我国现行《反不正当竞争法》对模仿行为有一般性条款第二条:"经营者在市场交易中,应当遵循自愿、平等、公平、诚实信用的原则,遵守公认的商业道德。"和第五条第二项:"擅自使用知名商品近似的名称、包装、装潢,或者使用与知名商品近似的名称、包装、装潢,造成和他人的知名商品相混淆,使购买者误认为是该知名商品。"在《最高人民法院关于审理不正当竞争民事案件应用法律若干问题的解释》第一条对知名商品进行了解释和认定:"在中国境内具有一定的市场知名度,为相关公众所知悉的商

[1] 参见薛佳佳:《论动画角色商品化权的保护及产业启示》,华中科技大学硕士学位论文,2007 年。

品,应当认定为反不正当竞争法第五条第(二)项规定的'知名商品'。人民法院认定知名商品,应当考虑该商品的销售时间、销售区域、销售额和销售对象,进行任何宣传的持续时间、程度和地域范围,作为知名商品受保护的情况等因素,进行综合判断。原告应当对其商品的市场知名度负举证责任。"同时设定了一种除外情况:"在不同地域范围内使用相同或者近似的知名商品特有的名称、包装、装潢,在后使用者能够证明其善意使用的,不构成《反不正当竞争法》第五条第(二)项规定的不正当竞争行为。因后来的经营活动进入相同地域范围而使其商品来源足以产生混淆,在先使用者请求责令在后使用者附加足以区别商品来源的其他标识的,人民法院应当予以支持。"在第二条到第五条主要解释了特有的名称、包装、装潢的意义。在第七条对本条文的"使用"做了解释。第七条　在中国境内进行商业使用,包括将知名商品特有的名称、包装、装潢或者企业名称、姓名用于商品、商品包装以及商品交易文书上,或者用于广告宣传、展览以及其他商业活动中,应当认定为反不正当竞争法第五条第(二)项、第(三)项规定的"使用"。这个解释是条文的应用更加广泛。但仍然和现实有所差距。本书认为主要是"知名商品"的要求不符合现实和规制客体的范围过小。

(3) 存在的问题

虽然法律对动漫人物形象的保护有较好的规定。但现实中对动漫人物形象的侵权却是十分猖獗。学者将原因归结为权利人不够主动[1],也有研究认为应该在法律承认动漫人物形象权或商品化权才是关键[2]。本书认为动漫人物形象在现有的法律框架下已经有较好的法律制度。但一个权利的保护是要基于保护的成本的。尤其是对于单一的权利人来说,面对广泛的侵权行为,很难做到权利保护,而集体管理制度却恰恰解决了这一问题。在世界知识产权组织国际局的报告中指出:凡由于使用频繁和

---

[1] 杨为国、薛佳佳、李品娜:《动画角色商品化权的知识产权问题研究》,《湖北社会科学》,2006 年第 6 期。

[2] 李欣博:《动漫产业的困境与角色商品化权的法律体系构建》,《山西师大学报(社会科学版)》,2009 年第 9 期。

其他有关情况，个人行使版权或邻接权变得不切实际，或者得不偿失时，集体管理是必要的。[1]

2. 动漫人物形象集体管理的可能性

(1) 市场的需求

“著作权集体管理组织产生的根本原因是因为市场。著作权领域也不是所有作品都适合集体管理，这就要看作品本身被使用的方式或者说交易的形式，所以说交易形式决定了市场对集体管理有需求，才出现了集体管理组织。”[2]著作权集体管理可以理解为：“管理机构左手接人一批版权所有人转让的版权作品及权利，右手则递给另一批需要这些作品的使用者，而其中各方面的协调工作如结算等，则是该机构的职责之一，即在管理机构、信息生产者、使用者之间建立的一个契约系统。”[3]

由动漫人物形象所产生了巨大的授权和被授权的市场。这个市场中对集体管理的需求可以所越来越大。从授权方来看，大量的使用者需要被授权，这需要大量的人力和精力。对于专心创作的企业或个人来讲，将时间花在授权的事务上，是巨大的浪费。而面对广泛的侵权，法律程序更是让企业或个人难以招架。因此权利人迫切需要专业的组织来处理这一类事务。从被授权方来看，生产各类的衍生品，都希望能尽早完成授权，同时希望所授权的动漫人物形象能得到很好的保护。因此需要动漫行业协会来完成授权和保护的事务。缔约的成本在集中和专业化下可以降低，因此动漫人物形象的集体管理出现。

(2) 集体管理组织的经验

- 集体管理组织的法律形式

我国在《著作权集体管理条例》中规定了集体管理组织的法律形式：著作权集体管理，是指著作权集体管理组织经权利人授权，集中行使权利

---

[1] 许若群：《网络作品集体管理制度初探》，《知识产权》，2000 年第 2 期。

[2] 周奕、许超：《著作权集体管理的发展速度超过了我的想象——专访国家版权局版权管理司专员许超》，《中国知识产权》，2009 年第 12 期。

[3] 许若群：《网络作品集体管理制度初探》，《知识产权》，2000 年第 2 期。

人的有关权利并以自己的名义进行的下列活动；与使用者订立著作权或者与著作权有关的权利许可使用合同；向使用者收取使用费；向权利人转付使用费；进行涉及著作权或者与著作权有关的权利的诉讼、仲裁等。著作权集体管理组织，是指为权利人的利益依法设立，根据权利人授权、对权利人的著作权或者与著作权有关的权利进行集体管理的社会团体。著作权集体管理组织应当依照有关社会团体登记管理的行政法规和本条例的规定进行登记并开展活动。

· 我国现有的集体管理组织

我国现有五个著作权集体管理组织。其中除中国音乐著作权协会早在 1992 年成立，其他协会均是在《著作权集体管理条例》出台后才成立的。

中国音乐著作权协会（简称“音著协”）成立于 1992 年 12 月 17 日，是由国家版权局和中国音乐家协会共同发起成立的目前中国大陆唯一的音乐著作权集体管理组织，是专门维护作曲者、作词者和其他音乐著作权人合法权益的非营利性机构。自成立至今，协会始终定位在服务全体会员，服务广大音乐著作权人，服务各类音乐使用者，服务社会，积极推进中国音乐著作权保护事业的进程之上。协会总部设在北京，依据协会的各项职能划分，下设会员部、作品资料部、表演权许可业务部、复制权许可业务部、广播权许可业务部、法律部、分配与技术部、财务与总务部，共 8 个职能部门，工作人员已逾 50 人，他们拥有法律、音乐、市场营销、IT 等多种不同专业背景，从而支撑起协会专业化、多层面、高水准、高效率、系统化的服务机制。根据发展需要，协会在全国经济较为发达的地区，已设立了 20 个分支机构——地方代表处，作为协会臂膀的延伸。为更好地架构出全国范围内专业化的服务系统，协会将陆续在全国范围内设立地方代表处。在国际合作方面，协会于 1994 年 5 月加入了国际作者和作曲者协会联合会（CISAC）。在 CISAC 的框架下，协会已与 50 多个国家和地区的同类组织签订了相互代表协议。2007 年 6 月，协会成为国际影画乐曲复制权协理联会（BIEM）成员。

中国摄影著作权协会（英文：Images Copyright Society of China，缩写：ICSC），是由中国摄影家协会联合众多摄影团体和一百余位著名摄影家共同发起,经国家版权局批准,由民政部登记注册并报国务院核准成立的著作权集体管理组织。协会于2008年11月21日在北京成立,是政府指定国内唯一从事摄影著作权集体管理的社团法人机构。协会的宗旨和任务:遵守中华人民共和国宪法、法律、法规及国家政策,遵守社会道德风尚,依照《中华人民共和国著作权法》和国务院颁布的《著作权集体管理条例》,维护摄影作品权利人及其相关权利人的合法权益,通过对著作权及其相关权利的集体管理,促进摄影作品的创作、传播和使用,推动摄影事业的发展和繁荣。协会经权利人授权,对摄影作品的复制权、发行权、展览权、放映权、广播权、信息网络传播权以及其他适合集体管理的摄影著作权以及与摄影著作权有关的权利实施保护和管理。

中国音像集体管理协会是经国家版权局正式批准成立的我国唯一音像集体管理组织,依法对音像节目的著作权以及与著作权有关的权利实施集体管理。现正在民政部登记备案。中国音像集体管理协会的宗旨是:遵守我国法律、法规和我国参加的国际著作权条例,维护会员的合法权利,方便音像节目的合法使用。

中国文字著作权协会是依据《中华人民共和国著作权法》和国务院颁布的《著作权集体管理条例》,由中国作家协会、国务院发展研究中心等12家著作权人比较集中的单位和陈建功等500多位我国各领域著名的著作权人共同发起,并于2008年10月24日在北京成立。协会是以维护著作权人合法权益为宗旨,从事著作权服务、保护和管理的非营利性社会团体,已获得国家版权局正式颁发的《著作权集体管理许可证》,是我国唯一的文字作品著作权集体管理机构。协会实行会员制。凡在文学、艺术和科学等领域以文字形式创作作品,依法享有著作权的公民、法人或者其他组织,通过与协会签订《文字作品著作权集体管理合同》,都可以成为本协会会员。本协会会员分团体会员和个人会员。加入协会不需交纳会费。

中国电影著作权协会的前身是2005年8月成立的中国电影版权保护协会。经国家广播电影电视总局同意并报新闻出版总署审核,于2009年7月批准中国电影版权保护协会由行业维权组织转变为著作权集体管理组织。2009年10月,经民政部审批,正式更名为中国电影著作权协会(英文名为:China Film Copyright Association,缩写为:CFCA)。中国电影著作权协会是全中国合法从事电影生产、经营的企业法人自愿组成的具有法人资格的非营利性社会团体，是中国电影作品权利人唯一的著作权集体管理组织。其基本宗旨和主要任务是依据《中华人民共和国著作权法》和《著作权集体管理条例》，经权利人授权，集中行使权利人的有关权利，并以自己的名义与使用者签订著作权许可使用合同，向使用者收取使用费，向权利人转付使用费，进行涉及著作权及与著作权有关权利的诉讼、仲裁，从而保护权利人的合法权益，推动中国电影产业的发展和繁荣。中国电影著作权协会的会员包括中国电影所有主要制片单位，协会的最高权力机构是会员大会。理事长是协会法定代表人。

观察这五个协会可以发现，很多著作权协会与发起的协会都联系紧密。虽然在法律上是相互独立的。但在理事会和秘书长这些关键位置都存在交叉任职。如摄影家协会是中国摄影著作权协会的发起者、音乐家协会是中国音乐著作权协会的发起者、中国作家协会是中国文字著作权协会的发起者，而这些都在人员配置上，存在一定的关系。从这一点看，将两类协会进行合并是可行的。

（2）动漫人物形象的独立性

动漫人物形象被著作权法、商标法、专利法和反不正当竞争法所保护，但并不是一个独立的权利类型。但动漫人物形象的独立性却是实践中广泛存在。如一个动漫人物形象可以多次出现在不同的电影作品中，不同的美术作品中。它本身即是美术作品，同时也是电影作品中的组成部分。

这种从作品中独立出来，不仅仅是动漫人物形象本身有独特性。更重要的是市场中的选择。在市场中，作品使用者并不需要一整部电影的授权，而仅仅是其中的动漫人物形象。而动漫作品中价值最高也是动漫角色。一些成功的动漫人物可以衍生出更多的动漫作品。

3. 动漫行业协会如何构建集体管理制度

著作权集体管理组织的非营利性质和动漫协会的性质相符。同时许超认为：著作权集体管理组织需要四个条件。第一，代表作者利益，得到作者的拥护和信赖；第二，具有进行集体管理专业知识的人员；第三，具备一定的办公物质条件；第四，有同使用者进行交涉的能力和手段。[1] 动漫行业协会完全可以达到这些条件。因此在动漫协会下设动漫人物形象集体管理的职能部门是可行的。但仍需要在法律制度和自身管理上进行创新才能构建起动漫人物形象集体管理制度。

（1）制度创新

路径一：修改《著作权集体管理条例》

动漫人物形象不是著作权中的作品，但都是以美术作品或电影作品和以类似摄制电影的方法创作的作品来表达。设立动漫人物形象集体管理需要将这两类作品集中在一起。这就要求出现了动漫人物形象的视听作品必须在动漫人物形象集体管理组织和电影集体管理组织中选择一家。而这种重合恰恰是《著作权集体管理条例》所避免的。在第七条第二款第二项中规定：设立著作权集体管理组织，应当不与已经依法登记的著作权集体管理组织的业务范围交叉、重合。而立法为此的原因可以和本条本款的第三项联系起来：能在全国范围代表相关权利人的利益。这两项内容都是基于著作权集体管理组织设立的初衷，方便权利人和被授权人，减少作品使用人寻找授权的成本。但这一点在信息技术，尤其在搜索技术的发展下，变得不合时宜。相反著作权集体管理组织在 KTV 这一收费事件中受到广泛的批评。其中最重要的原因就是集体管理组织的垄断。这种垄断虽然是各国立法中都承认的。世界知识产权组织关于著作权和邻接权的集体管理有一个基本原则，就是就同一种类的权利，一个国家只设立一个管理组织。这事实上就是赋予集体管理组织一定的垄断权。在许多国家的竞争法中也将集体管理组织的垄断排斥在外，如德国的《反对限制竞争法》第 31 条将著作权保护协会的特定行为除外。

但这种垄断是一种法律法规所授予的，它并不是自然垄断，也非市场所选择。对于著作权人来说，著作权管理就只有两种选择，要么自己管理，要么给予唯一的著作权集体管理组织。这种垄断带来的危害和其他垄断其实一样，都将使相对方：作品权利人和作品使用人的议价处于弱

---

[1] 许超：《著作权疑难问题评析》，浙江教育出版社，2000 年版，第 268 页。

势。虽然在前已经排斥重合、交叉的集体管理组织，但在该条例第二十六条中又规定：两个或者两个以上著作权集体管理组织就同一使用方式向同一使用者收取使用费，可以事先协商确定由其中一个著作权集体管理组织统一收取。统一收取的使用费在有关著作权集体管理组织之间经协商分配。在 KTV 收费事件中也的确出现了音乐著作权协会和音像著作权集体管理协会两家收费的情况。

因此修改这两项，允许更多的集体管理组织，形成竞争性的市场。同时也让一些作品的元素可以单独成立集体管理组织。现在的集体管理组织都是一个作品类型一个集体管理组织。而类似于动漫人物形象这一类，即可能构成作品，又可能是某一类作品的元素，在授权中又是单独的授权，完全可以独立成立集体管理组织。

现在我国动漫行业协会没有全国性的行业协会，都是地方性的行业协会。各地方动漫行业协会可以将各自成立动漫人物形象集体管理组织。

在条例第六条中规定：除依照本条例规定设立的著作权集体管理组织外，任何组织和个人不得从事著作权集体管理活动。这就排除了著作权集体管理组织的其他组织形式。在德国却有公司形式的著作权集体管理组织。这一点是对公民结社自由的限制，而这种限制应该基于公共利益或保护他人权益不受侵犯。而著作权集体管理组织如果是竞争的，那么对于集体管理组织形式可以在竞争中优胜劣汰。而如果著作权集体管理组织是垄断的，那么政府对其限制，可以弥补民间组织力量的不足，并能监督其按照法律和章程进行管理活动，防止其偏离设立宗旨。也防止集体管理组织人为分割市场。[1]

路径二：制定“动漫产业促进法”对动漫人物形象集体管理做出规定

在现有的《著作权集体管理条例》中，动漫人物形象集体管理组织要成立十分困难。但可以在更高的法律层级上，对其特殊规定。同时在立法技巧上，尽量避免与《著作权集体管理条例》中的规定冲突。

我国现在并没有“动漫产业促进法”，而这类产业需要更好的政策支

---

[1] 常青：《论著作权集体管理制度——法经济学的视角》，《电子知识产权》，2006 年第 7 期。

持。以法律形式的政策来发展产业具有稳定性，统一性的优势。而在这类促进类的法律中要有创新有突破，才具其意义。动漫协会可以作为动漫人物形象集体管理组织制定“动漫产业促进法”做出规定。

（2）管理创新

动漫行业协会从事动漫人物形象集体管理除了法律制度创新外，也需要协会自身的管理创新。其中最主要的就是利用商业模式达到组织的使命。在外部环境的激烈变化中，非营利组织如何更有效率地提供服务是最为重要的议题。并且社会企业的广泛兴起也提供了新的思路。非营利组织相比于企业的不同点更多是体现在组织使命上，而在组织运营和管理中，非营利组织向成功企业学习成为非营利组织可持续发展的途径。

动漫行业协会运用商业模式服务于会员，将动漫人物形象的集体管理视为协会在知识产权保护工作中的一部分。研究者对于行业协会在知识产权保护中的地位和作用，有较为完善的研究。朱丽萍提出了“加快行业协会自身服务职能的建设、完善与知识产权相关行业规则的设立、建立由高素质人员组成的知识产权咨询委员会及相关行业知识产权涉案数据库、创建知识产权战略研究项目、细化我国行业协会下设各知识产权职能部门的设置、帮助企业应诉、共同抵制国外知识产权滥用行为[1]”等建议。因此将集体管理和其他服务整合，才能凸显出动漫行业协会在集体管理上的优势。

第六节　本章小结

基于“合法性”理论的启示，动漫行业协会要提升组织的合法性以及拥有行业自治权的合法性，需要做到合法律性、内部治理合理、履行服务成员的使命。

合法律性要求动漫行业协会要适应现行的法律环境，但同时也要求法律环境要有所改善。动漫行业协会的法律环境就现状来看仍脱离实

[1] 朱丽萍：《论行业协会与知识产权保护》，上海大学硕士论文，2007年；鲍黎黎：《论行业协会在知识产权保护中的作用》，上海大学硕士论文，2007年。

际。但随着结社法律的制定和动漫产业政策的法律化，动漫行业协会的法律环境会极大改善。

内部治理的合理的主要问题是动漫行业协会与会员的关系和治理结构两个问题。从合法性的角度，我们看到内部治理的重要性。构建民主、透明、权力制衡、遵守法律章程的内部治理是动漫行业协会合法性的基础。善治的路径就是民主制度、权力制约、透明化以及遵守法律和协会章程。

作为一个协会来讲，使命永远是存在的理由。动漫行业协会应想方设法服务会员。而针对动漫产业中的动漫人物形象侵权，动漫协会借鉴著作权集体管理组织经验，构建动漫人物形象的集体管理制度，同时借助于协会自身的其他服务，是动漫行业协会服务会员的一剂良方。

动漫人黎丽斯认为抵制盗版主要还是要靠市场秩序。作为市场秩序维护者的动漫行业协会的潜力还很大。动漫协会的知识产权保护和行政保护、企业保护共同组成了动漫产业知识产权保护体系。对于对动漫产业的知识产权保护体系中行政保护很大程度上只是一种示范和宣传作用，并不能解决市场中广泛的侵权。而企业自身的保护虽然是保护体系中最重要的部分，但创意产业中，中小企业占大多数，尤其是我国的动漫产业方兴未艾。而行业协会的知识产权保护就有了不可替代的价值。同时自身的灵活性和专业性使得行业协会参与到知识产权保护中更有针对性。

动漫行业协会的法律环境需要制度创新。除了行业协会的法律制度需要创新，在促进动漫产业的产业法上也要有创新。动漫行业协会的发展需要一个宽松的法律环境和适度的监管。同时，动漫行业协会借鉴企业精神，利用商业模式达到自身使命也是现代社会组织的一个共同方向。而对动漫行业协会的研究的未来的方向将围绕着商业模式运用中的法律问题。

第五章 律师协会社会责任案例研究〔1〕

第一节　律师协会社会责任

1. 社会责任

随着近代社会人权意识的觉醒，自由放任和个人本位曾一度成为西方社会普遍遵奉的信条和原则，也曾一度有个人自由地追求私利必达致社会繁荣的观点，然而社会资源的不断整合与社会发展的不断融合使人们逐渐意识到，尽管社会不可能脱离个人而存在但是社会也绝不是无数独立个体的集合，而是相辅相成不可分割的一个整体，进而那种将个体最大限度地谋利等同于其承担社会责任的观念受到了质疑和批判。于是对于社会责任的重新定义应运而生，归纳现有社会责任定义及标准内容，学界认为主要包括以下几方面：遵纪守法、维护社会稳定、公民社会建设、保护环境、保护消费者权益、劳工准则和劳资关系、人权、职业健康安全、伦理、反腐败、团体关系、慈善事业和积极进取等。❶

到目前为止，究竟何谓社会责任，国际上并没有统一的定义，现行的各种社会责任标准更是莫衷一是、各抒己见：有的将社会责任仅限定于企业，即企业社会责任(CSR)；有的将社会责任扩大到包含企业在内的所有组织，即社会责任(SR)。本书认为，社会责任首先应该由政府来承担，其次应当由包含各种社会组织、企业和个人承担，但是他们承担的社会责任各有侧重不同。

基于我国的社会主义国家性质和建立社会主义市场经济的既定目

〔1〕 本章为国家社会科学基金项目(04CFX010)阶段性成果。全文发表于《中国经济法 30 年》，(ISBN7-80182-414-8)中国法制出版社 2008 年版。

❶ 舒斌斌：《论行业协会的社会责任及实现》，载《商业时代》，2007 年第 9 期。

标,政府代表人民掌握着大量的国有资产,又掌握着无可比拟的政治资源和社会资源,它最应该也最有条件承担最广泛的社会责任;同时,要想搞活市场经济就必须转变政府职能,不断调整和优化政治、经济、文化和社会管理领域的职责权限和责任划分,建立有限政府、责任政府、服务政府和法治政府。所以政府在社会责任担当的领域是最广泛意义上的,在各行业、在各个地域、在各个不同的利益群体中,社会责任的履行手段应当是各个行业、各个地域、各个群体自己的事情。政府有义务在法律规定的范围内给予他们各方面基础条件的支持、氛围营造和政策法律环境以及公共安全等。

2. 行业协会的社会责任

在建设“大社会、小政府”的要求下和政府因财力、管理资源的以及社会责任履行范围、层次的有限性难以完全承担社会责任时,就需要由其他主体来替代承担这个责任缺口,而其核心在于社会组织和企业。

行业协会作为经济组织比如公司、企业的再组织对社会网络进行了重构,成为社会领域中的一种独立自治团体。在大陆法国家,行业组织更多的是被当作政府的组成部分或延伸机构对待;而在英美法国家,行业组织主要是独立于国家之外的自治领域,它在共同关心的事务中将公民联合起来,并通过它们的存在本身或行动对政府公共政策产生影响或施加压力❶。鉴于理论和实践的考虑,行业协会有承担社会责任的必要性,它是取得自身合法性和会员社会责任延伸的要求,同时也是由其产生背景、本身属性和实际运作情况决定的。再者,行业协会履行社会责任对于稳定社会秩序、增加社会成本、培育公民文化和社会的可持续发展有着重要的实践意义。

3. 律师协会的特殊性

律师协会作为律师和律师事务所组成的职业共同体,基于其会员群体的特殊性和工作特性,与一般行业协会有着明显的区别。

---

❶ 钱志远:《中国行业协会法律问题刍议》,载《明理学刊》,http://law.cufe.edu.cn/article/default.asp?id=292。

• 设立的依据不同

一般的行业协会首先是根据民法上的社团组织而建立的,政府相关的产业管理部门对其进行监督和指导。但是,律师协会除了需要社会团体法人的登记得以设立之外,还受《律师法》的规范和制约。《律师法》作为全国人民代表大会常务委员会审议通过的法律较之于一般行业协会所遵从的指导意见具有更高的法律位阶。这说明国家、法律对于律师、律师事务所和律师协会存在与发展的重视,也说明律师行业对于国家建设与社会发展的重要性。

• 设立的方式不同

一般的行业协会都是自愿设立的,基于本行业发展的需要,在各会员的要求和民主评议下组成自律性管理组织,其最初的目的就是旨在促进本行业的交流、合作与发展壮大。而律师协会的设立带有一定的强制性,《律师法》第四十三条规定:全国设立中华全国律师协会,省、自治区、直辖市设立地方律师协会,设区的市根据需要可以设立地方律师协会。

• 协会运作方式有所不同

一般行业协会章程一般在社会团体管理部门登记备案,而律师协会章程由司法行政部门审批通过然后在社会团体管理部门备案。一般行业协会领导人产生的方式是由会员民主选举产生,而律师协会则多由政府指令、民主选举及其交叉形式产生。一般行业协会决策方式是集体决策,目前律师协会的决策方式业都基本上采取集体决策和党委决策相结合的形式,也能体现一定的民主性。

• 会员入会方式不同

一般行业协会的会员都是企业、公司或相关单位根据自身发展的需要,由本单位最高权力机构决议通过是否加入相应的协会。但是律师协会的会员入会是强制性的,而且同时成为两个协会即地方律师协会和全国律师协会的会员。《中华人民共和国律师法》第四十五条规定:律师、律师事务所应当加入所在地的地方律师协会。加入地方律师协会的律师、律师事务所,同时是全国律师协会的会员。

• 行业服务内容不同

一般行业协会多以有形商品或者比较具体的商业服务为产品供给满

足消费者的需要，而律师业提供的是一种知识产品，他通过专业知识和专业技能帮助当事人满足一定的法律诉求和心理诉求。

- 与国家法制的关系

一般行业协会组建之后能通过会员利益代表和表达机制反映自身利益集体的要求，并从法律层面克服既得利益的驱使、分散利益全面代表的局限性、立法与管理者职能界定不清等不足。相比较而言，律师协会除了能在这一基本层面起作用外，还能通过自身的职业内容，为当事人解决法律纠纷或提供咨询服务来间接的表达更广泛的社会群体的利益，从而更全面地反映多数群体的现实状况，增进整个社会的总体效益。

- 会员的职业特点不同

一般行业协会的会员多是公司、企业，他们从一开始就是以经济利益最大化为终极目标，而律师作为一种主动的司法资源则具有善于调解各种社会关系矛盾的独特优势。与法官、检察官相比他们脱离行政管理体制的规制在职业选择和职业保障上表现出明显的社会属性和商业属性。

4. 律师协会社会责任的特殊性

律师协会社会责任是一般责任与特殊责任的结合。律师协会与一般行业协会差异之所在，决定了律师协会社会责任在一般行业协会社会责任的基础上有其特殊性。其特殊性体现在以下几个方面：

- 独立性

律师协会提供独立的法律知识服务，具有独立的法律地位，这在很多的行业协会是不具备的。

- 服务性

律师协会提供的服务属于一种知识性服务，是一种生产性服务，具有独立的价值。

- 引领性

律师协会通过提供知识性、生产性的服务，破解经济关系的谜团，在经济关系陷入僵局的时候，他的知识服务能够提升行业的社会责任履行水平，从而带动第二产业和第一产业的发展。

- 联动性

律师协会是在政府直接支持下建立,其基础是企业、权利人的加入。因此,行业管理组织本身能够"上传下达",律师、律师事务所通过加入行业协会,实现在业内其他业务伙伴进行沟通和交流。地方律师协会之间、地方律师协会与全国律师协会之间以及国内律师协会与国际律师协会、外国律师协会之间的交流具有联动性。

- 灵活性

律师协会比政府关注的面要小,所以律师协会在履行律师社会责任方面具有天然的灵活性优势。

- 专业性

对该领域关注的长期性、会员的适时交流、经验的长期积累,使其在社会责任履行方面具有专业的优势,政府不可能对律师行业如此专业的关注,所以律师协会对社会责任的履行恰好弥补政府社会责任的不足。

- 开阔性

政府通过律师协会贯彻国家的政策,从而实现"政府、协会、事务所"三位一体的管理模式。行业管理组织由于可以居中联系政府和企业,因此实施律师行业管理时比政府管理要灵活、比企业自身视野要开阔。

- 社会性

律师协会天然地是社会责任标准的维护者,它的工作是上层建筑的天然组成部分,它的社会责任履行具有既利于团体本身又利于社会本身的性质,所以从长期来看,律师协会社会责任是具有渐进性的公益性的社会责任。

第二节　律师协会承担社会责任的必要性及内容

1. 律师协会承担社会责任的必要性

纵观国内外立法和实践,行业协会的社会责任在国家立法和民间法中都有体现,但不同类型的行业协会所担负的社会责任是有差异的。律师协会作为一种自律性社会团体法人,"在政治民主的时代化社会里,扮演着多元性的角色，既可作为政府与民众之间沟通媒介的中介角色；又可表现其影响政府决策的利益团体或压力团体的力量；更可承担政府授权的委托行政事务”。[1] 在目前我国建设法治社会与和谐社会的时代背景下，律师协会作为一种特殊的社会组织、特殊的行业协会承担普通行业协会承担的社会责任之外的社会责任也是应有之义。

(1) 律师协会承担社会责任顺应建设法治社会的时代要求

法治是人类文明之树上的一个硕果，中国实行依法治国，建设社会主义法治国家，是社会主义事业发展的内在需要，是中华民族走向伟大复兴的必然选择。法律职业的专门化及职业共同体的自治则是社会主义法治的形式要求；而完善的利益表达机制则是政治文明民主法制建设的内在要求。律师协会作为法律职业者组成的独立的群体，是社会利益表达机制的组成部分，其自治和自治的程度将直接影响到社会法治化的发展。

作为协会会员的律师是法治建设的“完善者”。一方面，律师作为一个社会群体可以通过律师协会表达自己的诉求，另一方面，律师所具有的特有素养和工作职责又决定了他们还可以表达社会其他领域的诉求。他们不仅能通过个案代理、具体法律事务的服务来对我国现行的法律法规提出查缺补漏的建议，而且在执业活动中，还可以通过与社会各阶层、群体的广泛联系，积极传播法律的基本原则和法治精神，把法律规范渗透到社会各个阶层和各个领域，使公民了解自身所享有的权利和应尽的义务，从而维护法律权威，推动法治理念在社会具体生活中的适用和施行。

西方发达国家法治建设的实践证明：律师行业的发展状况决定着一国的人权保障情况和法治进程。救济是法治建设的实质，没有救济就没有权利，而没有充分的救济就没有完全的权利。律师协会通过履行社会责任，重视律师的作用、改善律师的执业环境能够提高权利救济的程度、更大程度地保障人权，促进法治社会的建设。

(2) 律师协会承担社会责任是实现法律秩序价值的需要

律师协会所承担的一部分社会责任是通过维护律师的执业权利、优

---

[1] 张玲：《行政法视角下的律师协会与行业自治》，中国律师网，http://www.acla.org.cn/pages/2007-8-1/s40361.html

化律师的执业环境来实现的。也就是说，律师在处理案件、维护当事人权益的过程中通过关注民生、民权，注重案件社会效益、进行公益诉讼等方式实现律师维护法律正确实施，维护社会公平的职业使命。“作为法律的首要目的，恰是秩序、公平和个人自由这三个基本价值。”[1]法律秩序是人们根据社会生活的需要，归根结底是根据社会经济生活的需要，在总结经验的基础上，结合一定的预见，“设计”出法律规范，并使其在生活中实现而建立的秩序。[2] 它通过协调各种矛盾、平衡社会整体利益来体现、确认和保护维护自由和纪律的社会秩序。而律师作为法律工作者恰恰利用其身份独立、善于调解各种社会关系和社会矛盾的独特优势，通过独立的工作方式，运用法律的手段保障和实现当事人的正当权益，进而维护社会自由、公平、正义的法治秩序。

（3）正确处理国家、政府与市场辩证关系，转变政府职能的要求

律师协会的发展与政府职能转变有着辩证统一、相互协调的密切关系，律师协会是伴随着我国社会主义市场经济体制的日趋完善以及以政府机构改革和政府职能转变为主要内容的政治体制改革的进程逐渐发展并发挥作用的。“十七大”报告指出，加快行政管理体制改革，建设服务型政府；着力转变职能、理顺关系、优化结构、提高效能；健全政府职责体系，完善公共服务体系，推行电子政务，强化社会管理和公共服务。政府职能转变为我国行业协会带来了发展机遇和活动空间，同时以转变政府职能为主要内容的政府机构改革正在深入进行，政府将从对一些经济事务、社会事务的管理中退出，由微观管理转向宏观管理；由直接管理转向间接管理；由部门管理转向行业管理；由以“管”为主转向以服务监督为主；在我国政府机构改革、政府职能转变的过程中，律师协会将承担政府机构改革后的部分职能而成为建设服务政府、法治政府和责任政府的载体。在这种普遍性和公平性之下，充分利用政府公共资源与政府加强和完善对律师协会的公共服务又是实现这一目标的辩证统一路径。十八大后实施脱

---

[1] ［英］彼得·斯坦、约翰·香德：《西方社会的法律价值》，王献平译，中国人民公安大学出版社1990年版，第30页。

[2] 孙国华、朱景文：《法理学》，中国人民大学出版社，2004年第二版，第66页。

钩,更加强了这方面的要求。

(4)律师协会承担社会责任是昭示和实践平衡协调与社会本位经济法理念的要求

现代市场经济中的双重缺陷,市场并非万能,它在发挥着不可替代的积极作用的同时,也具有其自身无法克服的缺陷,以致在资源配置中失灵和失效。同市场不是万能的一样,政府也不是万能的,国家在干预市场缺陷的过程中伴生了政府缺陷,在这两种缺陷同时出现的情况下,如果不寻求有效的救济途径,社会经济就可能处于失控甚至无序状态,律师协会作为社会有形之手、无形之手之外的第三极应运而生。在建设和谐社会的条件下,它基于自身的社会性和公私交融性,既努力保持整个社会范围内的经济秩序,实现整体社会效益的增加和国家对于经济生活的意志实现,又尽力保证民法领域内的意思自治,以此实现平衡协调价值目标的具体运用,成为政府、市场和律师事务所、律师之间的桥梁和纽带。

律师协会一方面可以通过组织并引导律师参与政府决策,提出立法建议等方式,制约政府对经济主体的过度干预;另一方面,还能通过制定和执行行业标准、职业伦理道德等方式,制约本行业之间的恶性竞争等损害社会团体利益和社会公众的行为,从而最大限度地维护社会整体利益。可见,律师协会本身就是社会化的象征,是社会本位的最好体现,也是经济法实现社会本位的最理想的方式和工具之一[1]。

(5)律师协会承担社会责任是律师社会责任的延伸

律师作为一种社会角色,作为政治文明、司法文明的产物,民意的天然代表者,下传党和政府的声音、上传民意呼声的桥梁和纽带,内源于社会发展运行的时代需要,从诞生之日起就被赋予了高尚的职业使命及与社会公平正义相守相随的崇高的社会责任。从职业定位和发展历史来看,律师作为权利的代言人和维护者从一开始就是作为公权力的制约力量和民主法制、公平正义的护卫者出现的。平衡法律适用、促进司法公正、制约公权滥用、维护社会正义是律师的天职,也是律师存在的社会

[1] 鲁篱:《论社会对立的制约——以行业协会为中心展开的研究》,载《社会科学研究》,2002年第5期。

价值。

正如1990年8月第八届联合国预防犯罪和罪犯待遇大会通过的《关于律师作用的基本原则》所宣示的一样:"律师专业组织在维护职业标准和道德,在保护其成员免受迫害和不公正限制和侵犯权利,在向一切需要他们的人提供法律服务以及在与政府和其它机构合作进一步推进正义和公正利益的目标等方面起到极为重要作用。"律师职业作为法律服务业,它提供的不仅仅是一般服务业面向特定个体的法律服务产品,而且是作为国家上层建筑的重要组成部分,面向社会不特定主体提供关乎国家上层建筑功能发挥成效和社会正义的公共服务产品。[1]

2. 律师协会社会责任的内容

由此可见,律师协会基于其作为职业团体的特殊性以及律师社会角色的公益性而不可置疑地拥有承担社会责任的正当性基础。据此,本文认为:律师协会的社会责任是指律师协会基于其社会团体自治属性和社会构成体所担负的维护和增进社会公共利益的义务。

作为社会组织的再组织,律师协会承担社会责任内容依据不同的分类标准可以做以下分类:

(1) 应尽责任、相对应尽责任和任意责任

律师协会社会责任依据法定性成分标准,可以分为应尽责任、相对应尽责任和任意责任。

- 应尽责任

作为一种社会团体法人,协会本身应该模范遵守法律法规所规定的社会责任。

依据《律师法》和《法律援助条例》相关规定,切实、有效地履行新《律师法》规定的律师协会的职责,保障律师依法执业,维护律师的合法权益;总结、交流律师工作经验;制定行业规范和惩戒规则;组织律师业务培训和职业道德、执业纪律教育,对律师的执业活动进行考核;组织管理申请

---

[1] 张震:《中国律师业的制度定位与职业文化特征》,载《中国律师》,2008年第1期,第四卷,总第32期。

律师执业人员的实习活动，对实习人员进行考核；对律师、律师事务所实施奖励和惩戒；受理对律师的投诉或者举报，调解律师执业活动中发生的纠纷，受理律师的申诉等。

· 相对应尽责任

律师协会章程和行业规则规定的应当履行的社会责任，是相对应尽社会责任。

通过对比《律师法》与中华全国律师协会章程，我们大致可以归纳出以下几点：制定并监督实施律师执业规范；处理对会员的投诉；制定并监督实施会员奖惩办法；参与立法活动，向有关部门提出法制建设及律师制度建设的建议；宣传律师工作，出版律师刊物；举办律师福利事业；组织与实施全国律师资格考试的具体工作；司法行政部门及上级律师协会委托行使的其他职责。除此，各地方律师协会还可以根据本地区经济和法制发展情况，各自在法律规定的范围内制定具体的职责规范和行业标准。

· 任意责任

以社会公德、社会道德和社会发展趋势为坐标要求律师发挥引领社会发展功能而又未为法律和行业规则所规定的责任，称为任意责任。

（2）内部责任和外部责任

依据组织内外标准，律师协会社会责任可以分为内部责任和外部责任。

· 内部责任

作为行业协会的一种形态，首先代表成员的利益需求，需要通过维护会员的权利、有效保障律师的执业、促进律师事务所的发展而间接地承担社会责任，这是律师协会自身价值的充分体现。这种针对协会成员利益的内部责任包括以下几点：

① 反映律师的意见和要求，做律师职业群体的“代言人”。律师协会作为一个职业团体，需要有组织地向有关国家机关反映律师的意见、建议和要求；

② 支持律师依法执业，维护律师的合法权益。律师在开展业务的过程中，不可避免地遇到来自各个方面的阻力或障碍，甚至会因触犯一些人

的利益而遭受报复和迫害，这就需要律师协会发挥职业组织的作用，并动用各种力量，改善律师的执业环境和条件，维护其成员的合法权益；

③ 建立健全律师保险和福利制度，为律师执业提供必要的物质保障。律师是一个高风险的职业，需要建立健全与律师执业有关的保险制度，积极开展各项福利事业；

④ 保障律师依法执业，定期或不定期地开展业务培训，以奖学金、实习机会、实习津贴等方式吸引和发展青年律师队伍，保证律师法律服务质量和水平；

⑤ 受理并妥善处理对律师的投诉和举报，维护当事人的合法权益，维护社会公平正义和秩序的实现；

⑥ 对律师事务所的管理进行指导和监督，优化事务所结构和加强组织体系建设，提高律师事务所在规模化、专业化、国际化、规范化等方面的综合实力；

⑦ 完善对律师和律师事务所的奖惩制度，加强诚信建设。

• 外部责任

作为一种特殊的行业协会和职业团体，鉴于律师行业的部分社会属性和公共利益的外部性，还应该坚持道德伦理的高尚追求，面向社会和国家直接地承担相应的社会责任，比如：积极参与社区建设；鼓励律师和律师事务所志愿服务社会、进行社区法律宣传和法律咨询；热心参与慈善、捐助等社会公益事业；关心支持教育、文化、卫生等公共福利事业；在发生重大自然灾害和突发事件的情况下，积极提供财力、物力和人力等方面的支持和援助。

(3) 经济责任与非经济责任

依据经济标准，律师协会责任可以分为经济责任和非经济责任。

• 经济责任

律师协会作为一种社会中介自治组织，对于国家政治、经济和文化建设都发挥着至关重要的作用，基于当前中国经济转型时期的特殊背景，其在经济方面产生的影响就显得尤为突出。首先表现在自身作为一种具有商业属性的行业自治团体，应该强化本行业的利益取向，其次更重要的是它在经济领域所能够发挥的促进和引领作用：

① 市场经济条件下，资源配置的增值和获益过程中，法律干预主义逐渐被当事人意思自治主义所代替，逐渐以协议、合同的形式明确和固定交易双方的权利义务。随之，如何在协议和合同中保护自身的合法权益显得至关重要，而律师在这一领域的服务作用也日益突出。

② 国有经济的战略性调整、中小国有企业民营化等国有经济战略调整计划和趋势为律师行业拓展国有企业改革、资产重组和产权交易、企业兼并破产、上市公司的运作、招商引资项目的落户等法律服务提供了良好的机会。律师协会应该引导律师事务所、组织律师积极拓展和参与这些领域的业务，为国有经济的改制和改革保驾护航。

③ 中国入世以后，跨国公司为了开拓和占领中国市场份额进行的对华贸易和投资，必将使得中国民族企业面临着激烈的国内国际竞争，在这种格局下呈现明显增势的非诉业务将使律师运用自身的专业知识介入，增进交易结构的安全性和效率性，增加交易，繁荣市场。

④ 律师协会和律师可以通过企业经济活动的策划、计划执行中风险的预防和防范以及事后危机、争议的解决来参与企业的运作活动，在给企业提供诉讼法律服务的同时，就有关的法律事务进行咨询，保证经济活动的合法性和安全性。

⑤ 在跨国公司并购业务、房地产业、城市拆迁等领域加强研究探讨、整合律师和律师事务所资源，培养律师业的国际竞争能力。

- 非经济责任

按照逻辑划分，经济责任之外的社会责任，都是非经济责任。

第三节　现状探究

1. 历史发展

上海的律师服务业最早可以追溯到1869年上海公共租界的会审公廨。1914年上海律师公会由上海留学生发起成立。1915年，在当时北洋政府司法部立案的上海律师公会在上海西门外神州政法学校内成立。就新中国的上海律师服务业而言,则经历了20世纪50年代的短暂转型。

(1) 20世纪50年代上海律师业的短暂转型

1949年5月上海解放,旧律师制度和旧司法制度被同时废除。新中国的司法制度中又不能没有律师制度。上海市的律师工作就是在吸取民主革命时期革命根据地的辩护工作经验的基础上,适应社会主义法制建设的需要,逐步发展起来的。但是我国律师事业的建立和健全却走了一段曲折的道路。20世纪50年代短暂恢复后,经历了一段时间的停顿,直到改革开放后,上海律师业才开始重新走上正轨。

1949年,经上海军事管制委员会核准了《上海市人民法院办理民刑案件暂行办法》。该暂行办法第12条规定:"刑事案件,得由被告申请审判长指定公设辩护人,或有关之群众团体指派代表为其辩护人。"同时,人民法院在研究室内设置公设辩护人3名。1950年1月,中央司法部根据《中华人民共和国政治协商会议共同纲领》第17条"废除国民党反动政府一切压迫人民的法律、法令,建立人民司法制度"的规定精神,曾着手起草律师法,准备建立新的律师制度。

1950年7月下旬至8月上旬召开第一次全国司法工作会议,中央司法部提出《京、津、沪三市辩护人制度试行办法》(草案),交会议讨论,要求各地酌情试办。该草案规定,暂时设立三种类别的律师:一是公设律师;二是职业律师;三是辅佐人。三者中以公设律师为主。后来,由于开展"三反"运动以及司法改革运动等原因,该计划未能实施。1953年,运动结束,上海市人民法院即着手筹建公设律师工作,调李树棠同志负责组建,又陆续调进叶克信、龙镇中参加。1953年7月,律师以公设律师身份开始办理刑事案件,律师的名称开始写进刑事案卷中。1954年1月,正式成立公设律师室,属于上海市人民法院司法行政处领导,接受民刑事案件当事人的委托和法院的指定,参加诉讼。1955年,上海市司法局成立,公设律师室划归司法局领导。

1954年6月,我国宪法公布以后,中央司法部指定北京、天津、上海、重庆和沈阳等市试行律师工作。上海市人民法院于同年7月间制定了《加强辩护工作试行方案》,从四个方面加强辩护工作:一是扩大了原来辩护工作的范围,即凡是有公诉人出庭的案件,被告人系未成年人或智能欠缺的聋哑人以及杀人、责任事故等重大疑难案件，都必须有辩护人为他们辩护；二是鉴于律师人员太少，积极组织被告人的近亲属、法定代理人、机关团体介绍的人为被告人辩护，并在杨浦、闸北两个区试点；三是明确了律师享有的诉讼权利，如阅卷、会见被告人，提起上诉等等；四是规定了律师应当在真实材料基础上，提出证明被告人无罪、罪轻的一切论据，毫无顾虑地进行辩护。

以上情况表明，上海解放之初，在废除国民党旧法统的同时，新的为人民服务的律师制度是从辩护工作开始发展起来的。上海成为全国最早设置律师的大城市之一。

经过建国初期的各项民主改革，我国逐步进入了有计划的经济建设时期，建立正规的革命法制成为十分紧迫的任务。中央司法部 1955 年 10 月 7 日发出(55)司公字第 2252 号通知：为了推行律师制度，拟定本年内先在北京、上海、天津、河北等 18 个省市建立律师组织，以省市为单位筹建律师协会筹备会，下设立法律顾问处。上海市司法局也依照这一指示精神，为了贯彻执行《中华人民共和国宪法》、《中华人民共和国人民法院组织法》中关于“被告有权获得辩护”的规定，根据本市的实际情况，经过几个月的积极筹建，于 1956 年 3 月 27 日成立了上海市律师协会筹备会，最初办公地址设立在宁波路 112 号。

1956 年 4 月 4 日，上海成立了 5 个法律顾问处，同时对外办公。同年 12 月，又增设了第六法律顾问处。法律顾问处成立后各项业务进展很快。1956 年第三季度的工作量比第二季度上升 1 倍左右；1957 年 3 月份 1 个月的民事代理案件相当于 1956 年第三季度的 3 倍多；刑事辩护收案也成倍增加，曾经达到占法院收案的 57%。根据从 1956 年 4 月到 1957 年 11 月的统计，各法律顾问处共计受理刑事辩护案件 5 191 件、民事代理案件 6 692件、代书 25 230 件、法律咨询 89 043 人次。这些显示了明显的效果，说明律师制度不仅为广大人民群众所欢迎，而且是我国法制建设不可缺少的重要组成部分。

律师协会筹备会在性质上是律师自愿组织起来的社会团体。法律顾问处是律师的基层组织，由律师协会筹备会领导。律师在法律顾问处的直接领导下开展工作。市司法局原来设有公证律师管理处，律师协会筹备会成立后,律师管理工作全部委托律师协会筹备会负责,不再保留管理处。有关律师工作的情况和重大事项,律师协会筹备会正副秘书长及时向市司法局请示、报告并经常参加局务会议。市司法局虽然取消了管理处,但经常从各方面对律师工作给予全力扶持。局务会议多次专门研究律师工作,对重大问题作出决定。例如吸收14名旧律师问题就是经司法局讨论、决定具体实施办法的。律师工作得以把握方向,顺利发展,是与司法局有效地进行指导和监督分不开的。

这一阶段律师的主要任务是:为党的中心工作、为社会主义服务。律师的全部活动,必须从有利于人民民主专政、有利于社会主义建设事业、有利于人民内部团结出发,严格遵守国家法律,为公民、机关、企业、团体提供法律帮助,以维护革命法制。

1956年3～4月间,律师组织开始建立时只有50多人。同年11月,律师及行政人员迅速发展到178人。人员的来源有5个方面:市司法局调来22人;法院调来106人,市检察院调来1人;大学毕业生分配来11人;民政局等单位调来11人;劳动局和社会上吸收27人。在178人中,男性137人,女性41人;在文化程度方面,有62人是大学毕业的;有党员39人,民主党派成员23人;原任法院正副院长的5人;庭长及审判员11人,助理审判员23人,检察员1人,书记员及办事员62人。除了30多人负责行政工作外,其余人员均从事律师业务工作。经过审查批准为专职律师的59人(其中女性12人),经批准为学习律师的34人(其中女性12人)。律师的待遇和国家机关干部完全一样。到1957年12月,专职人员发展到191人,其中律师150多人。

那时律师协会还不断发展兼职律师,到1957年,兼职律师125人。他们都是华东政法学院、复旦大学法律系以及司法干部训练班的教学人员。

正当律师开始上规模,为社会主义法制作出有益贡献的时候,1957年反右扩大化,强调"律师制度是阶级斗争的工具,可以更有力地暴露敌人",错误地指责刑事辩护是"包庇犯罪"、"敌我不分"、"矛头对内"、"丧失阶级立场",并认为"律师中大部分人都是未经认真改造的资产阶级思想很严重的知识分子"。反右扩大化导致律师队伍中有17人被错划为"右派",有9人被错定为反动分子而被判刑劳改,加上被隔离工作岗位,被下放到淮北等地的人数占律师总人数的43%。同时,律师各项业务由升转降,不断萎缩乃至夭折。

1959年,上海市人民委员会正式撤销了6个法律顾问处。律师协会筹备会也只存在了3年多。50年代创建律师制度后走过的曲折道路说明,如果不彻底消除封建主义思想的流毒,纠正"左"的错误倾向,确立一条依法治国的正确路线,要在我国推行体现社会主义民主和法制的律师制度是不可能的。

(2) 改革开放前上海律师业的重新恢复

粉碎"四人帮"后,党中央十分重视加强社会主义法制建设,五届人大通过的新宪法再次作出了"被告人有权获得辩护"的规定,重新恢复律师制度势在必行。中共上海市高级人民法院党组为此向中共最高人民法院党组做了请示。最高人民法院党组对此专门做了研究,于1978年12月18日以电话答复:同意上海恢复律师协会。同年12月21日,上海市高级人民法院向中共上海市委写出《关于恢复上海市律师协会的请示报告》。1979年4月10日,中共上海市委组织部以沪委组(79)第421号文批复:同意恢复建立上海市律师协会及第一、第二法律顾问处,编制暂定30名,属事业单位。上海市高级人民法院党组决定,由卓启民同志负责开始阶段的筹备工作。同年10月间,搬至四川南路29号213室开始临时办公。

经批准恢复建立的上海市律师协会,对内由上海市高级人民法院领导。1979年12月中旬,中共上海市委恢复建立上海市司法局。同年12月18日,上海市高级人民法院党组与上海市司法局筹备小组联名提出《关于筹建上海市司法局及三个直属单位(上海市律师协会、上海市公证处、上海市司法学校)的请示报告》,从此,上海市律师协会仍然按照50年代的体制,为上海市司法局直属单位。1980年3月12日,上海市律师协会经中共上海市委同意和司法部批准,正式恢复建立,对外办公。

在律师代表大会制度形成之前,上海市律师协会的主要负责人都是由上海市司法局党组提名,报请中共上海市委组织部批准的。其后,上海律师协会的主要负责人均由会员代表大会民主选举产生,上海律师协会的自治性大大提高。其中,第一、二任会长韩学章是由上海市委组织部任命的会长。第三任和第四任会长民主选举产生,由王文正担任。第五届会长为张凌,第六届会长为朱洪超律师。第七届会长为吕红兵律师。

(3) 改革开放后上海律师服务业的大发展

1979年4月10日,中共上海市委组织部同意恢复建立上海市律师协会,1980年3月12日上海市律师协会正式恢复建立,此时全市承办律师业务的仅43人。重建律师队伍的工作步履维艰,由于旧的计划经济体制的制约,此后十年间上海市只建起53家律师事务所,2053名执业律师中专职律师仅418人,80%是兼职和特邀律师,律师体制亟待改革。1988年6个律师事务所率先进行合作制试点,律师辞去公职,与国家编制完全脱钩,引入竞争机制,优胜劣汰。与此同时,律协还采取其他措施发展专职律师:从历次全国律师资格考试及格人员中公开招聘;吸收部分优秀兼职律师转为专职律师;从乡镇法律服务所中吸收符合条件者充任专职律师;对符合条件的归国留学生实行优惠政策,发展为专职律师。到1995年,专职律师就达到2027人。2004年底,全市律师事务所已发展到600多家,有执业律师6000多人。

1979年4月,市律师协会筹备组成立。同年底,先后调入业务人员16人(另有行政人员6人),开始承办律师业务。1980年10月,调入人员达到51人,除了8名行政人员外,在43名业务人员中由法院调入5人;原来是市律师协会人员归队的11人;原来从事法院、检察、公安工作,1957年以后转业,重新归队的15人;高等院校法律系或法律学校毕业后,因用非所学而归队的12人。业务人员的文化程度:留学1人,大学毕业27人,中专毕业5人,高中10人。性别:男37人,女6人。年龄:40岁以下2人,41岁至50岁20人,50岁以上21人,平均年龄50.88岁。1981年市律师协会及市属两个法律顾问处的人数从1980年的63人增加到97人,其中业务人员72人,行政人员25人。1982年全市除普陀区及新建的闵行区外,其余20个区县均已建立法律顾问处,市区县共有在编人员248人,比1981年增加150人,其中业务人员197人,比上年增加125人,行政人员51人,比上年增加26人。在业务人员中,中共党员75人,占38%;50年代从事过律师工作的22人,占11%;从事过公安、检察、法院工作的98人,占41%。从文化程度看:大学法律系和专修科毕业的116人,占59%;中等法律学校毕业和经过法律培训的21人,占10.5%;大学其他系科毕业的 12 人，占 6%；中学毕业的 40 人，占 20%。从年龄看，51 岁以上的 103 人，占 52.3%；41 岁至 50 岁的 60 人，占 30.4%；40 岁以下的 34 人，占 17.3%。总的来说，这支重新建立的律师队伍，在政治素质和工作作风上有着 50 年代的优良传统，但年龄较大、青黄不接的现象比较突出，中青年人数偏少。大部分业务人员超过 51 岁，不少是 50 年代初期的大学生，知识老化，需要更新。

上海市律师协会于 1981 年底抽调干部组成律师资格审批小组，根据《律师暂行条例》的规定和司法部的要求，开始着手律师资格的审批工作。通过个人总结、小组讨论、查阅办案卷宗、旁听出庭辩护，并征求检察院、法院的意见，再经过审批小组提出考核评审意见，最后报司法局批准。1982 年 3 月，第一批 46 名业务人员被批准为律师，获得律师资格证书。同年共计进行了 3 次律师资格的审批工作，被批准为律师的 137 人，实习律师 18 人，共 155 人，占业务 43 人员的 78.7%。审批律师的工作实际上是对业务人员进行一次思想教育和业务考核，起到了整顿律师队伍的作用。

由于专职律师人数少，群众请律师难，市司法局和市律师协会为适应律师工作迅速发展的需要，解决律师人员不足的困难，通过多种途径，吸收兼职律师和特邀律师，使律师队伍有了较大的发展。

吸收兼职律师的途径主要是：①在政法院校、法律科研单位吸收兼职律师。这样做，一方面调动了一大批法律专业人员直接为社会服务，满足群众的迫切需要；另一方面，有利于他们理论联系实际，提高教学科研水平。这些人数增长很快。如上海市司法学校到 1984 年 3 月，已经取得律师资格的教学人员达到 32 人，占该校在职教师的一半以上。②从企业事业单位和经济管理部门吸收培养兼职律师。如上海市房产局在 1984 年成立法律顾问室。该局 4 名具有法律专业知识的人员经司法局批准为兼职律师，负责处理全局法律事务，收到较好效果。当时企业事业单位和经济管理部门具有法律知识的人才数量有限，市司法局和市律师协会为了扩大兼职律师的数量，从 1983 年开始，与民盟市委等单位联合举办法律专业培训班，在学员结业后从中择优吸收为兼职律师。

特邀律师主要是从离休、退休的政法干部中吸收。上海于 1982 年 3

月开始吸收特邀律师的，是最初在编制少、业务忙的情况下采取的应急措施，吸收了一批50年代做过律师工作的离休、退休人员担任特邀律师，以后又吸收了一些曾经担任审判员、检察员的离退休人员任特邀律师。由于他们长期在政法战线工作，业务比较熟悉，能够独立承办律师业务，和专职律师同样发挥作用，普遍受到法律顾问处的欢迎，并陆续得到发展。

吸收兼职律师和特邀律师，自始就坚持《律师暂行条例》规定的条件。1982年下半年开始进行兼职律师的审查工作。同年底，在市司法局授予律师资格的82名兼职律师中，有政法院校和法学研究单位的教授、讲师、研究员和编辑人员56人，他们具有比较系统的法律专业知识；有经济部门的专业干部13人，他们熟悉进出口贸易、海关、造船、航运、税务、房地产管理以及企业管理等业务，具有比较丰富的经济专业知识；有司法行政部门的业务干部13人，其中8人在20世纪50年代做过律师，有一定的实践经验。

到1984年3月间，全市吸收的兼职律师达到133人，其中教学、科研单位（如华东政法学院、上海市社会科学院法学所、上海大学法律系、外贸学院、海运学院等）有70人，企业事业单位和经济管理机关有63人。全市吸收的特邀律师为27人。同年5月，全市吸收的特邀律师达到38人，其中做过律师的11人，做过审判员的18人，做过检察员的3人，做过公安预审工作的2人，做过经济、技术和教育工作的干部4人。依据10个区县法律顾问处的统计，1983年内，80名兼职律师共办刑事辩护案件916件，占法律顾问处刑事收案总数的28.3%，办理民事案件556件，占法律顾问处民事收案总数的42%，发挥了很大的作用。在某些区兼职律师的办案总数甚至超过了专职律师。

2. 发展现状

- 执业队伍的急速壮大

律师服务作为现代服务业的一种，其执业人数的多寡和律所的增长速度就可以用来衡量上海律师业的发展成就。图5.1揭示了上海在28年时间里律师人数的巨大变化，在此期间律师人数增长超过了540倍。

同样，图5.2揭示了上海律师是事务所数目的巨大变化。1980年，全

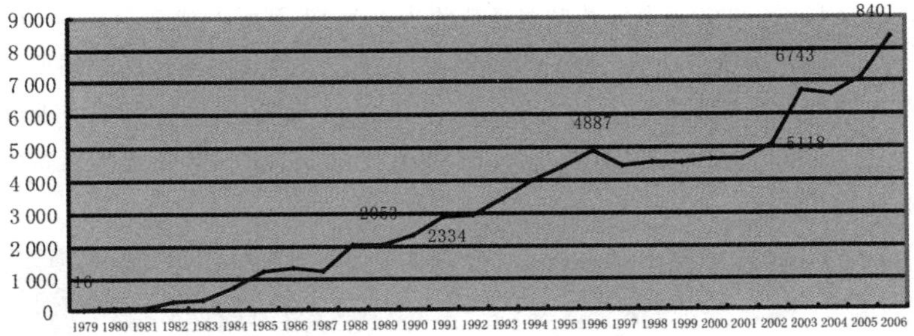

图 5.1 上海律师人数变化情况

注:图 5.1 中 2006 年以前上海国内律师人数,不包括外国律师事务所上海代表处的代表人数。

上海仅有两个法律顾问处(即事务所的前身),1984 年至 1990 年则基本上保持在 40～60 家。1994 年后,上海律师事务所数目开始出现快速增长。截至 2006 年底,上海共有律师事务所 857 家,其中,内资所 741 家,外资所代表处 116 家。这一数目是 1984 年 36 家的 23.8 倍。这些都表明,随着我国市场经济体制改革的深入和上海改革开放的深化,上海律师服务业得到飞速发展。

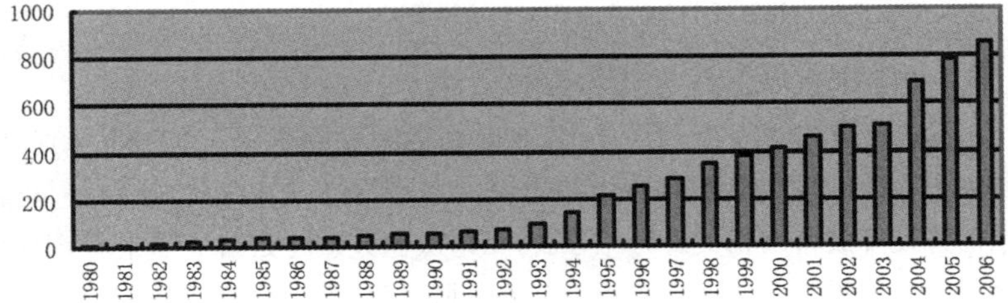

图 5.2 上海律师事务所家数变迁

注:图 2.2 中 2004 年以前的律所数是指国内律所数,2004—2006 年的对应数据则还包括外资所上海代表处。2006 年的律师数据为本国律师加外国律师上海代表处的代表,律所家数则包括中国所(741 家)和外国所(116 家)。

· 律师服务业收入急速增长

与律师队伍快速扩大相适应的是,上海律师服务业收入大幅增长。

图 5.3 显示,1983 年上海律师服务业收入仅为 61 万元。截至 2007 年底,上海国内律师服务业收入进一步增长到 40 亿元(这其中不包括外国所上海办事处及法律服务收入约 20 亿元)。在这 24 年间,上海律师服务业收入增长了 7674 倍,2001 年至 2006 年间也增长了 2.87 倍,接近翻两番的高速增长。

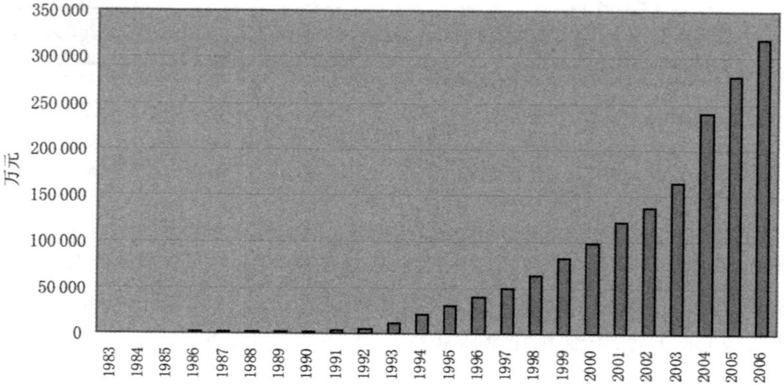

图 5.3　上海律师服务业收入增长情况

注:图 5.3 中 2004 年以前的律师服务业收入是指国内所收入,2004—2006 年的对应数据也不包括外资所上海代表处代表的法律服务收入。

· 律师服务业结构开始显现

从图 2.3 可以看出,上海律师业的真正大发展是在 1990 年,特别是 1994 年以后。这与我国市场经济改革的逐步推进及其深化,特别是与浦东的开发开放密切相关。另一方面,无论从业务量还是营业额来看,上海律师业都取得了非常大的成就。有关数据表明,上海律师业在 1979 年刑事辩护案件 132 件,到 1998 年 10320 件。法律顾问单位在 1981 年是 15 件,而到 1998 年是 19200 件;民事诉讼代理 1980 年 112 件,1998 年 27167 件;行政诉讼代理数量 1991 年是 426 件,到 1998 年 716 件;非讼法律事务承办数量 1981 年 21 件,到 1998 年 16878 件。1983 年全年全市律师收费 61 万元,而到 2007 年上海国内律师业总收入是 40 亿元。90 年代以后,随着浦东的开发开放,律师工作发展迅速,律师事务所不断增设,律师人数逐年增多。截至 2008 年 1 月,全市国内律师事务所已从 618 家发展到 796 家,其中合伙所 549 家,合作所 173 家,个人所 74 家。全市国内执业律师从 6 246 人增长为 8 755 人(不包括 500 多名“两公”律师和外国所代表处律师),其中本科学历 4 799 人,占 54.8%;法学硕士 2 245 人,占 25.6%;法学博士 199 人,占 1.9%。从业务领域的拓展来看,律师提供的法律服务,已经从承办民事、刑事案件为主延伸到金融、证券、知识产权、房地产、投资、金融保险、并购重组等领域,从国内业务为主到走向全球化,日益发挥健全法制和为经济建设服务的作用,走上了健康发展的道路。

- 管理不断优化

上海律师服务业的行政管理经历了法律顾问处到专业所的管理变迁。随着改革方向的进一步明确和市场经济改革的不断深化,事务所的改制成为一种历史必然。截至 2008 年 1 月,全市国内律师事务所 796 家,70%以上为合伙所或个人所,国办所退出历史舞台。合伙所比例的极大提高,为上海律师业的微观管理奠定了非常重要的基础。此外,上海司法局对业务考核管理、业务档案管理、律师分配管理、律师收费、事务所财务管理都给予了相应的指导,这极大地改善了上海律师服务业的管理水平。

- 自律管理成效初显

同样,上海律师协会主导的律师服务行业管理取得诸多成就。随着上海律师协会会员意志的表达机制的进一步完善,上海律师协会在行业自律问题上更反映了整个行业的特征和所有会员的共同利益。这可以从律师协会最近几年表决通过的诸多行业规章中和会长选举得到初步印证。

此外,上海律师协会还在提供政策咨询、加强行业自律、加强行业诚信建设,促进行业发展、维护企业合法权益、完善行业代表等方面发挥了重要作用。更为重要的是,上海律师协会通过召开全世界主要城市律师协会会长会、建议新闻发言人制度、举办行业新闻评选、东方大律师评选、推出律师志愿团、建立健全律师行业“两险三金”;积极推动上海律师事务所课题研究与律师业发展规划,彰显了律师协会在行业发展中的自主与自治;购建独立的办公楼宇,改善律师协会的工作条件;培育品牌所,扩展上海律师服务业的品牌；组织法律服务进社区，参与信访接待，组织法律援助、法制宣传、行业维权等工作；创新老年和青年律师工作；加强纪律惩戒；积极组织业务研讨，加强与国内外同行的交往与合作；努力加强与人大、政府、政协和公、检、法、司、安的交流与合作，为构建和谐司法生态奠定了良好的基础；督促律师人大代表和政协委员参政议政；积极推动新颖疑难业务的课题研究；深入开展涉外律师业务风险警示；大力推进律师免费培训；努力搭建对外全面合作的业务平台等。这些工作很好地提升了上海律师服务业的公众形象，拓展了行业的社会影响，促进了行业自律，推进了政府部门对律师服务业的关注，在很大程度上提升了上海律师服务业的整体市场竞争力。律师服务业对现代服务业的引领作用初步显现。

当前在理论和实践中强化社会责任、关注社会责任的呼声日益高涨，社会整体利益至上的发展趋势下，尽管全国及各地的律师协会承担社会责任没有蔚然成风，但从微观视角观察还是有所成就和进步的。

3. 在履行社会责任方面取得的诸多成果

以上海市律师协会为视角，我们可以欣喜地看到各地律师协会在承担社会责任方面意识的觉醒和切实的努力。

一是推动律师深入社区开展法律服务，参与和谐社区建设：

上海市律师协会通过与街道和乡镇签约，定期定点为社区居民提供法律服务；编写《社区常见法律纠纷调处手册》；与上海市总工会、上海市福利行业协会签约为社区居民、各级工会和广大职工以及福利机构和弱势群体提供法律服务。以此有效地提高了居民的法律素质，推进了基层民主法治的建设，为维护城市基层社会稳定奠定良好的基础，促进了城市经济建设和精神文明建设的协调发展。

二是组织和推动律师坚持参与信访接待工作：

上海截至2007年有800多家律师事务所，执业律师9000余人，每年参加各级政府信访接待工作的律师近千人次，接待上访群众万余人次，上海市律协通过派律师直接参与矛盾化解工作、召开座谈会、举办专题研讨会积极协助政府妥善处理涉法群体案件，维护社会稳定。

三是服务和推进广大律师参政议政：

上海市律协积极搭建平台，努力为律师人大代表和政协委员提供参政议政和参与立法的支持与服务。在协会内部成立律师人大代表及政协委员联络委员会，并利用交流座谈会、新闻发布会以及各种宣传阵地，坚持不懈地向各级领导、政府部门及社会宣传律师在法制建设中的作用和履行社会责任的愿望，并积极地为律师参政议政提供组织和智力支持。上海市律师协会构建的"议案集体研讨机制"这一平台就诞生了《上海市电子商务条例》和《关于修改〈上海市住宅物业管理规定〉》这两个走在全国和时代前沿的议案。它不仅表达了提案律师的共同心声，更使得上海市律师协会成为上海市制定法规、规章提交审议前必经征求意见的单位。

四是加强宣传，提升律师形象，营造良好行业氛围：

通过与各大报业集团、传媒集团联合主办"东方大律师"评选的品牌活动，征集文章、召开座谈会等方式报道和宣传上海律师执业为民、诚信服务的精神与业绩；举办新闻发布会，及时地向社会发布上海律师界的重大信息，积极联络媒体加强对律师参与和谐社会构建、参政议政、服务经济建设等重大活动的宣传报道工作；编发 78 期《上海律协简报》，成为协会会员和各级领导了解上海律师业发展情况的重要窗口，全面反映了上海律协的工作情况，充分展现了上海律师工作成果。

五是推进法律职业共同体建设，与法院、检察院系统建立良性的互动机制：

与市高院、一中院、二中院、海事法院以及市检察院举行多次互访和交流座谈，在诸如征集法律适用不统一判例、律师参与法院审判规则制定、邀请法官和检察官为律师讲课和律师为法官讲课、完善调查令制度、开展相关业务的研究和交流等方面达成了诸多共识。与上海政法学院合作成立《关于进一步完善并试行调查令制度的研究》课题小组，推动调查令制度完善。

六是保障律师权利和执业环境：

根据《中华全国律师协会 2005—2008 年工作纲要》"对法律服务市场、职业权利、律师收费、律师税收等问题进行调研，出台有说服力的调研报告，推动问题尽快得到解决，努力改善律师执业环境"的要求，上海市律师协会在宏观开拓和微观操作方面都取得了较好成绩。宏观方面，在“大维权”理念的指导下，努力创新维权思路，围绕“从被动维权到主动维权、从个案维权到制度维权、从行业维权到社会维权”进行了富有成效的探索。在个案维权方面，着力于制度建设，严格执行立案、结案制度，对受理的案件一一做出认真处理。特别是对一些突发性、涉及人身安全的案件，在接到律师事务所的报案后，能立即启动紧急维权程序，妥善处理，及时协调各方关系，使当事律师在遭遇困难的时候及时得到律师协会强有力的支持和帮助。

七是保障律师行政、物质方面的权利：

上海市律师协会开展了税收、收费等重大问题的调研工作并与相关部门进行有效沟通。起草了《关于建议调整上海市合伙制律师事务所个人所得税征收方式的报告》、《上海市律师协会律师收费制度研究》的调研报告；起草了在国家和上海《律师服务收费管理办法》框架下符合上海律师业实际情况的计时收费规则。

八是净化法律服务市场，防范律师执业风险，维护行业信誉：

在东方律师网上发布涉外法律服务风险警示，完成规范涉外法律服务市场的调研报告，推出专题简报报送司法部律师司、全国律协等部门，列举境外律所所涉各种违法执业行为情况。与平安保险公司签订律师执业责任险合同；积极推动建立区域性维权网络系统，与华东六省签署了《华东地区维护律师执业合法权益区域协作网工作规则》。

九是为律师开拓业务新领域搭建平台、创造机会：

上海市律师协会通过扩大“国企改制上海律师法律服务团”的规模，举办业务培训班，与上海市企业法律顾问协会签署战略合作协议，为社会律师与公司内部律师、法律顾问打造交流平台。同时，不断加强与各类政府部门、社会各界的联系与合作，如上海市台办、社会服务局、市世博局、市侨办、民进上海市委员会、上海证监局、社会服务局、现代服务业联合会、世博局、上海市高院、上海市国资委等，进一步扩大了上海律师在社会上的影响，为开拓律师服务创造了机会。

十是完善自律，严格管理，推进律师队伍建设和律师行业的行风建设：

制定《律师代表团工作规则》、《会员处分程序规则》等22件行业规则和业务指引，对《上海市律师协会章程》、《执业纠纷调解规则》等8件规章进行了修订和完善，并制作了《律师事务所管理示范文本》。支持监事会工作，在工作中形成合力，诚恳听取监事会的意见和建议，增加决策的民主化和科学性。建立律师代表团工作制度，制定《律师代表团工作规则》，完善行业管理运作机制，提高行业管理水平。推出纪律委员会委员轮值坐班制度。编辑并发放《执业纠纷调解案例汇编》，通过案例介绍和点评为事务所管理提供警示和借鉴。动员和组织广大律师积极参加行风测评活动，促进法律服务业行风建设年年上新台阶，不断推动规范管理、规范执业，促进律师队伍建设。

4. 履行社会责任方面存在不足

当然，在看到成绩的同时，我们不可否认不管是在理论、实践层面，还是立法与规章方面仍然存在不少需要完善和加强的地方。这主要表现在以下几点。

一是立法尚缺乏原则性和列举性规定：

律师协会作为一种民间自律性组织，其承担社会责任必定受到自身业务、财政方面的制约而缺乏自觉自愿性，此时需要具有一定约束力的法律、法规和规章进行制约和监督。从我国现行的立法来看，只有《律师法》对律师协会的职能进行了列举规定，但其中并没有对于律师协会履行社会责任进行原则性规定，更没有明确和具体地指出承担社会责任的内容。前文已述及，企业同样应该承担社会责任，而从不被社会关注到引起社会争议到《公司法》修改后第五条的明确条文规定，不难看出法律的规范应该是承担社会责任首要的、关键的突破。所以，这种对于律师协会承担社会责任的缺失和忽视需要我们首先在理念上和法律规制上有所进步。

同时，作为关涉公共利益的社会责任，法律和政府还没有赋予律师协会相应的权限，为其创造履行社会责任的法制基础和法制环境。

二是协会章程尚未给予全面细致的关注：

中华全国律师协会成立于1986年7月，是社会团体法人，是全国性的律师行业自律性组织，依法对律师实行行业管理。该协会对其宗旨作

了如下表述:

· 团结和教育会员维护宪法和法律的尊严,忠实于律师事业,恪守律师职业道德和执业纪律;

· 维护会员的合法权益;

· 提高会员的执业素质;

· 加强行业自律,促进律师事业的健康发展,为依法治国,建设社会主义法治国家,促进社会的文明和进步而奋斗。

而作为香港执业事务律师的专业团体并于1907年注册为有限公司的香港律师协会在其章程中规定的协会宗旨概要如下:

· 维持高素质的专业水准及操守;

· 确保遵守有关事务律师的法则及规定;

· 向会员提供执业事务指引及协助会员发展其业务;

· 向政府及其他组织提出会员的见解及专业意见;

· 为会员提供各项服务。

创建于1949年的香港大律师公会是香港唯一一个法定诉讼律师(或称大律师)专业团体。它设立的目标是:

维护律师协会的诚信和独立,以及在司法、行政体系中的抗辩权;

促进司法管理、司法程序、商业安排、法律报告和陪审制度的发展;

建立和维持法律服务需求者意见和目的实现的合理有效体系,无论他们的支付能力;

促进和支持法律改革;

制定行业行为规则和职业道德规范;

推进两大法律职业体系的良好合作关系;

推进律师协会之间的合作共识,优化与司法人员和公众之间的关系;

保障公众获得公正审判和法律咨询、代理服务;

鼓励法律教育和法学研究的发展;

建立各种公众和私人基金,支持、帮助法学学生和毕业生以及任何符合基金设立目的的其他群体并为他们提供福利。

比较以上律师协会宗旨目标的异同,我们可以发现,香港律师协会在保障会员权利、为会员谋取利益方面,香港律师协会则显得更加细致、明确和全面。它不仅关注会员的合法权益，更注重增进他们的福祉，扩展他们的业务并提供全方位的服务等。而香港大律师公会则更注重与司法行政体系的关系、改革以及对于法律教育、法律改革和社会效益的作用和贡献。

5. 实际操作中尚有欠缺之处

仍然以上海市律师协会为例，协会本身与其他地市尤其是北京市律师协会相比，有些方面还存在着不同程度的缺陷，主要表现为以下几点。

一是责任意识的薄弱和相关机制的欠缺：

相关岗位在岗人士的社会公益与行业责任意识有待提高，协会在承担社会责任方面缺乏相应的制度要求和组织基础，导致政府有关部门及社会成员对律师协会的认知度不高，律师协会的社会影响力较弱。

二是执业维权体系的建设和细化：

律师执业维权是指为保障律师依法执业，抵御律师在职业活动中的合法权益遭受不法侵害以及正常工作遭遇妨碍而产生的制度建设及其实践活动。律师管理的制度缺失、法律服务的秩序混乱、律师执业难、律师税负过重等问题不仅造成了律师行业过大的压力，也导致了诚信执业的律师事实上的利益受损。北京市律师协会率先建立了律师互助金制度救济制度，对意外死亡、致残或患重病及无法治愈的疾病的律师给予经济帮助，体现了律师业“同行互助、同业自救”的精神，是值得各地律师协会借鉴和学习的。

三是税收政策的统一与优化：

《律师法》未明确界定律师事务所到底是事业单位还是企业单位，导致税务机关将律所作为企业而征税，税目多，税率高；而医疗、养老保险部门虽将律师事务所视为事业单位，但其缴费基数、比例均按企业对待，比机关事业单位缴纳的比例高，而退休后的待遇却比较低。这大大影响了律师的职业效率和敬业程度。

同时，不少地方律师协会对律师事务所所得税征收方式都有明确的、统一的、稳定的、比例适当的规定，例如北京市规定：不适合实行查账征收的律师事务所，可采取核定征收方式。而上海目前却是征收方式不统一、核定比例比较高，对上海市律师事务所的所得税征收，基本采用查账征收方式，有些区县对部分律师事务所采用了核定征收方式，但其比例不一，且与兄弟省市特别是律师业发达地区相比偏高。

四是市场拓展与业务收入：

根据统计，目前上海律师事务所80％左右的业务收入局限在上海本地，外地或者外国的法律服务业务只占到20％，反映了上海律师和律师事务所在拓展业务与市场中的困境。和北京律师的发展相比，上海律师不仅在业务发展速度、人数、规模等方面与北京的差距越来越大，总的业务收入也从基本相当跌落到现在的只占北京律师业业务收入的一半。

五是政治参与“边缘化”：

目前在我国，律师缺乏应有的政治交涉力和参与度，在法律职业共同体中明显地处于边缘状态，使得律师职业走向片面的商业化，而无视自身作为国家上层建筑组成部分应有的公共服务属性和社会价值。正如一些学者指出的那样：“中国律师仍处于国家制度体系甚至法律制度体系中的边缘”[1]，“律师处于体制外的边缘状态”。[2]

第三节　对策建议

以上分析表明，社会责任制度化尤其是法制化建设有待完善，律师协会的社会公益与行业责任意识仍显薄弱，协会内部自身履行社会责任和监督律师事务所履行社会责任的机制不健全，社会责任评价体系尚待建立，行为规范尚需细化，针对个中不足，本书建议：

1. 加强协会社会责任的法制化建设

要从《律师法》、《律师执业道德与执业基本规范》等法律体系中强调律师协会必须承担的社会责任，把协会的社会责任纳入法制化、规范化的

---

[1] 吴清旺著：《中国律师“边缘化”之思考》[EB/OL]，[2003-11-05]，http://www.chinalawedu.com/news/2003_11/5/2102482684.htm。

[2] 顾培东著：《加入WTO与中国律师制度的创新》[EB/OL]，[2001-12-02]，http://www.lawwalker.net/detail.asp?id=1175。

管理体系中。因为协会处在一个社会环境中，作为一种自治团体和职业团体，它应该履行的社会责任并不完全是靠其自身的觉醒实现的，很多方面需要政府、社会公众等多方面的监督和促进才能完成。

《律师法》应该在总则中明确规定律师协会必须遵守法律、行政法规，遵守社会公德、商业道德，诚实守信，接受政府和社会公众的监督，承担社会责任。

《劳动法》中对于律师执业的特殊性缺乏相应的规定，应当在借鉴西方发达国家的立法经验的基础上，应当探索对于律师等类型的执业者的劳动关系进行特别立法，进行特别调整。

《税法》修改对律师业的现行税制，在营业税及附加、个人所得税和企业所得税、房产税等税种中选择相应税目，对律师业进行合理征税；同时改进和完善企业所得税的计税方式。

2. 树立和深化社会责任意识，明确对行业组织的定位

在章程中明确规定相应的职责和义务以及不履行社会责任的法律后果。加强协会内部工作人员和协会团体会员及个体会员对于社会责任的认识，使他们深刻理解履行社会责任的重要意义，牢固树立社会责任意识，高度重视社会责任工作，把履行社会责任提上重要议事日程，经常研究和部署社会责任工作，加强社会责任全员培训和普及教育，不断创新管理理念和工作方式，努力形成履行社会责任的价值观和协会文化。

3. 形成相关工作机制，务实组织行为基础

逐步建立和完善履行社会责任的机制，为其提供坚实的组织基础与保障。完善协会组织治理结构，加强行业治理能力，通过惩治不诚信、失职律师、舆论宣传、制定行业规范比如律师收费管理办法等，不仅维护行业自身利益，同时维护整个社会的良好秩序。

4. 自觉接受外部监督和宣传，扩大协会影响力

通过发布报告的形式，及时了解政府、社会和相关利益各方（如税务机关等）的意见和建议，主动接受监督。同时，地方政府和宣传舆论部门

也要加强对协会履行社会责任的监督和宣传。政府要对协会社会责任履行程度进行充分的了解,并作出定期评估,宣传媒介对其进行引导,从而提升社会对律师协会和律师的关注度,扩大影响力,营造良好的法制环境和社会风气。

5. 加强交流合作,尝试标准化体系建设

加强各地区之间以及与国外律师协会的交流、学习与合作,在此基础上,尝试建立与企业社会责任评价体系相类似的律师协会社会责任评价体系。协会能够将社会责任作为一个制度化、规范化的管理体系,有明确的计划和专门的部门,有一定的经费保障和可操作的规范化管理程序。通过与国外律师协会和香港律师协会的比较研究,设置行业规范、社会效益方面的指标体系和指数,形成协会社会责任评价体系的标准。

6. 积极发挥党组织对律师和律师事务所的指导、参与和监督作用

充分发挥协会职能作用,以律师执业活动考核和律师协会培训为载体推动党建工作的发展。各地律师协会在对律师事务所和执业律师进行业务考核时,也要考核、检查建立党组织和开展党建工作的情况、律师党员发挥先锋模范作用情况;把政治培训与业务培训有机结合起来,提高律师党员学习培训的积极性和自觉性;加强律师行业党组织领导班子的教育培训,不断提高律师党员骨干的政治意识、大局意识、责任意识和公益能力。

同时,广泛吸收律师参与国家政治活动,以立法的形式把政府聘请律师作为法律顾问设定为一项常规制度。

7. 强化执业维权行动,提高执业维权效能

针对目前律师协会在维护律师执业权利方面缺乏全局性、长远性、指导性对策,工作欠缺主动性,发现和总结创新经验的能力不强等不足,律师协会首先应该充分利用已有的法律资源与合作条件,积极提出具有操作性的立法建议,呼吁《刑法》、《刑事诉讼法》的修订,争取在立法层面为

律师执业提供严密细致的保障。其次，充实律师执业维权体系。随着上海“四个中心”自贸区全球科创中心建设的加快、律师业务的大发展和律师业务专业化趋势的日渐明显，高端的法律服务业也加大了律师执业的风险，完善律师执业保险制度，为律师的人身安全提供更为充分的保障是值得进一步论证的。

8. 建设政府社会责任和律师事务所以及律师个人的社会责任制度规范体系，加强对律师协会社会责任履行能力的支撑

前文已提及，社会责任是由政府、企业、社会组织和个人共同承担的，它们在各自的能力、职责和规约的范围内承担社会责任是一个统一的整体，相互之间在技术、资金和业务方面需要必要的支持、服务和推动，以此形成协调、有效的联动运作机制。律师协会作为政府、律师事务所和律师之间的中转沟通媒介，在履行社会责任的过程中必然需要政府公共服务的支持、律师事务所的推动和律师个人的支撑，所以这些社会责任规范体系的建立和健全对于强化律师协会社会责任的履行有着至关重要的作用。

第四节　本章小结

随着社会自治的推进与完善，行业协会发挥着越来越重要的作用。随之在目前社会利益分化、社会本位理念凸显的大背景下，基于同业关系所组成的维护其共同职业利益从事行业内部自我管理的律师协会作为行业协会的一种形式也应该在社会发展的要求下关注并承担起相应的社会责任。本章论述了律师协会承担社会责任在建设法治社会、实现法律秩序价值、转变政府职能、彰显经济法平衡协调和社会本位理念以及延伸律师社会责任等方面的学理依据，尝试性地提出律师协会承担社会责任的内容乃行业协会一般社会责任和特殊社会责任的结合的观点，总结性地回顾了近三十年上海律师协会承担社会责任的成果，从立法、规范和操作中发现存在的不足并针对这些不足提出相应的完善对策，一篇案例研究

的破题之作希望引起理论界、学术界和实务界的重视。

律师协会作为一种重要和特殊的经济法主体，在政府和社会、社会和律师之间、律师和律师事务所之间起着关键的媒介作用，是不同社会利益的平衡器、是不同社会利益集团沟通和共建的桥梁。所以，我们应该高度重视和加快推进律师协会社会责任的承担；我们期待法律和行业规章对于律师协会承担社会责任的规范，律师协会对自身承担社会责任的强化与优化以及社会各界对律师协会承担社会责任的监督、引导和支持！

第六章
上海温州行业协会信用能力制度发展调研及比较分析

第一节　行业协会信用调研缘起

目前，学术界对信用问题的研究多局限于个人信用、企业信用、银行信用、商业信用、民间信用、政府信用等方面，缺乏对行业协会信用的研究，缺乏对行业协会在信用建设上的极端重要性的认识。而国际上市场经济发展的几百年经验表明，以行业协会为代表的非政府组织不仅在国内而且在国际上都发挥着越来越重要的作用。我们做行业协会信用的调研主要是基于如下几点考虑。

1. 发展市场经济之需求

行会信用是现代市场经济发展的内在要求。现代市场经济是社会化大生产与专业化分工的经济，高度的分工必然带来广泛而频繁的交换，交换的范围越来越广，交易的内容不断丰富、数量迅猛增长，交换手段、方式日新月异，交易风险不断增加，全球化的交易决定了现在的经济与以往相比更具有复杂性。社会经济客观存在的复杂性，以及越来越独立的多元经济利益的本质要求，提出了维护市场经济有效运行的规则、秩序问题。信用作为一种经济伦理、一种制度安排和秩序规范便成为市场经济的原则要求和社会资源要素之一。市场经济的重要主体之一是企业，而企业又是社会生态的一分子。企业是讲求利益最大化的，政府是公共利益的代表，企业在追求利益最大化的过程中必然形成与公共利益的严重冲突，企业和企业之间也会形成尖锐的冲突，如何协调企业之间的冲突，如何解决企业自身利益最大化与公共利益的冲突，这些问题需要解决，这便成为行业协会存在的理由。既然行业协会有存在的理由，那么，行业协会信用必然成为整个社会信用体系不可分割的重要组成部分,是发展市场经济的必然要求。

2. 履行入世承诺之要求

从2001年12月起,我国正式加入世界贸易组织。通过中国入世议定书,我国对于世界贸易组织的一揽子协议作出了系统的承诺,其中包括对货物贸易总协定、服务贸易总协定、与贸易有关的知识产权协议、与贸易有关的投资措施协议、关于争端解决的谅解协议等的承诺,并做出了时间上的安排。这样,外国企业与中国企业就以整个世界为舞台展开了全面的竞争,如果不通过行业协会提高我国企业的组织化程度,提高我国企业与国内国际企业打交道的水平,就无法提高我国企业的国际竞争力,无法实现我国的产业结构的转换和升级,无法提升我国的国家竞争优势,无法实现中华民族的伟大复兴。没有行业协会提供的信用,就不可能真正履行中国入世承诺。从行业协会提供服务的角度看,还有适应《服务贸易总协定》的过程,行业协会要履行服务贸易的准则。行业协会适应参与的过程既是学习的过程,又是指导带动国内企业入世的过程,这个过程更是行业协会积累信用的过程。

3. 政府职能延伸之前提

国际上通行的惯例是实施"小政府,大社会"的国家与社会关系模式,我国在漫长的封建社会发展过程中以至在现在,都实行的是"大政府,小社会"的国家与社会关系模式。为什么我们国家不能实行"小政府,大社会"的运作模式,关键在于我们国家没有真正走上市场经济的道路。1992年以后,国家决定建立"社会主义市场经济制度",我们的国家与社会关系模式就真正开始走上了"小政府,大社会"的道路。要实现"小政府,大社会",就需要企业和个体能力强大,需要社会的行业组织强大,而行业组织的强大,一定程度上又需要政府实现职能转变。在改革之初,政府职能的初步转变(政企分开)是企业成长的前提。改革到今天,企业,尤其是在市场的风雨中成长起来的企业,筋骨强健了,都开始了组织了自己的圈子,开始踏上了企业自组织的行业协会发展之路。这些行业协会,在生长的过程中,还是不断地受到政府的某些不合理的打压。这时候,政府还把某些权力揽在手上,已显得不合时宜了。明眼人都知道,行业协会的发展和发达,正是政府深化职能转化的契机。政府职能的转化,行业协会的发达就是一个重要的前提。行业协会的发达过程就是行业协会信用的发达过程,就是"小政府,大社会"国家与社会关系模式的形成过程。

4. 政府主导始发端

在信用制度和文化建设方面,南方要好于北方。调查研究表明,温州的行业协会好于上海和广州。温州市委、市政府,结合温州经济的发展审时度势提出"信用温州"的经济发展战略。从质量温州、品牌温州走向信用温州,着力于提升经济发展的质量。温州市领导还从推进文明城市建设、改善投资环境、规范市场经济秩序、进一步提高城市综合竞争力、更快地融入世界经济一体化的战略视野看待信用温州的建设。信用温州是指经过若干年的努力,全社会信用体系、信用制度和信用管理手段比较完备,企业和个人的信用度比较高。政府信用规则完善,从而推动和形成富有竞争力、经济和社会可持续发展、文明健康的现代化新温州。正是信用温州战略的提出,结合在国内温州行业协会相对发达的情况,我们才确定到温州进行行会信用调查。2003 年上海市委、市政府倡议建立社会诚信体系,全市上下齐动手。从这个意义上讲,这次行会信用的调查,发端于上海市和温州市政府诚信建设大旗帜之树立。我们挑选了温州萧江的行业协会和上海的几个行业协会,进行了重点访谈,现就访谈结果,做一番理论与实践的思索。基本结论是行业协会法律制度生成于公法与私法之间,它无疑是当今时代应当予以充分关注的因素。

行业协会是社会治理结构自发演进的结果。国际经验表明,行业协会信用在自发演进中不断积累、形成的比较优势使其成为社会诚信体系的重要支柱,并进一步演变成为成熟市场经济中极其重要的组成部分。在我国社会主义市场经济建设过程中,信用问题一直是困扰"两个文明建设"的重大理论和实践问题。针对我国当前行业协会信用建设存在的不足,改进现有的相关制度安排,优化相应的实施机制,综合培育其比较优势,系统弥补其比较劣势,充分发挥行业协会在社会信用建设中的积极作用，矫正政府和个体信用建设中的“失灵”，无疑是进一步推进社会主义市场经济建设的重大课题。

第二节 上海及温州行业协会信用现状

2002年中秋，我们到温州百强镇之一的温州市萧江实地重点调研了塑编行业协会、塑料印刷复合协会和宠物用品协会以及营销协会，走访了有关企业家、拜会了当地政府领导，强烈地感受到信用经济文化的气息。

温州市萧江位于浙江省平阳县南部鳌江中游，与仓南县接壤。全镇总面积27.3平方公里，人口5.1万，2001年，全镇工农业总产值达22.11亿元，财政收入7200万元。温州·萧江因盛产塑料编织袋而闻名于世，是全国最大的塑料编织产销基地，是温州市30强镇第16位。1999年，被中国地区开发促进会正式命名为“中国塑料编织城”、“中国塑料编织第一镇”。目前，全镇有工业企业198家，其中塑料编织袋生产及与塑编产业相关的复合、吹膜、彩印、电雕制版等企业193家。全镇2001年产值500万元以上具有一定规模的塑编企业37家，超一亿元产值的塑编企业2家。塑编产品远销全国32个省、市、自治区，并进入欧美和东南亚等国际市场，销售总量占全国总量的1/6。

上海则是世界级的大都市，人口1600多万，面积6000多平方公里，仅地方财政收入就是数百亿元。温州市、县、镇都有行业协会，有行业协会293个，并具有法人资格。而上海则只有在市一级才会有行业协会，且数目有限，仅仅140多家，其中，十家是近两年催生的。2003年通过年检的是140多家。我们选取佑大的上海的行业协会信用与温州萧江小镇的行业协会信用做比较，更能显示行业协会信用的小中见大的魅力。我们先看看温州萧江行业协会信用状况。

1. 温州萧江行业协会信用状况

(1) 行会信用环境初步建立

仅仅是一个小镇，在1985年之前还是平阳县麻步区下面的农业小乡，经过塑编企业家和当地政府的合力打造，已经成为中国乃至世界闻名的塑料编织城。就温州地区塑编产业的发展来看，与萧江同时起步的有仓南县的湖前镇、平阳县的麻步镇、昆阳镇、瑞安县的塘下镇，经过十几年的大浪淘沙，尤其是在20世纪90年代中期金融危机席卷全球的时候，他们大都偃旗息鼓了，惟独萧江一枝独秀，以5 000销售大军在大江南北创下的信誉保证了塑编产品的销售市场，保证萧江塑编产业的持续、稳定的发展。是最早的萧江营销协会团结了5000销售大军，为萧江塑编产业发展积累了外部信用。良好的外部信用对萧江本地的行会信用产生更高的需求，而后成立萧江塑编协会、宠物用品协会和彩印复合协会。正是这些协会消化了外部信用，形成了同业之间的良好的信用关系，理顺了行业和外部环境如政府、银行、社会的关系，才使得外部信用唤醒了萧江本地信用，行业协会又理顺了行业与环境的信用关系，而这又使得原有的萧江本地的发达的民间信用被激活，所以形成了萧江小范围的良好的行会信用环境。归纳起来，以一个塑编产业为中心，形成了塑编产业与其他产业、塑编产业内企业与企业之间、行业与行业之间、萧江塑编行业协会与周边的行业协会和上级的行业协会之间以萧江的行业协会为主体的行业协会信用关系网络。平阳县塑编协会会长历来是萧江塑编协会的会长，宠物用品企业协会的会长实际是整个鳌江流域宠物用品企业的会长。通过这些当地企业领袖兼任各级会长、副会长、理事的方式，构建了以萧江塑编行业协会为中心的行会信用关系网络。而这个网络与中国传统的人际关系的信用网络是一脉相承的，这种信用网络是当地企业领袖的个人信用为核心的。把握行业协会的信用关系网络是理解当代中国行会信用的关键。

(2) 行会信用观念全国之领先

在温州的辐射内外的人际信用关系网络基础上，萧江人以千山万水、千言万语、千辛万苦、千金万银的“四千”精神，认识到萧江的经济是萧江人的经济，在外面获得了信息，都会千方百计带回萧江。萧江人的行会信用观念领先全国体现在如下几个方面：

一是较早认识到行业协会的独立功能。

萧江人在发展经济的过程中，他们自发地感觉到要组织起来。非常有趣的是，萧江人组织彩印复合协会竟然是在政府根本顾不过来时成立的。企业发展了，数量增加了，开始是几家经常在一起聚餐，而后逐渐演变成为行业协会，这种自发成立的行业协会，一开始就具有独立于政府的品格。塑编协会成立于1996年4月，也是类似的情形。尽管后来政府有出力推动，也仅仅是乐促其成。在过去看来是硬性摊派，现在没有协会的同意，一分钱也收不走。萧江的企业家们从实践中学会了运用行业协会独立的法律地位维护企业之间的竞争秩序，在维护协会独立性的基础上协调与政府的关系。

二是较早认识到行业协会的代表功能。

行业协会在取得独立的法律地位后，萧江的企业家们认识到行业协会是代表会员企业利益的，协会应当向政府不断地发出会员企业的呼声，协调会员之间的利益关系，解决会员企业的紧急问题和长远发展问题，要为会员企业提供信息服务、培训服务。我们发现萧江的企业家们对行业协会是否真正代表会员企业的利益特别在乎。某些集团在遭遇上级部门的不公正的待遇时有关行业协会没有出来为其说话，显得异常在乎。宠物协会为解决有关问题不停向上面反映问题，都体现了行业协会对会员企业的代表功能。塑编协会申报中国塑编城都体现行业协会代表着会员企业的利益。

三是较早认识到行业协会的协调功能。

萧江的企业家认识到，行业协会是沟通企业和政府的桥梁。它既协调会员企业之间的利益关系，也协调行业与政府的关系。城区电价以农村电价计算，就曾大大影响塑编企业的运营成本，行业协会就坚持不懈地向各级政府部门、人大、政协反映情况，直到问题得到妥善解决。

四是较早认识到行业协会的自律功能。

萧江的企业家认识到作为独立于政府的行业协会其生命力就在于行业协会的自律，充分发挥行业协会的自律功能，才能放大整个行业甚至整个产业的力量。他们明确规定行业协会不能办实体与会员企业争利。协会的经费源于会费和赞助。这些情况明确了行业协会的自律性。

五是较早认识到行业协会的监管功能。

萧江企业家们较早认识到行业协会的监管功能。对于交纳会费，自觉承担会员义务的企业会对那些不自觉履行会员义务的企业产生无形的压力，政府对企业的监管还经常通过行业协会实施，这样可以发挥会员企业的自觉性。对于一些害群之马，协会可以把情况先行处理或报告政府，引入司法机制；或通过一定的程序，将害群之马开除，这样，某些企业就无法在当地继续生产经营，若迁移别处有会因成本过高而惨遭淘汰。

六是较早认识到行业协会的政策功能。

在塑编行业协会章程中“业务范围”之（三）规定：“参与政府部门组织的有关活动，研究塑包企业的发展方向、目标，提出发展规划，以及有关技术经济政策建议，参与本行业重大问题的决策与评估。”（四）规定：“争取政府部门支持，赋予行业协会职能。”这些都体现了行业协会的政策功能。

七是较早全面认识行业协会的特征。

萧江的企业家认识到行业协会具有民间性、非营利性、公益性和专业性。

八是较早认识到行业协会权限有限。

萧江企业家认识到目前行业协会权限相当有限。想做些事情，总是受到各方面的掣肘。

九是较早认识到行业协会职能发挥需要政府配合。

萧江企业家认识到行业协会要全面发挥职能，需要借助政府执行之强力，强化行约协会的执法效果。

十是较早认识到行业协会需要提升素质。

(3) 行会信用制度渐具雏形

行业协会要具有良好的信用，必定依赖于行业协会内部较为完善的制度。行业协会形成了较为完善的制度，这包括法律地位、成员资格、组织机构、议事规则、争议解决、资金来源等等方面。下面以 1996 年 4 月成立的塑编协会和彩印复合协会为例加以说明。

塑编协会现有会员 80 单位多家。具有独立的法律地位，是社会民间团体，归口镇政府和平阳县民政局和县团体管理处管理。对于协会，章程规定了较为明确的功能定位。其规定如下：

“第七条　本团体作为会员与政府部门之间桥梁和纽带，反映会员的建议和要求，完成政府部门委托的有关塑包行业的协调、指导、服务及调研工作，沟通行业内外联络，建立完成行业经济秩序，为本行业的经济持续健康发展做好服务。具体是：

（一）调研塑包行业在经济体制和政治体制改革中所遇到的新情况、新问题、新矛盾，及时向政府部门提供建议和信息。

（二）掌握塑包行业企业生产、经营动态，协调会员之间、地区之间的经济技术协作，不断总结推广行业先进经验。

（三）参与政府部门组织的有关活动，研究塑包行业的发展方向、目标，提出发展规划以及有关技术经济政策的建议，参与本行业重大问题的决策或评估。

（四）参与政府有关部门对本行业价格协调和自律价格制定，防止无序竞争，保护行业平等竞争，维护本行业企业合法权益。

（五）制定《行规行约》，建立完善行业自律机制，规范行业管理，提高行业整体素质，争取政府部门的支持，赋予行业协会职能。

（六）组织本团体开展企业管理、产品质量评优等活动，开展技术咨询和技术服务以及行业培训。组织参与国外举办展览会与展销会及经济技术交流活动。

（七）结合本团体实际情况，组织开展公益事业活动，及项目投资建设。

（八）发挥本团优势，拓展市场，组织开展供销商务活动。

（九）向会员提供信息与资料。

成员资格方面，有两种会员，包括团体会员和个人会员。团体会员包括拥护行业协会章程的塑编企业及机关单位，和根据塑编行业实际情况不具备法人资格但属于分支机构也可入会；另外是个人会员，条件是与本行业有关的专家、学者和熟悉行业业务的人士，承认协会章程均可申请入会，成为个人会员。

有较为完备的组织机构，如会员大会、理事会、常务理事会，设有会长、副会长、秘书长、副秘书长和常务理事等职务。这些职务并非虚职。塑编协会的秘书长常常是一个月中有7～8天在忙协会的事情。宠物协会会长有时大部分时间都在忙协会的事情。

行业协会都有自己的会议制度，一定时间内依照章程的规定需要召开会员大会、理事会、常务理事会等，还有大量的不定期的临时会议。在实际运行过程中，形成了有效的议事规则。塑编协会会员大会作为最高的权力机构，其执行机构为理事会，在理事会闭会期间常务理事会行使除选举和罢免会长、副会长、秘书长之外的几乎所有理事会的权限。所有会员大会、理事会和常务理事会都须有 2/3 以上成员方能召开，其决议须经到会人员 2/3 以上表决通过方能生效。会员大会每三年一届，理事会至少每年召开一次会议，常务理事会每半年召开一次。彩印复合协会会员大会每两年一届，理事会每年召开一次，常务理事会为每季度召开一次。

在解决争议方面，行业协会也有相应的制度。塑编协会章程规定，会员单位出现矛盾，以协会的章程和相关规定为准则，对于不执行协会规定的会员单位给予除名处理。彩印复合协会规定，会员单位出现矛盾按照协会的相关规定处理，如事态严重经协调无效，经常务理事会决定给予不服从规定单位取消会员资格的处罚。

在资金来源方面主要来源于会费。塑编协会一般会员单位年费 800 元，常务理事在 1 500 元，副会长在 3 000 到 5 000 元，会长在 10 000 元左右。一年的经费总共在 10 多万，也足够了。

(4) 行会信用能力已然形成

从萧江行会信用来看，在全国也是首屈一指的。塑编协会通过制定行规行约、促进供品竞争，提高行业素质，维护行业利益，和政府部门协调，用电问题的解决解决了行业生死存亡的问题。彩印符合协会在顺达厂发生火灾时，协会立即组织人员下去调查，查明原因在于油墨棒搅拌产生电火花。后来协会总结教训，推广经验，改为手工搅拌，就解决了安全生产的隐患。彩印复合协会发现万利达复合厂受 2002 年 16 号台风影响，机器无法生产，而他们业务的时间有相当紧迫，听到这种情况，协会秘书长将自己的机器无偿提供给万利达使用，使其按时完成任务。相类似的相互帮扶的情形还很多。塑编协会帮助平阳县华夏塑料厂解决被有关部门查扣账册一事在当地也是传为美谈。这缓解了企业与有关部门的对抗情绪，合理协调解决了这一问题，促进了企业发展，维护了社会安定团结。宠物用品协会现在把各家企业的专利在协会登记备案，让大家共同维护，避免侵权的事情发生。行业协会开始走向了核心能力的打造。

(5) 行会信用行为有口皆碑

萧江的行业协会在代表行业利益和企业利益的基础上,积极地对内对外发挥作用,其行为有代表行为、服务行为、自律行为、协调行为、监管行为、争议解决行为和社会行销行为等。以塑编协会就积极与市人事局等单位联系,举办塑编工艺培训,使萧江有一批人获得国家承认的技术职称,为塑编行业的发展和技术创新建立了一支主力军;行业协会积极关心企业的生产问题,每年召开安全生产会议制定行业安全生产制度以及职工劳动行为准则,创造安全生产的良好环境;经常性的召开各类信息、技术交流会、和政府部门的协调会,还举办企业管理、WTO 知识等方面的讲座,提高企业管理的素质,提高企业驾驭市场的能力;积极组织参加国内外个类大型展览会、贸易洽谈会(如温州中国轻博会、中国国际塑料橡胶工业展览会、哈尔滨经贸洽谈会等);积极与中国包协、塑料研究所、浙江工业大学等单位联系,及时为企业提供市场和新产品开发信息;还组团考察马来西亚、泰国等 5 个东南亚国家和地区的塑料市场,通过参观和技术交流,为企业宣传了产品,引进了先进的技术设备,了解到当今世界塑料领域最先进的技术水平,进一步拓展了营销网络。

彩印复合协会成立了护税协税小组,减少了税务部门的工作难度,促进了企业健康发展。彩印复合协会组织会员单位去各地参加有代表性的展销会和博览会,提高自己的知名度和影响力,配合工商、环保、税务、消协维护市场经济秩序的健康发展。最为经典的是彩印复合协会在价格上的行动。

2000 年 9 月萧江彩印复合协会第一届代表大会第三次会议通过的关于价格的价格的决议,兹抄录如下:

"一、现款提货

目前价格猛涨,加工费用大幅下跌,应收款回笼困难,各企业已难以为继,即日起各企业需精诚团结,共渡难关,从企业长远发展角度出发,坚决做到现款提货,如无现款提货,经协会成员一经发现,一次罚款 1 万元。

二、统一定价

企业仅靠相互压价恶性竞争,犹如杀鸡取蛋,并且容易形成价廉物次,偷工减料,损害客户利益。从企业和客户多方面考虑,经调研决定,对加工费做如下调整：

1. 三复合：

A. 再生纸每平方米 0.22 元以上；B. 木浆纸每平方米 0.25 元以上；C. 白纸每平方米 0.26 元以上。

2. 二复合：

A. 80 厘米长水泥袋计数每条最低 6.5 分，裁切每条 5 厘另计；B. 复回料计重每吨 10 800 元，裁切另计；C. 复新料计重每吨 11 500 元，裁切另计。

3. BOPP 复合：

A. 双面复膜计重每吨 11 800 元以上；B. 单面复合计重每吨 15 000 元以上；C. 双面彩膜计重每吨 13 000 元以上。

以上几个计算时。化肥袋等以每平方米 18 克计算；面粉袋、米袋等以每平方米 15 克计算；40 厘米宽以下、有撕边、加乳白等价格另定。

D. 单面复膜计数：

45 厘米以上每平方米 0.22 元；40 厘米以上每平方米 0.24 元；35 平方米以上每平方米 0.26 元；30 厘米以上每平方米 0.28 元。

4. BOPP 膜印刷：

A. 4 色一般图案每平方 0.5 元；B. 5 色一般图案带白底每平方米 0.55 元；C. 膜宽 35 厘米以上每平方米加 10%；D. 每增加一色满版按实际油墨另加价。”

最低限价决定，四十多个会员企业一律遵行，这是一种全行业的代表行为，在行业面临整体滑坡的情况下，做出限价的决定避免了行业性的一蹶不振；它又是一种服务行为，它把有关的情况通报所有会员单位，告知价格；它又是一种自律行为，行业集体避免“价格跳水”，避免恶性竞争；它是一种协调行为，在整个行业可能面临失去信用的危机情况下协调会员单位的利益，也就协调了行业与整个社会的关系，也就协调了行业与政府的关系，避免了政府出面干预，但又取得了同样甚至比政府干预更好的效果；它还是一种信用监管，行业面临不景气，若是会员单位都以邻为壑，势必践踏整体的行业信用；它还减少了会员单位之间的无端争议；它还是行业协会信用的社会行销行为，避免了整个行业的滑坡，充分体现了行业协会在萧江行业协会信用发展和萧江经济发展中的作用。彩印复合协会在萧江还是一个年轻的协会,塑编协会在各方面都比彩印复合协会要经验丰富,制度严密,影响面更宽,对萧江的经济发展贡献度要高。

2. 上海行业协会信用状况

(1) 上海行业协会信用环境良好

从1996年起,在人民银行总行和上海市政府的领导下,中国人民银行上海市分行就开始了上海金融诚信体系的建设。该诚信体系包括银行信贷登记系统、贷款企业资信等级评估系统、个人信用联合征信系统。几年以来,人民银行上海分行成立了金融债权管理办公室,加强与司法、工商等部门的合作,协调金融机构工作,促进了上海市的金融机构不良资产的下降,在全国取得了领先的成绩。上海市商业系统也加强了商业诚信体系的建设。对医药行业大力实施规范。2003年,医药和中药行业协会被命名为市文明单位。《上海市商业服务质量规范》、《"申城万店无假货"活动示范街(城)管理办法》等相继出台,面向全社会的诚信服务规范和制度进一步完善。上海市教委在高校开展诚信教育、建立诚信档案,并以多种形式、多样载体积极开展学生诚信教育活动。上海市财税系统为切实转变职能,加强行风建设,提高财税服务水平,进一步从体制、机制和制度上整顿、规范财税秩序,构建财税信用管理体系,先后推出了纳税信用等级分类管理制度、预算信用等级和财务会计信用等级的分类管理办法,并按照政务公开的要求,实施财税系统内部的行政信用分类管理,初步形成了"3+1"财税信用管理体系的基本框架。上海市建立了企业征信数据库以及数百万个人征信信息数据库,出台了相关的管理办法。目前正在紧锣密鼓地酝酿推出政府信息公开规范,在政府的强力推动和周密地部署下,社会诚信体系的环境正在逐步形成。行业协会信用也从中酝酿,其环境也日益成熟。上海市政府对于各种制度建设历来都超前规划,这也是上海发展的重要秘诀。市委、市政府统一部署,"建立面向个人和社会,覆盖社会经济生活各个方面的诚信体系,营造诚实守信的社会经济环境。"政府驱动的信用环境越来越好。

(2) 上海行业协会信用观念同样超前

上海对行业协会的功能有较全面的认识，在《上海市行业协会条例》中有全面的表述。认识到并且理性地总结了行业协会的独立功能、代表功能、协调功能、自律功能、监管功能。上海对行业协会的国内外发展态势非常清楚，对于行业协会的民间性、非赢利性、公益性和专业性都有非常理性的认识与总结。上海对于行业协会的发展需要政府的推动，有着非常深刻的见解和操作。上海行业协会较早引进外国专家，引进高学历人才，这些都有赖于先进的观念的指引。

以建设工程检测行业协会为例，认识到行业协会诚信对于全社会、行业自身和规范建筑市场的需要。就全社会而言，行业协会信用建设关系到上海的城市建设和改革开放的百年大计、人民生命财产的安危。认为把好检测关，就是从源头上为工程安全质量提供健康的"细胞""血肉""躯体"从而不给建设工程留下安全质量隐患。从行业来看，如果不能避免诚信危机，建立和维护行业信誉，则是全行业的沉没。从长远看，少数机构获得一时之利，却带来了更大的城市商务成本和管理成本。[1] 上海市信息家电行业协会还以电子琴产业因行业失信而几乎全军覆没认识行业协会信用问题。[2]

(3) 上海行业协会信用形成了较为规范的制度和治理结构

上海行业协会的中坚力量认识到行业协会信用的发达必须基于规范的治理结构和制度安排。这方面，上海市律师协会是个典范。上海市律师协会的章程规定："上海市律师协会是依法成立的社团法人，是律师的自治性组织，依法实施行业自律管理。"它的宗旨是："团结和教育会员维护宪法和法律的尊严，忠实于律师事业，恪守律师职业道德和执业纪律：维护会员的合法权益；提高会员的执业素质；加强行业自律，促进律师事业的健康发展，为依法治国，建设社会主义法治国家，促进社会的文明和进步而奋斗。"章程和其他规则严密规定了律师协会的职责、会员的权利

---

[1] 参见上海市建设工程检测行业协会，《加强诚信建设是行业服务和行业自律的重要抓手》，《上海市社会诚信体系建设工作会议交流材料》，上海市信息化委员会，2003 年 8 月 20 日。

[2] 参见上海市信息家电行业协会，《诚信体系建设是发展高新技术产业的根本》，《加强诚信建设是行业服务和行业自律的重要抓手》，《上海市社会诚信体系建设工作会议交流材料》，上海市信息化委员会，2003 年 8 月 20 日。

和义务、律师代表大会的职权、理事会和常务理事会的职权、监事会、办事机构、专门委员会和业务研究委员会、奖励处分和纠纷调解、协会经费等,形成了规范的行业协会治理结构。

章程规定律师协会的职责,包含支持会员依法执业,维护会员的合法权益;制定并监督实施律师执业规范;负责律师职业道德执业纪律的教育、检查和监督;参与立法活动,向有关部门提出法制建设及律师制度建设的建议;鼓励和支持会员参政、议政;总结、交流律师工作经验,提高律师的执业水准;组织律师业务培训;处理对会员的投诉;制定并实施对会员的奖惩办法;调解会员在执业活动中发生的纠纷;宣传律师工作,出版律师刊物;为会员提供福利和其他保障;指导律师事务所的规范化管理工作;协调与相关司法、执法和行政机关的关系;受托对会员年检注册;对违法违纪行为进行调查取证,作出行政处分和向上海市司法局提出行政处罚建议;法律法规和章程规定的其他职责;上海市司法局及中华全国律师协会委托形式的其他职责。

会员分为团体会员和个人会员。团体会员是指在上海市司法局登记设立的律师事务所。个人会员是指依照《律师法》规定取得律师执业证书并在上海市司法局注册的律师。个人会员和团体会员都有相应的权利,同时承担相应的义务。个人会员的权利包括:享有律师协会的选举权和被选举权;向律师协会提出维护律师业合法权益的要求;通过律师协会向有关部门提出立法、司法和行政执法的意见和建议;参加律师协会组织的学习、研究和经验交流活动;享受律师协会提供的福利和其他保障;使用律师协会的图书、资料、网络、信息、设施等;对律师协会的工作提出批评、建议和质询;法律、法规及章程规定的其他权利。而个人会员的义务,包括遵守律师协会章程,执行律师协会决议,接受律师协会的指导、监督;遵守律师职业道德和执业纪律,遵守律师行业规范和准则;交纳会费;参加律师协会组织的职业培训;参加律师协会组织的法律援助活动;自觉维护律师职业荣誉、行业声誉,维护会员间的团结;完成律师协会委托的其他工作;法律法规及章程规定的其他义务。律师代表大会作为协会的权力机构,理事会是律师代表大会的常设机构,设会长、副会长、常务理事和理事,监事会对理事会的工作实施监督,对律师代表大会负责并报告工作。

会员、会员代表大会、理事会、监事会以及秘书长等相应的工作机构构成了上海市律师协会信用的规范的治理结构。有了稳定的治理结构，才会有发达的信用功能。

与规范的治理结构相适应的是一整套细致严密的制度安排。仅上海市律师协会出台的就有《律师执业利益冲突认定和处理规则》、《制止律师执业反不正当竞争规则》、《律师执业纠纷调解规则》、《理事会、常务理事会议事规则》、《会长办公会议议事规则》、《业务委员会工作规则》、《理事值班制度》等等各种制度内外配合，达成体系。

不仅对协会本身形成严密的制度，还对律师会员的行为给予全方位的指引。律师协会出台了《律师办理刑事案件规范》、《律师办理民事诉讼案件规范》、《律师法律顾问工作规则》、《律师参与仲裁工作规则》，甚至还提供规范文本的服务，如《法律服务委托协议指引》、《律师担保业务操作指南》、《律师信用证业务指引》、《律师代理海事证据保全操作程序指南》、《律师代理诉前扣押船舶操作程序指南》、《证券律师从事证券法律业务行为准则》等。

(4) 行业协会信用行为具有建设性

上海市行业协会身处变动的全球化时代，并没有局限于传统的维护会员权利的职责。上海市建设工程检测行业协会从百年大计、城市商务成本(社会成本)和行业声誉的战略高度理解建立行业协会信用为中心的行业诚信体系的重大意义，所以检测协会信用行为具有建设性。在2002年协会的首次会员代表大会上，理事会的首次工作报告提出要探索建立行业自律机制，制定切实可行的行规。和第二次代表大会一起，协会确定，根据行业的特定，协会确定了抓好行业诚信建设工作主动出击、积极参与的方针，凡是本会职责范围内的工作，要迎难而上，主动出击；凡是主管部门开展的与本行业规范管理有关的工作，要直面难题，积极参与。根据本市社会诚信体系建设的总体要求，协会确定了以推行和实现检测单位诚信、检测人员诚信和检测行为诚信为建设行业诚信体系主要的内容和目标。检测协会制定行业公约；打造检测行业的诚信形象，评选行业“明星”，在行业协会中设立了5个专家委员会；建立行业档案管理制度，使信用的记录、使用和惩戒三个环节环环相扣；建立行业信息管理系统，从技术上给弄虚作假者设置最大障碍。

信息家电行业协会认识到诚信体系建设是发展高新技术产业的根本;通过制定行业标准奠定行业诚信体系的基石,这对于保护我市有线数字电视的相关知识产权具有建设性的意义;还真心实意为社会普及高新技术知识,主动自觉接受消费者监督。如编写《数字电视知识手册》,通俗全面地介绍数字电视基础知识。还组织专家编写"高端彩电"的宣传手册,为社会传播高端知识。

这些建设性的行为,也收到了不错的社会效果。"目前,已有 13 条良好记录和 12 条不良记录收入了(检测行业)协会信用档案。这些信息都在协会网站上对社会公开,对会员单位的触动是比较大的,尤其是有不良记录的企业,压力都很大;而有不良记录的个人,将对其检测职业生涯产生致命的影响,现在就有极少数的个人被'被清出'检测队伍。"[1]

(5) 上海行业协会信用能力潜力巨大

上海市行业协会数目偏少,而且有很多是新近两到三年里成立的,行业经验迅速丰富,工作人员文化层次高,一开始就与国际接轨。这些行业协会如信息家电行业协会,信用能力有很大的成长空间。从整个上海来说,行业协会的数量与温州相比,确实是难以想象的少。而且上海的综合实力日益增强,行业协会信用能力成长的空间委实非常之大。以建设工程协会为例:"为了完成行业信息系统的建设,整个行业将要一次性投入数百万元资金,每年还要花费数十万元的运行费用,其中协会今年就要一次性投入 50 万元,每年的运行维护费用也要 10 万元以上。面对如此巨大的费用,协会理事会还是全票同意建立行业信息系统,并要求秘书处抓紧抓好落实工作,足见行业内的广大有识之士对弄虚作假行为的深恶痛绝,也足见协会的这项工作是切中时弊、符合绝大多数会员单位根本利益的,行业协会在维护行业根本利益、推动行业诚信建设方面是大有作为。"[2]

---

[1] 上海市建设工程检测行业协会,《加强诚信建设是行业服务和行业自律的重要抓手》,《上海市社会诚信体系建设工作会议交流材料》,上海市信息化委员会编,2003 年 8 月 20 日。

[2] 上海市建设工程检测行业协会,《加强诚信建设是行业服务和行业自律的重要抓手》,《上海市社会诚信体系建设工作会议交流材料》,上海市信息化委员会编,2003 年 8 月 20 日。

温州经济总规模与上海相比有很大差距，但是“温州市行业协会的发展速度和工作质量稳居全国第一”，“这种反差的关键在于，近年温州行业协会大发展的主要动力来自企业。温州在整体上已经脱离了自上而下靠红头文件组建行业协会的模式”。“总体上上海行业协会的有序多于搞活，温州的行业协会搞活多于有序”。❶ 温州形成了市场驱动型行业协会信用，而上海则是政府驱动型的行业协会信用。“根据温州的行情‘准民营化’的行业协会领导职位一般与出资额有关，如理事企业每年会费为2 000元，常务理事企业5 000元，副会长约需3万元，会长则要出资在5万元以上。这样可以促动龙头企业‘举旗’办行业协会。”❷上海的行业协会一般都是依红头文件建立，甚至主要也依靠财政拨款。即使像律师协会资金相当充裕，也还有大笔的财政拨款。

第三节　温州及上海行会信用成因分析

无疑，行业协会无论是在萧江还是上海的经济社会发展中发挥了重要的信用发现、信用维持、信用传播和信用能力放大的巨大作用，在温州萧江甚至可以说形成了某种意义上说是以行会信用为中心的信用文化，在小范围的萧江，形成了全社会的信用关系网络，这种网络连通萧江与全国乃至全世界的关系，这种网络既是区域性的又是全国性的，还是全球性的。萧江地区之所以能够形成独特的行会信用，细细推究起来，不外乎以下几个基本方面。

1. 温州萧江行业协会信用成因分析

(1) 信用文化底蕴

萧江地区有着悠久的人文历史传统。自古以来，萧江人就讲求忠、

---

❶ 杨宇立：《经济发达区域行业协会和中介机构发展状况》，《加强行业协会、中介机构建设论坛》，2002年9月10—11日。

❷ 杨宇立：《经济发达区域行业协会和中介机构发展状况》，《加强行业协会、中介机构建设论坛》，2002年9月10—11日。

孝、信、义,形成了淳朴、勤劳、守业和诚实的民风。萧振死谏、孝女夏姑都是当地美谈。20世纪90年代以前,经济很不发达的时候,萧江人的家庭如有建新房、娶媳妇的大事,家庭经济困难,邻里亲友便以互助会的信贷形式,帮助他渡过难关。这种信贷形式,只需印发一张会单,不需其他任何手续。80年代,附近地区"抬会"盛行,90年代周围"毒"气肆略,萧江就因为有淳朴的民风,竟一点不受影响。萧江依然是无毒镇。至今,萧江的良好的信用基础成为支撑萧江经济发展的不竭源泉。萧江企业家中流行这样一句话:"欠债的日子,心里总觉得不舒服,不踏实。"萧江人不喜欢欠债,这是一种诚实守信的道德素质。从社会信用角度看,信用文化处处展现。萧江人到酒店吃饭,总是争着买单。据供电部门的统计,萧江占全县用电量的1/3,2001年供电量达到1.87亿度,应收电费1.04亿元,基本上达到零欠费。早些年整顿金融秩序,唯独萧江地区不用整顿,中央来此,仅仅是接受成功的果实,因为当地的民间金融服务社运转良好,并没有任何的呆坏账。

(2)市场经济激活民间信用转化为行会信用

良好的信用文化基础对萧江的行业协会信用来说仅仅是具有了可能性,因为民间信用并不必然地转化为企业信用和行会信用。在1992年以前一直在地下运行的民间信用文化一下子被激活。原来历尽千辛万苦、踏遍千山万水、道尽千言万语的萧江人获得了千金万银,具备了资本的原始积累,伴随着萧江人特有的创业冲动,萧江人运用他们辛苦积累的信用,加紧生产,恰逢短缺经济的卖方市场形势,企业开始在萧江遍地开花,企业多了,相互之间有竞争,又都差不多在一个塑编产业,有联合对外的必要,所以,市场这一只"无形的手"引导企业家们定期或不定期地在一起聚餐共同探讨企业经营管理和行业发展命运。他们为了一个共同的目标走到了一起。1992年中央确定了市场经济改革发展的总体目标,改革推动了开放,中国开始进入了高速发展时期,迎来了更大的开放。2001年中国入世了,"狼群来了"。萧江行业协会以其特有的紧迫感迎接了全球化市场经济的挑战,自己组织起来了,活动开展起来,搞起了自己的行业发展规划,走出国门参观考察,带回新的技术,提升自己的产业,迎来了勃勃生机。

(3) 企业领袖的独特信用作用

在萧江,企业领袖如毛传臻、王岳言、姜集康、潘灯德、刘士才、温积考、吴昌硕如群星璀璨,他们既是他们企业信用的化身,更是他们各自所在行业协会信用的化身。温州晨光集团董事长王岳言先生出身于贫苦农民家庭,通过自己的艰苦拼搏,终于成为萧江塑编行业领袖。他非常乐于助人,热心公益事业,哪家有天灾人祸、或少年失学,或筑路修桥、建造校舍,捐资几千几万,毫不吝啬。而他在晨光集团刚组建时,因欠款 20 万元一时不能到位,他就毫不犹豫地卖掉自己的房子还清了欠款。1998 年,长江爆发了特大洪水灾害。王岳言先生听说急需塑料编制袋,赶制了 10 万条防汛专用编织袋专程无偿送往江西九江抗洪第一线,国家防汛抗旱总指挥部特别发来电报表示衷心感谢。《人民日报》等各大媒体还做了专题报道。很多企业家用自己的钱办协会的事情。一个月时间里,宠物协会会长刘士才光是用在打的的费用就有 2 800 多元。塑编协会秘书长温积考平均每个月花在在协会上的事情总在 7～8 天左右,大量的时间被挤占,甚至影响了自己的业务。这些企业家跑过营销,有自己的信用网络,在当地有自己的一家企业,有自己的信用能力的基础,有优良的乐善好施、乐于助人的品质,再加上他们开阔的视野和创业精神,带动了其他企业的兴旺,从而带动了整个行业的兴旺。塑编产业的发展,反过来又壮大了他们个人的信用。他们个人的信用起到了至关重要的重用。行会信用的根源还在于企业领袖的个人信用。

(4) 政府参与推动与保证

在中国这样一个行政主导经济社会发展的国度里,是不会产生西方式的信用文化的,任何事情,都离不开政府。历届萧江政府励精图治,贡献较大。从 20 世八九十年代前期,引导塑编业完成了三次技术革新,走上了工业化道路。九十年代引导企业集团化,走上规模化的发展道路。90 年代末期以后,建设工业园区走上高新技术集约化发展道路。这些都凝聚着历届政府的心血。历届政府把行会信用作为大事来抓。对行业自身走向联合的趋势,镇政府给予了热情的扶持和引导,以协会为龙头,对企业实施间接管理和监督,配合协会工作,在大的有关全局性的行动上给予一定的补贴(如申报中国塑编城),保证塑编行业的健康发展。

2. 上海行业协会信用成因分析

(1) 独特的充满活力的海派文化

上海海派文化的活力来源于移民城市的性格,移民城市,海纳百川,竞争激烈,精巧细致,充满独特的魅力。20世纪90年代以来,从海内外蜂拥而至的移民带来的海派文化发展的新动力。海派文化孕育了上海人的专业诚信精神、敬业精神和基于业务的对知识的追求,从而推动企业人追求在专业的排行榜上的位置。这种精神非常有利地推动着行业性的、专业性的行业协会信用的生长。

(2) 强有力的党和政府的领导和推动

在上海市委和市政府的大力推动下,上海在近年成立了行业协会发展署,这在国内还是第一家。《上海市行业协会暂行办法》规定:"市行业协会发展署是经市人民政府授权的本市行业协会业务的主管部门,负责本市行业协会的发展规划、布局调整、政策指定和协调管理。"作为政府推动行业协会发展的强有力的手段,形成专门的机构统一规划协调,是具有长远意义的重要的战略措施。党和政府对行业协会的关心力度也是前所未有的。

(3) 激烈的行业协会信用制度竞争的驱动

上海万商云集,国外行业协会也已经大量登陆上海。温州总商会也异地在上海办起了上海温州商会。上海成为国际经济竞争的大舞台。国内外企业的云集决定了国内外的行业协会将云集上海,企业和国家的综合势力的竞争将伴随的行业协会逐鹿上海,行业协会的竞争必然带来行业协会信用的高度竞争。市场正是通过行业协会建立行业协会信用,通过行业协会信用规范会员企业的信用行为,从而对外树立起良好的行业协会信用形象。在强烈的市场竞争驱动下,行业协会信用制度正在快速建立,尤其是上海新建的行业协会均是在国际化、高起点上运作的。

(4) 富集而且充裕的人力和智力资源

不仅是跨国公司高度关注,《财富》500强中就有40多家把亚太总部设立在上海。而且上海还是国内知名大企业总部搬迁进入的高密集地区。标志性企业的大量进入,带来了大量的中小企业和配套企业,同时带来了大量的就业机会,从而大量的各种专业性人才蜂拥而入,上海才市异常火暴。中国在国外的留学生 50 多万人中从上海出国几乎占 1/3,这些人才现在正大量回流,形成了海归潮。人力资源充裕的重要证明是才市上还有大量的留学归国人员没有找到工作。上海本地的智力资源也是国内除北京以外最雄厚的地方,60 多所高校,众多的科研院所,还有跨国公司成立的众多研发中心,使上海越来越成为全球性的智力库。充裕的人力和智力资源为行业协会引进各种高级专门人才,聘请各路专家,奠定了雄厚的基础。

(5) 雄厚的财力是信用制度得以推动的基础

改革开放尤其是 20 世纪 90 年代以来,上海的财政收入年年攀升。雄厚的财政基础,不仅支撑了大面积的城市基础设施建设,也附带支撑了行业协会的发展。最明显的例子,上海市律师协会,本身就有比较雄厚的经济基础,但是靠上海财政还支撑着主要的工作人员的工资支付。财政的支持在一开始占会员经费比重比较大,后来会小一些。财政支持就可以使行业协会避免市场经济通常景况下的协会经费捉襟见肘的情况,成为政府推动行业协会信用建设的有力支点。

3. 上海及温州行业协会信用成因的比较分析

两地行业协会信用相同或相似之处主要表现在以下几点。

(1) 独特的信用文化是基础

上海及温州都是国内经济发达地区,都有比较好的商业信用文化基础。上海人的规则意识,温州人的欠债还钱的朴素的信用观念,都是很好的证据。同时,这种信用文化还有很好的民间文化的支撑。信用制度是建立在相应和相当的文化基础上的,文化对制度的决定作用也初步显现。

(2) 政府的适当制导是引子

在行业协会信用建设方面,政府的适当引导也是非常必要的。温州曾经是假冒伪劣的代名词。1994 年温州提出质量立市,2002 年提出建设信用温州,为温州的信用建设带来了两次重大的转机。为了响应温州的信用战略,温州服装行业协会就提出搞品牌战略,会员企业积极响应,几年间,在我国数十个知名西服品牌中就出现了报喜鸟、庄吉、法派等温州品牌。上海市政府也在大量的调查研究的基础上,出台了《上海市行业协会暂行办法》,还出台了与行业信用有关社会诚信体系建设规划,成立行业协会发展署是最强有力的信号。《上海市行业协会暂行办法》推动地方行业协会发展方面改革力度最大、政府放权最多的地方政府文件,虽然该文件的"原形"是温州。

(3) 市场竞争驱动是关键

上海和温州同样是发达地区,行业协会信用建设都是建立在市场日渐发达的基础上。温州的行业协会信用建设动力主要来自市场竞争。在温州的企业向全球扩张的过程中,温州同类企业多数都有在业内互通信息、加强合作的内在要求,有在竞争中加强联合、一致对外的主观愿望,有自主解决行业内部的大小矛盾的内在需求,甚至某些行业协会建立或某些知识产权业内保护制度都是市场自发生成的结果。上海也在国内外竞争压力下,在寻求提高城市的综合竞争力的同时,从战略高度把握了行业协会信用建设的战略机遇,虽然行业协会信用建设在上海还处于初步阶段,但是市场驱动形成了对行业协会信用建设的巨大需求。

(4) 充裕的资源基础是重要前提

比较温州和上海的行业协会信用建设,都说明行业协会信用建设,必须有充裕的资源基础,如果没有,就无法搞好信用建设。信用的本质是一种不断做大的能力。行业协会信用就是把行业协会和行业不断做大的能力。从上海和温州的个案来看,那些经济势力比较雄厚的行业协会,其信用能力则非同寻常,如温州的服装行业协会、温州眼镜协会、上海的律师协会等。

两地行业协会信用不同之处在于动力机制不同和结果不同。

动力机制不同:温州是市场驱动型,而上海是政府主导型。

结果不同:前者代表性强,而后者代表性较差。前者市场竞争力强,而后者市场竞争力较差。前者已经在全球展开,而后者是全球在上海展开。

第四节 上海及温州行会信用问题

据不完全统计，我国的行业协会，工业系统共有国家一级的行业协会200多家，中国国际贸易促进委员会和中国国际商会共有分支机构600余家。行业协会自成立以来，在制定行规行约、行业标准，开展行业调查、行业统计、行业培训以及交流信息、协助咨询等方面做了大量的工作，为政府机关转变职能、提高企业管理水平、促进中外交流发挥了有益的作用。与世界通行的惯例相左，我们国家的行业协会直接依附于政府，受政府影响比较大或根本上受制于政府，行业协会等自律组织基本上都代表政府，而较少考虑本行业成员的利益，基本上只能以服务为手段，难以发挥政府部门的参谋、助手作用，也无法起到企业与政府沟通的桥梁和纽带作用。

我国行业组织在一些行业还未建立，有的尚在建立过程中。已经建立的行业协会多数在人员、经费、职能等方面依赖政府行政部门，缺乏公信力，没有起到跨行业、跨系统、跨地区的沟通、指导和监督作用。有的行业组织甚至与主管部门在干部任职、人员编制和办公地点上相互交错，难以全面反映协调服务性行业组织的需求和呼声。有的行业组织热衷于办自己的经济实体，搞创收，与会员企业争利，从而使行业协会所具有的人才、信息、网络等优势得不到发挥，失去其存在的必要性；并且对违反行规、行约的自律性惩戒机制尚未建立，各种处罚基本上都由政府直接作出决定，这与市场经济惯例不符，也给政府添加了太多的负担。

有关的调查研究表明，在民营经济活跃的温州市，现有活跃的行业性社团组织1121个(包括同业公会、商会和行业联合会)，其中行业协会293个，在数量上明显超过广东和上海。虽然温州经济总量与上海、广东无法相比，但温州市的行业协会发展速度和工作质量稳居全国第一。[1] 温州行业协会信用发展与全国相比相对接近规范，总体还是希望型，是需要扶持的行业协会信用。温州的行会信用较为接近国际上的行会信用。这些行

[1] 参见杨宇立:《经济发达区域行业协会和中介机构发展状况》，载《加强行业协会、中介机构建设论坛》政协上海市委、复旦大学，2002年9月10日—11日，第17页。

业协会冒了制度创新的风险，却得到了意想不到的收益。那些兼任行业协会领导的企业领袖到国外考察会受到额外的尊重。萧江的行业协会信用相对于温州各镇的行业协会信用相比，又显得略胜一筹。宠物协会定下的行业标准受到国家海关的采纳，得到海关的尊重。会长赢得了国家和国际的信任。当然，我们在调研的过程中也强烈地感受到其中所存在的问题。

1. 温州萧江行业协会信用问题

(1) 行会信用观念落后

萧江行业协会信用观念与温州或国内其他地方，比较而言，是相对发达的。但是，与WTO制度的全面要求而言，差距太远，而WTO制度是几百年世界市场经济的经验总结，是国际上实施市场经济制度的基本的门槛，如果要与发达国家实施的市场经济制度相比，差距就更大了。行会信用之中外差异，如出一辙。发达国家有发达的行业协会信用。他们经费充裕、组织结构完善、能力高强、信息充分、服务周到，是企业真正的“娘家”。以美国的行业组织为例。美国的行业组织主要有企业家组织和劳工集团组织两大类。企业家组织有美国商会、全国制造商协会、企业圆桌会议、小企业协会和独立企业联合会等。劳工集团组织有劳联—产联、联合汽车工会、货车司机工会、联合矿工工会等。此外还有各种农业集团组织、消费者保护组织、自然资源保护组织等。美国行业协会的任务主要是对涉及自身利益的问题进行研究、提出方案，并通过向议员递送材料、参加听证、争取社会舆论、直接参加政府部门的顾问委员会或派代表担任独立机构的负责人等方式向国会和政府施加影响，而美国国会和政府也经常通过这些渠道与各种行业组织保持联系，争取支持。因此，美国各种行业组织具有企业与国会、政府的桥梁纽带作用。与发达国家和WTO要求相比，萧江行会信用的观念建设首当其冲。观念的缺乏，带来理论的缺乏，没有理论支持的行会信用建设是苍白无力的。行会信用建设的信用观念、网络观念、能力观念、制度观念、文化观念、生态观念、企业领袖信用观念、信用功能观念、信用环境观念、信用标准观念、信用法制观念、政会配套观念，总之，一句话，没有“以人为本，以德为先、人为为人、人化化人”

网络管理文化观的指导[1]，将会使行会信用建设"盲人骑瞎马，夜半临深池。"

(2) 行会信用制度不健全

从外部看，萧江行业协会数目太少，没有构成行业协会的"生态圈"。有企业家的行业协会，但没有劳工的组织；有工业的行业组织，却没有农业和第三产业的行业组织；有基本处于自发阶段的行业协会，缺少或没有自觉的行业协会。政会关系没有基本的准则可寻。从内部看，没有形成规范的行业协会治理结构。很多本应该是行业协会的职能，却由政府来行使。行业协会章程有规定，但实际运行效果也可以大打问号，内部也没有形成一个权利和义务相对应的制衡结构。行会的办公地址、人员编制、经费支持远未达到支撑行业全球化发展的水平。行业协会如何发挥作用，也没有明确的规则可寻。如何把基于企业家信用基础上的行业协会信用提升成为基于所有会员信用基础上的行会信用，如何建立行业协会内部的民主运作机制，防止会长专断和对少数利益的忽视，以上这些问题正是萧江等类似地域性信用建设必须全面考虑的。

(3) 行会信用能力发挥不到位

行会信用既然在观念上、制度上存在众多问题，其能力的发挥不够到位也就可以理解了。在调查中我们发现，资金不够充裕、人马配套也不齐备，多为兼职。调查人员想看看协会的工作记录和文档，却每无所获。协会工作缺乏工作记录，不能形成知识积累，是不利于提高行会信用水平的。因为缺乏知识积累，以至于所有的有关行业协会信用能力的调研都变成几乎千篇一律的几条教条。以萧江塑编行业在国内的影响和地位，塑编行业协会应当可以发挥更大的影响力，然而，其代表能力在目前甚至受到来自内部分裂的威胁，有的个别企业领袖对协会的代表会员企业、服务会员企业的能力非常怀疑，甚至想走集团化的道路与行业协会分庭抗礼。这还反映出行业协会自律、监管、协调功能发挥作用的基础存在逐渐丧失的可能性。出现这种情况，就根本谈不上影响政策的功能发挥作用，

---

[1] 参见朱国华:《论网络管理文化》，载《首都经济贸易大学学报》，2002 年第 6 期。

来积极影响政府和人民代表大会决策了。

(4) 行会信用服务不够规范，效果欠理想

从行业协会的代表、服务、自律、协调、监管、政策行为的效果来看，并不十分理想。彩印复合协会反映行业协会的执行功能严重不足。行业协会制定了处罚规则，但是行业协会缺乏根本性的处置手段尤其是对不遵守规则的人绳之以法(进行有效制裁的手段)。除了政府的某些固有执行权力不能下放以外，有一块是可以下放的。出现下放效果不理想，恐怕与这些行业协会的信用行为不够规范甚至是失信行为有关，或者说本来应该有的规范就还没有建立起来。这样一来，行业协会怎么规范运行呢？就已经有的规范而言，章程的规定恐怕也远未落到实处。

2. 上海行业协会信用问题

(1) 行业协会信用观念落后于温州，落后于本地市场需求，更落后于国际水准

我们从调查中发现，上海行业协会信用观念方面严重落后于温州，落后于本地市场需求，更落后于国际。行业协会独立性观念、服务观念、能力观念、法人观念缺乏，而这些观念是市场经济条件下信用制度的必然要求。行业协会对于行政有很强的依附性，协会的领导就是退下来的老领导，千丝万缕的关系使行业协会的信用工作剪不断、理还乱。

(2) 行业协会信用制度尚需加快建设，向发达国家和地区看齐

行业协会信用制度建设虽然有强大的市场潜在需求，但是一直不见动静。上海对个人和企业信用制度建设都做了很多的工作，但行业协会信用制度建设一直千呼万唤，难产。个别的行业协会如上海律师协会有比较细致系统的治理结构，规章制度和工作制度以及业内工作规范，这样的情况也是凤毛麟角。多数的行业协会的信用制度建设还处在响应党和政府的号召，纯粹作秀而已。协会官员也在开始招聘，高学历者偶有进入，然而，领导还主要是退休官员。虽对协会主要负责人进行了培训，工作还是刚刚开始。温州的行业协会信用的发展表明，哪里的政府管得越少，越灵活，哪里的行业协会发展空间越大，企业越自由，他们联合的动力就越强。

(3) 行业协会信用能力尤其是核心能力仍不轻松

凡是财务状况好的行业协会,它的信用能力就强。上海检测协会的财务能力、上海律师协会的能力很强,所以它们的信用状况和信用形象非常好。但是大多数的行业协会的财务能力是有问题,甚至抵挡不住基本的开销,甚至没有基本的办公条件,只能依附在行政机关合署办公,没有相当的财务能力,行业协会信用能力建设是一句空话。

(4) 行业协会治理结构急待完善

国际上对于法人的治理机构有一套规范的做法。在现代企业制度中实施了规范的法人治理结构,推动了我国经济体制的改革和生产力的发展。目前改革进入到深层阶段,市场的竞争、城市的竞争、综合国力的竞争带来国家与社会关系总体制度的竞争,对于行业协会没有明确地提出治理结构的问题,是目前社会诚信体系建设的重要失误。上海市律师协会为什么在全国的协会中威信比较高,与律师协会的规范的治理结构是有很大关系的。上海市律师协会的情况在上海还是星星之火。大多数的行业协会治理结构急待完善。

(5) 政会关系尚需进行全面调整

比较温州的行业协会信用,有必要全面规范政府与行业协会的关系。上海要形成"小政府,大社会"的格局,非常有必要通过行业协会信用建设这一关键环节让行业协会能独立的独立起来,对不能独立的扶上马,送一程。现在上海行业协会尚为完全摆脱行政依附的状态,政会关系面临全面调整的契机。

(6) 形成市场驱动型尚需假以时日

第五节　我国行业协会信用问题的归纳分析

我国当前的转轨经济决定,行业协会只能走政府引导的外部楔入式发展模式。计划经济下,社会信用主要依赖政府和社会个体两个支柱。随着改革开放的逐步深化以及政府职能转换的相继展开,政府引导行业协会建立和发展的工作也随即展开,社会信用建设已然形成政府、社会个体和行业协会三足鼎立的新局面。毋庸讳言,该发展模式在取得很大成绩的同时,也存在不少问题。

(1) 认识普遍不足。目前,理论界和实务界对行业协会的代表功能、监督功能、服务功能等有所总结,但对信用功能的认识还很不够,更没有将其作为一种重要功能予以提炼。一些政府官员、协会负责人和大多数社会个体对行业协会信用比较优势与比较劣势的内涵及其政策含义缺乏应有的理解。

(2) 定位存在偏差。有关调研表明,行业协会大都定位在为会员服务,但对其应承担的社会责任关注不够。实践中,还存在干休所、政府行业管理附属机关、"埋单者"俱乐部、协会负责人舞台等奇怪定位。

(3) 制度供给不足。目前,法律法规对行业协会的定位不清,未曾突出行业协会的信用功能这一关键职能,行业协会的法律地位也未明确。行业协会的信用制度建设处于初步发展期,绝大多数信用制度残缺不全。

(4) 信用需求不强。社会联合征信系统尚未全面建立,信用档案和"黑名单"制度尚未正式实施,对信用问题的惩戒力度尚显乏力。这时,社会个体对信用的需求还没有上升到一定高度,其参加行业协会的动机严重不足。行业协会行业代表性水平普遍较低足以佐证。

(5) 政府管理错位。从政府引导的外部楔入式发展模式之实践来看,行业协会大多在政府的授权、指导下建成,政府行业主管部门对行业协会的筹办申请与运行等负有审批和监管责任,政府审计部门则负责行业协会财务审计,政府与行业协会之间无法避免实质上的行政隶属关系。此外,政府严格规定行业协会的人员编制、工资福利待遇。行业协会的独立性无法体现,协会自治无异于无源之水。另一方面,政府在法律制度的供给更新、依法行政的管理等问题上却着力不足。比如,行业协会作为一种与一般社会团体存在重大差异的社会组织,目前除了《社会团体登记管理条例》外,没有相应的法律法规就行业协会的法律地位、治理结构、申请与撤销、罚则等内容做出明确规定。《社会团体登记管理条例》中对行业协会工作人员工资比照事业机关的规定早已不合时宜,却没有相应修改。政府权力部门对个别官员利用自身掌握的各种政府资源掌控行业协会谋取不正当私人利益的行为惩戒不力，行业协会行政依附竞争在特定地区蔓延。

(6) 治理结构不规范。由于法律法规对行业协会的治理结构没有统一的强制规定，各个地区不同行业协会之治理结构千差万别。行业协会往往为个别官僚、实力雄厚的会员所把持，行业协会的官僚化回潮现象严重，广大会员的根本利益无法保障。行业协会的行业代表性无法提高，行业协会信用受到不同程度的侵蚀。

(7) 信用能力面临约束。实践表明，在行业协会主要以会员费为主要收入来源，行业代表性水平普遍较低的情况下，行业协会的财力相对薄弱，必然影响行业协会信用功能的有效拓展。由于财力约束和工资福利待遇的硬性规定，行业协会人员聘用市场化程度较低，人手不足和人员配备欠佳等问题时有发生。

(8) 自治度较低。目前理论界大都把行业协会界定为自律组织，否认它是一种具有独立意志的自治组织。在目前政府对行业协会的行业管理模式以及个别官员对行业协会的潜在控制情况下，行业协会自治还有很远的路要走。

以上问题综合作用的结果是：其一，政府职能转换缺乏必要的条件。理论分析表明，行业协会的充分发育是政府职能转换的基础。在政府引导的外部楔入式发展模式下，行业协会无法及时履行现由政府部门承担，但行业协会承担更有效率优势的职能，政府无法顺利转移相应的管理职能；其二，行业协会在襁褓中异化。在行业主管部门职能转型取得成功之前，政府计划经济管理的惯性使行业协会发育受阻。特定行业协会则出现了比较严重的异化，演变成为“二政府”；其三，会员参加行业协会的动机弱化。在信用制度不完善，信用行为受约束的前提下，以上三方面的相互影响导致了以行业协会为组织节点的信用机制“失灵”。行业协会信用的比较优势无法得到充分发挥，其比较劣势也未得到应有的遏止和弥补。一个自我强化的负向反馈循环由此形成，构成了对全社会信用建设的重大障碍[1]。

---

[1] 朱国华、朱国泓：《行业协会信用：社会诚信体系的重要支柱》，载《文汇报》，2003 年 11 月 4 日《论苑》版。

第六节　行业协会信用建设政策建议

1. 行业协会信用建设:在市场驱动与政府主导之间

行业协会信用建设必须成为我国当前社会信用建设的重要突破口。因此,必须在市场驱动与政府主导之间坚持以综合培育行业协会信用比较优势,系统弥补行业协会信用比较劣势为中心这一基本原则,系统推动行业协会信用建设,进一步强化行业协会信用功能,实现政府信用、行业协会信用与个体信用的密切互补与良性互动。

首先,立法机关应就行业协会的法律地位、治理结构等关键问题加紧立法。由于行业协会不同于普通的社团组织,建议立法机关就行业协会的有关问题专门立法。立法机关还应对行业协会的新发展、新问题给予高度关切,加快相关法律法规的出台与完善,使法律法规能充分反映行业协会信用的新变化。

其次,政府应加快职能转换,实现行业协会管理转型。政府应该坚持"有所为,有所不为"的基本原则,推动行业协会信用研究,加强社会舆论的正确引导,实事求是地宣传行业协会的比较优势与比较劣势,为行业协会信用创造良好的舆论环境和社会信用环境。政府应加强依法行政的管理,对特定官员运用政府资源掌控行业协会的行为进行监督,并采取必要的教育、批评与惩戒。政府应审视目前国内政府与行业协会的关系现状,以此确定政府职能转换的方向、重点与次序,有计划、有步骤地改变目前对行业协会的多头管理和过多干预。此外,政府还可以运用税收调节手段,引导社会个体向行业协会捐赠,增强行业协会的财务能力。政府有必要取消目前行业协会人员定编的复杂规定,加快推行协会工作人员工资福利及聘用的市场化,增强行业协会的人才储备和人员配置。

最后,行业协会应加强功能自治,促进内部规范管理。行业协会应进一步转变观念,加强行业协会的自治、自律。应建立和完善行业协会治理结构,更好地反映绝大多数的会员利益。进一步调整、细化行业协会的功能定位,突出并强化行业协会的信用功能。应加快推行市场化的人员聘用机制，优化行业协会的人员配置。在法律许可的范围内，拓展收入来源，强化费用管理，提高财务透明度，增强财务支持力度。应加强信用制度建设，以此为依托采取更加及时、有效的信用行为。此外，应大力加强行业协会内部的信用宣传与教育，明确行业协会信用的比较优势与比较劣势，使会员对行业协会的信用能力有一个相对客观的评估。根据本行业的信用特点，行业协会应制定行业信用发展战略。为加快信用信息的生成与交换，行业协会应加快推进信息化，确保行业协会信用数据库与社会征信体系数据库的适度、有序共享。行业协会还应加强协会与会员、协会与协会、协会与政府、协会与其他经济组织的积极沟通。行业协会应以行业整体利益和行业信用水平的持续提高为基本目标，积极影响立法机关的法律制定以及政府的政策出台[1]。

2. 萧江行业协会信用：加强政府引导，提升信用层次

虽然环顾萧江周围，行会信用环境风景这边独好。对照 WTO 的要求和发达国家的实际做法，我们认为，发展萧江，打造行会信用尚需内外联动，积极加强行会本身的建设，完善其治理结构，加快规划协调，实施各方面政策配套，加强社会宣传。为此要推进政府体制改革，在整个国家层面要加强行业协会的统一立法。

（1）加强规范协调，统一认识

萧江行会信用在市场经济的土地上还是一棵幼苗。无论有多少不足，它仍然是值得我们从战略、全局的高度加强认识。萧江行会发挥着重要的信用媒介、信用创造、信用政策功能，她将萧江区域性的和行业性的信用发挥放大，这类似货币的乘数效应，我们姑且称为信用的乘数效应。这是萧江信用体系建设最重要的环节之一。全面树立信用观念、网络观念、能力观念、制度观念、文化观念、生态观念、企业领袖信用观、信用功能观念、信用环境观念、信用标准观念、信用法制观念、政会配套观念，坚持以“三个代表”的精神看待行会信用建设这一新生事物，是萧江全体人民

[1] 朱国华、朱国泓：《行业协会信用：社会诚信体系的重要支柱》，载《文汇报》，2003 年 11 月 4 日《论苑》版。

和关心萧江信用发展的各级党政领导应当关心的大事。

针对目前仅有几家行业协会的情况，要加强对各个行业协会本身的发展规划，加强协调会员单位的利益冲突，将最大多数的企业都尽可能吸收近来，增强行业协会的代表性。加强与各级政府的协调，争取政府合理下放一些权限，加强与政府的联合执法等。

（2）加大扶持力度，完善配套政策

从政府和社会而言，都应当加大扶持。从政府而言，在财政上要创造条件，积极支持协会发展正规化、规范化。给予初期发展的行业协会一定的补贴，促使其建立并运转起来；对于已经有所发展的行业协会，鼓励他们参与外部社会的各种展销和博览会，甚至鼓励他们出国考察，鼓励他们参与反倾销的应诉，这是WTO反倾销反补贴规则所允许的。有了资金的支持，行业协会才有能力独立运作，才有可能真正成为行业的权威和会员企业的娘家。加大扶持，完善政策配套，在中央和地方的大政策下充分运用各种可能性手段。配套政策的完善应当本着激励向上，信用为本的原则。

加强脱钩改制的工作，该下放的权力全面下放，实施间接管理；政府应当根据国家的法律行政法规进一步加强依法行政和执法监督工作，加强对行业协会的配合；减少与行业协会的行政摩擦；对外资实施国民待遇。

根据法律法规的规定，明确行业协会的法律性质和地位。明确行业协会是依法登记的民间社团组织，以行业的整体利益为追求目的。明确行业协会的代表、服务、协调、沟通、自律、监管和争议解决功能；通过地方性法规规定，授权行业协会可以对本行业新办企业或者经营性服务机构的申请进行前期咨询调研，并签署论证意见作为政府行政管理部门各类行政许可和工商登记注册的重要依据。明确行业协会吸收会员应当突破行政区划限制，跨系统、跨地区、跨所有制发展会员，这样可以增强协会的独立性和代表性。萧江行业协会反映行业管理的职能不够清晰，范围不够广泛，都反映了我国急需一部规范行业协会的根本大法。

（3）加强行业自身建设

所有外部环境的建设都只是外因。要真正解决问题还得从内部入手。萧江行业协会应当发挥积极努力的传统，不断完善自身素质，不断开拓服务领域，不断提高为企业服务的本领；要大力推进用人制度的改革。老一代企业领袖创业有功，但在适应全球化、市场化、网络化和知识化的形势方面有明显不足，行业协会急需采取有效办法提供条件，吸收年纪轻、学历高、能力强有事业心的复合型人才从事协会的工作，同时还要创造良好的环境，使这些人到协会工作以后能够创业能够成长；行业协会要放眼世界，为企业走出去开展国际竞争提供服务，在国际争端解决、知识产权保护、行业技术标准制订、市场准入等方面发挥重要作用。萧江的行业协会在这方面可以大有作为。

3. 上海行业协会信用：迈向市场驱动型的选择

为了把握上海行业协会信用建设的战略机遇，当前上海的行业协会信用建设应当把握如下几点：

· 明确社会诚信体系中行业协会信用体系的至关重要的价值；

· 大力扩张行业协会数目，增强对会员企业的吸引力，扩展行业的代表性；

· 协调政会关系，培养行业协会的独立性，发挥行业协会职能和信用功能；

· 抓紧规划，出台和实施行业协会信用发展战略；

· 立法规范行业协会的准入和准出机制；

· 深化行业协会信息公开，深化行业协会内部的民主制度建设；

· 设立规范标准，大力实施财政补贴，和对入会成员的税收优惠，强化行业协会的信用能力；

· 积极进行试点，探索建立行业协会信用指标体系和测评机制；

· 推动行业协会信用体系建设，探索出台细致的制度规范、标准规范、行为规范和效果评估规范。

第七节　本章小结

学术界缺乏对行业协会信用的研究。本章通过对温州和上海的行业协会信用制度的调研分析，就行业协会信用制度建设形成了一个大致的轮廓。针对我国当前行业协会信用制度建设存在的不足，改进现有的相关制度安排，优化相应的实施机制，综合培育其比较优势，充分发挥行业协会在社会信用建设中的积极作用，矫正政府和个体信用建设中的“失灵”，无疑是进一步推进社会主义市场经济建设的重大课题。行业协会法律制度生成于公法与私法之间，它无疑是当今时代应当予以充分关注的因素。行业协会规则应当在公私法融合基础上做系统的研究。

第七章 贸易救济领域协会涉外信用能力案例研究[1]

第一节　前言

2006年是中国加入世界贸易组织(The World Trade Organization,以下简称WTO)第六个年头,六年的光阴早已磨灭当初入世成功而带给国人的那份喜悦、憧憬和不安。过去六年中发生的无数国际经贸往来(从最广义的层面理解)已经让国人逐渐明白这样一个事实:入世意味着一场激烈而持久博弈的开始,博弈的主题——国际贸易及其相关内容,博弈的参与者——自然人、法人、政府、国际组织等皆有可能,行业协会亦不例外。整个博弈—WTO机制的复杂程度早已超出一般人所能想象的地步,鉴于此,本章在此仅就其中有关中国的贸易救济和竞争政策从行业协会的角度出发予以比较深入的法律层面研究。在开展具体的研究之前,需要明确以下几个概念:

1. 行业协会

本章所称的行业协会(Trade Association),是指由单一行业的竞争者所构成的非营利性组织,其目的在于促进提高该行业中的产品销售和在雇佣方面提供多边性服务[2]。然而,在我国对外贸易活动中,不仅有各种行业协会的参与,而且由于对外贸易的性质而理所当然地使得我国六大进出口商会(中国纺织品进出口商会、中国轻工工艺品进出口商会、中国五矿化工进出口商会、中

---

[1] 另一作者为陆丽叶,同济大学2003级国际法研究生。

[2] Joseph F. Bradley, The Role of Trade Association and Professional Business Societyin America, The Pennsylvania State University Press, 1965, P4,转引自鲁篱著:《行业协会经济自治权研究》,法律出版社2003年版,第4页。

国食品土畜进出口商会、中国机电产品进出口商会、中国医药保健品进出口商会)参与其中。因此，为了本课题研究的全面性和便利性，本章所称行业协会不仅包括一般意义上的行业协会(但本章无意探讨各种职业协会，如中华律师协会)，而且涵盖现有的六大进出口商会。当然，本书研究的行业协会专指一国国内的行业协会，而非国际性的行业协会(如国际电信协会)。

2. 贸易救济

本章所称的贸易救济(Trade Remedy)，是指国内产业受到或即将受到国际贸易损害时，主管当局对此种已发生或即将发生的损害采取的补救或预防措施。❶ 这一概念中的“国际贸易”仅指国际货物贸易，不包括国际服务贸易或国际技术贸易。WTO 框架下的贸易救济现有三种表现形式：反倾销(Anti—dumping)、反补贴(Countervailing)与保障措施(Safeguards)，俗称“两反一保”。就中国而言，除了这三种贸易救济形式，还应当包括只针对中国的特保措施(《中华人民共和国加入 WTO 议定书》第 16 条即“特定产品过渡性保障措施机制”和第 242 段纺织品特别保障措施条款)。以下简称“两反两保”。

3. 竞争政策

本书所称竞争政策应从广义上予以理解，即指影响市场竞争的所有政策，主要是竞争立法和竞争执法所体现的竞争政策以及其影响市场竞争的政策。❷

本书的研究目的在于让我国行业协会(商会)在货物进出口贸易活动中发挥更大的作用，从而使得我国能有更多的产品走向国际市场，同时使国内企业更具国际竞争力。然而，在展开具体论述前，有必要先解决一个基本的理论问题，即行业协会参与从事货物进出口贸易活动的法理基础问题。鉴于货物进出口贸易活动属于国际经济法法律关系范畴，因此这一问题的本质就在于思考行业协会是不是国际经济法的主体。行业协会

---

❶ 赵生祥：《贸易救济制度研究》，西南政法大学博士论文，2005 年第 1 页。

❷ 孔祥俊著：《反垄断法原理》，中国法制出版社 2001 年版，第 12 页。

只有具备国际经济法法律地位，才能名正言顺地在国际经济法律关系中广泛地开展国际经济交流和从事相关活动。因此，下文首先讨论行业协会是否具有国际经济法法律主体地位。

第二节　行业协会作为国际经济法主体之探讨

1. 概述

迄今为止，国内学界对行业协会是否具有国际经济法法律主体地位问题并有给予过多的关注，甚至可以说没有多少人会将行业协会和国际经济法主体联系在一起。翻阅各种国际经济法教材和专著，几乎无一不把国际经济法的主体范围框定在国家、自然人、法人（财团法人）、国际组织之内，而从未见行业协会纳入其中。庆幸地是依旧有学者对此给予了关注，并首次提出行业协会是国际经济法主体的观点❶。其实，国内学界已经开始接受行业协会作为经济法主体的理论观点，并对此有比较深入的理论研究和分析❷。也有学者提出社会中介组织具有经济法主体地位的观点❸，行业协会作为社会中介组织的重要组成部分当然具有经济法法律主体地位。国际经济法作为经济法的一个分支法律学科，在经济法视角下研究行业协会的法律主体地位问题在一定程度上必然有助于我们更好地理解国际经济法视角下行业协会的法律地位问题。当然，国际经济法律关系中的行业协会从事的活动有其自身特点和范围，因此，在回答这一问题时所要思考的角度和内容必然要紧紧围绕国际经济活动展开。

2. 国际贸易活动中的行业协会

就国际贸易活动而言，作为我国规范对外贸易活动的基本法律——

---

❶ 朱国华：《行业协会和国际经济法》，载自《2004年中国国际经济法学会年会论文集》，中国国际经济法学会2004年。

❷ 如鲁篱著：《行业协会经济自治权研究》，法律出版社2003年版；汪莉《论行业协会的经济法主体地位》，载《法学评论》第2006年第1期。

❸ 参见丁凤楚：《论社会中介组织的法律地位》，http://www.86148.com/fjlaw/shownews.asp?id=619。

《对外贸易法》就行业协会作为我国对外贸易法主体问题给出了肯定性回答。《对外贸易法》第九章“对外贸易促进”第五十六条明确规定：“对外贸易经营者可以依法成立和参加有关协会、商会。有关协会、商会应当遵守法律、行政法规，按照章程对其成员提供与对外贸易有关的生产、营销、信息、培训等方面的服务，发挥协调和自律作用，依法提出有关对外贸易救济措施的申请，维护成员和行业的利益，向政府有关部门反映成员有关对外贸易的建议，开展对外贸易促进活动。”这无疑是我国行业协会参与国际贸易贸易活动最基本、最有力的法律依据。如果将国际贸易活动加以细分并进一步加以考察，就会发现不仅有更具实践操作意义的法律规定调整着行业协会参与国际贸易活动的行为，而且实践中行业协会正广泛地参与各种国际贸易活动，行业协会在国际贸易活动中的作用日益突出。例如，在国际货物贸易活动中，在 WTO 框架下，行业协会在各种贸易救济机制中正扮演着越来越重要的角色（这将是本文第三章重点阐述的内容）；在维护我国进出口贸易秩序过程中，行业协会所也发挥了一定的作用，并有进一步加大的必要性和可能性（这将是本文第四章所要探讨的内容）。国际服务贸易活动往往和国际投资活动、国际金融紧密联系在一起（“商业存在”意味着向另一国进行直接投资，“跨境交付”和“境外消费”常常最终导致银行间的跨国资金流动。），下文将作具体分析。此外，作为服务贸易第四种提供方式——自然人流动，行业协会也占有一席之地。譬如，本国职业协会（由于自然人流动问题涉及的是职业协会，因此为了讨论的方便，在此暂将职业协会纳入到本课题所称行业协会范围内。）和国外职业协会开展各种交流、对各自的执业资格进行相互认证。这种情况在建筑行业和会计行业表现得尤为突出。[1]

---

[1] 如 2005 年 11 月 18 日和 19 日在卢森堡举行的欧洲建筑师理事会（ACE）大会上，ACE 和美国注册建筑师协会（NCARB）以及美国建筑师学会（AIA）签署了一份关于“欧盟和美国建筑师专业资格互认的”协议，http://build.qx100.com.cn/html/20051212/20051212130927.html；澳洲会计师公会和美国执业会计师公会、香港会计师公会、新加坡会计师协会及马来西亚会计师公会之间签有资格互惠协议，其 CPA 会员资格在这些国家或地区均能得到认可，http://www.globeedu.com/Bulletin/readBulletin.aspx? bulletinid=325。

3. 国际投资活动中的行业协会

就国际投资活动而言，有越来越多的行业协会投身于国际投资活动中。就资本输入而言，发达国家行业协会通过“本地经济审查”等方式限制外国服务提供者进入本国服务行业已经是相当普遍的做法。我国的外商投资企业协会对我国引进外资、维护良好的外商在华投资秩序起到了举足轻轻重的作用。就资本输出而言，我国在“走出去”战略的指导下，行业协会逐渐承担起帮助企业进行对外投资的职责，充分运用其信息功能为企业提供有关对外投资各种相关信息，如投资国别数据(包括各国的投资法律环境、社会人文环境、经济水平、政局等)、行业甚至某一产品的行情和前景预测等。如上海市国际服务贸易业协会，对国内企业投资海外提供了有益的帮助[1]。

4. 国际金融领域中的行业协会

就国际金融领域而言，行业协会也不是毫无作为。中国银行业协会在其《银行业协会工作指引》中明确指出“组织开展与境内外银行业金融机构以及银行业协会间的交流与合作”是其职责所在。事实上，它在实践中也做到了这一点。2005 年中国银行业协会广泛开展对外交流[2]。继 2005 年之后，2006 年 3 月 2 日美国银行家协会总裁欧德鼐访问中国银行业协会[3]；2006 年 5 月 9 日，中国银行业协会与美国银行家协会共同举办的“培训师”培训班在北京开班[4]。而国外金融领域行业协会更是积极参

---

[1] 参见 http://www.servtrad.org.cn/tzhw/。

[2] 与香港银行学会、英国苏格兰特许银行家学会、美国银行家协会、全球风险协会、瑞士银行家协会、美国注册金融理财师标准委员会、美国金融管理学会等建立了广泛的联系，扩大了对外交流的渠道。参加了在马来西亚举办的 2005 年金融教育峰会并做主题演讲，参加了澳门银行工会成立 20 周年庆典活动，考察了香港银行学会银行从业人员任职资格考试操作管理办法等。会见了香港银行工会代表团、瑞士银行家协会访问团、国际银行业联合会代表团，与美国加利福尼亚代表团共同举办了“金融合作”座谈会等，http://www.china-cba.net/hydt/ShowArticle.asp? ArticleID=302。

[3] http://www.china-cba.net/hydt/ShowArticle.asp? ArticleID=596。

[4] http://www.china-cba.net/hydt/ShowArticle.asp? ArticleID=868。

与国际金融活动中。如全美规模最大的银行类协会组织——美国银行家协会,其下属的银行家金融与贸易协会在全球金融领域发挥着举足轻重的作用[1]。面对每年在全球各地发生的对金融、贸易产生重大影响的问题(诸如立法和监管变化),银行家金融与贸易协会都会组织相关论坛进行分析、讨论并号召成员采取相应行动。凭借其全球视角和极其广泛的会员优势,银行家金融与贸易协会在全球范围内扩张和深化金融市场、制定或影响公共政策以及推进有利于稳定全球金融体系的良好做法等方面都发挥着不可替代的作用。再如伦敦国际金融服务协会服务贸易自由化委员会通过相关途径影响欧盟服务贸易政策;欧洲产业公会与雇主联盟的"经济和金融事务"政策委员会同样能够影响政府相关金融决策[2]。所有上述这些事例无一不说明行业协会正不断融入国际金融关系之中,并发挥越来越重要的作用。

5. 国际经济争议解决活动中的行业协会

就国际经济争议解决而言,行业协会所能参与的争议解决活动多发生在国际贸易领域,用另一种语言表达方式诠释就是指行业协会在国际贸易摩擦中所扮演的角色和发挥的作用及如何发挥更大的作用,这正是本书研究的初衷。应该认识到,行业协会有助于减少甚至消除国际贸易摩擦,且现实国际贸易形势强烈呼唤行业协会更多地参与到贸易摩擦解决过程之中,期待其作用地进一步发挥。

6. 结论

综上所述,行业协会在国际贸易、国际投资、国际金融领域的活动(由于税收问题的特殊性,现实世界中国际税收领域几乎没有行业协会参与其中的必要性和可能性。)日渐频繁,且发挥着愈来愈重要的作用。行业协会作为国际经济法主体的实践基础已经得以确立。因此,理论上接受行业协会的国际经济法主体地位也应随着实践而成为必要。

---

[1] http://www.china-cba.net/gjsy/ShowArticle.asp? ArticleID=528。

[2] http://gof.gdwto.org.cn/detail.asp? cid=101&id=141。

第三节　我国货物进出口贸易现状：以2005年情况为例

在证明了行业协会参与国际经济活动具有理论基础的情况下，笔者将要展开本课题核心内容的讨论。考虑到我国进出贸易的现状，将从三个角度出发予以阐述，一是贸易救济制度下的行业协会（商会），二是影响进出口贸易的相关竞争政策中的行业协会（商会）。可以说，第一种视角下的行业协会（商会）追求的是一种事后救济，即国际贸易摩擦发生并已进入相关贸易救济程序时，行业协会（商会）该如何作为；而第二种视角下的行业协会（商会）追求的则是一种事先救济，即贸易摩擦未发生之前行业协会（商会）如何采取措施以防范贸易摩擦的发生，带有预防性特点。至于第三种视角下的行业协会（商会）则介于前两种事态之间，即贸易摩擦已经发生但尚未进入相关贸易救济程序时行业协会（商会）该如何行事，且将其称为事中救济下的行业协会（商会）。在对上述三个视角下的行业协会（商会）展开具体论述前，首先描述一下我国进出口贸易的现状。

1. 2005年中国货物进出口贸易概况

根据世界贸易组织2006年4月11日发布的2005年全球经济报告，2005年中国进出口贸易情况概括为（欧盟25国、中国香港、中国台北单独计算）：

表7.1

贸易类型	进出口	世界排名	金额（亿美元）	比重	同比
商品	进口	3	6601	6.1%	18%
	出口	3	7620	7.3%	28%

根据中国国家统计局局长李德水2006年1月25日在国务院新闻办举行的新闻发布会上宣布的信息显示：全年国内生产总值182321亿元，全年进出口总额14221亿美元，对外贸易依存度约为62.4%（人民币兑美

元汇率按 1：8 计算）。

上述信息显示，2005 年我国货物进出口贸易活动活跃，发展势头迅猛，对外贸易依存度偏高。

2. 2005 年中国货物进出口贸易摩擦概况

根据 WTO 官方网站上公布的相关信息显示：

表 7.2

反倾销	2005 年案件总数	较去年案件数增加或减少	1995—2005 年案件累计	2005 年中国占WTO 案件数比例
对华发起	57	8	469	29.8%
对华实施	40	−3	338	30.5%
中国发起	24	−3	123	12.6%
中国实施	16	2	68	12.2%

表 7.3

反补贴	2005 年案件总数	较去年案件数增加或减少	1995 年—2005 年案件累计	2005 年中国占WTO 案件数比例
对华发起	0	−3	3	0%
对华实施	2	2	2	50%
中国发起	0	0	0	0%
中国实施	0	0	0	0%

根据中国贸易救济网 2006 年 1 月 17 日发布的“2005 年我国应对贸易摩擦工作取得显著成效”一文显示：2005 年全年对我国发起的特保案件 7 起，涉案金额 2.2 亿美元；保障措施 5 起，涉案金额 0.9 亿美元。此外，美国对我国 7 种产品发起 337 调查，涉案金额约 12 亿美元。欧盟、美国、土耳其等国对我纺织品启动了 242 调查或实施特保措施。2005 年还呈现出越来越多发展中国家和我国发生贸易摩擦的特点[1]。

---

[1] http://news.xinhuanet.com/fortune/2005-11/19/content_3803318.htm。

根据中国贸易救济信息网上的相关信息显示，我国迄今为止仅提起并实施一起保障措施案件，即在2002年我国就部分钢铁产品采取最终保障措施，并在2003年提前取消了该保障措施。

上述信息显示，2005年我国货物进出口贸易摩擦剧烈，货物进出口贸易形势不容乐观。

3. 我国货物进出口贸易现状分析及评述

综合上述两节内容可以得出如下结论：

首先，我国货物进出口贸易活动活跃，对世界经济发展有着举足轻重的作用，但这也同时伴随着激烈的贸易摩擦，且有愈演愈烈之势。

其次，我国对外贸易依存度偏高，这就意味着进出口贸易对我国国民经济具有相当重要的影响。要保持国民经济的进一步增长，就必须维护进出口贸易秩序的良性发展，减少国际贸易摩擦，并利用进出口贸易这一契机加快我国国内产业结构调整，提高各个行业的竞争能力，从而在世界范围内提升我国产品的整体竞争力。

第四节　贸易救济领域中的行业协会(商会)制度

如前所述，我国货物进出口贸易活动中正面临激烈的贸易摩擦，且有愈演愈烈之势，如何减少此类贸易摩擦成了一个受到多方关注且极具现实意义的问题。由于WTO体制下国际贸易摩擦有多种表现形式❶，且造成每一种贸易摩擦的具体原因不尽相同❷，因此对如减少贸易摩擦这一问题的回答不可能只有一个答案，一种解决途径。本章主要探讨我国面临有关倾销和反倾销、补贴和反补贴、保障措施、特保措施四种形式的贸易摩擦时，行业协会(商会)如何运用贸易救济制度消除或减少此类贸易摩擦。

---

❶ 一般而言，主要有有关倾销与反倾销、补贴与反补贴、保障措施、原产地规则、技术性贸易壁垒(TBT/SPS)、知识产权六种国际贸易摩擦表现形式。

❷ 参见王碧峰：《对外贸易摩擦问题讨论综述》，载《经济理论与经济管理》，2005年第9期。

1. WTO其他成员方对我国提起有关贸易摩擦案件的情形

(1) 有关倾销和反倾销的贸易摩擦

当WTO其他成员方对我国提起反倾销调查程序时，受到调查的企业(没有特别说明，本文所称"企业"包括实际生产产品的企业和进行进出口贸易活动的进出口商)面临两种选择：应诉或不应诉。而过去无数事实证明，不应诉带来的危害极其严重。应诉才是明智之举。就企业应诉问题，我国早在1994年就颁布了《关于中国出口产品在国外发生的反倾销案件的应诉规定》(外经贸部1994年部令第1号)，紧接着又颁布了《关于进出口商会、外商投资企业协会组团参加国外反倾销案件听证会的若干规定》(〔1995〕外经贸法发223号)和《关于在出口反倾销案件中聘用律师的暂行规定》(〔1995〕外经贸法发380号)。为了进一步鼓励企业应诉，1999年原对外贸易经济合作部颁布了《关于鼓励和督促企业参加国外反倾销案件应诉的若干规定》。随着我国加入WTO，我国受到愈加频繁的反倾销调查，为应对这一情形，外经贸部于2001年10月11颁布了《出口产品反倾销应诉规定》，进一步规范企业应诉工作。这一规定是有关行业协会(商会)参与企业应诉活动的最重要法律依据。按照这一规定原外经贸部建立起以外经贸部、地方外经贸主管部门、中介组织(商会协会)和出口企业为主线的"四位一体"反倾销应诉机制，取得了较好的应诉成效。例如，我国入世第一年反倾销应诉率达79.3%[1]，近年来对美欧等国家(地区)的反倾销应诉率比较高，基本上达到100%，对发展中国家的反倾销应诉率维持在70%左右[2]。此外，应诉结果也有所改善。如2005年涉案金额最大的美国木制卧室家具案(9.6亿美元)终裁平均税率仅为6.65%；美国盘条案(3.04亿美元)以无损害结案；南非的5起反倾销裁决，4起未采取措施；另1起反倾销案件，我国应诉企业获零税率；印尼面粉案，我国2家应诉企业，1家企业获零税率，1家获较低税率[3]。

---

[1] http://news.xinhuanet.com/zhengfu/2002-12/27/content_671739.htm。

[2] http://www.lntrade.com/Article/jmwto/200605/1272.html。

[3] http://cccmc.mofcom.gov.cn/aarticle/a/200602/20060201498494.html。

行业协会(商会)在反倾销应诉工作中的作用:

根据《出口产品反倾销应诉规定》,行业协会(商会)在反倾销应诉工作中的主要作用是组织协调应诉工作,并负有十项职责。在这一规定的指导下,有关行业协会(商会)充分发挥组织协调功能,积极参与反倾销应诉工作,在“四位一体”的反倾销应诉机制扮演重要角色,帮助受诉企业应诉,为我国反倾销应诉工作的顺利开展和应诉机制的不断完善作出了重要贡献,尤其是近年来反倾销应诉工作取得一定成就,行业协会(商会)功不可没❶。

第一,在行业内部建立一套比较完善的反倾销应诉机制,有效发挥其在反倾销应诉工作中的组织协调功能。迄今为止,六大进出口商会全部已经设立应对反倾销或其他贸易摩擦的应对部门(通常为法律部),联合各商会内部设立的各种分会,共同组织协调各分会所属出口企业的反倾销应诉工作。

第二,积极做好反倾销应诉准备工作,包括召开反倾销案件应诉协调会议,通报案件基本情况、介绍调查国反倾销案件调查程序、介绍参加竞聘的律师事务所的基本情况并组织竞聘、汇总企业生产和出口情况,初步制订应诉策略。例如,在 2005 年美国对华出口盘条反倾销案中,中国钢铁工业协会在美国国际贸易委员会公告接受申请方的调查申请后第四天就在北京召开紧急会议,11 家钢铁企业共商应诉事宜。会议决定:由中钢协组织协调,成立以首钢为组长的应诉小组,组织国内相关生产企业进行损害抗辩;联合美国的进口商,利用下游用户的力量,争取有利的抗辩陈述和证据;首钢、鞍钢、宝钢的驻美公司派代表出席 12 月 1 日在华盛顿召开的损害听证会;同时,确定聘请律师的原则及损害抗辩律师❷。俗话说,“好的开始是成功的一半”,中国钢铁工业协会上述应诉准备无疑为日后出庭抗辩并最终获得应诉胜利奠定了坚实的基础。

第三,实际应诉过程中,利用反倾销调查国的相关法律法规,为本行

---

❶ 当然,决定反倾销应诉最终成败的因素有很多,如应诉时企业能否提供全面真实的财务资料,所聘请律师是否具有丰富经验,能否获得“市场经济地位”等,本文在此仅讨论行业协会(商会)对反倾销应诉的影响。

❷ http://cccmc.mofcom.gov.cn/aarticle/a/200602/20060201498494.html。

业服务。例如,2005年印度对华绸缎反倾销案中,中国纺织品进出口商会根据本案应诉企业数量较多的情况,向印度商工部申请在本案中设立抽样程序,并得到最终同意❶。这一举措大大增强了中小企业的应诉积极性。

第四,配合调查当局做好反倾销调查,提供有关本行业的全面资料。有关行业协会(商会)不仅可以集中指导应诉企业填写调查问卷(这不仅可减轻企业的应诉负担,而且可以减少行业协会(商会)的重复工作。),而且可以在实地核查过程中向应诉企业提供相关指导,以配合调查当局的调查。2004年欧盟对华化纤布案中,中国纺织品进出口商会在应诉期间多次派员到企业辅导企业填写问卷,跟踪实地核查,有力支援了企业应诉工作,为最后取得较为理想的结果奠定了基础(本案中,共有56家企业应诉,在2005年8月做出的终裁中有26家企业获得市场经济地位并获得14.1%的税率,取得历史性突破,最终保住了市场)❷。

第五,充分发挥行业协会(商会)的代表、协调、沟通等职能,在反倾销调查过程中积极拉拢该调查国国内的"同盟军"(如进口商、消费者、有关经济学家、企业代表等),邀请他们为我方出庭作证或联合这些"同盟军"进行"院外游说",此外,还可以和调查国政府进行必要的沟通,充分正确表达我方观点。例如,在2005年美国对华出口盘条反倾销案中,在中国钢铁工业协会的配合下,我方律师联合美国钢丝协会动员了多家美国公司高层人士出席作证,反对立案,使我方在人数和气势上强于对方❸。再如,2005年印度对华绸缎反倾销案中,由商务部公平贸易局组团,于7月19日至7月26日赴印度进行本案技术性磋商,中国纺织品进出口商会以及律师、企业代表参加了此次磋商。在印度期间,技术性磋商小组就绸缎反倾销案与印反倾销调查总局展开技术磋商,同时与印纺织部、主管中国事务官员、中央丝绸局、申请方、进口商、用户、当地媒体和律师事务所等有关人士进行了广泛接触,表达了中方对该案的高度关注,了解了对方希

❶ http://www.ccct.org.cn/ccct/ccct/showmsg.jsp? trrfnum=dt06&msrfnum=dt0600000004。

❷ http://www.ccct.org.cn/ccct/ccct/showmsg.jsp? trrfnum=aj06&msrfnum=aj0600000001。

❸ 同11

望中方就价格做出承诺并给予印方生产技术支持的真正意图❶。2003 年美国对华木制卧房家具案中，中国家具协会派员随同国家商务部到美国进行访问，与美国商务部主管官员就家具反倾销有关问题阐述我方观点(既我国家具行业是充分竞争行业，是市场导向型行业)❷，一定程度上支持了我方抗辩活动。虽然，这三个案件的最终应诉结果不尽相同，但有关行业协会(商会)的这些做法值得肯定。

行业协会(商会)在反倾销应诉工作中的问题和原因剖析：

尽管行业协会(商会)在反倾销应诉工作中发挥了一定的作用(当然，并不是所有行业协会、商会都能发挥上述作用，这有待于其作出进一步努力)，并取得了一些成绩，但是我们不能满足于过去的“丰功伟绩”(何况这些成绩根本谈不上)，而应保持清醒的头脑，及时总结经验教训，找出过去应诉工作中存在的问题，深入分析产生这些问题的原因，以找出有效的解决方法。笔者认为，现阶段行业协会(商会)反倾销应诉工作中存在以下四个主要问题：

第一，某些行业应诉率很低，而有关行业协会(商会)对此却大都无能为力。这一现象在一些劳动密集型行业如轻工工艺、服装加工业尤为突出。例如，2005 年欧盟对华鞋产品反倾销案中，共涉及 1200 多家制鞋企业，而最后仅有 130 余家企业应诉，应诉率仅 15%。然而，据业内人士称“15%的应诉率在历年轻工行业的反倾销应诉中已经是一个不低的数字❸。”这个行业中的企业规模一般都比较小，若要求其单独应诉，显然是强人所难。而此时行业协会(商会)也无计可施。“打官司”要钱，更何况打的是“洋官司”！没有足够的资金保障，应诉只能是举步维艰。然而，我们很多行业协会(商会)是“清水衙门”，过着“捉襟见肘”的日子，再加上其在行业内的号召力不够，根本无法在短时间内筹集大笔资金❹。就像前文

---

❶ 同 13

❷ http://www.ica.gov.cn/news2006/zxdt/2005huibian/26jiajuxiehui.htm

❸ 《应诉欧盟：非政府组织的困境》，载自《商务周刊》，2006 年 6 月 16 日。

❹ 有人提出，设立反倾销应诉基金以解决广大中小企业应诉不积极的问题，并将这笔基金交由行业协会管理使用(孙凤英《论设立反倾销应诉基金的必要性》，载自《中国经济时报》，2006 年 6 月 2 日)，笔者否认设立该基金的必要性，不过，笔者认为行业协会在实际管理使用基金问题上还需进一步探讨。但这不是本文论述的重点，故不在此展开。

提到的欧盟对华鞋产品反倾销案中的中国皮革协会,虽然有着全国性行业协会的头衔,但在实际应诉工作中的作用远不如广东、温州、泉州三地地方性行业协会(商会)那般重要❶。作为全国性行业协会却无法支持整个行业,特别是大多数中小企业进行应诉。归根到底,问题的症结在于我国很多行业协会(商会)并不是该行业的真正代表,缺乏"群众基础"。由于历史和客观原因,这部分行业协会(商会)的生成途经往往和政府有千丝万缕的联系,而非由行业内企业自发组建而成,法律地位不明确❷,可以说这部分行业协会(商会)先天不足,而这又制约了他们后来的发展,最终导致现在名不副实、权力被架空的尴尬局面。

第二,从第一个问题出发自然会联想到这样一个问题:应诉费用如何分摊?一般认为,"谁应诉谁受益"原则是比较公平合理的做法。但由于没有相关法律法规的具体指导,这一原则在反倾销应诉工作中并没有被很好地贯彻,由此造成了有关行业协会(商会)不得不花费大量时间精力对应诉费用分摊问题进行协调的现象,而协调的结果又往往不如人意。例如,2003 年美国对华彩电反倾销案中,虽然中国机电进出口商会曾组织国内涉案企业集体应诉,但由于在律师费分摊等问题上谈不拢,阵营很快就分裂了❸。如果一项反倾销调查针对的是整个行业,那么仅让少数应诉企业承担整个案件的应诉费用不仅有失公允,一定程度上会影响这部分企业日后应诉的积极性(如 2000 年中国石材业遭遇的第一起反倾销案中,仅有几家企业应诉,这些企业付出了巨大代价,而受益的却是中国整

---

❶ 在应诉中,以广东省外资制鞋商为主体的"欧盟对华鞋产品反倾销应对联盟"(简称"广东联盟")于 2006 年 2 月 8 日自发成立,后扩大到 150 多家企业参与,筹款 300 万元,用于聘请律师和最权威的欧洲调查机构,联合进行"无损害抗辩"。3 月 2 日,在温州市外经贸局、温州鞋类出口专业委员会共同商讨应对反倾销调查的会议上,市鞋革行业协会、市鞋类出口专业委员会成员企业达成协议:集体提起"无损害抗辩"。3 月 8 日,国内三大鞋业基地——浙江温州、福建泉州、广东的鞋业协会(商会)正式宣布联合组建"欧盟反倾销应对联盟"(下文简称"应对联盟"),并对外发布了"应对联盟宣言",联合国内鞋企及境外相关利益群体进行"无损害抗辩",这次行为事先没有向中国皮革协会打过招呼。

❷ 参见余晖等著:《行业协会及其在中国的发展:理论与案例》,经济管理出版社,2002 年版,第 24—30 页。

❸ 《美对华彩电倾销核查继续出口前景黯淡 国内企业单打独斗》,载自《新闻晨报》,2003 年 12 月 30 日。

个石材行业，对此应诉企业颇有微词[1]。），而且还助长不应诉企业的“搭便车”心理，长此以往，损害的将是整个行业。然而，我们的行业协会（商会）对此一筹莫展。行业权威性的缺失和自身组织结构的缺陷最终无法让企业“心服口服”，协调失败是情理之中的事。

第三，应诉企业不团结，不能形成合力，不仅影响应诉效果，而且客观上造成应诉成本增加，然而，很多行业协会（商会）没法领导整个行业进行反倾销应诉，无法整合应诉资源。其实，国内早有人提议让行业协会（商会）代表企业应诉，并以其名义聘请律师为整个行业进行集体辩护，但迄今为止，大多数企业仍单枪匹马上阵。这依旧是个行业号召力问题，行业协会（商会）不为成员企业办实事，不增进成员企业利益，终究要被企业“抛弃”。

第四，全国性行业协会和地方性行业协会之间、各地方性行业协会之间、行业协会和商会之间在应诉过程中缺乏有效的协调机制，影响应诉工作。依旧以 2005 年欧盟对华鞋产品反倾销案为例[2]。本案中，中国皮革协会一开始就被“冷落”，中国轻工工艺品进出口商会也一直处于“配角”的地位，这场反倾销“保卫战”的主角自始至终都是代表中国三大鞋业基地——浙江温州、福建泉州、广东的行业协会、商会。就算在调查中期，欧盟反倾销委员会拒绝给予 13 家中国鞋类企业市场经济地位后，三地制鞋协会、商会联合成立“应对联盟”，都没有中国皮革协会的影子，甚至连招呼都没打。然而，三地鞋业有明显的区域差别，产业机构不同，各自利益不同，即使成立了“应对联盟”，由于没有全国性行业协会、商会的统一协调、组织、领导，最终也无法取得实质性工作进展。全国性行业协会、商会适宜统筹全局，却得到不到地方性行业协会、商会的信任，地方性行业协会、商会在企业中具有号召力，却无法统筹全局，矛盾之处昭然若揭。再者是行业协会和进出口商会之间亦是矛盾重重。进出口商会关心的进出口贸易，就算这个产品被反倾销调查了，最多换个产品出口。而对行业协会的成员企业而言，一旦被征收反倾销税，就很可能意味着退出某个市

---

[1] 《应诉反倾销，企业应当做什么？》，载《市场报》，2002 年 12 月 16 日。

[2] 案情参见《应诉欧盟：非政府组织的困境》，载《商务周刊》，2006 年 6 月 16 日。

场，这对那些产品结构单一、出口市场单一的生产企业而言往往是致命性打击。除此之外，进出口商会对生产企业的情况知之甚少，对企业比较了解的行业协会却不是组织应诉的牵头单位，没有双方的优势互补和精诚合作，实际应诉工作的有效开展终究是句空话。上诉所有矛盾，究其根源依旧在于现行法律制度下的行业协会（商会）法律地位不明确，社会合法性不足，行业号召力不够，协调职能发挥不善。

问题的解决：

产生上述这些问题的根本原因都在于现行法律制度下的行业协会（商会）法律地位不明确，社会合法性不足，行业号召力不够，协调服务职能发挥不善。要解决这些问题，关键在于我们的法律法规要给那些没有法律地位或法律地位不明确的行业协会（商会）"正名"——法人资格，赋予其独立从事民事活动的各项权利能力，并彻底理清和政府的关系，改变"二政府"的不良形象，摆正政府一行业协会（商会）一企业三者的关系。当然，在行业协会（商会）"幼年"时期，政府可以给予适当扶持，譬如，给予一定的资金支持，也可以将一些行政性权力下放给行业协会（商会），以增加他们的权威性和对企业的管制力（但这绝不等同于和政府"藕断丝连"，此时的行业协会、商会在法律上完全是独立的，政府只是将一些权力授权给他们代为行使，两者关系不是领导与被领导，而是委托与被委托）。唯有如此，才能让更多的行业协会（商会）从幕后走向前台，站在反倾销应诉的最前沿。

（2）有关补贴和反补贴的贸易摩擦

中国入世以来，WTO 其他成员方（加拿大）对华共提起 3 起反补贴调查，三个案件都以补贴额度微小，可以忽略不计而结束了调查程序。虽然迄今为止只有这 3 起反补贴案件，但这并不代表我们可以"高枕无忧"。反补贴调查不适用于"非市场经济"国家，但这并不是一条不可改变的规则。加拿大就修改了国内相关贸易法规，允许"在特定条件下可视中国相关行业为市场经济行业"，从而对中国相关产业成功开展了反补贴调查。美国也开始蠢蠢欲动。2005 年 7 月 19 日，柯林斯议员向国会提交了一项议案旨在修改美国外贸法中有关反补贴内容的条款。截至 2006 年 3 月 16 日，已有 52 个国家承认中国完全市场经济地位。诸多相关信息表明，我国面临大规模反补贴调查的潜在可能性很大，而且反补贴比起反倾销调查更具危害❶。反补贴调查对象为政府出口补贴和政府生产补贴，应诉主体为政府。由此，许多行业协会(商会)、企业就会认为反补贴调查事不关己。殊不知，补贴的最终受益者乃企业、行业，其最清楚自己有没有从政府那里获得本不应得的直接利益，没有他们的协助，单凭政府"孤军奋战"始终是不够的，毕竟政府的精力有限。因此，行业协会(商会)在反补贴应诉工作中，首先应破除"事不关己"、"置身事外"的心理，再利用自身信息收集整理方面的优势，协助政府应诉。

(3) 有关保障措施、特保措施的贸易摩擦

我国正受到越来越多的保障措施、特保措施调查，特别是有关纺织品的特保调查。去年由相关特保调查引发的中欧、中美两次纺织品谈判可谓"一时激起千层浪"，成了当年中国最热门的话题之一。由于调查程序不需要受调查国企业、政府的介入，没有类似反倾销和反补贴应诉之类的活动，而完全由调查当局和调查国国内企业主导，因此，行业协会(商会)在这两种调查案件中的作用明显别有于反倾销和反补贴案件。从现有一些保障措施、特保措施调查案件来看，行业协会(商会)的在此类贸易摩擦中的作用主要是配合我国政府和调查国政府进行磋商谈判，并向有影响的调查国议员政要、财团巨头、中介团体、进口商及消费者等与案件利益相关的方方面面进行广泛的游说工作，以影响调查当局的审理和裁决。

2. 我国对 WTO 其他成员方提起有关贸易摩擦案件的情形

我国是商品出口大国，同时也是商品进口大国。然而，比起受到大量来自 WTO 其他成员方的"两反两保"调查，我国采取贸易救济措施的案件数量少得可怜(前文第一部分第 1.2 节"2005 年中国进出口贸易摩擦概况"已有所交代)。而更令人不解的是，在所有这些案件中，仅有 2 起是由行业协会❷申请提起。相比之下，国外行业协会(商会)要积极地多。据初步计算，2015 年 1 月 1 日至 6 月 12 日，WTO 其他成员方对华发起反倾销

---

❶ www.cacs.gov.cn/DefaultWebApp/ showNews.jsp? newsId=201190000126。

❷ 这两家行业协会分别是：中国化纤协会和中国钢铁工业协会。

调查案件共37起，其中有11起为调查国国内行业协会（商会）申请发起，而我国截至2005年共发起123件反倾销调查，仅1起由行业协会申请发起。差别之大，禁不待言。这无疑从一个侧面反映我国很多行业协会（商会）和企业之间存在断层，企业认为行业协会（商会）可有可无，行业协会（商会）也觉得和企业若即若离。究其原因，依旧是社会合法性不足，法律地位不明确，行业代表性不强，没有为成员企业利益的增进出谋划策，即没有很好地发挥其服务和维权职能。常言道：治标需治本。要解决上述这些问题，要让更多的行业协会（商会）充分发挥其职能，就得赋予行业协会（商会）完全的法律人格，给予其自主权，同时政府应“放手”（但不“放纵”）让其按照市场规则运作，必要时给予其一定的扶持。

第五节　有关货物进出口贸易竞争政策下的行业协会（商会）

正如本章一开始就指出，贸易救济制度下行业协会（商会）的所作所为体现的是一种事后救济，即在贸易摩擦发生并进入正式调查程序后，有关行业协会（商会）采取措施予以应对。事后救济当然是阻止事态进一步恶化、减少损失、维护应有权利的必要手段，但这不免有亡羊补牢的意味。如果我们能“防患于未然”、“未雨绸缪”，在贸易摩擦发生前保持一个良好的货物进出口秩序，维护理性竞争，很可能中国就不会成为“众矢之的”。按照理论通说，行业协会（商会）作为行业的代表，具有自律、服务、维权、监督、检查、调解、协调、处罚等职能，如果能让这些职能在进出口商品竞争秩序中得到充分发挥，将极大地有利于减少贸易摩擦，缓和日益严峻的货物贸易（特别货物出口）形势。鉴于贸易摩擦的具体表现形式可以划分为两大类：一为和关税有关的贸易摩擦（包括倾销和反倾销、补贴和反补贴、保障措施和特保措施），二为非关税类贸易摩擦（包括因技术性贸易规则、知识产权、原产地规则、进出口许可证制度等而引发的贸易摩擦），而且由于两类贸易摩擦的应对方式不尽相同，所以笔者分别予以论述。

1. 和关税有关的贸易摩擦

要避免和关税有关的贸易摩擦的发生，主要可以从两个方面进行事先防范：一是要制止低价竞销、盲目出口行为，维护良好的货物出口秩序；二要以品牌、技术为核心进行产业升级，不断提高出口产品竞争力。

(1) 制止低价竞销、盲目出口行为

无论是反倾销、反补贴调查，还是保障措施、特保措施调查，都离不开进口产品“价格”或“数量”因素。如果我们的产品没有低价疯狂涌入某一个市场，被调查的概率就会大大减少。而我国目前货物出口秩序混乱，低价竞销、盲目出口现象时有发生，这无疑是我国频繁遭受贸易摩擦的重要原因之一。例如，2005 年欧盟、美国相继对我国纺织品设限，很大程度上就是因为在当年年初举办的第 15 届华交会上，由于全球纺织品配额的限制“闸门”彻底取消，纺织品企业在华交会上“疯狂”压价，并随之大量出口，引起了欧美同行的反感和恐惧。更为严重的是，这种现象不仅仅发生在纺织品一个行业，其他行业同样面临这一问题。机电类(小五金、家电、通讯器材、交通工具等)、轻工工艺类(鞋帽、玩具、文具、家具、陶瓷、玻璃器皿等)、食品土畜类(茶叶、蜂蜜、紫菜、大蒜、水产品、禽肉、果汁等)、五矿化工类(钢铁、橡胶、化工原料等)、医药保健类(糖精及盐、维生素 C、青霉素等)产品都曾因低价竞销、毫无节制地挤向某一个市场而受到反倾销等相关调查。

其实，很多业内人士、专家学者对此早有认识，并呼吁相关部门、行业、企业能够尽快采取措施改变我国相关产品出口混乱无序的局面。早在 1996 年原对外贸易经济合作部就发布了《关于处罚低价出口行为的暂行规定》，但实践证明实施效果并不理想。加之我国已经完全放开外贸经营权，上述规定以行政调控方式对外贸经营秩序进行规范已不合时宜。2005 年 9 月 1 日，商务部出台《对外贸易经营者违法违规行为公告办法》，依法向社会公告违法违规外贸经营者及其行为，对违规行为进行行政约束和处罚，打击进出口领域的违法犯罪行为，规范企业进出口行为。2005 年 12 月 28 日，商务部、发展改革委、海关总署、质检总局、国家认监委共同发布了《关于规范摩托车产品出口秩序的通知》，从市场准入入手，设定严

格的摩托车生产企业出口资质门槛，以规范我国摩托车产品的出口秩序，这一规定是商务部对低价竞销行为进行抵制的一次有益尝试。另据第99届广交会上得到的消息，商务部正着手制定《关于调查和处罚低价竞销出口行为的规定》，以遏止低价竞销出口行为❶。当然，从另一个角度来讲，政府不宜过多干预企业的产品销售行为，这毕竟属于企业自主经营范围，而且，我国已经加入WTO，WTO规则约束的是政府行为，过多干预企业内部事务，不利于我国“市场经济地位”的获得，同时也可能给反补贴调查当局留下口实。因此，政府在制定有关政策以制止企业低价竞销、盲目出口行为时，应处理好WTO相关规则和这些政策的衔接问题，避免造成冲突。

要制止低价竞销、盲目出口行为，除了政府积极采取措施制定相关政策外，还应发挥行业协会（商会）的力量（笔者不认为单靠企业诚信经营就可以实现有序竞争，“囚徒困境”理论和现实的种种早已向世人证明企业自律的局限性，成效微乎其微）。行业协会（商会）在维护正常的对外秩序工作中，拥有政府、企业无法比拟的优势，实现行业自律无疑是解决企业低价竞销、盲目出口问题的有效途径之一。作为整个行业的代表，行业协会（商会）可以根据其广泛收集的国内外相关产品、市场供求信息制定符合本行业利益的最低出口价格，也可以在成员内部就出口产品的产量、出口数量进行约定，当然也可以具体划分某一出口产品的销售市场❷。然而，要在实践中真正贯彻这些行业协议，达到行业自律的目的，并不是一件容易的事。笔者认为，至少需要满足以下条件：

第一，行业协会（商会）成员覆盖面广泛，不仅在成员数量上，而且在生产控制力上都达到足以代表整个行业的程度。缺乏这一条件，极有可能导致上述限制竞争协议最终流产。原因其实很简单，由于此类限制竞争协议对非成员企业没有拘束力，这部分企业依旧可以自我压价，恶性竞争，而根据“囚徒困境”理论，此时，成员企业也会迫于生存的压力而放弃

---

❶ 《破解低价竞销痼疾　理顺对外贸易格局》，自《经济日报》2006年4月30日。

❷ 就出口产品制定固定价格、数量限制、划分市场等行为一般会得到国内反垄断法的豁免，如德国对出口卡特尔的豁免，参见孔祥俊《反垄断法原理》P658-686。建议我国在制定反垄断法时，应将行业协会为维护正常有序的出口秩序就出口产品所作的限制竞争行为予以豁免。

之前的协议。

第二,这些限制性竞争协议应是成员企业自发提议行业协会(商会)制定,真正体现"协议"的本质——成员企业合意,而非命令式的指令。我国许多行业协会(商会)多少都带有一些"二政府"的印迹,往往以行政式的手段管理成员企业,而他们毕竟不是政府,一旦失去行政性权力,成员企业根本"不买帐",协议拘束力很弱。例如,2003 年 5 月 28 日由中国机电产品进出口商会摩托车分会制定的《关于处罚低价出口摩托车产品行为的暂行规定》正式实行,然而这个"行业禁令"最终还是不了了之。当然,这个"行业禁令"失败的原因有很多,但原因之一就是因为摩托车分会并非由企业自发组建,影响了禁令的拘束力❶。和摩托车分会形成鲜明对比的是我国首家电源连接器协会——慈溪市电源连接器行业协会(2005 年 5 月 28 日成立),不仅限价成功,改变了本行业低价竞争的局面,而且还三次提价成功,现正准备第四次提价❷。该行业协会能自律成功,重要原因之一就是它的自发性。

第三,此类限制性竞争协议的作出应以充足科学的信息资料为依据。为此,行业协会(商会)要发挥其信息收集职能,并对信息加以整理,经科学的分析论证方能作出最后的结论。缺少这一环节,而武断地确定最低限价、减产数量等都可能使协议不符合市场规则而失去现实效用,从而无法真正阻止低价竞销、盲目出口行为。

第四,应充分发挥行业协会(商会)的监督、检查及处罚职能,建立一套有效合理的奖励及惩戒机制。没有奖惩机制,这些行业协议就像是没有规定法律责任的法律法规,一纸空文而已。例如,2005 年 8 月,国内五大青霉素工业盐生产企业曾联手形成了限产、提价共识,但收效甚微,到 2006 年 1 月,印度最终还是对华提起了该产品的反倾销调查❸。究其原因,主要在于企业即使不遵守"共识"也不会被"追究",违反"共识"所带来的利益(笔者认为这是短期利益)远远高于违反的成本。

---

❶ 《低价竞销禁令难行摩托车行业要重组谋新生》,载《中国经济时报》2003 年 5 月 28 日。

❷ 《破除贸易壁垒行业协会应发挥更大作用》,载《中国经济时报》2005 年 8 月 5 日。

❸ 《印度青霉素工业盐反倾销案终结　我企业大获全胜》,载《中国医药报》2006 年 5 月 22 日。

(2) 以品牌、技术为核心进行产业升级，不断提高产品竞争力

我国很多出口企业都是加工型企业，没有自有品牌，也没有核心技术，产品附加值低，企业仅以低价竞争方式维系。此外，缺乏自有品牌、核心技术的出口企业为了快速打开某一市场，往往会仿制该市场中已有的产品设计，采用不经授权的技术(这可能会被视为侵犯知识产权而受到该国有关部门调查)，这些产品很可能被认为是"相同产品"，加上这些企业的低价竞销，极易被认定为倾销。可惜的是，许多企业往往都是在被反倾销调查后才"痛定思痛"，高呼要打品牌战略、开发核心技术。我国许多制鞋企业❶、家具企业❷、纺织品企业❸、打火机企业❹都是在事后才"恍然大悟"，才真正意识到以量取胜的时代已经一去不复返，取而代之的是有品牌、有技术含量的高质量产品时代的到来。其实，促进产品结构调整和产业升级换代，培育自有品牌，带动产品技术研发等旨在提高产品竞争力的各项活动，行业协会完全可以参与其中并起带头作用，这本来就是服务职能所要求的。行业协会理应站在市场的最前沿，敏锐观察市场的瞬息变化，洞悉行业未来发展趋势，从而对全行业作出长期性发展战略。

2. 非关税类贸易摩擦

非关税类贸易摩擦通常由技术性贸易规则❺(TBT/SPS)、原产地规则、进口许可证制度、与贸易有关的知识产权制度、环境和劳工标准、动物福利制度等非关税措施引发。随着关税措施的日渐成熟完善，那些希望保护国内产业的WTO成员方便凭借非关税措施限制货物进口，在当前贸易保护

---

❶ 《福建鞋企应对欧盟反倾销17家企业申报2005年中国名牌》，载《中华工商时报》，2005年7月11日；《中国鞋：赔了夫人又折兵》，载《中国经济周刊》，2006年1月16日。

❷ 《中国家具出口高速增长时应冷静思考》，载《消费日报》，2005年7月7日；《漳州家具业走出美国反倾销阴影》，载自《东南快报》，2006年12月7日。

❸ 《中国纺织业在竞争中谋变》，载《中国联合商报》，2006年3月16日。

❹ 《温州金属外壳打火机：舍弃低价位走上品牌之路》，载《消费日报》，2005年10月19日。

❺ 国内很多人提"技术性贸易壁垒"的概念，并将它和"技术性贸易规则(措施)"的概念等同，其实，这两个概念是包含与被包含关系，只有那些"给国际贸易制造不必要的障碍"的或其"实施方式""构成在情形相同的国家之间进行任意或不合理歧视的手段，或构成对国际贸易的变相限制，并在其他方面与本协定的规定"不"相一致"的"技术性贸易规则(措施)"才被视为"技术性贸易壁垒"。参见 http://anhui.mofcom.gov.cn/aarticle/sjzhongyaozt/200602/20060201574549.html

主义又见抬头的情况下，因非关税措施而引发的贸易摩擦日趋激烈。笔者在此选取几种比较常见的、具有典型代表意义的非关税类贸易摩擦予以论述，即有关技术性贸易规则（TBT/SPS）、知识产权制度的贸易摩擦。

(1) 概述

技术性贸易规则主要是指货物进口国家所制定的那些强制性和非强制性的技术法规、标准以及检验商品的合格评定程序。一些 WTO 成员方通常会对外国进口商品制定苛刻烦琐的技术、卫生检疫、商品包装和标签等标准，从而提高进口产品要求，增加进口难度，最终达到限制进口、保护国内产业的目的。这就极易在商品进出口国之间引发激烈的贸易摩擦。据商务部调查表明，国外技术性贸易规则对我国出口的影响日益加剧，我国每年受技术性贸易规则影响的金额已经占到出口总额的 25%以上，约为 450 亿～500 亿美元，有 71%的出口企业、39%的出口产品受到国外技术性贸易规则的限制，造成损失超过 170 亿美元，尤其是农产品、轻工、机电、纺织、五矿化工、医疗保健等六大行业的出口受到的技术性贸易规则限制最为严重❶。

近年来，WTO 成员方（特别是美国）利用国内知识产权制度频频向我国出口企业和产品“发难”，认为侵犯其知识产权。中国已成美国 337 调查最大受害国。据相关统计数字显示，从 1986 年 12 月，美国发起第一起对中国企业的 337 调查，至 2001 年底共发起 15 起调查，而 2002 年至 2006 年 6 月 19 日，美国对中国大陆共发起 41 起调查，短短 4 年间发起的调查数量竟比 15 年间翻了一倍还不止。此外，对中国发起的调查占美国历年调查总数的比重也有所上升。1986—1995 年为 2%，1996—2004 年为 23%，2005 年为 28%。涉及的行业主要有电子、化学、轻工业、机械、汽车、皮革，其中以电子工业受到的调查数量最多❷。

(2) 如何事先防范上述贸易摩擦的发生

在 WTO 成员方拟实施有关技术性贸易规则或对我国相关产品发起知识产权调查之后，国内出口企业只能接受现实，或完全按照别人的游戏

❶　《加快建立技术性贸易壁垒预警机制》，载《厦门日报》，2005 年 5 月 25 日。

❷　廖秀健《美国对华 337 调查原因分析及应对策略》，载《商业时代》，2006 年第 4 期。

规则继续出口，或拿起法律武器维权应诉。然而，在这之前，行业协会（商会）并不是无所作为，而是完全可以凭借其得天独厚的优势为行业"未雨绸缪"，从而让企业将来可能遭遇这些贸易摩擦的概率降到最低点。

第一，在全球范围内广泛收集各国现行的和提议中的相关产品技术性贸易规则和知识产权制度，随时了解国外同行就产品技术、标准、质量等的最新动向，并及时告知成员企业，必要时对成员企业就进口国相关技术法规、知识产权制度进行培训。对于那些潜在可能被限制或调查的现有产品，应研究相关对策，尽早消除这种潜在危险❶。单凭一个企业（除非是大企业、跨国企业，倒是有可能做到）来完成这些工作显然不现实，也不合理。成本过高加上各企业很可能重复工作，造成资源浪费，且因信息不能共享而使信息传递的效率低下。

第二，进行全面深入的行业调研和科学论证，制定相关产品的行业标准，积极配合"国家标准化战略"的实施，为企业生产和贸易质量保障提供权威性的依据，改变在对外贸易上必须遵守其他国家标准的被动局面。该标准应根据本行业实际情况和国内经济发展水平作出，并考虑产品主要出口市场的相关技术法规、标准和检验商品的合格评定程序。此外，牵头编制出口行业技术规范与指南，为企业提供了生产管理科学指导和出口技术保障。这方面，中国食品土畜进出口商会做地相当出色，值得借鉴。例如，2004 年间，商会组织企业先后制定了肠衣国家标准和竹筷国家标准，并制订了《竹制卫生筷卫生管理暂行规定》；编制《蜂蜜出口技术指南》，该指南囊括世界各主要蜂蜜进口国的要求、蜂蜜生产管理方法和要求以及对掺假、残留物的企业自检方法，为企业提供了生产管理科学指导和出口技术保障❷。

第三，制定本行业产品发展规划（当然要从行业和国家的实际情况出发，迷信"第一"、盲目发展都是不可取的，只会适得其反）。带动产品技术研发，帮助企业申请专利、外观设计、商标等，提高产品技术含量，不断提

---

❶ 中国皮革工业协会早有过成功经验。它 20 世纪 90 年代初就在行业内开展相关偶氮染料的替代工作，帮助企业进行产品升级换代。待欧盟 2002 年出台偶氮染料的禁令后，对我皮革行业没有造成很大的影响。参见 http://gof.gdwto.org.cn/detail.asp?cid=116&id=28。

❷ http://www.agriffchina.com/wenben03.jsp?id=24498。

升产品的核心竞争力。突出“337 调查”包围的根本途径就在于我们要有自己的专利技术和品牌,“技术是硬道理”。而行业协会(商会)完全可以为了行业的利益、最终是企业的利益,动用全行业的力量实现技术进步。虽然期间可能会受到国外同行的抵触,但我们不能“因噎废食”,在这场博弈中,没有永远的敌人,也没有永远的朋友,只有永远的利益,这,就是市场。

第四,积极参与出口产品国家标准、技术法规等的制定工作,提议政府就有关出口产品制定出口技术规范。行业具有强大的信息处理功能,对本行业的情况了如指掌,这不仅有利于政府相关工作负担的减轻,还有利于增进这些标准、技术法规的准确性、合理性和可操作性。

第五,和国外同行、其他行业协会(商会)的进行交流、合作,积极参与相关国际标准、行业守则的制定和认证工作,推进我国出口产品质量标准、生产工艺、流程、管理体系等在国外的承认,即开展“民间外交”[1],这能从被动地接受其他行业组织的行业标准、生产守则或规范转为主动地协调、沟通。两国行业协会(商会)之间相互承认各自的标准,不仅能减少因标准不同而引起的贸易摩擦,而且还能降低企业的成本。因为,假设没有相互承认,一个出口企业要将产品出口到另一个要求该产品符合相关行业标准的国家时(虽然该行业标准没有强制性,但在很多情况下,不符合该标准的产品几乎无人问津)。由于该企业不是该行业协会成员,所以该企业必须获得该行业协会的认证才能进入该国市场,而认证费用一般都比较高昂。反之,如果两个行业协会相互承认标准,则上述情况中的企业不需要获得认证或花费很少的钱便可将产品出口到另一国家。其实,就政府制定的技术法规等强制性规范,各 WTO 成员方政府也可以相互承认,TBT 协议第 6 条和 SPS 协议第 4 条对此做了规定。当然,在两国行业协会已经相互承认各自标准的情况下,政府对另一国国内行业标准的承认是没有必要的。因为一般行业标准对产品的要求严于政府制定的技术

[1] 虽然迄今为止,我国行业协会(商会)在这方面的实践很少,但并不表明此种方法不可行性。这在职业协会中比较普遍,如英国的结构工程师学会颁发的英国皇家注册结构工程师资格证书得到世界上许多国家(包括我国)承认。

法规等强制性规范，所以一般而言，当非本国行业标准在得到本国行业协会承认时，同时也会符合本国的强制性规范。

第六节　事中救济下的行业协会（商会）

当贸易摩擦已经发生，但国内出口企业尚未被正式调查前，对因技术性贸易规则引发的贸易摩擦而言，这些规则尚未正式实施而处在公开评议阶段时，行业协会（商会）应采取及时有效的措施以消除摩擦，或阻止事态的进一步恶化，或做好充足的应诉准备。总之，要积极采取行动将损失降到最低点，而非"坐以待毙"。笔者认为，行业协会（商会）可以围绕以下几个方面开展工作：

1. 建立预警机制

我国六大进出口商会和一些出口企业、产品较集中的全国性行业协会（商会）、地方性行业协会（商会）已经建立国外对华反倾销等贸易救济预警机制，对重点敏感产品的出口数量、价格、出口市场等信息予以即时公布。就进口产品而言，国内一些重要产业、行业的行业协会（商会）也建立了产业损害预警机制，如汽车、钢铁、化肥行业。除建立这些有关贸易救济的预警机制外，还应针对技术性贸易规则建立预警机制。当然，时下已有的有关技术性贸易规则的预警机制多由政府部门建立，而非行业协会（商会）。如 2003 年的"广州市大类出口商品技术贸易壁垒预警机制"，由广州市质监局和市外经贸局启动成功[1]。由行业协会（商会）建立这些预警机制是比较合理的，这是其服务职能所在。虽然从实际效果看，预警机制只能对贸易摩擦的发展形势进行有限的监控并在一定程度上能缓和这种紧张形势，却常常无法消除贸易摩擦，即使如此，能让相关调查程序延后开始，这本身就是一种成功，因为它为日后的应诉赢得了宝贵的准备时间。例如，2005 年印度对华绸缎反倾销中，该案于 2005 年 5 月 18 日发起，而中国纺织品进出口商会早在 2004 年 8 月就开始作应诉准备，在收

[1] http://news.xinhuanet.com/newscenter/2005-06/18/content_3101948.htm。

到有关消息后，于 2005 年 1 月 6 日在成都召开了本案的预警工作会议。从实际的效果看，此次会议为企业争取了长达 4 个月的应诉准备时间❶。

2. 进行行业自律

就有关“两反两保”的贸易摩擦而言，仅有预警机制往往是不够的。许多出口企业只顾短期利益、眼前利益，根本不会关心事态的发展，继续低价竞销或大量出口，导致事态的进一步恶化。倘若此时行业协会（商会）能及时进行行业自律，悬崖勒马，也是有可能的。即使无法消除贸易摩擦，但能拖延正式调查程序的开始，在应诉之前赢得宝贵的准备时间也应值得肯定的。然而，本书第三章第一节已经指出，行业自律的真正实现需要很多必要条件，缺少其中任何一个条件都可能使“行业自律”变成“行业无律”，当然也就无法让货物出口秩序回归理性。

3. 向政府提出请求，请求政府采取必要措施遏制事态发展

当行业自律都无法遏制事态进一步恶化时，行业协会（商会）可以向政府寻求帮助。政府通过行政性手段强制矫正已经扭曲的货物出口秩序，往往会得到比较理想的效果。然而这并非长久之计，市场规则下，终究要让市场的主体——企业和行业来解决其自身问题。

4. 对外进行协调、沟通

贸易摩擦发生后，应及时和对方政府、行业协会（商会）、消费者、业界代表、学者等进行协调、沟通，表明态度，增进和政府、国外同行、利益一致者的相互了解和理解，进而消除误会或达成协议以消除或缓和两国贸易摩擦局势。依旧是中国食品土畜进出口商会给我们提供了丰富的经验。2002 年 8 月日本对中国松茸进口实行命令检查，我松茸对日出口数量剧减，松茸出口企业经营和农民生活受到严重影响。2003 年 9 月食土商会食用菌分会牵头组织主产地云南的政府部门和企业赴日，举办了“中国云南省松茸推介会”，日本政府官员、协会、媒体和商会、进口商、经销商代表

❶ http://www.ccct.org.cn/ccct/ccct/showmsg.jsp? trrfnum=dt06&msrfnum=dt0600000004。

近百人应邀参加。团组回国后不久,日方取消了对松茸的命令检查,松茸对日出口恢复正常❶。

5. 参与公开评议

这种措施仅适用于有关技术性贸易规则的贸易摩擦。根据WTO透明度原则,WTO各成员在指定技术性贸易规则的草案阶段就要通过WTO秘书处向其他成员通报,以征求其他成员的评议意见。此时,行业协会(商会)就可以对这些尚处于不确定状态的技术性贸易规则代表行业发表意见,或支持,或反对,但无论持何种观点,都要"有凭有据",以理才能服人。就拿我国温州打火机的经历来说明❷。温州打火机这几年可谓几经沉浮。从1994年遭遇美国"CR"法案被迫退出美国市场,到2001年欧盟拟启动"CR"法案意欲设限,2002年又遭欧盟反倾销调查,2005年欧盟重提"CR"法案并最终实施,今年6月又遇美国"337"调查,如此"多灾多难"估计国内其他行业没有一个能和它相提并论。然而,面对贸易摩擦,温州打火机"吃一堑,长一智",摸索出了许多应对方法,积累了相当丰富的"实战"经验,更为可贵的是,现在的温州打火机即使面对欧盟"CR"法案正式实施,都能处变不惊,坦然面对,从长计议。对于欧盟"CR"法案,温州打火机已竭尽全力。从2001年欧盟"CR"法案颁布(未正式实施)后,温州烟具协会配合国家有关部门对打火机的定理、分类进行科学评估,对各类打火机的安全性能进行科学实验,并拿出哪些该加、哪些不该加"安全锁"的科学论据,将之提交欧盟参考,并随团到欧洲进行游说。最终未让该法案正式实施。2005年欧盟"旧事重提",温州烟具协会依旧是多方奔走,据理力争,可终究事与愿违。但这场贸易摩擦远没有结束,温州烟具协会依

❶ 《在艰难中拼搏在开拓中前进——中国食品土畜进出口商会2003年工作回顾》,载《国际商报》,2003年12月27日。

❷ 中国食品土畜进出口商会(简称"商会")的这方面的经验也很多,例如2002年底,欧盟通过了十分苛刻的《有关非人类食用动物副产品卫生条例》,一旦实施将对我出口造成极不利影响。商会在广泛征求企业意见的基础上,代表行业对该法规提出了评议意见。商会提出的意见全部被国家质检总局采纳,写入对欧盟法规的官方评议意见中。评议意见受到欧盟重视,并提出希望进一步补充具体意见。参见《在艰难中拼搏在开拓中前进——中国食品土畜进出口商会2003年工作回顾》,载自《国际商报》,2003年12月27日。

旧"任重而道远"[1]。

第七节　本章小结

行业协会在国际经济贸易实践中发挥着极其重要的作用，行业协会是国际经济法非常重要的主体。在贸易救济方面行业协会可以发挥十分独特的作用，具有相当重要的地位。文章以2005年行业协会在贸易救济方面发挥的作用的归纳分析，着重阐明了行业协会方面工作的当务之急就是要配合我国反垄断法的出台和实施，着有研究和颁布有关行业协会的竞争政策及其实施细则。

就我国行业协会的发展而言，"路漫漫其修远兮，吾将上下而求索"，这也许可以成国内行业协会（商会）的座右铭。全球经济一体化对国内行业协会（商会）而言既是挑战也是机遇。究竟是安于现状。退守国内、受制于人（国外行业协会、商会）还是勇于开拓、走出国门、力争平等互利，这值得我们的行业协会（商会）深思。当然，行业协会（商会）的发展离不开政府、企业和更多国人的关注、没有他们的支持，始终是枉然。真所谓"皮之不存，毛将焉附"？

就完善我国现行立法而言，主要有三点建议。一是我国应尽快制定统一的行业协会法，并在其中赋予行业协会独立的法律人格，以列举式和概括式相结合的方式规定行业协会的所享有的权利和应承担的义务。这些权利和义务应当包括：行业协会有权代表企业应诉或组织、帮助企业应诉；根据法律法规授权或行政机关授权行使有关行政性权力；有权为企业提供旨在促进行业发展的各种服务（如提供信息、组织培训、开展对外交流等）；享有在本行业内部、本国各行业之间、本国行业和国外行业之间进行协调的权利；享有立法（法律、法规、规章、国家标准等各种强制性规范）建议权；进行行业自律；有权监督、惩罚违反行规的企业成员；遵守国家法律法规。二是在政策上适当支持有关行业协会的建立和发展，在行业协会建立或改建初期提供必要的资金扶持，并下放一些行政性权力给行业

[1] 参见 http://info.cec-ceda.org.cn/jx/pages/20060412_8903_6_3.html。

协会以提高其权威性。三是在制定反垄断法时，将行业协会旨在制止低价竞销、盲目出口行为，从而维护良好的对外贸易秩序而采取的限制竞争行为予以豁免，但要规定具体的豁免条件和程序，防止此等权利滥用，阻碍公平竞争。

就行业协会的理论研究而言，尚有许多值得我们进一步探讨的问题。如有关行业协会作为国际经济法主体这一理论的进一步论证问题；有关行业协会运用WTO补贴规则增强国内产业竞争力问题（政府补贴可以下发给行业协会，由行业协会资助给企业，这也许是规避WTO有关规则的有效途径之一）；有关国际技术贸易活动中行业协会的角色承担和作用发挥问题；有关两国甚至多国国内行业协会面对贸易摩擦，通过各种可能的途径、方法、程序（也许存在此等行业协会以仲裁或其他友好方式）解决涉及产业、行业的国际贸易纠纷的问题。可以说，有关国际经济关系中行业协会的理论研究是个广阔而极具现实意义的天地，需要我们更多人的关注和投身于其中的热情。

行业协会方面工作的当务之急就是要配合我国反垄断法的出台和实施，着有研究和颁布有关行业协会的竞争政策及其实施细则，增强我国行业协会在国际市场的集体行动能力。

参考文献

一、著作论文类

[1] 巴劲松. 信用涵义的经济解读和法律解读——一个比较的视角[J]. 江西财经大学学报. 2003(4).
[2] 常庆欣. 治理、组织能力和非营利组织[J]. 中国行政管理. 2006(11).
[3] 陈承堂. 行业协会的垄断问题研究[J]. 行政法学研究. 2008(1).
[4] 陈建民，邱海雄. 社团、社会资本与政经发展[J]. 社会学研究. 1999(4).
[5] 陈蕾，姚丹. 从制度经济学的角度分析行业协会对企业信用建设的作用[J]. 金融经济. 2008(12).
[6] 陈剩勇等. 组织化、自主治理与民主：浙江温州民间商会研究[M]. 北京：中国社会科学出版社，2004.
[7] 陈晓军. 互益性法人制度研究[M]. 北京：法律出版社，2007.
[8] 陈雪娇. 我国商会的法律地位初探[C]. 中国法学会商法年会，北京，2007.
[9] 单建伟. 交易费用经济学的理论，应用及偏颇[A]. //汤敏，茅于轼. 现代经济学前沿专题(一)[M]. 北京：商务印书馆，1999.
[10] 范锐敏，刘凯. 论我国商会的法律地位[J]. 社会科学. 2002(4).
[11] 冯崇德，曾凡桂. 辛亥革命时期的汉口商会[A]. //湖北历史学会. 辛亥革命论文集[C]. 武汉：湖北人民出版社，1981.
[12] 冯果. 商会法律制度的灵魂[J]. 国家检察官学院学报. 2008(6).
[13] 冯筱才. 北伐前后的商民运动[M]. 台北：台北商务印书馆，2004.
[14] 冯筱才. 中国商会史研究之回顾与反思[J]. 历史研究. 2001(5).
[15] 冯筱才. 中国大陆近代商人之研究[J]. 中国近代史研究通讯(台北). 1998(26).
[16] 冯筱才. 最近商会史研究刍见[J]. 华中师范大学学报(人文社科

版).2006(5).

[17] 复旦大学历史系,上海市工商业.上海总商会组织史料汇编(2卷本)[M].上海:上海古籍出版社,2004.

[18] 傅强,张宜松.社会中介组织在社会信用体系建设中存在的问题及对策分析[J].经济问题探索.2004(11).

[19] 傅伟光,张经.行业协会概论[M].北京:中国工商出版社,2010.

[20] 高成运.民间组织能力建设的视角与路径[J].学会.2006(5).

[21] 葛月凤.入世后行业协会应大力提高"四种能力"[J].经济师.2003(7).

[22] 顾昕,王旭.从国家主义到法团主义——中国市场转型过程中国家与专业社团关系的演变[J].社会学研究.2005(2).

[23] 郭太风.迈向现代化的沉重步履(军政改革-商会变异-思潮激荡)[M].上海:学林出版社,2005.

[24] 国家民间组织管理局.中国民间组织评估[M].北京:中国社会出版社,2007.

[25] 韩福国.民营经济制度变迁中的工商联:组织的双重代理[M].北京:经济科学出版社,2006.

[26] 郝思.非营利性组织与民主[A].//刘军宁.市民社会与公共秩序[M].北京:三联书店,1996.

[27] 何敬芳.中国商会之立法初探[J].消费导刊.2009(8).

[28] 侯学梅.反垄断法视野中的行业协会[J].北方论丛.2008(4).

[29] 胡辉华,黄淑贤.论行业协会的能力建设[J].学会.2011(2).

[30] 胡剑锋,文聪.农业行业协会:利益代表而非经济合作[J].浙江大学学报(人文社会科学版).2004(5).

[31] 胡能.行业协会与行业信用建设问题研究[J].河南社会科学.2005(8).

[32] 胡其瑞.中国近代商人研究之回顾——以台海两岸之论著为中心的探讨[J].中国历史学会史学集刊(台北).(32).

[33] 华中师范大学历史研究所,苏州市档案馆.苏州商会档案丛编[M].武汉:华中师范大学出版社,2011.

[34] 黄达.货币银行学[M].北京:中国人民大学出版社,1999.

[35] 黄红华.商会的性质[J].中共浙江省委党校学报.2005(5).

[36] 黄孟复.中国商会发展报告[M].北京:社会科学文献出版社,2005.

[37] 黄兆玉.异地温州经济社团组织与地方政府互动关系的研究[D].上海:复旦大学,2008.

[38] 黄祖辉,胡剑锋.国外农业行业协会的发展、组织制度及其启示[J].农业经济问题.2002(10).

[39] 黄祖辉,胡剑锋.建立我国农业行业协会的思路与方案研究[J].浙江学刊.2004(1).

[40] 纪中华.转型时期我国地方政府与商会关系——以苏州为个案的研究[D].苏州:苏州大学,2005.

[41] 江平等.罗马法基础[M].北京:中国政法大学出版社,1987.

[42] 金晓晨.商会与行业协会法律制度研究[M].北京:气象出版社,2003.

[43] 句华.政治学视野中的政府信用[J].国家行政学院学报.2005(2).

[44] 康晓光.创造希望——中国青少年发展基金会研究[M].桂林:漓江出版社,广西师范大学出版社,1997.

[45] 黎军.行业自治及其限制:行业协会研究论纲[J].深圳大学学报.2006(2).

[46] 黎军.行业组织的行政法问题研究[M].北京:北京大学出版社,2002.

[47] 李峰,任浩.行业协会影响力评价指标体系的实证研究[J].现代管理科学.2006(4).

[48] 李建丽.论政府与行业协会的关系[J].集团经济研究.2006(12).

[49] 李文.商会的法律界定[J].经济与法.2010(1).

[50] 李颖.我国个人信用征信体系研究[D].上海:同济大学,2005.

[51] 廉高坡.浅议行业协会法人治理结构的建立与完善[J].生产力研究.2005(8).

[52] 梁庆凯.基于政府信用的中国小城镇建设融资模式创新研究[D].长沙,中南大学,2005.

[53] 林均跃.社会信用体系原理[M].北京:中国方正出版社,2003.
[54] 林闽钢.社会资本视野下的核心能力管理[J].中国行政管理.2007(1).
[55] 刘芳.近二十年来中国商会研究综述[J].历史教学问题.2006(4).
[56] 刘红路.2005 商会年鉴[M].北京:中华工商联合出版社,2006.
[57] 刘怡青.商人与军阀政治(1916-1928):以天津为例[D].台北:台北政治大学历史研究所,1999.
[58] 刘瑛.企业信用法律规制研究[D].北京:中国政法大学,2004.
[59] 刘祖典.向民间商会[M].郑州:河南人民出版社,2003.
[60] 鲁篱.行业协会经济自治权研究[M].北京:法律出版社,2003.
[61] 鲁篱.行业协会限制竞争行为的责任制度研究[J].中国法学.2009(2).
[62] 鲁篱.论行业协会自治与国家干预的互动[J].西南民族大学学报.2006(9).
[63] 鲁篱.论我国行业协会集体抵制行为的反垄断法规制[J].天府新论.2008(3).
[64] 马春庆,熊花.行业协会:搭建政府信用体系建设的有效制度途径[J].山东大学学报.2006(6).
[65] 马敏,朱英.传统与近代的二重变奏[M].上海:上海人民出版社,1993.
[66] 马敏.近十年来中国的商会史研究及其展望[A].//经济组织与市场发展国际学术讨论会论文[C].湖北十堰,2000.
[67] 马敏.商会研究与新史学的范式转换[J].华中师范大学学报.2003(5).
[68] 马长山.民间社会组织能力建设与法治秩序[J].华东政法学院学报.2006(1).
[69] 毛俊华.行业协会法制建设和内部治理结构[J].上海市经济管理干部学院学报.2007(3).
[70] 潘玉军.农村专业经济协会建设研究——以普兰店市特种粮研究会为例[D].北京:中国政法大学,2009.

[71] 盘金生,安贺新,李志强. 中国信用制度建设[M]. 北京:经济管理出版社,2003.
[72] 皮明庥. 武汉首义中的武汉商会和商团[J]. 历史研究. 1982(1).
[73] 浦文昌. 市场经济与民间商会——培育发展民间商会的比较研究[M]. 北京:中央编译出版社,2003.
[74] 张铁军,景军学,杨国昌. 当代中国商会研究[M]. 兰州:甘肃文化出版社,2006.
[75] 浦文昌等. 中国商会法立法研究及中外资料汇编[M]. 北京:中央编译出版社,2010.
[76] 秦菊香,李海燕,刘洪生. 构建我国社会信用体系的对策建议[J]. 金融教学与研究. 2004(1).
[77] 秦诗立,岑压. 商会:从交易成本视角的解释[J]. 上海经济研究. 2002(4).
[78] 秦诗立,秦琳. 商会制度与国家形态的互动演进[J]. 上海经济研究. 2003(6).
[79] 秦诗立. 商会的性质——一个市场缺陷和非市场缺陷视角的研究[J]. 浙江社会科学. 2001(5).
[80] 青木昌彦. 比较制度分析[M]. 上海:上海远东出版社,2001.
[81] 邱捷. 广东商人与辛亥革命[A]. //纪念辛亥革命七十周年学术讨论会论文集(上册)[C]. 北京:中华书局,1983.
[82] 沈恒超,贾西津. 官办行业协会:何去何从[J]. 社会. 2003(8).
[83] 沈谓滨,杨立强. 上海商团与辛亥革命[J]. 历史研究. 1980(3).
[84] 沈亚平,陆明远. 公益与效率:中国非英里组织的目标体系研究[J]. 学会. 2006(5).
[85] 曹雁翎. 中国非营利组织的核心能力管理[J]. 东北财经大学学报. 2004(1).
[86] 宋美云. 天津近代商会[M]. 天津:天津社会科学院出版社,2002.
[87] 苏力. 社会学对商会介入国家与民间之第三部门的认定[A]. //苏力,葛云松,张守文,高丙中. 规制与发展——第三部门的法律环境[M]. 杭州:浙江人民出版社,1999.

[88] 孙红云. 比较企业能力理论分支理论流派的异同及其对战略管理的解释力[J]. 金卡工程(经济与法). 2011(4).
[89] 孙智英. 信用问题的经济学分析[D]. 福州：福建师范大学，2002.
[90] 天津档案馆编. 天津商会档案汇编[M]. 天津：天津人民出版社，2011.
[91] 田凯. 政府与非营利组织的信任关系研究——一个社会学理性选择理论视角的分析[J]. 学术研究. 2005(1).
[92] 汪力斌. 提高非营利组织生产力：非营利组织能力建设探讨[J]. 生产力研究. 2007(17).
[93] 汪沂. 我国商会立法模式之选择[J]. 湖北广播电视大学学报. 2006(5).
[94] 王安岭. 社会自制组织与市场制度的构建——论商会组织在市场制度中的地位与作用[J]. 现代经济探讨. 2003(7).
[95] 王国顺. 企业理论：能力理论[M]. 北京：中国经济出版社，2006.
[96] 王利明. 民法·侵权行为法[M]. 北京：中国人民大学出版社，1993.
[97] 王名等. 中国社团改革[M]. 北京：社会科学文献出版社，2001.
[98] 王书娟. 论我国行业协会内部治理结构的完善[J]. 福建政法干部管理学院学报. 2008(2).
[99] 王思斌. 社团的管理与能力建设[M]. 北京：中国社会出版社，2003.
[100] 王天雨. 信用管理体系建设与行业协会发展研究[J]. 经济问题. 2004(6).
[101] 王永进. 商会研究范式的回顾与反思[J]. 兰州学刊. 2006(11).
[102] 卫祥云. 第三者生存：中国行业协会热点素描[M]. 北京：中国社会出版社，2008.
[103] 魏静. 商会自治权初探[J]. 贵州社会科学. 2006(9).
[104] 魏文享国家介入与商会的“社会主义改造”——以武汉市工商联为例(1949-1956)[J]. 华中师范大学学报. 2005(5).
[105] 魏永艳. 治理理念对调整行业协会与政府关系的指导意义[J]. 内蒙古民族大学学报. 2008(3).
[106] 吴敬琏. 商会的定位及其自身治理[J]. 中国改革. 2006(10).

[107] 吴军民. 行业协会的组织运作：一种社会资本分析视角——以广东南海专业镇行业协会为例[J]. 管理世界. 2005(10).

[108] 无锡市工商业联合会，无锡市档案馆，无锡市比较经济咨询事务所. 近代无锡商会资料选编[M]. 无锡：无锡市档案馆，2005.

[109] 肖海军. 商会法律制度研究[M]. 北京：中国人民大学出版社，2010.

[110] 熊花，马春庆. 制度经济学的解释：行业协会在政府信用建设中的作用[J]. 生产力研究. 2006(9).

[111] 徐鼎新，钱小明. 上海总商会史[M]. 上海：上海社会科学院出版社，1991.

[112] 徐鼎新. 近代中国商业社会追踪[M]. 香港：天马出版有限公司，2006.

[113] 徐鼎新. 旧中国商会探源[J]. 中国社会经济史研究. 1983(1).

[114] 徐鼎新. 中国商会研究综述[J]. 历史研究. 1986(6).

[115] 徐家良. 双重赋权：中国行业协会的基本特征[J]. 天津行政学院学报. 2003(2).

[116] 许婷. 在政府与企业之间：转型期的上海行业协会[J]. 中共浙江省委党校学报. 2007(5).

[117] 许昀. [J]. 社团管理研究. 2008(6).

[118] 亚当·斯密. 国民财富和性质的原因研究[M]. 北京：商务印书馆，1972.

[119] 严海波. 交易、制度与信用—兼论我国转型期信用缺失的原因和治理[D]. 成都：西南财经大学，2006.

[120] 严建苗，刘伟峰. 近代中国商会的制度分析[J]. 商业研究. 2002(8).

[121] 严新明. 行业协会的结构功能分析[J]. 学会. 2006(2).

[122] 杨团. 非营利机构评估[M]. 北京：华夏出版社，1998.

[123] 杨紫煊. 经济法》[M]. 北京：北京大学出版社，2006.

[124] 姚宝燕. 非营利组织绩效评价初探[J]. 财会通讯. 2006(11).

[125] 叶明. 行业协会限制竞争行为的发垄断法规制[D]. 重庆：西南政

法大学，2008.

[126] 叶燕斐，黄琳. 商会管理[M]. 成都：四川人民出版社，2007.

[127] 应莉雅. 近十年来国内商会史研究的突破与反思[J]. 中国社会经济史研究. 2004(3).

[128] 应莉雅. 天津商会组织网络研究(1903－1928)[M]. 厦门：厦门大学出版社，2006.

[129] 应莉雅. 网络化组织与区域市场交易成本——以天津商会为个案(1903－1928 年)[J]. 南开经济研究. 2004(5).

[130] 应瑞瑶，赵永清，李胜军. 行业协会、国内市场整合与对华反倾销[J]. 国际贸易问题. 2004(8).

[131] 余晖. WTO 体制下行业协会的应对策略——以反倾销为例[J]. 中国工业经济. 2002(3).

[132] 余晖. 行业协会及其在中国的发展：理论与案例[M]. 北京：经济管理出版社，2002.

[133] 于淑娟. 非营利组织战略管理绩效评价研究[J]. 集团经济研究. 2007(7).

[134] 虞和平. 近八年之商会史研究[J]. 中国社会经济史研究. 1995(4).

[135] 虞和平. 商会与中国早期现代化[M]. 上海：上海人民出版社，1993.

[136] 郁建新. 商会治理的结构分析框架及其在我国的应用[J]. 中国行政管理. 2009(5).

[137] 郁建兴等. 在政府和企业之间：以温州商会为研究对象[M]. 杭州：浙江人民出版社，2004.

[138] 郁建兴等. 民间商会与地方政府——基于浙江温州市的研究[M]. 北京：经济科学出版社，2006.

[139] 张芳霖. 中国近代商人、商会组织研究的问题意识与阶段性特点[J]. 江西社会科学. 2004(7).

[140] 张恒忠. 上海总商会研究(1902-1929)[M]. 台北：台北知书房，1996.

[141] 张惠. 企业信用对顾客忠诚的影响机制与模型研究[D]. 长春：吉

林大学,2006.
[142] 张江莉.我国转型时期行业协会的反垄断法规制[J].法商研究.2008(5).
[143] 张经.行业协会商会立法课题研究报告[R].北京:国务院法制办、国资委,2010.
[144] 章竟.新中国成立60年来我国行业协会制度发展的回顾与展望[J].经济研究参考.2009(63).
[145] 张俊浩.民法学原理[M].北京:中国政法大学出版社,2000.
[146] 张平.中国行业协会信用自律机制失灵问题及其治理[J].生产力研究.2006(8).
[147] 张冉.现代行业协会组织能力[M].上海:上海财经大学出版社,2009.
[148] 张冉.中国非营利组织民间筹资失灵及策略研究[J].财贸研究.2007(2).
[149] 赵洪宝.近几年来大陆学者关于商会史的研究[J].近代中国史研究通讯(台北)(16).
[150] 赵文启.行业协会信用若干建设问题研究[J].创新思维.2004(4).
[151] 郑江淮,江静.理解行业协会[J].东南大学学报(哲学社会科学版).2007(6).
[152] 郑江淮.行业协会:功能、绩效与转轨[EB/OL].中国经济体制改革研究会公共政策研究部,[2006-08-18]. www.crcpp.org.
[153] 郑江淮.行业协会职能配置与政策创新[EB/OL].[2006-08-13].http://www.paper.edu.cn/ 200608-134。
[154] 中国倍能组织能力建设与评估中心.NGO核心能力强化[EB/OL].[2010-09-05]. .
[155] 中华全国工商联合会.中外商会运作规范比较[M].北京:中华工商联合出版社,2008.
[156] 周佳豪.天津商会研究(1903-1916)[D].台北:台湾师范大学历史系,1994.
[157] 周林彬.中国商会立法当议:从契约的视角[J].南开大学学报.

2007(2).
[158] 周桐宇.民间商会内部治理的委托代理分析[J].华东师范大学学报.2008(3).
[159] 朱国华,朱国泓.行业协会信用:社会诚信体系的重要支柱[N].文汇报.2003-11-04(11).
[160] 朱国华,朱国泓.行业协会信用:社会信用建设的突破口[N].社会科学报.2003-10-09(4).
[161] 朱国华.经济鉴证类行业协会的信用功能及其比较优势[J].价格理论与实践.2008(5).
[162] 朱英.转型时期的社会与国家——以近代商会为主体的历史透视[M].武汉:华中师范大学出版社,1997.
[163] 朱英,郑成林.商会与近代中国[M].武汉:华中师范大学出版社,2005.
[164] 朱英.商民运动与中国近代史研究[J].天津社会科学.2005(4).
[165] 朱英.晚清末商会研究述评[J].史学月刊.1984(2).
[166] 朱英.中国商会史研究如何取得新突破[J].浙江学刊.2005(6).
[167] 布迪厄.文化资本与社会炼金术[M].上海:上海人民出版社,1997.
[168] B·W·希尔德布兰特等.律师事务所管理与竞争[M].赵建文,译.郑州:河南大学出版社,1991.
[160] 道格拉斯·诺斯、罗伯特·托马斯.西方世界的兴起——新经济史[M].厉以平,蔡磊,译.北京:华夏出版社,1989.
[170] 福山.信任一社会美德与创造经济繁荣[M].海口:海南出版社,2001.
[171] 希尔曼.论律师的流动管理[M].王进喜,唐俊,译.北京:中国人民公安大学出版社,2004.
[172] 朱塞佩·格罗索.罗马法史[M].黄风,译.北京:中国政法大学出版社,1994.
[173] 亚当·斯密.国民财富的性质和原因的研究(上卷)[M].郭大力,王亚南,译.北京:商务印书馆,1972.

[174] 张经.行业协会商会规范发展资料汇编[M].北京:中国工商出版社,2007.
[175] 马克思,恩格斯,列宁,斯大林.马克思恩格斯全集(第25卷)[M].编译局,译.北京:人民出版社,1974.
[176] 陈志强.美国知识产权保护组织的运作模式与作用[J].学会.2006(6).
[177] 何兴强.美国知识产权政策制订中的利益集团因素[N].中国社会科学院院报.2006-10(3).
[178] 金灿荣.国会与美国贸易政策的制定——历史和现实的考察[J].美国研究.2000(2).
[179] 阚先学.利益集团如何影响美国的对华政策[N].山西高等学校社会科学学报.2004-11.
[180] 李芳.美国知识产权政策的调控—基于经贸危机的影响谈起[J].知识产权.2007(1).
[181] 李庆四.美国国会中的外来游说[J].美国研究.2007(3).
[182] 李晓岗.劳工组织、国内政治与冷战后美国对外贸易政策[J].美国研究.2001.
[183] 李志军.更加严厉的保护措施—美国队中国企业进行'337'调查的主要特点、影响及对策[J].国际贸易.2005(11).
[184] 李志军.美国的知识产权管理,政策及其经验[J].国际技术经济研究.2003(3).
[185] 林珏.中美知识产权之争探悉—从知识产权之争看美对华贸易政策[J].世界经济研究.1996年(3).
[186] 刘恩东.利益集团与美国知识产权政策[J].国际资料信息.2007(9).
[187] 陆曦.中美经济关系中的美国国会因素及其影响[J].国际政治经济研究.1998(3).
[188] 圣辉.世界知识产权保护新趋势[N].中国信息报.2007-05-23.
[189] 苏长和.非国家行为体与当代国际关系[J].欧洲(北京).1998.
[190] 苏长和,朱鸣.世界政治中的跨国利益集团[J].现代国际关系.

1998(11).
[191] 孙哲，李巍. 美国贸易代表办公室与美国国际贸易政策[J]. 美国研究. 2007(1).
[192] 王传兴. 利益集团与美国的外交决策[J]. 国际观察. 2000(4).
[193] 王勇. 试论利益集团在美国对华政策中的影响[J]. 美国研究. 1998(2).
[194] 王勇. 美国对华政策中的利益集团因素[J]. 战略与管理. 1998(4).
[195] 王孜弘. 美国利益集团与中美经济关系[J]. 世界经济与政治. 1998(9).
[196] 相兰欣. 互动中的中、美、欧、俄四极关系[J]. 动态分析. 2000(9).
[197] 熊志勇. 简析对美国国会的游说—以美国队外政策为例[J]. 美国研究. 1998(3).
[198] 邢厚媛. 应对跨国公司知识产权战略[J]. 国际贸易. 2005(8).
[199] 杨国华. 美国民间机构在加强知识产权保护方面的作用[EB/OL]. [2007-02-28]. 中国保护知识产权网.
[200] 于铁流，李秉祥. 中美贸易摩擦的原因及其解决政策[J]. 管理世界. 2004(9).
[201] 袁征. 利益集团政治与美国对华政策[J]. 当代亚太. 2004(6).
[202] 赵洪磊. 利益集团与美国对华政策——以肯尼迪政府时期的'百万人委员会'活动为个案分析[J]. 井岗山师范学院学报(哲社版). 2004(12).
[203] 张静春，杨树. 中美知识产权问题愈发突出[J]. 世界知识. 2006(9).
[204] 祝晓莲. 美日两国知识产权战略：比较与启示[J]. 国际技术经济研究. 2002(4).
[205] 张益俊. 中美知识产权谈判内幕[J]. 经济世界. 1996(9).
[206] 叶明. 行业协会限制竞争行为的反垄断规制[M]. 北京：法律出版社，2010.
[207] 李昌麒. 经济法学[M]. 北京：法律出版社，2007.
[208] 王晓烨. 竞争法研究[M]. 北京：中国法制出版社，1999.

[209] 孔祥俊.反垄断法原理[M]北京:中国法制出版社,2001.
[210] 陈晓军.互益性法人法律制度研究:以商会、行业协会为中心[M].北京:法律出版社,2007.
[211] 黎军.行业协会立法:一个初步研究[A].//洪范评论[M].北京:中国政法大学出版社,2006.
[212] 黎军.基于法治的自治—行业自治规范的实证研究[J].法商研究.2006(4).
[213] 金晓晨.商会与行业协会法律制度研究[M].北京:气象出版社,2003.
[214] 詹姆斯.科尔曼社会理论的基础[M].邓方,译.北京:中国社会科学文献出版社,1999.
[215] 国家经贸委.国外行业协会资料选(第一辑)[M].北京:中国商业出版社,1994.
[216] 李玉剑.专利联盟:战略联盟研究的新领域[M].上海:复旦大学出版社,2006.
[217] 屠世超.行业自治规范的法律效力及其效力审查机制[J].政治与法律.2009(3).
[218] 千叶正士.法律多元[M].北京:中国政法大学出版社,1997.
[219] 江平,陈晓军.我国商会法的基本原则及其立法模式选择[A].//洪范评论[M].北京:中国政法大学出版社,2006.
[220] 孙丽军.行业协会的制度逻辑——一个理论框架及其对中国转轨经济的应用研究[D].上海:复旦大学,2004.
[221] 吴秀明.竞争法制之发轫与展开[M].台湾:元照出版社,2004.
[222] 苏永钦.经济法的挑战[M].北京:清华大学出版社,2005.
[223] 张文显.法哲学范畴研究(修订版)[M].北京:中国政法大学出版社,2001.
[224] 张平,马骁。标准化与知识产权战略(第一版)[M].北京:知识产权出版社,2002.
[225] 罗尔夫·斯特博.德国经济行政法[M].苏颖霞,陈少康,译.北京:中国政法大学出版社,1999.

［226］ 张宇燕. 利益集团与制度中性［A］. //中国经济学［M］. 上海：上海人民出版社，1995.

［227］ 汤蕴懿. 行业协会组织与制度［M］. 上海：上海交通大学出版社，2009.

［228］ 谢京辉等. 上海行业协会改革与发展：实践与经验［M］. 上海：上海社会科学出版社，2009.

［229］ 翟鸿祥. 行业协会发展理论与实践［M］. 北京：经济科学出版社，2003.

［230］ 金晓晨. 商会与行业协会法律制度研究［M］. 北京：气象出版社，2003.

［231］ 王保树. 经济法原理［M］. 北京：社会科学文献出版社，1999.

［232］ 贾西津. 转型时期的行业协会—角色、功能与管理体制［M］. 北京：社会科学文献出版社，2004.

［233］ 陈宪，徐中振. 体制转型和行业协会. 上海培育和发展行业协会研究报告［R］. 上海：上海大学出版社，1999.

［234］ 迪特尔·梅迪库斯. 德国民法总论［M］. 邵建东，译. 北京：法律出版社，2001.

［235］ 邱本. 市场法治论［M］. 北京：中国检察出版社，2002.

［236］ 哈罗德·伯尔曼. 法律与革命——西方法律传统的形成［M］. 贺卫方，译. 北京：中国大百科全书出版社，1993.

［237］ 卢梭. 社会契约论［M］. 何兆武，译. 北京：商务印书馆，1982.

［238］ 邹永贤等. 现代西方国家学说［M］. 福州：福建人民出版社，1993.

［239］ 马克斯·韦伯. 经济与社会（上）［M］. 林荣远，译. 北京：商务印书馆，1997.

［240］ 詹姆斯·S·科尔曼. 社会理论的基础理论［M］. 邓正来，译. 北京：中国社会科学文献出版社，1999.

［241］ 国家经贸委产业政策司. 国外行业协会资料选［M］. 北京：中国商业出版社，1998.

［242］ 王名等. 中国社团改革［M］. 北京：社会科学文献出版社，2001.

［243］ 曼瑟尔·奥尔森. 集体行动的逻辑［M］. 阵郁等，译. 上海：三联书

店，上海人民出版社，1996.
[244] 张理泉．工业行业管理[M]．北京：中国人民大学出版社，1991.
[245] 崔秀朋．行业协会组织在产业集群发展中的作用研究[EB/OL]．[2010-05-08]．中国社会组织网．http://www.chinanpo.gov.cn/1835/24607/preindex.html.
[246] 季亚丽．行业协会自治权的法律定位与制度研究[J]．山西省政法管理干部学院学报．2005(3).
[247] 吴肇贵．我国商标事业的里程碑[J]．中外管理．1994(12).
[248] 吕珊．规范代理市场，加强行业自律[J]．中华商标．2008(12).
[249] 国景茂．美国行业协会的特点和启示[EB/OL]．[2006-08-21]．中国民间组织网． http:www.Chinanpo.gov.cn.
[250] 周艳玲．我国行业协会发展之政策取向[J]．行政论坛．2005(3).
[251] 许和平．对地方商标协会工作的几点思考[J]．中华商标．2009(10).
[252] “白大华在中华商标协会第一届第四次理事会上要求——充分发挥商标协会作用为改革开放和经济发展服务”[J]．中华商标．1997(6).
[253] 庞仙．中华商标协会对恶意抢注不会坐视不理[N]．中国工商报．2005-01-06.
[254] 嵇哲，沈雁，吕律．浙江省商标协会与国际商标协会建立合作机制[N]．浙江日报 2006-10-24.
[255] 梁彗星．从近代民法到现代民法[J]．律师世界．2002(5).
[256] 季亚丽．行业协会自治的法律制度构建[J]．中山大学学报(社会科学版)．2005(4).
[257] 研究课题组．深圳市行业协会法人治理机制研究报告[A]．//黄孟复．中国商会发展报告[R]．北京：社会科学文献出版，2012.
[258] 陈凯祥．中国 NGO 在成长[J]．华声视点．2002(3).
[259] 李振中．从国外行业组织的法律地位和现状看我国的行业协会[J]．中国建筑金属结构．2006(5).
[260] 王名．中国非盈利组织：定义、发展与政策建议[A]．//黄孟复．中

国商会发展报告[R]. 北京:社会科学文献出版,2012.
[261] 葛明,黎军. 深圳市行业协会法人治理机制研究报告[A]. //中国商会发展报告(第 2 辑)[R]. 北京:社会科学文献出版,2007.
[262] 冯晓青. 国家知识产权战略视野下我国企业知识产权战略实施研究[J]. 湖南大学学报. 2010(1).
[263] 术文. 知识产权战略的范畴界定与内容构成[J]. 中华商标. 2008(1).
[264] 李雷. 企业内部的商标管理[J]. 中华商标. 2004(6).
[265] 罗军. 商标档案管理[J]. 档案管理. 2001(6).
[266] 赖洪. 中国知识产权研究会代表团赴日本开展民间知识产权交流[J]. 知识产权. 2001(4).
[267] 邱靖基. 工业行业协会的性质、任务和地位[J]. 中国电力企业管理. 1997(7).
[268] 李昌麒. 经济法[M]. 北京:法律出版社,2007.
[269] 陈晓军. 互益性法人法律制度研究——以商会、行业协会为中心[M]. 北京:法律出版社,2007.
[270] 吴玉章. 社会团体的法律问题[M]. 北京:社会科学文献出版社,2004.
[271] 史际春. 经济法[M]. 北京:中国人民大学出版社,2005.
[272] 金晓晨. 商会与行业协会法律制度研究[M]. 北京:气象出版社,2003.
[273] 贾西津,沈恒超,胡文安等. 转型时期的行业协会——角色、功能与管理体制[M]. 北京:社会科学文献出版社,2004.
[274] 许超. 著作权疑难问题评析[M]. 杭州:浙江教育出版社,2000.
[275] 杨紫烜. 经济法(第二版)[M]. 北京:北京大学出版社,高等教育出版社,2007.
[276] 罗豪才,湛中乐. 行政法学(第二版)[M]. 北京:北京大学出版社,2006.
[277] 王名. 中国民间组织 30 年[M]. 北京:社会科学文献出版社,2008.
[278] 俞可平. 增量民主与善治[M]. 北京:社会科学文献出版社,2005.

[279] 吴敬琏.商会的定位及其自身治理[J].中国改革.2006(10).

[280] 何增科.政治合法性与中国地方政府创新[EB/OL].[2008-06-19].中国政府创新网.

[281] 陈剩勇,何包钢.协商民主的发展——协商民主理论与中国地方民主国际学术研讨会论文集[C].北京:中国社会科学出版社,2006 .

[282] 舒杨.中国行业协会治理中存在的问题及其对策研究[D].长沙:中南大学,2009.

[283] 刘银良.角色促销:商品化权的另一种诠释[J].法学.2006(8).

[284] 余俊.论商品化权之权利归属——商品化权与知识产权关系之考量[J].电子知识产权. 2005(9).

[285] 杨为国,薛佳佳,李品娜.动画角色商品化权的知识产权问题研究[J].湖北社会科学.2006(6).

[286] 李欣博.动漫产业的困境与角色商品化权的法律体系构建[J].山西师大学报(社会科学版).2009(9).

[287] 许若群.网络作品集体管理制度初探[J].知识产权.2000(2).

[288] 周奕,许超.著作权集体管理的发展速度超过了我的想象——专访国家版权局版权管理司专员许超[J].中国知识产权.2009(12).

[289] 常青.论著作权集体管理制度——法经济学的视角[J].电子知识产权.2006(7).

[290] 鲍黎黎.论行业协会在知识产权保护中的作用[D].上海:上海大学,2007.

[291] 薛佳佳.论动画角色商品化权的保护及产业[D].武汉:华中科技大学,2007.

[292] 史密斯,巴克林.协会非营利管理[M].北京:中信出版社,2004.

[293] 埃尔特·阿尔科马.结社自由与市民社会[J].毕小青,译.环球法律评论.2002(夏季号).

[294] 康晓光.行业协会何去何从[J].中国改革.2001(4).

[295] 邵庆平.规范竞争理论与公司证券法制的建议:兼论对台湾法制的可能启示[J].台大法学论丛.2009(3).

［296］ 高丙中. 中国公民社会发展蓝皮书［M］. 北京：社会科学文献出版社，2007.

［297］ 潘瑾，陈晓春. 基于价值链分析的创意产业知识产权保护方法与途径探讨［J］. 知识产权. 2006(3).

［298］ 苏力，葛云松，张守文，高丙中. 规制与发展：第三部门的法律环境［M］. 杭州：浙江人民出版社，1999.

［299］ 徐家良. 互益性组织：中国行业协会研究［M］. 北京：北京师范大学出版社，2010.

［300］ 江平主. 法人制度论［M］. 北京：中国政法大学出版社，1994.

［301］ 马克斯·韦伯. 经济与社会(第一卷)［M］. 闫克文，译. 上海，世纪出版集团，2010.

［302］ 哈贝马斯. 交往与社会进化［M］. 张博树，译. 重庆：重庆出版社，1989.

［303］ 托克维尔. 论美国的民主［M］. 董果良，译. 北京：商务出版社，1997.

［304］ 阿尔蒙德等. 比较政治学：体系、过程和政策［M］. 曹沛霖，译. 上海，译文出版社，1987.

［305］ 舒斌斌. 论行业协会的社会责任及实现［J］. 商业时代. 2007(9).

［306］ 钱志远. 中国行业协会法律问题刍议［J］. 明理学刊. 2004(3).

［307］ 张玲. 行政法视角下的律师协会与行业自治［D］. 北京：中国政法大学，2007.

［308］ 彼得·斯坦、约翰·香德. 西方社会的法律价值［M］. 王献平，译. 北京：中国人民公安大学出版社，1990.

［309］ 孙国华，朱景文. 法理学(第二版)［M］. 北京：中国人民大学出版社，2014.

［310］ 鲁篱. 论社会对立的制约——以行业协会为中心展开的研究［J］. 社会科学研究. 2002(5).

［311］ 吴清旺. 中国律师“边缘化”之思考”［］A. //第二届中国律师论坛论文集［C］. 2002.

［312］ 顾培. 加入 WTO 与中国律师制度的创新［J］. 中国律师. 2000(5).

[313] 潘静成,刘文华.经济法(第二版)[M].北京:中国人民大学出版社,2011.
[314] 陈金罗.社团立法和社团管理[M].北京:法律出版社,1997.
[315] 卢代富.企业社会责任的经济学与法学分析[M].北京:法律出版社,2002.
[316] 李立清,李燕凌.企业社会责任研究[M].北京:人民出版社,2005.
[317] 张俊明.律师协会是政治文明建设中不容忽视的力量[J].陕西社会主义学院学报.2006(4).
[318] 董新凯,孙琳.论行业协会的社会责任问题[J].广西政法管理干部学院学报.2006(9)
[319] 朱伟.律师协会与国家机关之间的关系述论[J].探讨与争鸣理论导刊.2007(7).
[320] 舒斌斌.论行业协会社会责任的实现[J].学会.2007(9).
[321] 郐云霞.公司社会责任的法理学思考[J].北方工业大学学报.2003-06,15(2).
[322] 王玲.论企业社会责任的含义、性质、特征和内容[J].法学家.2006(1).
[323] 鄢雪皎.市场经济体制下行业协会之能与功能的转变及对策[J].软科学.2003,17(2).
[324] 鲁篱.行业协会社会责任与行业自治的冲突与平衡[J].政法论坛.2008-03,26(2).
[325] 朱国华,朱国泓.行业协会信用:社会诚信体系重要支柱[N].文汇报.2003-11-04(11).
[326] 朱国华,朱国泓.行业协会信用:社会信用建设的突破口[N].社会科学报.2003-10-30(4).
[327] 朱国华.小萧江大信用:温州萧江行业协会信用调研报告[A].//赵立平.信用链(第四部分)[M].上海:复旦大学出版社,2003.
[328] 上海市信息化委员会.上海市社会诚信体系建设工作会议交流材料.2003-08-20.
[329] 政协上海市委员会,复旦大学.加强行业协会、中介机构建设论

坛. 2002-09-10—11.
[330] 史晋川等. 制度变迁与经济发展：温州模式研究[M]. 杭州：浙江大学出版社，2002-07.
[331] 上海市律师协会. 上海市律师执业规范(一)[Z]. 2002-01.
[332] 上海市律师协会. 上海市律师执业规范(二)[Z]. 2003-03.
[333] 史建三，朱国华等. 上海市律师事务所管理模式研究. 上海市律师协会课题. 2004.
[334] 胡霏云. 我国行业协会法律规制的基本问题研究[D]. 武汉：华中科技大学，2004.
[335] 吴晨曦. 浅析全球化背景下中国行业协会的角色转变[D]. 上海：上海交通大学，2007.
[336] 朱丽萍. 论行业协会与知识产权的保护[D]. 上海：上海大学，2007.
[337] 沈岳峰. 行业协会的法律地位分析[D]. 上海：上海大学，2004.
[338] 杨宇. 我国行业协会与政府的互动关系研究[D]. 合肥：安徽大学，2006.
[339] 鲍黎黎. 论行业协会在知识产权保护中的作用[D]. 上海：上海大学，2007.
[340] 谢增福. 行业协会功能研究[D]. 武汉：中南大学，2008.
[341] 陈婷. 我国企业商标战略研究[D]. 武汉：武汉理工大学，2008.
[342] Ulrike schaedu. operative Capitallism [M]. Oxford University Press. 1965.
[343] Joseph Bradley. The rule of trade association and professional business society. university porkpennsy bvania . 1965.
[344] Lawrence Baum. American Courts [M]. Houghton: Mifflin Company, Fifth edition.
[345] Nathan M. Crystal. An Introduction to Professional Responsibility [M]. Citic Publishing House.
[346] Hall R. A framework linking intangible resources and capabilities to sustainable competitive advantage [J]. Strategic Management

Journal. 1993(14).

[347] Frank E. Figquees. Legal Aspects of the European Free Trade Association[J]. C. M. G. * International and Comparative Law Quarterly VOL. 14.

[348] Fellman. What services must a trade association render to non-members. ,18 antitrust bulletin 167. 1973.

[349] Bodner. Antitrust restriction on trade association membership and participation[J]. 24 NYL School Law Reviews. 1979.

[350] Dieter G. Zwicker. Trade association in Germany and the United states of America-antitrust restrictions on the Ability of Trade Association to Regulate Themselves. 29 The Antitrust Bulletin. 1984.

[351] Trade association law and practice. George P. lamb/summers kittelle,Little Brown and Company. 1965.

[352] Joseph F. Bradley . The role of trade association and professional business society in America. 1965.

[353] James J. Fishman. The Development of Nonprofit Corporation Law and an Agenda for Reform [J]. Emory Law Journal. Summer/Fall, 1985.

[354] Pauly&Redisch. The Not-for-Profit Hospital as a Physician's Cooperative. 63AM. ECON. 1973.

[355] U. S. v. Trans-Missouri Freight Association, 166U. S. 190(1897)

[356] U. S. v. Joint Traffic Association, 171U. S. 505(1898)

[357] Eugenio F. Bisscocoli. Trade Associations and Information Exchange under US Antitrust and EC Competition Law[J]. World Competition. 200023(1).

[358] Prencipe A. Technological competencies and product ' s evolutionary dynamics: a case study from the aero-engine industry search Policy. 1997, 26.

[359] Mahoney J T, Pandian J R. The resource-based view within the

conversation of strategic management [J]. Strategic Management Journal. 1992, 13(5).
[360] Lester Salamon, The rise of the nonprofit sector[J]. Foreign Affair. 1994,74(3).

二、网站类

[1] 日本知识产权协会 www. jipa. or. jp
[2] 美国律师协会知识产权分会 www. abanetorg/intelprop
[3] 国际知识产权联盟 http://www. iipa. com/
[4] 国际保护工业产权联盟 http://www. ndcnc. com/
[5] 中华全国专利代理人协会网站 http://www. acpaa. cn/
[6] 深圳专利协会网站 http://www. szpa. org/
[7] 国际商标协会 http://www. inta. org/Pages/Home. aspx
[8] 中华商标协会
[9] 上海市商标协会 http://www. shtma. org/
[10] 深圳市商标协会 http://www. sts426. com/xh/main. aspx
[11] 湖北工商、商标协会
[12] 中国商标网 http://www. cta. org. cn/
[13] 新华网 http://news. xinhuanet. com/ziliao/2003-01/10/content_685242. htm
[14] 中国社会组织网
[15] 北大法意网 http://www. lawyee. net/
[16] 山东国际商务网 http://www. Shandongbusiness. gov. cn
[17] 英国行业协会 http://www. worldeps. com
[18] 国际知识产权联盟 http://www. iipa. com/
[19] 福州市商标协会网站
[20] 合肥市人民政府网站
[21] 中国音乐著作权协会 http://www. mcsc. com. cn
[22] 中国音像著作权集体管理协会 http://www. cavca. org/
[23] 中国电影著作权协会 http://www. cfca-c. org/

［24］ 中国文字著作权协会 http://prccopyright.org.cn/

［25］ 中国摄影著作权协会 http://icschina.org/

三、条例与章程

［1］《社会团体登记管理条例》

［2］《中华商标协会章程》

［3］《汕头市商标协会章程》

［4］《福州市商标协会章程》

后记

在功利的市场社会,我们每个人都没有选择。十二年来,我所做的关于信用法律问题的研究、行业协会商会法律问题的研究以及三元经济法问题的研究,都让我深深地感到不期而遇的无奈。这又是十年。我怀疑是不是未来十年,学术界是见不到精神的,是见不到风骨的?直到金秋十月某一天,听七弦古琴名段《卧龙吟》,文中说"清风明月入怀抱,猿鹤听我再抚琴","天道常变易,运数杳难寻;丈夫在世当有为,为民播下太平春;归去归去来兮,我夙愿,余年还做垅亩民。"好像恍然大悟。我们这些功利之徒,号称做学问,有追求,那真是奢侈的事情。

导源于十二年前在温州萧江镇的调研,那明月郎朗的农历八月十五的晚上,在萧江镇领导的陪同下,在山边溪旁赏着明月,与同伴们品尝当地啤酒的情形,至今仍历历在目。自那时,我便钟情于行业协会、信用和法律问题的交叉研究,历尽艰难困苦,真是千辛万苦,多次到萧江去调研,多次往返折腾,体会感悟良多。直到 BAT 企业尤其是阿里巴巴企业在美国上市成功,让我又突然开悟,是互联网帮助阿里巴巴找到了电子商务的天时,是浙商的抱团精神使马云颇得浙江的地利,尤其是马云独特的领袖特质让其更得到人和。这难道不是浙商的行业协会信用精神的最好诠释吗?马云以其独到的方式做独到的信用生意,马云对中国的贡献不仅体现在其企业三千亿美金的市值之上,更体现在其对社会的信用贡献,尤其是信用文化的贡献。

十二年前我们关于信用能力和行业协会信用能力的命题的提出,那时响应者寥寥无几。关于信用能力,我们可以关注党的十八届三中全会报告中关于治理体系现代化和治理能力现代化的命题。这印证了信用能力思想的深远的前沿价值。关于行业协会信用能力方面,那时我们提出行业协会信用是社会诚信体系的重要支柱和关键环节,真是曲并不高,和者特寡。2014 年 11 月,国家民政部、中央编办、发展改革委、工业和信息化部、商务部、人民银行、工商总局、全国工商联等总共八个部门联合发布《关于推进行业协会商会诚信自律建设工作的意见》,国家终于认识到行业协会信用(诚信)对于社会信用体系建设的巨大价值。这是十分可喜可贺的事情。看到我们政府文件对行业协会信用研究的肯定,让我们研究者唏嘘不已。国家不重视一个观点,看似很无所谓的事情,而仔细想想,国家为此而付出了多少不必要的成本,国家因此而丧失了多少协调平衡发展的机会。十二年可谓不短,三十五年的改革,也不可谓不长。理性的推敲,毕竟是让世人很没面子的事情,那我们就姑且吧,姑且放下,只是姑且而且放下主义,仍将妨碍我们的进步,妨碍我们走向文明。好在,足可以安慰的事情,毕竟切近文明的方向没有发生重大的偏离,而且还是纸面承认了。这十年差不多与北京某位学者讲的十年大致相当吧。终于,终于,历史掀开这一页,行业协会信用真理性的认识,被提到历史进程。只是开放倒逼的改革空间一点一点变得狭窄。当然越是狭窄,理论就有可能有机会如锥之处囊中,我们盼望着,期待着理论反映、解释并引领现实。通过案例研究,我们真切感受到信用能力制度对中国未来的改革开放、对中国未来的全球发展,意义何其大也。

对于课题研究,我首先要感谢课题组的同学们:叶建英、潘浩、刘国华、伍飞霏、于宁等。这些同学先后都走上工作岗位或者出国留学,有的是律师、法官或者是其他领域的栋梁。我要特别感谢上海交通大学的朱国泓教授,感谢他认真而富有创意的支持工作。我要感谢他们认真细致的工作,是他们的工作让课题成果增色不少。

为了表彰大家的贡献,以下详细列出同学们所负责的章节,他们的贡献是值得嘉奖、值得铭记的:①美国国际知识产权联盟案例研究:叶建英;②专利协会制度案例研究:潘浩;③商标协会制度研究:刘国华;④动漫协会制度案例研究:伍飞霏;⑤律师协会社会责任制度案例研:于宁;⑥上海温州行业协会信用能力制度发展调研及比较分析:朱国华、朱国红;⑦贸易救济领域协会信用能力案例研究:朱国华、陆丽叶。虽然经过大幅度的打磨与修改已经与整个成果融为一体,他们的贡献对整个成果的价值都是相当重要的,他们都是这个知识共同体的成员,是本书的共同作者,对此,表示特别的感谢。

我要特别感谢在课题进展过程中原上海大学法学院国际法商系的老领导吴益民老师和其他的老同事们。感谢原上海大学法学院的老领导,已经仙逝的恩师曹昌祯教授。曹先生一直以其博大的胸怀和高瞻远瞩的学术风范鼓励我将行业协会法、信用法、科技法、知识产权法等的研究搞下去。他的鼓励是我这么多年坚持寂寞颐养无限天机的所谓学问，深感五内。我要特别感谢同济大学法学院、知识产权学院的领导和同事们，感谢经济法教研室、经济法教研部的同事们，感谢大家的理解、关心、包容和支持。感谢所有我应该感恩的同事们，因为你们，我更深刻地理解了一个知识共同体的价值。感谢孙效敏教授的帮助和支持，他对行业协会的独到理解也很给我启迪，他就食品安全类行业协会的制度建设具有相当的真知灼见。他的年轻的心、给力的行、智慧的语也是我们经济法同事们的重要的知识源泉。

我要感谢我的亲人，在身边和不在身边的亲人。天生没有在象牙塔里做学问的条件的我，却享受着这片刻的宁静和内省的欢愉，那一定是拜我的母亲和家人所赐予。感恩我的家人、感恩我的兄弟姐妹，散步走路即可享受的亲情欢娱，是不可多得的人生动力。看到年高的母亲开始打太极，内心真是觉得无比的温暖。感谢在远方求学的孩子，懂事的孩子让我很少操心，偶尔还收到父亲节、感恩节的问候，也真难为懂事的孩子了。

我要感谢国家社会科学基金对行业协会信用制度项目研究的支持，使我能深入到行业协会商会与社会治理的庞大的研究之中。《行业协会信用能力制度案例研究》是国家社会科学基金项目的阶段性成果，它是我的《行业协会信用能力法律制度研究》的重要一环，是《行业协会信用能力法律制度研究》三步曲的的第二部。感谢国家社会科学基金给予我的长期支持。

感谢同济大学“一带一路”中心的给力支持，为我的国家社会基金课题进行扩展研究提供了良好的机会和资金支持。感谢同济大学中央高校基本科研业务费资助。商会行业协会作为法律化的经典的产业联盟，其信用能力能够形成重要的信用秩序扩散效果，从而有助于形成”一带一路”上国家的产业合作，从而有助于中国的产能输出、管理经验输出和资本的输出达到双赢的效果，培养外国能够加入的中国产业联盟，是增强中国产业国际竞争软实力的重要工具。不论是通过自由贸易园区还是“一带一路”，均必须提高中国产业在信用能力上的软实力。

我要感谢上海知识产权发展研究中心给予《国内外行业协会运用知识产权的比较研究》课题组的支持和关心。感谢发展研究中心林衍华博士给予的细心的关怀。

我要感谢博士生樊新红同学，硕士同学如李雪飞、石田田、李红、孙艳伟、叶亚男同学在其中所作的辅助工作，我衷心地感谢你们，衷心地祝福你们。

我要感谢同济大学出版社赵泽毓总助，感谢出版社资深编辑徐国强老师，谢谢你们的耐心、真心和细心，是您们的卓越的工作使该作品得以面世，请接受我至诚的祝愿。我要感谢同济大学文科办公室的领导和同事们，感谢郭老师的无私的关怀，感谢学校给予的支持。

每年要参加中国民间商会论坛，要感谢敬爱的吴敬琏先生的指导，感谢浦文昌老师的爱护和帮助，是您的民间商会论坛给了我们信心和养料，让我更加坚信行业协会信用制度研究的价值和意义。要感谢上海社会团体管理局的吴洁民处长、于蜀副处长。感谢上海交通大学徐家良教授、华东师范大学张冉副教授、复旦大学李学楠博士、同济大学郑春荣教授，我衷心的祝福你们，至诚的祈求幸福健康。

我还要感谢华中师范大学商会发展协同创新中心，作为中心的兼职教授，我深感责任重大。在行业协会商会的研究上，华中师范大学的研究显得十分的博大精深，鄙人深感汗颜。感谢商会发展协同创新中心的鼎力资助。我还要感谢同济大学发展研究院院长任浩教授，感谢您在研究院工作上宽厚给力的关心，感谢城市与产业法研究中心以及商会行业协会发展研究中心同事们的暖心的关怀。

在我自己的研究中特别应该感谢中国人民大学的老书记，中国人民大学法学院教授和中国人民大学公共治理研究院院长程天权教授的支持，本书也得到中国人民大学公共治理研究院的鼎力资助，作为公共治理研究院兼职研究员，本是我的义务，在此我表示对中国人民大学公共治理研究院的由衷的谢意。

我想借用司马懿听了诸葛亮的抚琴《卧龙吟》后评价。“这铮铮之音，如惊涛拍岸，风卷残云，指端似有雄兵百万。你听，似山间小溪，清澈见底，非心旷神怡者不能为之。心乱则音噪，心静则音纯；心慌则音误，心泰则音清。听诸葛亮弹琴，如观其肺腑业，我能为诸葛亮知音，不胜荣幸。传我将令，后对改前队，并退北山。”如果心有敬畏，如果存内心的道德律令，惊涛拍岸，而又清澈见底。

我感恩我应当感恩的人。问苍天，执子之手，何时听，《卧龙吟》？值此承平岁月，我越发想念仙逝二十年的父亲朱佑生，父亲啊父亲，你在天堂还好吗？以此书表达我对您老人家的无尽的思念。

谨此识记镜花水月，似水流年。

朱国华恭书

2017年5月1日